抜粋集

一労働者の政治哲学

——民主主義の危機をどう捉えたか

豊福良一 編

同時代社

抜粋集　労働者の政治哲学

――民主主義の危機をどう捉えたか

――目次

凡例

一　引用文中、編者による省略は（……）とし、注は［編注：　］で表記しました。

〔　〕（　）内の記述は原書にあるものです。

二　引用文中、新聞記事などの算用数字は漢数字に置き換えました。

三　新聞投書欄の引用については、投稿者の氏名はイニシャルで表記しました。

はしがき――言わぬ事は聞こえぬ（『成語林』旺文社、一九九二年、107頁）

●元三井住友銀行副頭取・足助明郎氏のこと

数年前に、新聞のすみにひとつの記事が載りました。「足助明郎《あすけあきお》氏逝去、享年六八歳。元三井住友銀行副頭取、（……）」。この記事をみて、わが母校京都市立西院中学校で伝説の秀才として語りつがれていた一人の先輩が人生を終えられたことを知りました。後日、編者の姉に確認したところ「間違いなく同級生だった足助さん。お家はわが家同様必ずしも裕福ではなかったようだけど学校（中学）ではいつもニコニコしていて怒った顔を見たことがない。だれからも好かれていた。それでいて成績はどの科目も優秀。抜群の秀才だった。だから悪ガキたちも一目置いていた……。そう、亡くなられたの……」と訃報を残念がっていました。

●饗庭先生のこと

実は、この足助明郎先輩の秀才ぶりとその努力の様子を、同じ中学の我々あまり出来の良くない後輩に語り伝えてくださったのが当時の英語教師の饗庭《あえば》先生でした。足助先輩は、英語の勉強では「まず、英文を一通り日本文に訳す。次にその日本文を元の英文に訳す。こうして次々と習得していった」とおっしゃっていました。

卒業後ずいぶん経ってからの新聞に、鶏だか鳩だかを別の中学で飼っておられたところ、心ない者の仕業からか無惨に殺されているのが発見され、先生が深く悲しまれていることを、談話と写真とともに掲載されていたのを読んだことがあります。

先生は、復員後京大に通われたとの話も聞きましたがはっきりしたことはわかりません。しかしとにかく個性的な方でした。その面構えからして、小学校からポッと中学に入ってきた子供の目からは怖かったことを憶えています。大きくギョロッとした目、鼻もその他の部品もみな見るからに頑丈な造りで、額はかなり禿げ上がり、全体にいつも赤ら顔で精気が漲っていました。体格は太くがっしりしていて少しがに股気味でした。話してみると実に温厚な先生でしたが。

英語の授業で、テストなど、生徒が何か課題に取り組んでいる最中、やおら黒板に漢字を書き始められましたが、それが半端ではなかった。例えば「魚」偏ならそれにまつわる漢字を延々と達筆な字で何十と書き続けられる。「英語の最中に何故漢字?」とは思いましたが、その博識にはいつも感心していました。

●中国大陸でのこと

戦時下、先生は中国大陸に派遣された元憲兵将校だか、軍曹だかと聞きました。

いつ何処とは知らないある夜のこと、兵隊が寝静まっている夜中に、一人の中国人が日本兵の営舎に侵入してきました。大胆な男です。先生が寝ているのと反対隅の兵士の胸倉をつかんでは順番に拳銃を押し当てて一発ずつ確実に射殺してくる。先生は気がつきましたが、今起き上がるとこちらがやられる。寝たフリをしながら自分の上まで来たその瞬間、拳銃を持つ手をがっちりとつかんだ。最初は両の手で「相手のその腕をへし折ろうと思った」そうですが、「以外と腕の骨は強くて折れなかった」そうです。敵を捕らえてからはその根城に案内させるべく出発しましたが、その中国人捕虜はもう覚悟していたのでしょうか、日本兵たちをノラリクラリとあちこち連れ回して、決して口を割ろうとしません。ついに業を煮やした憲兵は軍刀でその捕虜の脳天から真っ二つに斬り下げた……。

●母が語ってくれたこと

我々の学校時代にはこうした戦争体験談がじかに聞けました。教師たちの間では「教え子を再び戦場に送るな！」というスローガンもまた実感を持って受け止められたでしょう。親たちも戦中戦後のつらい時代を生き抜き、それを語りました。子どもを連れて郡部に食糧疎開（編者の長兄だけはその近くに学童疎開）していた母も、あまりのつらさに思いつめて身投げをしようと考えたことがありました。子どもと近くの川の側まで行きました。「背中にはお姉ちゃん（編者の姉）をおんぶしていた」。尋常でない様子をたちまち感じとった子どもは、つまり編者の兄たちですが、母の手をつかんで「早くお家へ帰ろう」と言いました。「その時わたしはハッと我に返った」と語っていました。母がその時「我に返ら」なければ、編者もこの世に生まれてこなかった理屈になります。

空腹に耐えかねた子どもは「近くの国鉄（当時）の線路沿いに貨物列車からこぼれ落ちた豆を集めて食べた。また、暇さえあれば川で魚釣りをして食べた」と言います（兄たちの話）。疎開を受け入れる側の住民や家族の方々の困惑と苦痛もまた計り知れなかったでしょう。これは子どもの頃幾度となく聞かされた多くの話の一つです。空襲がなかったといわれていた京都で、西陣に爆弾が落とされた時の様子も語ってくれました。ある家の前で、爆弾の灼熱の破片が防火水槽に飛び込みました。「水槽の水が一瞬でカラになった」そうです。

●夕やけ小やけの　赤とんぼ♪　負われて見たのは　いつの日か♪

この詞で始まる「赤とんぼ」の歌と日本国憲法の成立につながりがあることを数年前に初めて知りました。

余談ですが「オワレテミタノハ　イツノヒカ♪～」の歌詞について、長い間「追われて見たのは♪～」の意味にとっていました。よく考えてみると有名な唱歌「故郷」の一番に「兎追いし　かの山♪　小鮒釣りし　かの川

♪〜」の歌詞があり、これと混同していたのかもと思っています。

本題に戻ります。「赤とんぼ」の作曲者・山田耕筰は一九二九（昭和四）年、「リストの再来」ともいわれた一人の天才ピアニストをオーストリアから招聘し、後に東京音楽学校（現東京芸術大学）の教授に任命されます。そのピアニストの名はレオ・シロタ。夫妻に一人娘がいて、その名はシロタ・ベアテ・ゴードン。

彼女は五歳半から十年間日本で育ち、その後アメリカの大学に入学して一人での生活を始めます。

真珠湾攻撃で日米の国交が断絶。日本の両親と音信が途絶するなか、一八歳で持ち前の語学力（六ヶ国語が使えた）を生かして自活を始めます。

戦争が終わるやＧＨＱに職を見つけて故郷日本の両親を探しに帰ってきました。その後日本国憲法の人権条項起草にかかわるようになります。ベアテは戦前の日本で女性の置かれている地位が欧米諸国とあまりにもかけ離れていることに強い衝撃を受けていて、その熱い思いを起草作業に注いだのでした。第二四条。「婚姻は、両性の合意のみに基いて成立し、（……）」の条項にベアテの思いが結実しました（『ベアテと語る「女性の幸福」と憲法』ベアテ・シロタ・ゴードン他、晶文社、二〇〇六年）。

●民主主義の危機に

何をもって民主主義の危機というかは人それぞれですが、「劇場型政治」の出現や凄まじい公務員バッシングと政治責任のすり替え、各種議会の議員定数の留まるところを知らない削減の動きなどの異常さに危機を感じる人は少なくないと思います。本書を編集しようと思い立ったのもそうした危機感からでした。民主主義のもとでは全ての有権者・国民に平等に政治的なさまざまな権利が与えられているし、最終的な決定権者も全有権者・国民であることが大原則です。したがって政治宣伝においても全有権者・国民に何をどのように伝え、訴えていくかにあらゆる政治勢力はしのぎを削っています。この民主主義の原則が将来も間違いなく機能し続ける社会を守り発展させていくために労を厭わない人たち、「民主主義者」を一言でいえばこうなるのではないでしょうか。この本ではいくつかの書物や新聞の記事から五〇〇件余の引用をまとめました。その中身は目次に示した通り、五つの章に分けて「政治宣伝の威力」から「戦後七〇年の『いま』に語りかけるもの」に一応分類しています。

前述したように、報道機関によるさまざまな連続特集記事《キャンペーン》や度を過ぎた批判記事《バッシング》の洪水の中で、正しい政治判断を求めるためには何が必要でしょうか。面倒な作業のようでもこれら偏見や誤解の元となるおそれのある情報に対置して、誰も否定することのできない事実や証言情報を提供していく努力が民主主義者に求められているのではないでしょうか、もしかしたら正しい政治判断のために必要な最も基本的な情報や知識が、国民に知らされていないのかもしれない、こう思ったのです。

また、民主主義をめぐって大きな論争の一つの的となっているのが日本軍国主義の行跡です。さらに民主主義とは何か、その強さと弱さについても戦後七〇年を迎えて大きな論争の種を宿しているといえるでしょう。したがって、これらの論争のいわば前提としての必要な記録や証言情報について、一つの試みとして本書を編集しました。

日本軍国主義の行跡については、語り継がれてきたいろいろな記録、証言を参照してもらうとして、ここでは民主主義にまつわる一つの話題を紹介します。わずか一〇年で政権を獲得したナチスの経験はきわめて深刻で重要ですが、次の記述は本書でも引用させてもらったハインツ・ヘーネ『ヒトラー　独裁への道』の訳者五十嵐智友氏の言葉です。

「民主主義なき民主主義」の悲劇が問いかけるもの——訳者あとがき

ドイツ現代史について、若い世代と何回か語り合ったことがある。奇妙なことに、いつも若者たちは「要するに、ヒトラー政権は暴力やテロといった非合法手段によって生まれたのですね」といって、自ら納得した顔つきになった。そのたびに私は、もどかしさを感じた。

わが国でも、何度か「ヒトラー・ブーム」が起きた。ヒトラー関係の書籍は絶えることなく書店に並んでいるし、ヒトラーやナチ党は映画にテレビに繰り返し登場している。だが、その大量の情報も断片的なものになりがちで、検証不要の「神話」となって、歴史の実相を見落としてはいまいか。

確かに、ヒトラーは一九二三年一一月八日、武力によるワイマール共和国転覆を叫んでミュンヘン一揆を起こしたし、一九三三年一月三〇日の権力獲得後は突撃隊（SA）や親衛隊（SS）、国家秘密警察（ゲシュタポ）というテロ装置によって独裁制を確立し、第二次大戦では侵略と集団虐殺を繰り返した。まさに暴力と流血の歴史である。しかし、ヒトラーがミュンヘン一揆の失敗後、一転して「合法路線」に転換して、取り締まり当局の目をかわしつつ、ワイマール共和国を内部から空洞化させながら政権を目指した前史のあったことを忘れてはなるまい。

ナチ党の統制に服さない一部幹部やSAが街頭テロに走ったのは事実だが、あくまで合法路線を標榜するヒトラーは「クーデターによって政権を奪取したのではなく、『合法的な』首相として、疵だらけになった憲法に基づいて政権を獲得した」（E・マティアス著、安世舟・山田徹訳『なぜヒトラーを阻止できなかったのか』）のである。ワイマール共和国崩壊――ヒトラー独裁を招いた要因は、ワイマール体制そのものに内在していたのであって、テロや暴力という非合法手段だけでは説明がつかない。ワイマール民主主義が自壊作用を続けたすえ、政権がヒトラーの手にころがり込んだという歴史的事実は、民主主義にとって高価な教訓であって、閑却されてはなるまい。（五十嵐智友）（『ヒトラー　独裁への道』ハインツ・ヘーネ、五十嵐智友訳、朝日新聞社、一九九二年、444～445頁）

●ある青年の投書

七〇年の間に戦後の世代交代はほとんど完了したといっても過言ではないでしょう。そしていわば自然の法則として若い世代ほど戦争体験の継承が希薄となるのは避けられません。それは同時になんらかの戦争体験に根差した民主主義への希望が失われることにつながります。次に紹介する投書文にはある青年の率直な気持ちが語られています。そして実際にこの青年を説得するのは容易ではないと感じるのです。

現代の社会に若者は絶望感

国は、これからを担う若者たちの支援こそ充実させるべきなのに、若者を絶望させているとしか思えない税制改革や社会制度にうんざりしています。原因はやはり、民主主義で選挙による多数決を重視しているからではないでしょうか。国は数の多い高齢者を守ることしか眼中にないように思います。少子高齢化と、20歳から有権者になる今の制度のため、高齢者並びに高齢者予備軍と、若者とで総有権者数の多寡を競えば、明らかに今の若者たちの方が不利です。公的年金の個人負担も、老人を支える人口の違いで、昔と今とでは、昔の方が軽かったようです。原発に賛成し、国の借金の返済を先送りし、自分たちは日本を良くしたと自負する高齢者は、今の若者を苦しめ、「最近の若いやつらは」などと的はずれの発言をしています。一方、今の若者は、数で勝る高齢者たちに選挙で負け、経済力でも負けて、絶望しています。（会社員　Gさん　男性　二五歳　千葉市中央区）

（「朝日新聞」声　二〇一二年一月二七日）

青年は民主主義のために大きな勇気と行動力を発揮します。それと同時に、目標を見失えば民主主義を破壊する尖兵になり得ることをナチス・ドイツの経験が示しています（「第二章」を参照）。

●公務員バッシング

公務員バッシングを政治家が先頭に立って行えば、これはもう政治の堕落そのものであることは百年前にウェーバーが指摘したところです。しかしこれが現実となりつつあります。一例を次に紹介します。

今、お集まりの皆さんに私が心からお伝えをしたい。この四年間でこの国の暮らしは変わったでしょうか。この四年間で私たちの将来への不安は消えたんでしょうか。多くの方が首を振られ、政治の不信は募るばかり。この一年あまりの間、麻生さんが組んだ予算は四回。その総額は一一一兆円。小泉政権の実に一四倍にも上る予算を作りながら、なぜ暮らしが変わらないのか。その理由はただ一つ。私たちの生活のために税金が使われていないから、官僚の天下りに税金が垂れ流されているからです。だから止めなければなりません。だから変えなければなりません。（拍手）（民主党馬淵衆議院議員）（『選挙演説の言語学』東照二、ミネルヴァ書房、二〇一〇年、32～33頁）

まさにその責任が今、問われているのでございます。官僚任せの政治ではなく、皆さま方が一つ、一つの政策に加わる、新しい政治を起こすことによって、ぼろぼろになった年金をなおすことができます、後期高齢者医療制度をなくすことができます。雇用問題も大幅に改善できます。皆さんのお力で、冷たい政治ではなく、新しい政治を、温かい政治を作り出すために、どうぞ皆さん、民主党に政権交代の力をお与えください。どうぞ宜しくお願いを申し上げます。（拍手）（民主党鳩山衆議院議員）（同前、71頁）

今、今回は政権選択の選挙、自民党か民主党かといわれています。しかし、皆さん、そうじゃない。私はあえていいたいんです。（ポーズ）**自民党の道と民主党の道があるんじゃないんです。（ポーズ）もはや変えるしかないんです！**（拍手）今、民主党が（聞き取り不可）このマニフェストにのっとって、天下りをなくすしか、子どもたちの未来はないと思うんです、私は。皆さん、いかがでしょうか。（拍手）片方で、天下りを許してですね、無駄遣いを継続して、そして消費税の増税をする。（民主党稲富衆議院議員）（同前、183～184頁）

ただし、教育予算の増額は、公立学校教員の三〇〇〇万円もの退職金に使われてはならないのであります。

北は稚内から南は石垣島まで、公立学校教員の退職金は、平均すると全く同額で三〇〇〇万円でございます。民間企業でこれだけの退職金を出す会社がどれだけあるでしょうか。教育予算は子供のために使うものです。つまり、日本の未来のための投資であり、公立学校教員の高給や身分保障のために使うものではありません。（二〇〇六年九月四日　中川秀直自民党政調会長「日本政策アカデミー」第一回講演）（『自民党の底力——日本政策アカデミー「シンクタンク2005・日本」非公開セミナー講演集』小泉純一郎ほか、成甲書房、二〇〇七年、41頁）

先ほどお話がありましたように、今までは「官僚の考え方を、政策的にどう実現していくか」、その中心を政権政党である自民党が担ってきたわけです。（二〇〇六年九月四日　小泉純一郎総理「日本政策アカデミー」第一回講演）（同前、21頁）

「洗脳選挙」の著者三浦博史氏は次のように語ります。

プロパガンダはウソを喧伝することだと思っている人が多いが、実はそうではない。都合のいい事実に基づいたメッセージを流すのが常套手段なのだ。それがプロパガンダの神髄であり、巧みな事実の読ませ方の「順列組み合わせ」によって、人々は騙されていくのである。（『洗脳選挙—選んだつもりが、選ばされていた！』三浦博史、光文社、二〇〇五年、188頁）

●テロへの無関心

日本の民主主義のさらに深刻な危機を表す出来事は他にもあります。

次の記事は、加藤紘一議員の実家が放火されて全焼するというテロ事件があった後だけに本当に単なる「いたずら」だったで済むのか、見えないところで何か不気味な意図が働いているのではないかと想像してしまいます。

加藤氏事務所前にロケット花火発射　容疑で少年三人逮捕

山形県鶴岡市の元自民党幹事長加藤紘一衆院議員の事務所前に設置された警察詰め所にロケット花火をうち込んだとして、鶴岡署は二十三日、道交法違反（道路での禁止行為）の疑いで、同市のいずれも十八歳の高校生ら少年三人を逮捕した。三人は「いたずらでやった」と話しているという。（「京都新聞」二〇〇七年七月二四日）

教職員組合の自主的な研究集会がテロの脅しによって開催不能となった事件も記憶に新しいでしょう。

日教組　教研全体集会を断念　ホテル側会場拒否　高裁決定従わず／〝安全〟理由に契約解除

日本教職員組合（日教組）の教育研究全国集会をめぐり、グランドプリンスホテル新高輪（東京都港区）が会場の使用を拒んだため使用できるめどが立たないとして、日教組は一日、二日午前の全体集会を中止することを決めた。一九五一年に始まった日教組教研集会で、全体集会がひらかれないのは初めて。（「朝日新聞」二〇〇八年二月二日）

かつて本島市長が重傷を負わされ、今度は伊藤市長が射殺された長崎市長へのテロ事件。判決は選挙妨害目的かどうかを判断していますが、長崎は広島と並んで世界的な平和都市運動の先頭に立つ特別に重要な都市です。その市長が二度も凶悪なテロに襲われました。本当に「たまたま」起きた事件だったのでしょうか？　私達の見えないところで何か恐ろしい企みがあったのではないか、とつい憶測してしまいます。

長崎市長射殺二審は無期　福岡高裁判決「選挙妨害目的でない」

伊藤一長・前長崎市長（当時六一歳）射殺事件で、殺人や公職選挙法違反（選挙の自由妨害）などの罪に問われた元暴力団幹部、城尾哲弥被告（六二）に対し、福岡高裁は二九日、死刑を選択した一審・長崎地裁判決（〇八年五月）を破棄し、無期懲役を言い渡した。（「毎日新聞」二〇〇九年九月二九日）

政治家も負けてはいません。次に紹介するのは民主政治に対するあきれるほどの不見識の例です。

「マネーゲームの世界に国民をなだれ込ませているのが小泉なんです。あれは狙撃してもいい男なんです」西村真悟衆議院議員／二〇〇五年九月一六日付「朝日新聞」。（『ニッポンの暴言　国民を惑わす政治家たち』横山渉、三才ブックス、二〇〇六年、202頁）

一五日の民主党議員総会での発言。（……）「撤回しろ」の声が相次ぎ「みんなが言うから訂正します」と応じた。

（……）二〇〇三年九月、日朝交渉を担当した外務省幹部の自宅で、爆発物に似せた不審物が見つかった。その際、石原慎太郎都知事は「爆弾を仕掛けられて当たり前」という暴言を吐いている。（同前、203頁）

次の例は前例に比べればまだ「かわいいもの」かも知れませんが。

「フランス語は数を勘定できない言葉だから国際語として失格しているのも、むべなるかなという気がする」石原慎太郎東京都知事／二〇〇四年一〇月二〇日付「毎日新聞」。（同前、184頁）

首都大学東京の支持組織の設立総会での祝辞。この首都大学東京は（……）、以前から反対の声は多くあった。なかでも組織改編で規模が縮小される人文学部のフランス文学担当教員たちが、もっとも強く抵抗していた。石原都知事の発言は「坊主憎けりゃ袈裟まで憎い」式の批判だ。（同前、185頁）

「四十数年、指摘されたことなかったんで」とは！

「剣道二段」は自称

「剣道二段」を名乗っている森田健作千葉県知事（五九）が、全日本剣道連盟の認定を受けておらず、自称だったことを明らかにした。二一日の定例記者会見で質問を受け、「四十数年前、恩師の範士から『分かった。二段許す』と言われた。だから剣道二段と言ってきた」と説明した。記者から「今後も剣道二段と言うのか」と問われ、「四十数年、指摘されたことなかったんで。まあ、私の思いはそういうことです」と、改めるつもりがないことを示した。森田知事は今年三月の知事選を前に、経歴として「剣道二段」を挙げていた。(「毎日新聞」二〇〇九年五月二三日)

実は日本の民主主義にとって最も恐ろしく感じるのは「国の統治機構を変える」とのスローガンのもと、これまで経験したことのない日本に作り変えようという新しい動きです。すでに地方自治体では過去の政治家が踏み込まなかった前例のない事態が進行していると感じています。しかしこれ以上はここでは触れないことにします。

●世代交代が完了しつつ

例えば「愛国心」という言葉ひとつをとっても、戦後のある時期までは大半の人にとって戦前の何かあの暗い時代の印象と分かちがたい響きがありました。少なくても、そう感じる年代層が確かに存在しています。しかしこの言葉自体はよく考えれば、受け取り方に違いはあっても何も悪いことはありません。「国」をどのように解釈するかの違いがあるだけである、といえば言い過ぎでしょうか。為政者たちがいかに巧妙に言葉を選んできたかがこの言葉の捉え方だけでもよく分かる気がします。

戦争を体験したことのない「勇ましい」政治家が多くなりました。有権者・国民も同じです。だから、結論を先走っては身もふたもないですが、現代の民主主義を考え論じる際には、まずなによりも戦後のあらゆる意味で出発点となった先の世界大戦の実相と結果をしっかりとふまえなければならないと思います。国民の間で基本的な体験と記憶、歴史がしっかりと受け継がれなければならないでしょう。文字通り全国民的な規模において。

それは二重の意味で。一つは先の大戦が世界で五千万人といわれる膨大な犠牲者を生んだ史上空前の惨禍であった、ということ。もっともこの数自体も死者に限定したものですが。もう一つは二度と世界大戦を繰り返したくないのであれば、あの大戦のすべての経験を未来永劫、孫子の代まで語り継がなければならない厳粛な義務が我々にはあるということです。昨今、「民主主義」自体の存在意義が軽く論じられているような気がします。そうであればこそ、なお一層重要であるといわなければならないでしょう。

本書では世界大戦に関する記事や研究成果の引用をさせていただきました。特に『第三帝国の興亡』全五巻は読んでみて初めて知ったのですが、最初から最後までヨーロッパにおける大戦の惨禍の実相と舞台裏をあばいた貴重な歴史的資料であり貴重な証言です。筆者シャイラー自身がナチス・ドイツに滞在していた目撃者でした。

●政治宣伝とは、民主主義とは

本書でいう「政治宣伝」とは、実質的に「全ての有権者・国民」を対象にするものの意味に限定しています。全ての有権者が一票をもっています。必ずしも平等ではないかもしれませんが。「民主主義」の言葉の意味については、まずは「国民の意思によっていつでも修正し得る政治制度」と定義したいと思います。要するに「必要なら後戻りできる政治制度」です。

本書は「試みの編集」のつもりです。今後もっと若い有能な人たちが本格的な「記録・証言集」を完成されるであろうことを願っています。ここでは、編者の主張の根拠よりも、「そう考えた理由となる事実」をいろいろな記録から例示することにつとめました。余裕があればぜひ原著を手にとっていただきたいと思います。

団塊世代の一介の労働者が現在の政治をどのように見ているのか、民主主義の危機をどう捉えたのかを知っていただき、それが、民主主義に希望を託そうと願う全ての人にとって、政治宣伝を考える際の一つでも参考になれば幸いです。

二〇一四年一二月一〇日　戦後七〇年の節目の年を目前にして

豊福良一

第一章　政治宣伝の威力

1　隠される真実、歪められる真実

●「南京大虐殺」とあるナチ党員の視線

「南京大虐殺はなかった」というタイトルのチラシが最近も新興宗教系政党によって配布された。「歴史の捏造は許さない」、「虐殺を命令した証拠などないにもかかわらず、南京攻略を指揮した松井大将は東京裁判で絞首刑に処された」とある。

戦争を実体験した最後の語り部たちが八〇歳から九〇歳。身近に聞き取ってきた我々団塊の世代もまた高齢を迎えている。かつては「当たり前」のように思われていたことが、いまでは決してそうではなくなっている。かつての日本軍国主義の行跡を正確に踏まえることは、アジアの一員としての日本が近隣諸国と平等互恵、平和共存の関係を深めるための前提である。

ところが、今日この「正確に踏まえること」が一筋縄ではいかない。その原因は、一つには重要な「証拠」がほとんど隠滅させられたことにある。焼却処分などによって組織的に消し去られたことである。一九四五年八月一五日の「玉音放送」によって日本降伏が知らされた前後から占領軍の進駐が開始されるまでの二～三週間がその隠滅作業の期間にあてられた。重要な「証拠」の隠滅には十分な時間であっただろう。

第二に、この「証拠」の隠滅を指示した命令、指令類に関する「証拠」もまた厳重に隠滅、処分することが指示された。つまりは「証拠隠滅」の「証拠」すら消し去られたのである。この事実を想い起こすたびに、「証拠もないのに」という昨今の政治家の言動には腹立たしさを覚えてしまう。

第三に、先にも触れたように戦後日本の世代交代が完了しつつあることである。つまりは当時のことを実体験した国民が激減し、逆にそうでない国民が、編者もその一員であるが大多数を占めるに至ったことである。とはいえ、今なお「語り部」として高齢をおしてがんばっておられる元兵士等がおられる。この人びとの大事な証言については後に触れることにする。

南京大虐殺の問題を考える際にとても大事な資料が多数発行されている。そのなかで最近映画も公開されたジョン・ラーベの日記と書簡（『南京の真実』）の一部を、「政治宣伝」に関係する興味深い記録の一つとして少し長くなるが紹介したい。なお、映画の描写場面と日記の関係記録部分とは必ずしも完全に一致しないところもある。しかし、ヨーロッパでは今もナチス関係の標章類の取扱には書籍類と同様厳しい規制があり、その条件をクリアしていることには留意しておきたい。

ラーベは知られているとおり、一九一八年以来、ジーメンス中国支社駐在員であり、南京事件当時は現地にある支社のトップである一方、ナチス南京支部副支部長の地位にあった人物である。南京駐在外国人有志とともに中国民間人の保護に努めた。「南京安全区」と呼ばれる区画を市街に設定し、その運営をアメリカ人宣教師と共に南京安全区国際委員会（南京難民区国際委員会）が行うようにした。ラーベは自らその責任者となり、戦災で家を失い日本軍の虐殺を逃れて南京に流入してきた難民や、南京から避難できない貧しい市民などを救済したのである。

日本軍空爆時には自宅地にハーケンクロイツ旗を掲げ、避難してきた数百人の民間人を守った話は有名である。以下の日記には、「安全区」をめぐって、難民を救おうとするラーベの献身的な行動が読み取れる部分が随所にある。

ラーベ日記のはじまりは以下の通りである。

一九三七年九月二十一日

裕福な中国人たちはとうに船で漢口へ避難しはじめていた。農場という農場、庭という庭、さらに公共の広場や通りには大車輪で防空壕が作られた。とはいっても、十九、二十日と、続けて四度の空襲にみまわれるまでは、ごく平穏な毎日が続いた。

アメリカ人やドイツ人の多くがすでに南京を去っていた。これからいったいどうなるのか。昨晩、じっくり考えてみた。安全な北戴河からわざわざここへ戻ってきたのは、なにも冒険心からなどではない。まず財産を守るため、それからジーメンスの業務のためだ。むろん、社のために命を差し出せなどといわれてもいないし、いうはずもない。第一、私自身、会社や自分の財産のために命をかける気などこれっぽっちもないのだ。だが、伝統あるハンブルク商人である私にとって、どうしても目をそむけることのできない道義的な問題がある。それは中国人の使用人や従業員のことだ。かれらにとって、いや、三十人はいるその家族にとっても、頼みの綱は「ご主人《マスター》」、つまり私しかいないのだ。私が残れば、かれらは最後まで忠実に踏みとどまるだろう。以前、北部の戦争で私はそれを見届けている。逃げれば、会社も家も荒れ果てる。それどころか略奪にあうだろう。それはともかく、たとえどんなにつらいことになろうとも、やはりかれらの信頼を裏切る気にはなれない。こんなときでなければさっさとお払い箱にしたいような役立たずの連中すら、いちずに私に信頼をよせているのをみると思わずほろりとする。

アシスタントの韓湘林が給料の前払いを頼みにきた。妻子を済南へ避難させたいという。韓はきっぱりといった。

「所長がおられる所に私もとどまります。よそへ行かれるなら、私も参ります！」

うちの使用人も大半がやはり北部の出身だが、貧しく、逃げようにも行く所がない。せめて妻子だけは安全な所へと思い、旅費を出そうといったが、かれらはどうしていいかわからず、おろおろするばかりだ。むろん、みな故郷へ帰りたい気はある。だが、帰ったところでそこも戦いのさなかなのだ——というわけで、口々に、ここに、私のそばにいる方がいいという。

こういう人たちを見捨てることができるか？　そんなことが許されるだろうか？　いや、私はそうは思わない！　一度でもいい、ふるえている中国人の子どもを両手に抱え、何時間も防空壕で過ごしたことのある人なら、私の気持ちが分かるだろう。

それに、結局のところ、私の心の奥底にはここに残り、ここで耐えぬくべきだ、という強い思いがある。私はナチ党の党員だ。しかも、支部長代理さえつとめたことがあるのだ。わが社の得意先は中国の役所だが、仕事で訪れるたびに、ドイツという国、それからナチ党や政府について尋ねられた。そういうとき、私はいつもこう答えてきた。

いいですか……
ひとつ、我々は労働者のために闘います
ひとつ、我々は労働者のための政府です
ひとつ、我々は労働者の友です
我々は労働者を、貧しき者を、見捨てはしません！

私はナチ党員だ。だから、私がいう労働者とは、ドイツの労働者のことであって中国のではない。だが、かれらはそれをどう解釈するだろうか？　この国は三十年という長い年月、私を手厚くもてなしてくれた。いま、その国がひどい苦難にあっているのだ。金持ちは逃げられる。だが貧乏人は残るほかない。行くあてがないのだ。資金もない。虐殺されはしないだろうか？　かれらを救わなくていいのか？　せめてその幾人かでも？

しかも、それがほかでもない自分と関わりのある人間、使用人だったら？

私はついに肚《はら》を決めた。そして留守に使用人たちが掘った陥没寸前の汚い防空壕を作り直し、頑丈なものにした。

そこへわが家の薬箱をそっくり持ちこんだ。とっくに閉校になった学校からも運んできた。毒ガスにそなえて、酢にひたしたマスクも用意するつもりだ。飲食物は篭と魔法瓶につめた。

九月二十二日

爆撃終了を告げる長いサイレンが鳴ったあと、車で市内をまわってみる。日本軍がまっさきにねらったのは中国国民党の支部だ。ここには中央放送局のセンターとスタジオがあるからだ。

本日をもって私の戦争日記の始まりとする。(『南京の真実』ジョン・ラーベ、平野卿子訳、講談社、一九九七年、23~25頁)

目前に迫る日本軍の攻撃について、ドイツ大使館のローゼン書記官からの報告が記されている。

十一月二十八日

昨日、蒋介石と話し合った結果についてのローゼンの報告。

「防衛は、この町の外側だけか、それとも内側でも戦うのか」という質問に対して、「われわれは両方の場合にそなえている」という答えが返ってきた。

次に、「もしも最悪の事態になった場合、だれが秩序を守るのか、つまりだれが行政官として残り、警察力を行使して暴徒が不法行為を行わないようにするのか」という質問に対する蒋介石もしくは唐の返事は、「そのときは日本人がすればよい」というものだった。

言いかえれば、役人はだれひとりここには残らないということだ。何十万もの国民のために、だれも身をささげないとは……。さすが、賢明なお考えだ!

神よ、ヒトラー総統さえ力をお貸しくだされば! 本格的な攻撃が始まったら、どんなに悲惨なことになるだろうか。想像もつかない。(同前、67~68頁)

「総統は力になってくださる」「私はあきらめない」。

以下、ラーベの日記は日本軍の総攻撃が迫っているさなかに書かれたものである。文中にある唐生智は、日本軍が南京に進攻した際、自ら志願して首都警備司令官の長官となり、首都と討ち死にすることを市民に強制しようとした。脱出用の渡し船を破壊したのだ。他方で、蔣介石の撤退命令を受けた途端に死守を断念し撤退命令を出していたという。混乱の中、南京は陥落した。こうした危機の中で、ラーベはヒトラーに救いを求めていた。切々たるその思いをつづった以下の日記からは、ヒトラーが当時のドイツ国民からどのように思われていたのかがよくわかる。心酔といってもいいほどの状況だった。

十一月二十九日

シュペアリングから電話。王固盤が辞任し、後任が指名されたとのこと。スマイスは、「こんどの警察庁長は、警察といっしょに逃げ出すようなことはないだろう」と言っている。もしそうだとしたらこれは初めてのいいニュースになるだろう。十六時に会議。たとえ日本が承認しなくても、なんらかの手を打たなければ。

ローゼンから電話。日本人は安全区に関する提案に応ずるかどうかまだ検討中だといってきたという。もしかしたら祖国ドイツからなにか働きかけがあったのではないだろうか。それにしても唐生智がしたような発言（「南京を死守する」云々）は、迷惑千万だ。司令官というのはそういうものかもしれないが、やつはとかく大見得を切りたがる。まともに防衛できもしないくせに、よくもそんな口がきけたもんだ。われわれはこの揚子江のデルタ地帯で文字通りの袋の鼠だというのに。

持ち物を整理していたらたまたま総統の写真が出てきた。ヒトラー・ユーゲントのリーダー、バルドゥア・フォン・シラッハの詩が添えられている。

総統のかくも偉大なるところ、それは／われらが総統にして／あまたの民の英雄たること。

また、彼その人／率直にして堅固、かつ素朴／彼のなかにわれらが世界の源あり。

その魂ははるか天空へと達しながら／なお人としてとどまられた。

君やわれとひとしき人として。

これを読んでふたたび勇気がでた。ヒトラー総統はきっと力になってくださる。私はあきらめない。「君やわれとひとしき素朴で飾らない人」であるあの方は、自国民だけでなく、中国の民の苦しみにも深く心を痛めてくださるにちがいない。ヒトラーの一言が、彼の言葉だけが、日本政府にこの上ない大きな影響力をもつこと、安全区の設置に有利になることを疑う者は、我々ドイツ人はもとより、ほかの外国人のなかにもいない。総統は必ずやそのお言葉を発してくださるだろう！（同前、69〜71頁）

帰国してからラーベはじきじきにヒトラーへの手紙を書き送った。すでにドイツ国内で南京の出来事を大々的に語り知らせることが難しい状況が読み取れる。なお、「この手紙を受け取った」という連絡はもらえなかったようである。

ヒトラーへの上申書

宛先：総統・ドイツ帝国宰相　アドルフ・ヒトラー殿　ベルリン

差出人：ジョン・H・D・ラーベ

目下の住所：帰国者一時滞在寮　ベルリン、ジーメンス・シュタット　ディールマン通り二〇

一九三八年六月八日

「総統閣下　中国にいる私の友人たちの多くは、南京で実際に起こった出来事について、総統に詳しい報告がなされなかったと思っております。

非公式の集まりで私は講演を行ないました。その草稿をお送りすることにより、南京の住民の苦しみを総統にお知らせするという、かの地の友人たちとの約束を果たす所存であります。草稿を受け取られた旨、お知らせいただけますならば、私の使命は果たせたことになります。

今後この種の講演、またこの件に関するフィルムの上映を差し控えるようにとの通知をいただきました。

私はご命令に従います。ドイツの政策およびドイツ当局、そのどちらにも毛頭逆らうつもりはございません。総統に心からの服従と忠誠を誓います。　ジョン・ラーベ」（同前、289〜290頁）

以下は「非公式の集まり」でのラーベの講演である。南京の生々しい様子が語られている。日本軍の暴虐の前に「安全区」はけっして安全ではなかった。日本軍に口実を与えないために、中国兵に武装解除を勧めて安全区に導き入れた自分の行動を、「あれでよかったのか」と痛切に思い悩むラーベの気持ちが痛々しい。

私たちドイツ人がバイエルン広場と呼んでいる山西道路のロータリー、これは安全区の北の角に当たりますが、まず最初にここで完全武装した兵四百人を擁する部隊に出会いました。あくまでも彼らのためを思ってしたこととはいえ、このため、あとになって私は若干良心の呵責を感じることになります。私は兵たちに、機関銃を装備した日本軍が遠くから進軍してくると伝え、危険を知らせました。そして、武器を捨てるよう、私が武装解除するから安全区の収容所にいれてもらうようにとすすめたのです。しばらく考えた後でかれらは私の忠告に従いました。あとで私は思いました。果たして自分にそんなことをする権利があったのだろうか？　あれでよかったのだろうか？　けれどもいまでは、ああするより仕方がなかったのだと思っています。なぜなら、安全区との境であるあの場で市街戦になったら、中国兵はこぞって安全区に逃げこんだにちがいないからです。そうなれば安全区はもはや非武装ではなくなり、日本軍から猛烈に攻撃されたことでしょう。さらに、当然のことながら、完全に武装解除されていれば、捕虜になることはあっても、それ以上の危険はないだろうという期待もありました。

しかしながら、またしても私は思い違いをしていたのです！

この部隊の兵士全員、それからさらに、この日武器を捨てて安全区に逃げ込んだ数千人の兵たちも、日本軍によって難民のなかからよりわけられたのです。みな、手をだすようにいわれました。銃の台じりを握ったことのある人なら、たこができることをご存じでしょう。そのほか、背嚢を背負った跡が背中に残っていないか、行進による靴擦れができていないか、兵士独特の形に髪が刈られていないかなども調べられました。そういうしるしがあった者は、元兵士の疑いをかけられ、縛られ、ひっぱられ処刑されたのです。こうして何千人もの人が、機関銃あるいは手榴弾で殺されました。そこここでぞっとするような光景がくりひろげられました。そのうえ、全く罪のない民間人まで同時に射殺されたのです。日本軍には、元兵士の数が少なすぎるように思われたからです。

残念なことに、この処刑もまた、およそ粗雑なやりかたで行われました。死刑の判決を受けた人のなかにはただ負傷して気を失っただけの人もいたのですが、死体と同じようにガソリンをかけられ、生きながら火をつけられたのです。このなかの数人が鼓楼病院へ運ばれ、息を引き取るまぎわにその残酷な処刑の模様を語りました。私もいくどかこの耳でそれを聞きました。私たちはこれらの犠牲者を撮影し、記録として残しました。処刑が行なわれたのは、揚子江の岸か街の空き地、あるいは南京におよそ三千ある小さな沼のそばでした。これらの沼はみな、程度の差はあっても投げ込まれた死体で汚染されています。国際委員会に属している紅卍字会という仏教系の赤十字組織（注・必ずしも仏教系とは限らない）を通じて、私たちはひとつの沼から実に百二十四体もの死体をひきあげました。どれもが紐あるいは電線で縛られていたので、一目で処刑されたのだとわかりました。

というわけで、先ほどお話ししましたように、武装解除させたことで私は安全区を守りはしましたが、それを除けば日本兵の命を救っただけの結果になりました。といいますのは、双方がぶつかれば、日本兵も多数命を落としたことはまちがいないからです。

そして、この処刑を合図のようにして、日本兵の不法行為が至る所で起こり始めたのです。かれらが完全に統制を失っているのはあきらかでした。私たちはまるで脱走した囚人の群れを相手にしているような気がしました。

三人から十人くらいずつ徒党を組んだ兵士たちが街や安全区を闊歩しはじめました。そして手当り次第に略奪し、婦女子を暴行しました。それだけではありません、抵抗する者、逃げ出す者、そのほかなんであろうと、癇にさわった者を片端から手にかけたのです。そのさい、大人であろうと子供であろうと見境ありませんでした。下は八歳から上は七十歳を越える女性が暴行され、多くはむごたらしく殺されました。局部にビール瓶や竹が突き刺されている女性の死体もありました。これらの犠牲者を私はこの目で見たのです。いまわの際のかれらと口もききました。鼓楼病院の遺体安置所で、もういちど遺体の布をとってもらいもしました。届けられた報告が真実に基づいていることを自分の目で確かめるためです。

みなさんは信じられないとお思いでしょうが、婦女子の暴行は安全区にいくつもあった女子収容所のまんなかで行われたのです。そこにはそれぞれ五千人から一万人までの女性が寝泊まりしていました。なにぶん我々外国人の数は限られており、この信じがたい蛮行を防ぐために常にそばにいてやることはできません。刃向かう者は手当り次第殺すこれらの凶悪な人間どもを前に、難民はなすすべもありませんでした。ただ我々外国人に対してだけは、いくらか遠慮していました。そうはいっても、我々はみな、何十回も命の危険にさらされました。これから先、いったいいつまで「はったり」がきかせられるだろうか、とおたがい話し合ったものです。私たちの「力」は、まさしくはったり以外の何物でもなかったのですから。外国の国旗が尊重されることは全くありませんでした。たとえあったとしても、ごくまれでした。アメリカ国旗はしばしば引きずり下ろされ、汚されました。このため、アメリカ人は非常に怒ったのです。六十軒あるドイツ人の家のうち、四十軒以上が大なり小なり略奪され、四軒は完全に焼き払われてしまいました。アメリカ人の被害については覚えていません。わが家から、私がこの手で放り出した日本兵も百人はくだりません。ときには命の危険もないわけではありませんでした。ナチ党員のバッジとハーケンクロイツの腕章、私には、これよりほか身を守るすべはなかったのです。わが家に押し入る日本兵の数があまりに多くなったとき、私は日本大使館の役人に次のように申し渡しました。実際、この通りに言ったのです。

「軍当局に伝えて下さい。私は、祖国の国旗とわが家の名誉とを命がけで守るつもりです。警告しておきますが、どんな結果になろうと、すべての責任はあなた方にあります」

あの十二月［編注：一九三七年］の日々（クリスマス前後がいちばんひどかったのですが）、私たちは文字通り屍を乗り越えて進んでいきました。二月一日まで、埋葬すら禁じられていたからです。家の門から遠くないところに、手足を縛られた中国兵の射殺体がありました。それは竹の担架に縛りつけられ、通りに放り出されていました。十二月十三日から一月末まで、遺体を埋葬するか、どこかへ移す許可をくれるよういくども頼みましたが、だめでした。二月一日に、ようやくなくなりました。

このような残虐行為についてお話ししようと思えば、まだ何時間でも続けられますが、このへんでやめておきます。

中国側の申し立てによりますと、十万人の民間人が殺されたとのことですが、これはいくらか多すぎるのではないでしょうか。我々外国人はおよそ五万から六万人とみています。遺体の埋葬をした紅卍字会によりますと、一日二百体以上は無理だったそうですが、私が南京を去った二月二十二日には、三万の死体が埋葬できないまま、郊外の下関に放置されていたといいます。（……）

委員会本部に向かう途中で、私の車はきまって停められました。いつもだれかが道にたっていて、妻や妹、あるいは娘が日本兵に暴行されそうになっている、なんとか助けてくれないか、と必至で訴えるのです。中国人の一団に連れられて現場に行き、まさに行為に及ぼうとしているところを取り押さえたことも多々ありました。こういう思い切った行為が危険だったことはいうまでもありません。日本兵はモーゼル拳銃と銃剣をもっていましたが、先ほども申し上げましたように、私にはナチのバッジとハーケンクロイツの腕章しかなかったのですから。武器がないなら、堂々たる態度と迫力で対抗するしかありません。事実、それはたいていの場合役に立ちました。

しだいに食糧が乏しくなっていきました。日本軍から数千袋内緒で米を買うことができましたが、まもなくこれは打ち切られてしまいました。日本軍は、もし私たちが委員会を解散し、難民を立ち退かせれば、食糧の支給は自分たちが引き継ぐか、あるいは新たに発足した自治委員会にやらせると約束しました。

私たちが委員会を解散しなかったのはもちろんです。けれども日本軍の意を迎えるため、名称を南京国際救済委員会に変更し、難民には、立場上、日本軍が安全区を出るよう要求していると伝えないわけにはいきませんでした。その結果どうなったか。出ていった女性たちの多くが大ぜい新たに暴行され、略奪されて舞い戻ってきたのです。それどころか、かつて住んでいた家の焼け跡で殺された人たちもいました。そのくせ、安全区の街角には「わが日本軍を信用しなさい！　君たちを保護し、食糧を与えるでしょう」と書かれたきれいなポスターが貼ってあったのです。

壊されたり略奪されたりしていない店など、南京には一軒もありませんでした。街の三分の一は日本軍に焼き払われ、太平路も歓楽街の夫子廟も忽然と姿を消しました。個別の私的な略奪グループについてはすでにお話ししましたが、そのあと、みごとに組織された略奪部隊が登場しました。かれらは十ないし十二台のトラックで乗りつけ、盗んだ家財を積めるだけ積んだあと、一軒一軒、またはまとめて火をつけました。フィルムの切れ端を詰めた箱を木箱に入れて運びこみ、床にばらまいて火をつけたのです。家が一ブロック、あっという間に焼けてしまいました。

われわれ数少ないヨーロッパ人やアメリカ人は絶望的な気持ちになりましたが、そのまま仕事を続けました。仲間のドイツ人とアメリカ人に対し、この場で改めて称賛の言葉を述べずにはいられません。だれもが一度ならず生命の危険にさらされました。けれども、だれ一人としてくじけませんでした。ようやく、二月のはじめ頃でしょうか、事態はいくらか好転しました。部隊が交代したのです。撤退する部隊もあらたに到着した部隊も、あいかわらずいいように略奪してはいたものの、それでもすこしずつ統制がとれてきたように見受けられました。今度は憲兵隊がおりましたし、これはいくらかほかの部隊よりはましだったので、安全区で警察の業務を果たしました。（……）

私が帰国すると聞いた難民は、はじめのうち、なんとか引きとめようと列をなして請願に来ましたが、けっきょくは納得してくれました。私はイギリス政府の厚意で砲艦ビーに乗せていただくことになり、二月二十三日に上海に向かって出発しました。

ここでローゼン書記官についてお話ししておきたいと思います。ローゼン書記官は私たちのために骨身を惜しまずご尽力下さいました。私は氏とある日本の将官とのやりとりを思い出します。

ローゼン書記官が「あなたがたの軍隊が統制を失ってからというもの……」という言い方をなさったところ、日本の将官はいきりたちました。

「何といわれる！　わが軍は世界に冠たる規律正しい軍隊ですぞ」

するとローゼン氏はすかさず切り返されたのです。

「おや。それでは日本兵があれをしたのは命令だったといわれるのですね」（同前、314～320頁）

ラーベ日記の価値について、『南京の真実』の解説者、横山宏章（明治学院大学教授）は次のように述べている。

このラーベ日記は、そうした南京安全区国際委員会のメンバーの記録の中でも超一級品である。なぜなら、日記のなかに込められている記録の豊富さはいうまでもなく、ラーベが南京安全区国際委員会の代表であり、まさしく誠心誠意、その任務を全うし、多くの外国人や中国人に感銘を与えた人物であるからだ。（……）

南京惨事については、決定的な証拠や客観的な証言も少ないまま、思惑や憶測に左右された「南京論争」に流れがちであった。それぞれ牽強付会な論陣を張って、互いに譲ることはなかった。だがこのラーベ日記が広く知られるようになることで、その論争も新たな段階に入ることが期待される。ラーベの目で確認され、多くの情報で裏付けされた数多くの「真実」によって構成された超一級の資料が「論争」の方向に絶大な影響を与えるに違いない。とくに「南京大虐殺はまぼろし」であるというグループにとっては、大きな痛手となるが、事実は事実として謙虚に認めることが大切である。

犠牲者の数についても多くの論争があるが、ラーベはヒトラーへの上申書で次のように述べている。「中国側の申し立てによりますと、十万人の民間人が殺されたとのことですが、これはいくらか多すぎるのではないでしょうか。われわれ外国人はおよそ五万から六万人とみています」。この数字を裏付けるデータはラーベ日記のどこにもないが、ラーベ個人の推測ではなく、おそらく南京安全区国際委員会のメンバー同士で議論し合った結果の数値であろうから、かなりの重さをもっている。ただし、この数は城壁に囲まれている城内、およびその周辺の市街地で殺害された数に限られている。同じ国際委員会のメンバーであるルイス・スマイス博士の被害調査によれば、都市部よりも農村部の被害が大きいということである。ラーベ日記にはほとんど誇張がないから、五、六万人という数字は、都市部の犠牲としては自信をもった発言であろう。現在の中国が公的に主張している犠牲者数（約三十万人。これには上海戦以後の南京周辺での犠牲者数も含まれている）とは大きな隔たりがあるが、五、六万人の数字だけでも、南京惨事の凄まじさを十分に物語っている。（同前、325～329頁）

国際委員会の代表であったラーベは、語学堪能、有能なジーメンスの社員ではあるが、政治的方面では特に目立った人物ではなかったといわれている。しかし結果としては後世に残る勇気を発揮した。しかも、ここには「政治宣伝」にかかわる重要な事実がうかがわれる。

第一に、今日「南京の虐殺」についてのいろいろな議論があるが、有力な責任ある当事者が体験した事実が語られることによって、それらの議論に一つのはっきりした回答が与えられたこと。これだけでも歴史的な意義がある。当時の中国人と国際委員会のおかれた立場、日本軍がどのような存在だったのかが明瞭に描かれている。

第二に、この記録には当時のナチス・ヒトラーの「政治宣伝」の威力がどれほどのものであったかが見事に示されている。善良な一ドイツ国民ラーベのヒトラーへの心底からの敬愛の念にそれをはっきりとみることができる。考えさせられる記録である。

なお、書簡の最後にドイツ大使館のローゼン書記官についての記述があるが、これは何かと差別されていたユダヤ系外交官ローゼンを慮ってのラーベの言及だと言われている。

●「郵政解散」総選挙をめぐる報道をふりかえる

政治宣伝と「劇場型政治」について考えてみたい。「劇場型政治」という言葉が国民的用語として登場したのは、なんと言っても「郵政解散・総選挙」の時であった。それは、ナチスの時代からほぼ七〇年近く飛んだ現代日本、二〇〇五年八月のことである。参議院本会議で郵政民営化関連法案が否決された。小泉純一郎首相は衆議院解散の意思を表明し、これに反対する自民党議員には公認を与えず、郵政民営化賛成派候補を擁立することにした。小泉首相は自らの解散を「郵政・ガリレオ解散」と名付けて記者会見をした。このときのテレビの瞬間視聴率は二一・八%に達したという。野党などからは「自爆解散」「花火解散」「ゆきづまり解散」「八つ当たり解散」などとも呼ばれたが、総選挙後は「郵政解散」が定着した。

衆議院議員選挙は本来、国政全般にわたって各政党が自己主張と政策を競うものである。広くは外交・内政、国内的には政治・経済・教育・文化など、国民生活全体にわたって公開された議論が展開されるのがこれまでの例であった。ところが、「郵政解散」選挙では論点は「民営化」是非の一点に絞られた。さらに、その説明や解説は短いスローガンを掲げることが好まれた。「劇場型政治」という新しい用語が生まれたが、それほど「郵政解散・総選挙」の結果は驚くべきものだった。多くの識者がその結果にとまどったように思われた。ここでも「政治宣伝」の威力を思い知らされたのであるが、もう一歩進んでその内実を知れば全く違った景色が現れてくる。

ここでは、『権力奪取とPR戦争』『政党が操る選挙報道』の二著といくつかの新聞報道を選んで紹介する。我々が新聞の報道やましてTVの報道では知り得ない選挙と政治戦の舞台裏を伝える貴重な記録、証言といえるだろう。編者が驚いたことは事実を伝えるべきTVなどの報道がじつは宣伝と演出の重要な手段として機能してきたことである。この二著によってこうした実態が明らかにされているように思う。

まずその前段から見ることにしよう。「郵政解散」に至るまでの「前夜」のことである。

平成十五年十一月九日に投開票がおこなわれた衆院選では、新たな広報戦略を展開したことで、民主党は大躍進をとげた。改選前から四十議席を増やし、一七七議席を獲得した。自由党との合併した効果もあり、比例で比較一党に躍り出た。なお、自民党は、二四七議席から二三七議席となった。（……）

自民党幹事長である安倍晋三は、この選挙結果に青ざめたという。大臣経験のない安倍が幹事長に就任するという異例の人事は、自民党が苦戦を強いられることを予想してのことだった。それでも、敗れてしまった。安倍は痛感したという。

「自民党は、生まれ変わらなくてはならない」

安倍だけではなく、与党から引きずりおろされるかもしれないとの危機感は、自民党全体にひろがった。改革への機運から生まれたのが、「党改革検証・推進委員会」であった。その改革メニューには、広報改革も盛りこまれた。（『権力奪取とPR戦争——政治家という役者たち』大下英治、勉誠出版、二〇一一年、22～23頁）

政権交代を予感させる民主党の躍進を前にして、危機感をもった与党自民党は「党改革」に進む。「広報改革」が動き出した。

世耕［編注：世耕弘成参院議員］が、党内［編注：自民党内］にコミ戦［編注：自民党コミュニケーション戦略本部］組織を立ち上げようとして足がかりにしたのが、党改革検証・推進委員会だった。（……）

委員会が発足して四ケ月後の〇四年四月に実施された統一補欠選挙。衆議院埼玉八区は格好の実験の場だった。（……）

選挙を一から仕切る——。

まず候補者をどんな形で大々的に公募するか。マスコミにはそのプロセスも含めどう取り上げてもらうか。公約や選挙運動をどう演出していくか。広告代理店など外部の力も借りてその知恵を反映させてみてはどうか。選挙戦に入っての票読みをどうするか。情勢が不利な場合どんな危機管理をするか。応援はどのタイミングで誰をどの場所にどんな形で投入するか。自民党のイメージをどう演出し伝えるか。すべてを、一括管理して党直営で戦って行く選挙戦――。

まさに、世耕の目指すコミ戦の実験的な実践だった。この経験はすべて、〇五年の解散総選挙はもちろん、その他のあらゆる選挙での候補者公募や選挙戦術といったコミ戦に直結することになる。(『政党が操る選挙報道』鈴木哲夫、集英社、二〇〇七年、37～41頁)

テレビに狙いを定める。

メディア戦略としては、テレビに狙いを定めた。無党派対策として打ち出した、若さ・元気・新しい自民党の候補といった演出はテレビニュースでもうまく反映された。

ベテランらしく街宣車の上から有権者を見下ろしながら演説する木下［編注：民主党の対立候補］に対して、柴山［編注：自民党の候補者］はというと常に走り回っている――。買収事件［編注：自民党新井正則議員選挙違反で辞職］に端を発した補選とはいえ、本来争点だった政治とカネとは違った新たな争点、つまり新旧交代というイメージ選挙を、テレビ映像は作り出していた。

テレビに対してはさらにこんなアプローチを試みた。

公募という新しい試みをPRするために、これまでの自民党では考えられないほど、舞台裏をテレビ撮影に開放したのだ。たとえば候補者選考［編注：二週間の公募期間に、全国から八十一人もの応募］のための論文。「こんなに来ましたよ」と大量の応募論文を抱えて世耕や他の選考委員メンバーが目を通すシーンにもカメラを入れた。あるキー局の報道番組では世耕は選挙区に戻る新幹線の中で取材を許可してこうインタビューに答えた。

「いやあ、大変ですよ。これから新幹線の中で、これを全部読まなきゃ」

また別の選考委員は、自宅にまでテレビカメラを招きいれ、

「徹夜だ」

と目の前に積まれた応募論文に目を通し始めた。

いかに応募が殺到したかという演出。当然、世耕らの台詞もテレビを意識しての確信犯である。それが分かっていてもテレビがこうした場面に飛びつくのは本能であり習性だ。（……）

四月二五日、投開票。鹿児島、広島はともに勝利［編注：自民党］。そして埼玉八区は――、

柴山昌彦（自民・新）　五二五四三

木下　厚（民主・前）　四六九四五

柳下礼子（共産・新）　一七六五五

と、戦前の予想を覆しなんと柴山が制した。（同前、48～55頁）

「郵政解散・総選挙」での自民党の大躍進。その舞台裏では緻密な「努力」の積み重ねがあった。次にみるのはそうした地味な活動の一端を紹介した新聞記事である。

服装・受け答え　手とり足とり／自民、「刺客」「マドンナ」候補に／専門チーム設置　アピール度、民主を一歩リード

「ブランドの洋服、バッグは駄目」「受け答えは歯切れよく」。自民党は衆院解散後、広報体制を一新した。「分かりやすく、優しく、ソフトに」（小泉純一郎首相）との方針に基づき、候補への全面支援を展開。「刺客」となった「マドンナ候補」らの服装からインタビューの応答まで懇切丁寧にアドバイスする至れり尽くせりぶりだ。

自民党本部の一室に連日、コミュニケーション戦略チームのメンバー約十五人が集まる。「今日は誰がテレビに出演するのか」「どんなレクチャーをしたのか」。元NTT広報マンの世耕弘成幹事長補佐の声が響く。集まるのは広報本部、幹事長室、情報調査局など広報に携わる面々。前日のテレビ出演のやりとりや新聞記事をすべて取りそろえ約一時間みっちり戦略を練る。テレビに出演予定の候補から連絡を受けたチームは訴えるポイントや、スタジオに持参するパネルについて指導。ある候補が年金など複雑な問題で言いよどむことがあれば、

簡単な表現を考え、次に出演する候補に伝える。携帯電話での相談も二十四時間ＯＫ。郵政反対派の対抗馬には特にきめ細かに指導する。自民党の「広報改革」のきっかけは獲得議席で民主党に一議席負けた昨年夏の参院選。反省会で「民主党はポスターや広告が格好よかった」などの意見が出て改革の機運が生まれた。ポスターや記者会見など各部署がバラバラに取り組んできた広報を今回は一本化した。アピール度で後塵《こうじん》を拝した格好の民主党の選対関係者は「これまでの戦いは自民党に圧倒されている」として巻き返しを図っている。（「京都新聞」二〇〇五年八月二六日）

自民「コミ戦」常設化の方針　メディア戦略を重視

自民党が圧勝した衆院選のメディア対策を担った同党の「コミュニケーション戦略チーム」（略称「コミ戦」、チーフ・世耕弘成幹事長補佐）が武部勤幹事長の直属として選挙期間以外も常設されることが二十三日までに固まった。民主党も機構改革で選挙時のメディア対策を担った「選対企画」を、常設の「広報戦略本部」に発展させている。テレビのワイドショー番組を中心とした選挙報道が自民党圧勝の要因となったのを受けた動きで、二大政党がメディア戦略を活動の中軸に据えることになった。コミ戦は広報やＰＲ担当の党職員と外部のＰＲ会社社員による混成部隊で、率いる世耕氏は元ＮＴＴ報道担当課長。衆院選ではポスター、テレビＣＭなど従来の宣伝から幹部の失言対策など危機管理まで担った。衆院選後は杉村太蔵衆院議員ら新人議員の教育・指導をおこなっていたものの、党則などに定められた正式組織ではないことから、党内での位置づけは「中ぶらりん」（世耕氏）の状態が続き、武部氏と世耕氏が幹事長直属とすることを確認した。（「京都新聞」二〇〇五年一二月二四日）

以上のように新聞記事はよくまとめられていた。しかし、選挙の舞台裏をもうすこし詳しく知ると「目からウロコ」の感がする。

コミ戦が開花する大きなチャンスがついに訪れた。

○五年八月。小泉の悲願でもあった郵政民営化法案は、衆議院をかろうじて通過したものの参議院で否決。小泉は八月八日衆議院を解散し、争点を郵政民営化に賛成か反対かの一点に絞った。（……）

コミ戦が作り上げた台詞

解散から公示まで、小泉は郵政民営化に反対した自民党議員の選挙区に次々に対抗馬を立て、連日のように発表した。そんなある夜、テレビニュースが放送された直後に自民党の情報調査局に一本の電話が入った。

「あの髪型がどうも気になる。古臭い。清潔感に欠ける」

年配の自民党支持者と名乗った。通常なら、「善処します」とやり過ごす程度の苦情電話だった。髪型を指摘されたのは片山さつき。静岡七区に小泉が出馬を依頼した女性候補。財務官僚。ミス東大、初の女性主計官など華々しい経歴を持ち話題性は十分。ところが数日後、再び情報調査局に一本の電話。今度は週刊誌が片山のプロフィールや趣味を特集した直後だった。別の支援者だった。

「どうもブランド好きらしい。印象が良くない」

コミ戦の危機管理対応がここで発揮された。わずか一本の電話でも、その内容は、翌日の朝のコミ戦会議で報告されていたのだった。メンバー全員で議論し、片山について寄せられた意見をあらゆる角度から検討した。そして結論はこうだった。

髪型も、ブランド物もやはり対処した方がいい。一人が感じていることは、放っておくと、いずれあっという間に広まる——。

さらに片山のテレビインタビュー。静岡七区の敵は、郵政民営化法案に反対票を投じ無所属で出馬した城内《きうち》実だったが、城内は、番組で「地域密着」「片山は落下傘」と訴え、自民党支部の支援を固めようとしていた。ところが、片山はこれに対して平然と言い切った。

「地域密着？　私はいいんです。私は小泉総理に選ばれたんです。静岡にはいつ入るのかまだ分かりません。私はマイペースです」

またまた情報調査局に、すぐ一本の電話が入った。テレビを見た静岡七区の男性党員である。

「あれじゃ地元で票は獲れない。自民党員は誰も応援しない」

この電話も直ちに翌日のコミ戦で取り上げられた。永田町の評価がどうであれ、霞が関の話題性がどうであれ、コミ戦は情報やデータをもとにあくまでも客観的であり冷静であり、時には非情であることが基本なのだ。コミ戦にとっては、今、有権者がリアルタイムで片山をどう見ているかだけが重要であり、マイナス面があれば直ちに危機回避する手を打たなければならない。（前掲『政党が操る選挙報道』、65〜76頁）

コミ戦、片山さつき候補と膝を突き合わせる。

コミ戦での片山戦略を携えて、世耕は、片山の静岡入り直前に、情報調査局に寄せられた電話の内容やどう発言すべきかなどをペーパーにまとめ、一対一で膝を突き合わせた。

「小泉さんに選ばれようがどうであろうがそんなことは関係ないしどうでもいい。変な理屈をごたごた言うべきではない。情報調査局には、ごく普通の人たちからいち早くあなたのことについて素直な反応が入ってきている」

コミ戦の議論では、城内の戦略は地域密着を強調し、片山との対決を地方対中央という対立構図に置き換えようというものではないかと分析した。郵政民営化の是非という争点以前に、地元という情に訴える選挙に持ち込まれてしまう――。早く、同じ土俵に片山を上げなければならないとの判断だった。

「一切理屈はいらない。あなたも地元を大切にする姿勢を示して、城内の地元密着の色を消さなければならない。『骨を埋めます。戸籍も移しました』の一本で行くように。髪型もすぐ変え、ブランド物は厳禁だ」

「どうしてそこまで言われなきゃならないの」

官僚として政治家と渡り合い、霞が関というまだまだ男社会の中で過ごしてきた片山。プライドも高く頑固である。徹底的に反論してきた。一対一の話し合いは一時間以上にも及んだが、これ以上の議論は意味がないと判断した世耕は、声を荒らげて言い放った。

「甘く考えてもらっては困る。コミ戦はプロの集団だ。データ分析に命をかけている」

世耕の迫力に、片山は最後は頷《うなず》いた。

その翌日からである。片山はがらりと変わった。静岡入りした駅のホームでは、

「天竜川を渡って退路を断ちました」

選挙区では、取材のマイクを向けられるたびに、

「本籍も移しました。この静岡七区に骨を埋めます」

地元を意識したこの台詞、さらには髪型も変え、ブランド物を持たないようにしたのも、すべてコミ戦が、たった一本の電話を重要視して危機管理し、作り上げたものだったのだ。

そんなことはまったく知らずに、ワイドショーやテレビニュースがその台詞を何度も繰り返し放送したのは言うまでもない。

郵政民営化法案に反対した自民党議員の選挙区へ次々に送り込まれた多くの女性候補。今回の選挙の象徴だけに落とすわけにはいかなかった。一方で、選挙経験のない候補が多く、彼女たちをどう演出するかはコミ戦の最重要テーマだった。

岐阜一区の佐藤ゆかりもまたそうだった。対立候補はというと、郵政民営化法案反対のシンボル・野田聖子。佐藤はエコノミストだが、一般への知名度はゼロ。その佐藤は、候補に決まった直後のテレビインタビューで選挙区・岐阜について聞かれ、躊躇《ちゅうちょ》せずにこう答えた。

「岐阜ですか？　いいところですよね。飛騨の白川郷には旅行で行ったことがあります。大好きです」

このインタビューが放送された翌日のコミ戦会議で、佐藤対策が議題になった。（同前、76〜79頁）

「岐阜に嫁ぐつもりで」と修正を指示。

「落下傘の女性候補がやってくる選挙区の自民支援者はたまらない。特に野田との板挟みで、どうすればいいか真剣に悩んでいる支援者に対して、『旅行で行ったことがあります』『いいところですね』などという程度の縁を軽々しく口に出してしまうのはマイナスだ。反感すら買いかねない」

コミ戦は議論の末、修正が必要との結論に達した。佐藤が独身であったことも考えてこんな台詞を用意した。

「この岐阜に嫁ぐつもりでやってきました」

岐阜との縁を、正直に具体的に言おうとするから墓穴を掘ってしまう。落下傘であることを否定すればするほど深みにはまる。一切触れる必要はない。ただただ「嫁ぐ」一本で通せ——。コミ戦は佐藤に指示した。

佐藤が初めて選挙区入りした日、ＪＲ岐阜駅でマスコミに囲まれた第一声はこうだった。

「この岐阜に嫁ぐ気持ちでやってきました」

佐藤は、その後も地元のマスコミ取材に対して、このフレーズをひたすら忠実に繰り返した。

毎日二四時間、メディアに乗った一言一言をすべて漏らさずチェックし、たった一本の電話も後回しにせず検討の対象に挙げる——。驚くべき細かな作業である。だが、コミ戦は選挙戦の陰でこれを実践していた。（同前、79〜80頁）

テレビは政治家のどんな小さな表情の変化も見逃さない。心の奥底まで映しだす。だから政治家は常に「成り切る」ことが求められる。「演技」のレベルでは国民に見透かされてしまう。

最後まで気を抜かなかったコミ戦

「絶対笑わないで下さい。笑顔を見せてはダメです」

九月一一日、投開票。投票が締め切られた午後八時と同時に、大手メディアの出口調査によって〝自民党歴史的大勝利〟は確実になった。早くも午後九時を過ぎたあたりから、安倍、武部、青木、そして、午後一〇時前には小泉も、民放テレビ各社の中継に出演した。また、当確者が出るたびに、幹部がひな壇に上がり、候補者一覧のパネルに赤いバラをつけていった。

ところが、それを一人一人つかまえて声をかけたのが世耕だった。幹部の耳元で世耕は囁《ささや》く。

「このままいくともしかすると単独で過半数、いや三〇〇にまで届く勢いです」

だが、大勝利という、思わず舞い上がるような予測とは裏腹に、幹部に迫る世耕の表情は険しい。

「怖いのは反動です。嬉しくて冗談の一つも言いたい気分でしょう。大笑いしたい気分でしょう。でも怖いのは、そうした表情は、大勝した途端自民党は気が緩んだと国民には映ります。ここは引き締めて下さい。謙虚に謙虚に、責任の重さを痛感していることをアピールしなければダメです。有頂天になっていたら、今日我々に投票してくれた無党派層は、明日から反自民・民主支持に一気に変わってしまいますよ」

「分かった」

「はい。じゃあ、いきましょう。いいですか。絶対笑ってはダメです」

世耕が背中を押し、幹部を次々にひな壇へと上げて行った。

そう言えば、この夜、テレビに映る自民党幹部たちが笑わなかったのを覚えている視聴者も多いのではないだろうか。とりわけ小泉はそうだった。当確者のバラつけのときには、わざわざ小泉に報道陣から、「総理！笑って下さい」と声をかけられ、ようやく口元に笑みを見せた程度だった。

こうした、笑わない幹部たちを評して、テレビに出演していた政治評論家やキャスターたちは、「硬い表情は責任の重さを痛感しているのだろう」と解説した。

また、翌日の新聞や週刊誌など活字メディアさえも「予想以上の大勝利・支持に対して結果を出さなければという重圧と責任感」などと形容した。

しかし、会見でのこうした表情は、コミ戦が最後の最後まで気を緩めず戦略的に指示したものだったのだ。

テレビ画面には、大勝利に浮かれることなく政権運営にまじめに緊張感を持って臨むという真摯《しんし》な自民党の姿が演出され映し出された。コミ戦の狙い通りのコメントも、ちゃんとしゃべってくれている……。

今回の選挙、コミ戦がメディアに仕掛けた戦略は、最後の最後まで脱帽するしかなく、それはメディア敗戦の連続だったのだ。（同前、98〜101頁）

●武器としての宣伝——ミュンツェンベルクによる視点

ここでは、ヒトラーと同時代に生き、ナチスと闘ったヴィリー・ミュンツェンベルクによる『武器としての宣伝』を紹介しておきたい。ミュンツェンベルクは『赤いゲッベルス—ミュンツェンベルクとその時代』（岩波書店、二〇〇九年）と書名にも挙げられる、その時代のドイツ共産党のリーダーの一人であった。ゲッベルスといえば、ヒトラーのナチス政権宣伝担当として辣腕をふるい、「嘘も百篇繰り返せば真実になる」と豪語した「プロパガンダの天才」といわれた人物である。

一方、ナチスによるドイツ国会議事堂放火事件の際のゲッベルスのプロパガンダに対抗し、そのフレームアップ性を徹底的に暴露したのは、のちのコミンテルン書記長ディミトロフであり、彼が「反ファッショ統一戦線」の提唱者であったことは知られている。彼は、一九三五年コミンテルン第七回大会で、それまでの共産主義者のセクト主義的で排他的、独善的で公式主義的な路線の誤りを鋭く指摘し、意見の相違を前提とした多様で広範な、相互尊重と民主主義に基づいた運動の構築、共同行動の拡大こそがファシズムとその政治体制を許さないために必要である、と説いた。

そして、世間ではあまり知られていないが、ディミトロフをここまで押し上げ、統一戦線、人民戦線を単なる戦術ではなく、ファシスト以外のあらゆる人々の戦略的な共通の課題、獲得すべき目標にまで高め、その組織化の中心を担い、その先頭に立ってきたのが、ヴィリー・ミュンツェンベルクであった。ミュンツェンベルクは、一九四〇年、謎の死を遂げる。

なお、最近発刊された佐藤卓己氏の『増補　大衆宣伝の神話　マルクスからヒトラーへのメディア史』（筑摩書房、二〇一四年）では、「ヒトラーの宣伝神話」自体を再検討する必要が指摘されている。重要な指摘である。しかし、政治宣伝の一般的重要性は変わらない。

ミュンツェンベルクは、ゲッベルスによるプロパガンダの巧みさは「敵」の手法から学び取る柔軟さにもあることを見抜いていた。また、「敵」を打倒するためには、「敵」全体をやっつけるのではなく、一部のグループ、個人をやり玉に挙げて集中砲火を浴びせることが有効であることを知っていた。

そして、本書においてミュンツェンベルクは、ファシズムの時代を生きた先人のひとり、作家トーマス・マンの警句を紹介し、反ファシズムの側がもっと政治宣伝の重要性に気づくべきだと述べている。

国民社会主義ドイツ労働者党（ナチ）は、宣伝をこれまでのいかなる政治的、経済的、宗教的運動さえ成しえなかった域にまで発展させた。その宣伝規模と、注ぎこむ資金のすさまじさは、先人たちの影を薄くしている。それはナチが手本とした、大戦中のアメリカ合衆国の大々的な宣伝さえ凌いでいて、世界記録を次々と書き換えている。（『武器としての宣伝』ヴィリー・ミュンツェンベルグ、星乃治彦訳、柏書房、一九九五年、13頁）

ヒトラーの党はブルジョア政党としては初めて、広範な国民各層の中で大衆宣伝を組織した。（……）ヒトラー宣伝は、全ての階層にわたる困窮や絶望を共通の分母でくくろうとした。こうした考え方は理由づけはされなかったが、不幸のどん底にあり、社会勢力の衝突にはうんざりしていた全ての人間に対して、絶大な効果を及ぼした。（同前、136～137頁）

ヒトラー宣伝は敵の装置を取り込み、自己の目的のために使うということだけに限らず、常に敵対する運動を研究し、極めて綿密にその展開の新しい段階を観察している。ヒトラー党ほど敵からこれほど多くの方法や手段を摂取した運動は珍しい。（同前、165頁）

ヒトラーの『わが闘争』には、ほとんど全ページにわたって、悪口雑言が見受けられる。政治闘争の中で敵を罵るのは、これまでの文明国では考えられないことだった。「ルンペン野郎」「浮浪者」「最悪な精神的売女の類」「嘘つきの犯罪者」「悪知恵ばかり働く殺し屋」「ポンビキ」「のらくら暮らし人目をはばかるならず者」等々。罪を犯した個人のことが言われているのではない。政敵がこう呼ばれているのだ。こうした兵舎でしか話されないような言葉をヒトラーとその宣伝家は好んで使った。(……)

ヒトラー宣伝は、こうした普通の悪口雑言だけでは満足せず、さらに特定の敵対するグループに、ありとあらゆる悪口雑言を浴びせかけ、最後には政敵の個人攻撃に向かう。個人のプライベートな面で攻撃し、人間としての侮辱を容赦なく浴びせる。(同前、196頁)

反ヒトラーの反対宣伝にとって、トーマス・マンが一九三七年五月初め、ニューヨークのある会議の席でこう言ったのは要を得ている。

「近代的宣伝手段を、邪悪な者たちの反人間的目的のために、思いのままに使わせることが間違いだと、やっと私たちにはわかりました。寛大の精神は必要ですし、面倒臭いことでもありますが、いまの世界の状況は闘うこと、そして自衛することを要求しているのです」。(同前、259頁)

2　宣伝の特徴と政治感覚

ここでは、歴史的なプロパガンダに関する国内外の言説や記録を、アトランダムに収録・紹介した。

『ナチズムの記憶』は、サブタイトルが「日常生活からみた第三帝国」とあるように、ナチス治下のドイツにおいて、庶民がどのようにナチスを見ていたのか、どう対応していたのか、多くの記憶と証言が紹介され描かれている。そして、意外にも多くの人が、ナチス時代に好印象を持っていることが紹介されている。ナチスに対して、主にいい記憶が残っているのはなぜなのか。親ナチの農村と、反ナチの炭鉱町を比較しながら証言を紹介する。それらを通して庶民の実生活はどうなっていたのかを読み取っていくのである。ドイツの二つの村の住民がナチス支配当時に何を考え、どのように行動し、今どのように記憶しているのか、そして考えているのか、それを丹念に比較実地調査によって明らかにした労作である。ヒトラーとナチスが当時のドイツ国民からどのように見られていたのか、ナチスの支配する政治がどのように受け止められていたのかを知ることのできる証言で満たされている。ユダヤ人に対する意識の実際を知ることもできる。

大著『第三帝国の興亡』(原題：The Rise and Fall of the Third Reich、以下『興亡』)は、アメリカのジャーナリスト・現代史家であるウィリアム・L・シャイラーによるドイツ第三帝国の誕生から滅亡までを綴った大著である。邦訳は全五巻として、次のようなサブタイトルを付して発行されている。

1　アドルフ・ヒトラーの台頭
2　戦争への道
3　第二次世界大戦
4　ヨーロッパ征服
5　ナチス・ドイツの滅亡

本書は、シャイラーがナチス・ドイツの一二年間余の行跡を一人のジャーナリストとしてさまざまな角度から実際に見聞きしたことを中心にして、後に調査された膨大なドイツ外務省の文書類の分析をふまえて書き表された大著。編者である私は、本書をまとめながらも、いつのまにかその思考が『興亡』の諸巻にもどってしまう、それほど強い力で引きつけるものがあった。したがって、本書でも以下の各章で、しばしば『興亡』に立ち戻ることになる。くどいと思われるかもしれないがご容赦願いたい。

そんな次第で、本書はあやうく『興亡』全五巻のダイジェスト版になるところであった。読まれた方も多いだろう。現在の日本の民主主義を考える際にも欠かせない書物ではないだろうか。

『私は闘う』は、京都では反蜷川府政の急先鋒であった野中広務の著作である。

野中は自民党幹事長などを歴任した政治家としては異色の人物である。第二次大戦における戦争体験から、戦争反対や平和、残された戦争責任をきれいに片づけるべきという思いがあり、著書やインタビューなどで訴えている。二〇〇九年、永年の宿敵であった共産党の機関紙「しんぶん赤旗」のインタビューでも平和について語った。これについて、「政治の最大の役割は戦争をしないこと。『戦争反対』であれば、どんなインタビューでも受けますよ」と語っている。

また、松本サリン事件の被害者でありながら被疑者扱いされた河野義行に対して、事件当時国家公安委員長であった者として「人間として政治家として心から申し訳なくお詫びしたい」と謝罪したことや、重度身体障害者療養施設や重度身体障害者授産施設を自ら設立・運営していることなどから、野中の姿勢は魚住昭や後述の後藤謙次などから「弱者への眼差し」と呼ばれる。

さらに、戦前来、野中の地元には多くの鉱山があり、朝鮮半島出身の労働者が働いていた。少年時代の野中の子守をしたのは、朝鮮人女性だったという。野中は「朝鮮半島から連れて来られた人たちが虐待を受けた姿を何度も見てきた。僕には大へんひどい目にあわせたという罪悪感がある。そういうものを我々が生きとる間に払拭して、朝鮮半島との信頼関係をつくっておきたいんや」と語っている。

そのほか、民主主義にとって小選挙区制度がいかに危険を孕んでいるか警鐘を乱打している。かつて政権政党の最高幹部、閣僚の一員であった政治家の証言としてぜひとも伝えたい一節である。

二〇〇五年七月の元官房長官後藤田正晴の談話記事は九年前の発言。「一億総懺悔」のことばに深い疑問を抱いた氏は東京裁判も傍聴した。「行政の中枢に身を置き後には閣僚として戦後政治を見つめてきた」政治家の発言として貴重である。後藤田は野中広務より一〇年ほど先輩にあたる。

警察畑の官僚出身の政治家として「カミソリ後藤田」の異名をとっていたが、晩年は戦中体験をもとにした独自の言説で注目された。とくに昨今の急速な「政治の右傾化」の中にあって、野中とともに後藤田の過去の言説が注目されている。教科書検定においては、歴史修正主義の立場をとる「つくる会」の『新しい歴史教科書』(扶桑社)の採択に、一貫して反対の立場をとった。

また、イラク戦争における自衛隊派遣に反対し、小泉純一郎内閣を「過度のポピュリズム」と批判した。また、小泉による「民営化」路線、「官から民へ」のスローガンは、過度の自由競争を刺激し格差を拡大する政策として批判した。「利潤を美徳とする民間企業が引き受けられる限度を明示せずに、官から民へは乱暴である」と。

後藤田は「左派ではないか」と言われることに対して、自分は保守的な政治家であると言い、「自分が左派扱いされるのは、日本が右傾化し過ぎているのではないのか」と反駁したという。

『自民党の底力』『自民党の智慧』の二冊は、政権与党として長い間国政に直接かかわってきた政党の主要幹部が非公開の場で本音を語った記録である。そのなかには、編者として必ずしも同意できない意見もあるが、傾聴すべき発言も掲載されている。本書の主題に関係する部分のみいくつか引用した。

二〇〇七年一二月から一二年一月に至る新聞記事は、長い間政権与党であった自民党が後退して野党に転落し、そして再び与党に復帰する間のいわば苦闘の時期に何を考えどう行動したのかを記した、ひとつの時代の記録である。わずかを引用した。

二〇〇四年一〇月の京都新聞と朝日新聞の記事は、現天皇の国のあり方に関する高い見識を示す発言として特筆すべきと思う。正確を期すために複数紙から引用した。現天皇の見識においては憲法の象徴天皇制の規定は見事に守られていることを知ることができ、深い感銘を受けた。かつての「皇太子、美智子さん」の姿をテレビを通じて見て来た世代のひとりとして感慨ひとしおである。

＊＊＊

『ナチズムの記憶』から。
ドイツの国際連盟脱退の可否を問う国民投票に関する一節である。ドイツが国際的には被害者であることが強調されている風潮の一端が紹介されている。なお、戦前日本でも同様に「ABCD包囲網」が喧伝された。

この鉱夫の息子は、一九三三年十一月の、あの国際連盟からの脱退の可否を問うた国民投票のことをおぼえていた。彼によれば、子供たちは、学校でドイツの地図が印刷された絵葉書に色をぬらされた。その地図の上には、ドイツの戦闘旗が、フランス、イギリス、ソ連の国旗にとりかこまれるように印刷されていて、「君は、賛成票でこれを阻止せよ」と書かれてあった。投票日の前日には、パレードをおこない、絵葉書を通行人にくばった。投票日の翌日には、両親と「賛成」というプラカードをもって学校にいったというものである。

絵葉書の図案が象徴的である。ナショナリズムは受け身で表現されている。「敵に包囲されるドイツ」とか、「植民地を奪われたドイツ」のように。そしてヘレロ蜂起についても、「圧倒的に優勢な敵にたいして英雄的に戦うドイツ守備隊」というように、ドイツ側があたかも被害者であるかのように書かれている。（『ナチズムの記憶――日常生活からみた第三帝国』山本秀行、山川出版社、一九九五年、139～140頁）

『第三帝国の興亡　4』から。
日本が一九四一年一二月八日、アメリカ・ハワイの真珠湾を奇襲攻撃した三日後、ドイツはアメリカに対して宣戦布告した。以下はその時のヒトラー演説の一節である。ルーズベルト大統領に対する徹底した個人攻撃。大統領をアメリカ国民から孤立させようとする、実に周到で巧妙な言い方。孤立させて叩き潰すヒトラーの面目躍如としている。

十二月十一日――議会におけるヒトラー

十二月十一日［編注：一九四一年］、議会のロボット議員連中を前に、アメリカにたいする宣戦の弁明を意図しておこなわれたヒトラーの演説は、主としてフランクリン・D・ローズヴェルトに個人的悪罵をなげつけ、大統領がニューディール政策の失敗を隠すために戦争を起こし、億万長者とユダヤ人どもの援護を受けた「この男だけ」が「第二次世界大戦」に責任があると怒号するためのものだった。（……）

ローズヴェルトの理念とわたしの理念とのあいだには世界的な距離があることは、十分すぎるほどわかっている。ローズヴェルトは富裕な家柄の出身で、デモクラシーによって均《なら》された平坦な道を歩めばいいという階層に属している。わたしは貧しい家に生まれ、勤労と勤勉で道を切り開くしかなかった。大戦が勃発すると、彼はほかの者が戦場で血を流しているときにひと儲けしようとする連中が受け取る美味しい結果を知るだけで事足りる、恵まれた地位を占めた。わたしは命令を受けて果たすだけの一兵卒にすぎず、当然ながら一九一四年の秋と変わらぬ貧困のうちに帰還した。わたしは何百万人と運命を共有し、フランクリン・ローズヴェルトはいわゆる〝上流の一万人〟のひとりとして運命づけられている。

（『第三帝国の興亡　4　ヨーロッパ征服』ウィリアム・L・シャイラー、松浦伶訳、東京創元社、二〇〇八年、379〜382頁）

『私は闘う』から。

ここで政治、政治宣伝の前提としての「政治感覚」「政治家の矜持」とは何かを見てみたい。政治家としての誇り、矜持といったものを感じさせる人士は少なくない。

野中広務（元自民党幹事長）は語る。個々の主張には必ずしも賛成できない点もあるが、時代の風潮に流されずに生き抜こうとする政治家である。

日本には恐ろしい風がある。マスコミもそうだ。政治改革イコール選挙制度改革といつのまにかすりかえられ、おかしな状況になっているにもかかわらず、違う風は吹かなかったのである。私はずっと慎重な意見を言い続け「守旧派」のレッテルを張られ、世間からも、選挙区からも冷たい眼差しで見られた。

こうした風は戦前から何度も吹いてきた。戦前の大東亜共栄圏。戦後においては、反安保闘争等々、その度に日本人は熱狂し、後でほぞをかむことになった。

今度の風でできたのは小選挙区制度である。次の選挙でこの小選挙区を体験したとき、熱にうかされた人々は何を思うのだろうか。（『私は闘う』野中広務、文藝春秋、一九九六年、95頁）

石原前東京都知事の価値観にかならずしも賛同できないが、有権者の心をとらえる「政治宣伝」の面では学ぶべきところがある。

石原は、都民に訴えた。

「東京を変えることで、日本を変える」

東京を変えることが日本を変えることにつながるとの時代認識を設定し、石原自身が都知事としてなにをしていくかを訴えた。

それとともに、都民が優秀であることと、東京を変えるためにその優秀さを生かしてほしいと都民の参加を願うメッセージを発信した。このようなメッセージを発する政治家は、日本には他にいなかった。

石原慎太郎は、都民の心をがっちりと掴みとった。みごとに当選を果たした〔編注：一九九九年四月〕。石原の手法は、のちに「自民党をぶっ壊して日本を変える」と訴えて自民党総裁選を勝ち抜いた、石原にとって親戚筋にあたる小泉純一郎とまるきり同じ構図だった。（前掲『権力奪取とPR戦争』、8頁）

平和や憲法の問題を考える政治家は野党だけとはかぎらない。すこし古い発言だがこんな発言がある。

ハト派政権が日本には必要　古賀氏が意欲

自民党の古賀誠元幹事長は十四日、福岡県黒木町で講演し「ハト派的な理念を持った政権をつくらないと、日本がいつか来た道に戻ってしまう」と、自衛隊イラク派遣をめぐる小泉政権の安保政策に危機感を表明、「ポスト小泉」の受け皿づくりに意欲を示した。古賀氏は自衛隊派遣に関する国会審議に触れ「小泉（純一郎）首相と民主党の菅直人代表との議論は怒鳴り合いで中身がない」と双方を批判。「ポスト小泉」について「ちょっと小泉政権が右に振れているから、真ん中に戻すぐらいで、平和や憲法の問題を考えなければいけない」と述べた。（「京都新聞」二〇〇四年二月一五日）

国民の気分、感情をつかもうとする努力、これも自民党の強さか。ただし、日本の格差が本当に国民に知らされているのかは疑問であるが。

一昨年、ニューオーリンズにハリケーン、カトリーナが襲来しましたが、あのとき、繁栄する超大国であるアメリカの「光と影」がメディアの報道を通じて白日の下にさらされたのではないか。あれからブッシュ大統領の支持率も低下したわけです。アメリカというのは格差のある国ですが、あれほど酷いとは思わなかったと多くの人が感じたのではないでしょうか。アメリカというのは上位一％の人たちが国の富の半分近くを占めております。所得の多い人たちはますます所得が増えて、所得の少ない人たちは一向に所得が増えない。

今、それと同じことが日本でも起こるのではないかという不安が鬱積《うっせき》しているのではないでしょうか。格差というのはどこの国にもあります。先進諸国だけではなく、例えば中国もそうです。都市と農村の格差は大変に大きい。日本はまだ諸外国と比べればそれほど格差は広がっておりません。

ただ、あの六本木ヒルズができて、ホリエモンみたいな人たちが、毎日のようにお嬢さん方と合コンしているような姿を多くの方が見て何かイライラするようなものが出てきた。やはり格差感を国民の皆さんが感じておることは事実ですので、これを解消しなければならない。（二〇〇七年二月二六日　丹羽雄哉自民党総務会長「日本政策アカデミー」第一〇回講演）（『自民党の底力――日本政策アカデミー「シンクタンク2005・日本」非公開セミナー講演集』小泉純一郎ほか、成甲書房、二〇〇七年、263〜264頁）

政治家の見識。

元官房長官後藤田正晴語る。靖国問題や東京裁判についての分かりやすい説明である。九年前（二〇〇五年）の発言だが、今聞いてもなるほどと思える。元政府要人としての貴重な証言である。

戦後六〇年　後藤田正晴さんに聞く／A級戦犯には「結果責任」／東京裁判受け入れ　国際的約束／首相の靖国参拝説明つかない

小泉首相の靖国神社参拝をきっかけに、近隣国との関係がゆらいでいる。東京裁判を否定する自民党や政府の要人の発言が絶えない。復員直後に東京裁判を傍聴し、官僚、そして閣僚として戦後政治を見つめてきた後藤田正晴さん（九〇）に聞いた。（……）

――A級戦犯は犯罪人ではない、という主張もあります。

「A級戦犯といわれる人たちが戦争に勝ちたいと真剣に努力したことを、だれも疑っていない。しかし、天皇陛下に対する輔弼の責任を果たすことができなかった。国民の多くが命を落とし、傷つき、そして敗戦という塗炭の苦しみをなめることになった。そのことに、結果責任を負ってもらわないといけない」

――東京裁判を受諾した五一年のサンフランシスコ講和条約一一条について、「判決は受け入れたが、裁判全体を認めたわけではない」という意見があります。

「負け惜しみの理屈はやめた方がいい。サンフランシスコ講和条約は、戦後日本が国際社会に復帰し、新しい日本を築く出発点だ。それを否定して一体、どこへいくんですか」

「東京裁判にはいろいろ批判もあるし、不満もあった。ただ、裁判の結果を受け入れた以上、それにいまさら異議を唱えるようなことをしたら、国際社会で信用されるわけがない。条約を守り、誠実に履行することは、国際社会で生きていくために最低限守らなければいけないことだ」

——A級戦犯を合祀した靖国神社に首相が参拝することを、戦争責任との関係でどう考えますか。

「東京裁判の結果、処断された人たちであるA級戦犯を神としてまつる。これは死者を追悼するとともに、その名誉をたたえる顕彰でもある。そこに条約を締結した国の代表者が正式にお参りすることは、戦勝国の国民に対して説明がつかない。日本国民としても、敗戦の結果責任を負ってもらわなくてはならない人たちを神にするのはいかがなものか、という疑問があるだろう。首相は靖国神社参拝を控えるのが当然だ」（……）

——小泉首相は参拝の理由を「私の信条に発する」と説明しています。

「個人の信条と首相としての立場を混交している。驚いたのは、首相が国会答弁で『（A級戦犯を）戦争犯罪人と認識している』と言ったことだ。戦争犯罪人だと考えるのなら、なぜおまいりするのか。結果として、サンフランシスコ講和条約を守る意思がないということになる。いよいよ筋が通らないのではないか」（……）

——首相の靖国参拝を「中国に言われてやめるのはおかしい」という主張もあります。

（……）「だからといって、靖国に中国がとやかく言うのは内政干渉だ、けしからんというのは間違いだ」

——中国、韓国との関係が悪化しています。

（……）「いま国民全体が保守化しつつあるが、それを背景に政治家がナショナリズムをあおり、強硬な態度をとれば間違いない、という空気がある。大変な過ちを犯している。米国のそばにいれば安心だというのはひとつの選択だが、中国や韓国を敵に回していいはずがない。地政学的な配慮が足らん。アジア近隣各国との友好こそが大事なことだ」（「朝日新聞」二〇〇五年七月一三日）

ここで少し主題が変わるが、政治家のなるほどと思える主張・発言である。

でも学校は午後三時頃に子供を放すんです。だから放課後、例えば地域のボランティアの方に若干の謝礼を出しながら、お父さんやお母さんが帰ってくるまでの間、子どもをつなぐ措置をしている。

しかし同時に、「教育の原点は家庭である」ということだけは忘れてはならない。家庭が果たしていた役割が崩壊をしてしまって、その負担が全部学校に圧し掛かっている。躾だとかマナーだとか、いろんなことがあります。

もちろん学校の先生にも同じような役割がありますが、すべてを学校に任せてしまうのではなくて、やはり家庭に原点がある。

夜はテレビを早めに消して寝て、早く起きて、みんなで朝ごはんを食べる。「早寝、早起き、朝ごはん運動」です。そういうことをやっていかなければいけないと思います。（二〇〇七年三月五日　伊吹文明文部科学大臣「日本政策アカデミー」第一一回講演）（『自民党の智慧――日本政策アカデミー「シンクタンク2005・日本」非公開セミナー講演集［第2集］』シンクタンク2005・日本編、成甲書房、二〇〇八年、34頁）

後退を直視する自民党。結局一度は政権を明け渡したが、その後の政権復帰につなげる。

自民・〇八年運動方針原案／立党以来の危機強調　地方に重点、保守色薄く

自民党の二〇〇八年運動方針原案の要旨は次の通り。

【前文】参院選で大敗を喫したのは国民の「信」を得られず、国民に不安を与えるという政権与党がしてはいけない過ちを犯したからだ▽現状は十五年前に政権を失った時よりさらに厳しい▽（……）▽野党に粘り強く政策協議を呼び掛け、新しい国会運営の仕組みを確立する。（「京都新聞」二〇〇七年一二月一六日）

相手党の失策にはしゃいではいけない。下野が迫っているにもかかわらず冷静に現実に向おうとする姿勢はさすがというべきか。

自民は引き締め　領袖「敵失で解散」に苦言

早期の衆院解散論が強まる自民党で二日、各派領袖が党内の「引き締め」に乗り出した。違法献金事件による民主党の敵失で、反転攻勢の機運は高まるものの、事件が自民党に波及する可能性も残っている。内閣支持率も伸び悩んでおり、領袖からは「はしゃいだ印象を与えないよう、注意してほしい」（町村信孝前官房長官）との苦言が相次いだ。町村氏は二日の町村派総会で「先方のミスで、わが方に順風が吹いているわけではない。（衆院解散は）『五月がいい』と声高に言えば、国民から『調子がいい』と批判を招く」と強調。（……）自民党内では「補正成立後の解散あるべしと受け取った」（山崎拓前副総裁）との見方が広がっている。ただ、伊吹文明元幹事長は二日の伊吹派総会で「相手の敵失で、点をとってはいけない。内閣支持率は、自民党支持率をかなり下回っている」と指摘した。（「毎日新聞」二〇〇九年四月三日）

究極の教訓か？　堅物にみえる岡田元民主党幹事長にこんな柔軟性があったとは意外？

批判ばかりじゃ

民主党・岡田克也幹事長「郵政民営化すればすべてバラ色だ」。自民党はとんでもないことを言って勝ちました。私たちの生活はよくなったんでしょうか。ノーだと思う。これ以上言いません。批判ばかりする最近の麻生さんみたいになってしまいますので。批判ばかりしては皆さんに伝わらない。（神奈川県鎌倉市での街頭演説で）

（「毎日新聞」二〇〇九年八月二八日）

政策の当否は別として、国民向けの視点を求める自民党の政治感覚はこんなところにも見られる。

谷垣執行部、内外に悩みの種／「総裁は言い訳多い」「党利党略ばかりだ」地方から突き上げ

消費増税などの与野党協議を拒む谷垣自民党の執行部に対し、地方組織の若手や幹部を党本部に集めた二一日の会合で「政局優先」との批判が噴き出した。石原伸晃幹事長が出席した四五歳以下の党員でつくる青年局の会合では、山梨県連の代表が「幹事長は天下国家の話をしていない。消費税論議はどうにもならない状況に来ている」と真っ向から批判。「総裁は言い訳が多すぎる」（新潟）、「総裁は口を開けば『解散、解散』と言うが、今やるべきこともある」（東京）などと不満が相次いだ。

谷垣禎一総裁は全国幹事長会議に出席し、「解散に追い込み、自民党の手で政治を担うことが唯一の目標だ」と力を込めたが、山口信行・兵庫県連幹事長が「党利党略ばかりで国民のためにどうするかという視点が欠けている。『民主党を追いこむ』などという言葉は聞きたくない」と発言すると、拍手がわいた。（「朝日新聞」二〇一二年一月二二日）

「強制でないことが望ましい」／天皇陛下　学校の日の丸・君が代で／園遊会で発言

東京・元赤坂の赤坂御苑で二十八日に開催された秋の園遊会で、天皇陛下が招待者との会話の中で、学校現場での日の丸掲揚と君が代斉唱について「強制になるということでないことが望ましいですね」と発言された。棋士で東京都教育委員会委員の米長邦雄さん（六一）が「日本中の学校国旗を揚げ、国歌を斉唱させることが私の仕事でございます」と述べたことに対し、陛下が答えた。国旗国歌問題に関して陛下が発言するのは異例という。園遊会後に会見した宮内庁の羽毛田信吾次長は「行政施策の当否を述べたものではない」と政治的発言であることを否定した上で「国旗や国歌は自発的に掲げ、歌うのが望ましいありようという一般的な常識を述べたもの」と話した。

一九九九年に施行された国旗国家法は、日の丸を国旗、君が代を国歌と定めたが、義務規定や罰則規定はない。一方、学習指導要領は国旗国歌について「指導するものとする」と定め、文部科学省が全国の公立校に指導の徹底を求めている。全国の公立小中高校における入学式、卒業式の日の丸・君が代の実施率はほぼ一〇〇%となっている。（「京都新聞」二〇〇四年一〇月二九日）

この発言については微妙な問題でもあり、他紙の記事も紹介する。

国旗・国歌で陛下／「強制でないのが望ましい」／園遊会の席上言及

天皇陛下は園遊会の席上、東京都教育委員を務める棋士の米長邦雄さん（六一）から「日本中の学校で国旗を掲げ、国歌を斉唱させることが私の仕事でございます」と話しかけられた際、「やはり、強制になるということではないことが望ましい」と述べた。米長氏は「もうもちろんそう、本当に素晴らしいお言葉をいただき、ありがとうございました」と答えた。陛下が国旗・国歌に言及するのは異例だ。

陛下の発言について、宮内庁の羽毛田信吾次長は園遊会後、発言の趣旨を確認したとしたうえで「陛下の趣旨は、自発的に掲げる、あるいは歌うということが好ましいと言われたのだと思います」と説明。さらに「国旗・国歌法制定時の『強制しようとするものではない』との首相答弁に沿っており、政策や政治に踏み込んだものではない」と述べた。（「朝日新聞」二〇〇四年一〇月二九日）

●郵政解散・総選挙の諸相

「はしがき」でも少し触れたが、政治宣伝の威力をまざまざと見せつけられたのはやはり郵政解散・総選挙だった。意外にも「郵政解散」で民主党は一時喜んだとか。

いっぽう民主党は、暴挙ともいうべき小泉首相の解散をよろこんだ。勝利を確信し、だれもが明るかった。

民主党のＰＲを請け負っているフライシュマン・ヒラード・ジャパンの田中社長は、あらためて小泉首相の凄みを感じていた。その集大成という形で、郵政解散という大博打を打ってきたのであった。田中は、岡田代表にはアドバイスしていた。

「この段階で、代表が笑うのは、一番の問題です。だから、カメラの前では特に気をつけて、にやっとするのもいけません。それを見ると、国民は、岡田代表に疑問を抱きますよ」

堅物の岡田がにやりとすると、不気味にさえ見えてしまう。そのうえ、この「民主党有利」は、決して、民主党主導によって手にした「有利」ではなかった。むしろ、郵政民営化法案に対する自民党内のお家騒動によるもので、漁夫の利とも言える。そのようなときに、ふだんは微笑みすら浮かべない堅物の岡田代表が、にやにやしていれば、有権者はどう思うだろうか。

〈なんだ、あれっ〉

違和感を抱く。

口で言葉にしていることと、表情などの非言語であらわれる部分が一致しないと、見ている側は不信感を抱く。だからこそ、岡田代表には強く釘を刺したのだった。

ところが、民主党有利と思われた流れは、わずか数時間で覆った。この夜、小泉首相は、記者会見で選挙の流れを決定づける大逆転の演説をおこなったのである。（……）

「郵政民営化に賛成する候補者しか公認しない」

この悲壮な決意は、多くの国民の心を打った。

武部幹事長は、小泉の会見に心が震えたという。

〈これは、小泉自民党が勝つかもしれない〉

いっぽう、フライシュマン・ヒラード・ジャパンの田中社長は、テレビを通じて見ていた。呆然とした。敵ながら、すばらしい。褒めたたえたいほどの名シーンを小泉首相はつくりあげていた。

〈完全にやられた……〉

その直感は、まちがっていなかった。（……）

会見直後から、田中の携帯電話には、財界人、ネットワーク関係の知人たちが電話をしてきた。そして、だれもが口をそろえたように言った。

「民主党は、負けたぞ」

田中としては、最悪のシナリオであった。田中は、もしも衆院選があるとすれば、争点は、「郵政民営化ＹＥＳ or ＮＯ」ではなく、「郵政民営化」vs「年金」「子育て」であると思っていた。民主党にとって有利に働くのは、あきらかに「年金」「子育て」であった。そこにむけて、どんな戦略をとるか。その方法を模索していた。

ところが、小泉首相の会見で、民主党にとっては不利な郵政民営化ＹＥＳ or ＮＯに争点は決した。一度敷かれた争点は、すぐには動かすことができない。（……）

こうして、自民党のポスターが出来上がった。

『改革を止めるな／郵政民営化に再挑戦！／郵政民営化は／あらゆる改革につながる「改革の本丸」』

この文章は、小泉首相が練ったものであった。（前掲『権力奪取とＰＲ戦争』、55〜60頁）

幻のマニフェスト

実は選挙期間中に、コミ戦に最高レベルの危機管理を迫られる場面があった。世耕が〝大きな潮目〟と形容したのは、公示日の八月三〇日直前の二八日と二九日の二日間。表向きは自民有利に見えていた選挙戦が怪しくなってきたのだった。

コミ戦は、連日極秘に独自の世論調査を実施してきたが、公示直前になって有権者の意識が変わったのだ。その内容は、

――今回の総選挙についての国民の関心事は、それまで〝郵政民営化〟がダントツ一位であったのに、日を追うごとに〝年金〟がこれに迫り、公示前二日間で肉薄、ほぼ並んだ――、というものだった。（……）

選挙戦術そのものを見直す必要があるかもしれない――。コミ戦が直面したこの選挙戦最大の危機管理だ。

（……）

ここで決断すべき危機管理とは何か――。

小泉の意思には反するかもしれないが、大胆にも、選挙戦の争点を年金にシフトする準備をしておかなければならないという結論に達した。（……）

そこでコミ戦は、なんと年金に関する自民党のマニフェストを勝手に作り上げた。（……）

今出している自民党のマニフェストにも、一応年金については、〝厚生年金と共済年金の一元化をめざす〟と今後の方向だけは書いていた。しかし、これをさらに進め、〝一元化は来年秋に実現する〟と実施時期を明記した。（……）

コミ戦メンバーの議論では、同じ年金でもインパクトの強さや民主党に負けないものは何かを追及した。時期を明記すれば年金に取り組む決意を強く印象づけられる。また、民主党は確かにすべての年金一元化とまでは踏み込んでいるが、逆に時期を明記していない。これならば、「民主はやるやると言っているがいったいいつまでにやるのか？こちらは時期を明らかにして着実に一歩一歩年金改革をしていくとアピールできる」（コミ戦メンバー談）という狙いだった。

〝来年秋に年金一元化を実現〟というコミ戦独自の新しいマニフェストを決めたあとは、秘密裏にキャッチコピー、テレビコマーシャル、新聞広告などをなんと一～二日間で手配した。

そして、あとは、いつ郵政一本から年金に移行し、新年金マニフェストを表に出すか、そのタイミングの決定だけという状態にまで準備が整った。コミ戦ではこれらの準備を〝年金ダマ〟と呼んだ。（……）

いよいよ三〇日公示。

ところが翌日、三一日朝のコミ戦会議でテーブルに並べられた前日の有権者の意識調査は、郵政が再び年金を引き離していた。（……）

コミ戦は、年金にも並行して手を打つ決断をしたが、それは色分けによる対応だった。

「小泉総理から、郵政のイメージをはがさない方がいい。ここは、応援幹部たちを色分けしよう。総理の演説は常に郵政一本。与謝野さん（政調会長）と竹中さん（郵政担当相）には演説やテレビで年金に触れてもらおう」

確かに、公示直後に民放キー局で放送された討論番組のＶＴＲを見直すと、竹中は菅らを相手に、年金論議をしている。局の制作サイドもこうした仕掛けを知らなかったことは言うまでもない。

大詰めの危機管理

公示後一週間は、こうして〝年金ダマ〟を温存しながら様子見が続いた。このまま郵政で突っ走るか、年金にシフトするか――。コミ戦は最後の見極めのポイントを投票前一週間、ラストサンデーの各種データを分析する九月六日・月曜日［編注：月曜日は五日］に設定することにした。

六日のコミ戦会議は、侃々諤々の論議だった。（……）

そんな中で、メンバーのベテラン党職員が経験則からこう言った。

「九八年の橋本総理の参院選を思い出すべきではないか。あのとき減税で発言がぶれたのが投票のちょうど一週間前。結果は大敗。あのときの教訓は最後までぶれないことが大事だということだ（……）」

コミ戦のラスト一週間の方針はこのベテランの発言で決まった。このまま郵政一本で押しまくることになった。早速最後の新聞広告、〝郵政民営化、賛成か反対か〟を発注。そして、膨大な全国の選挙区のデータをもとに、ラスト一週間、小泉や幹部が応援に入る遊説プランを作成した。

また、全国の候補者のいわゆるウグイス嬢にもペーパーをファックス。そこには、①小泉か岡田か②郵政民営化賛成か反対か③構造改革を進めるか止めるか、と書かれていた。これを街宣車の座席に貼りつけ、特に最後の三日間は、この①～③の台詞を執拗《しつよう》に繰り返すように指示した。（……）

選挙戦の舞台裏で、自民党はたびたび危機管理を迫られ、それにコミ戦が極度の緊張と隣り合わせで対応していたのだ。

〝厚生年金と共済年金の一元化は来年秋までに実現する〟という実施時期を独断で明記した幻のマニフェストなど、〝年金ダマ〟の存在は、自民党の候補者たちすら知らないまま消えていった。（前掲『政党が操る選挙報道』、87～96頁）

報道に携わる人々の「反省」もあげておこう。

小泉流『認識操作』のわな

（……）ワンフレーズ・ポリティクスと呼ばれる小泉氏の言葉にはいくつかの特徴があるが、指摘され尽くしている「短さ」以上に見逃せないのが「いきなりの断定」と「二者択一」である。典型的な例が「郵政民営化に賛成か、反対か」を問うた二〇〇五年の総選挙だ。民営化とはいかなるものなのかという熟慮をする間もなく有権者は賛否を問われ、結果、自民党は圧勝した。会食での発言も断定と二択から成り立っている。まず説明をしないまま小池、前原両氏を首相候補と断定、次に「面白いこと…」という表現で聞き手の想像力をかき立てている。聞き手は両氏が「首相候補」となるケースを頭に思い浮かべ、現実的、あるいはそうあってほしいと思う方を受け入れることになる。巧妙な二択だ。実際、この会合に参加していた国会議員は「小泉氏は総裁選で小池氏を担ぐつもりなのか」「前原氏を一本釣りするのではないか」などと思い巡らしたという。ほとんどのメディアもこの発言を紹介したため、新聞読者やテレビ視聴者も同様の想定をすることになった。自民党の方が現実的ということもあり小池氏が首相候補として取りざたされている。断定と二者択一、そしてメディア利用という「小泉流認識操作」である。〇五年総選挙直後はメディア側にもその片棒を担いだことへの反省がなされたが、小泉氏の退陣後は反省も薄れたようである。今回、また同じわなにはまったような気がしている。（共同通信編集委員柿崎明二）（『京都新聞』〈政考政読〉二〇〇八年五月一五日）

「演技」が「演技」と思われている間はたいしたことはない。「なりきること」が政治家にとっては大切。

田中〔編注：慎一、フライシュマン・ヒラード・ジャパン社長〕は、小泉首相が辞任したあとに本人から話を聞いたことがあった。そのときに、小泉は、田中に語った。

「おれは、国民がおれになにを言ってもらいたいのかわかるんだ」

小泉は、コミュニケーションという世論を動かす力学で、派閥の力学に勝った日本ではじめての政治家である。（……）

小泉首相は、いわゆる、「空気を読む力」があって、自分が発したメッセージが、どのように伝わったかを読み取る力で、動物的な勘に近い。（……）

田中の言葉でいえば、小泉首相は、「なりきる力」を発揮していた。「なりきる力」とは、自分のことを忘れるということではなく、自分が伝えたい意図を効果的に発信する者になりきれるという意味である。（前掲『権力奪取とＰＲ戦争』、11〜12頁）

ちなみに郵政解散・総選挙の少し前に次の記事が載った。どう受け取られるであろうか。編者はどうも「ひねくれている」のであろうか、首相の涙を素直には受け取れないのであるが。

日系人歓迎に首相感動し涙　ブラジル訪問中

「言葉も気候も違う中で、どれだけ苦労されたか……」。ブラジル訪問中の小泉首相が一五日、サンパウロ市で現地の日系ブラジル人ら一二〇〇人を前にあいさつした際、感極まって声を詰まらせ、涙を流す場面があった。首相は、一四日にヘリコプターで農場を視察したエピソードを紹介。当初は上空からの花束投下を予定していたが、日系人らによる「歓迎　小泉総理」との大文字を見て、「花束だけでは申し訳ないと思い」、パイロットに頼んで近くの運動場に急きょ着陸し、歓迎を受けたことを話した。この後、首相は一五秒ほど沈黙。「感動しました」と涙を流した。（「朝日新聞」二〇〇四年九月一六日）

3　政治宣伝の技術

この節では主に、すでに紹介した『第三帝国の興亡』のほか、『ヴァイマール共和国史』『洗脳選挙』、さらに元自民党副総裁・山崎拓の言説を紹介・引用する。

『ヴァイマール共和国史』は、第一次世界大戦終結後、ドイツにおいて初めて民主政治が実現した一九一八年からヒトラー・ナチスが政権を握り、事実上共和制が崩壊した一九三三年までのドイツの政治史を一冊にまとめたもの。「人種的反ユダヤ主義をあまりにも強調することは……ブルジョワ階級の有権者を驚愕させる」ことにナチスが気づいていた。ヒトラーとナチスの戦術戦略の実際を知ることの大切さを知らされた一節であった。ファシズムが登場してくる政治的土壌がいかなるものであったか、その実態を知る素材である。

『洗脳選挙』は、過去、横浜市長、新潟県知事、埼玉県知事、鹿児島県知事選挙で、選挙プランナーとして選挙戦に参加し、それぞれ新人を当選させた著者・三浦博史が、自らの経験とこれからの選挙戦の戦い方をわかりやすく解説した本である。

政治戦の一つの局面と政治戦の決算という側面を二重にそなえた現象を、独自の立場から分析した。オサマ・ビンラディンのビデオ声明が大統領選挙投票日のわずか三日前にテレビ放映された「事件」を専門家の鋭い勘によって解明している。

ほかにも有権者・国民の支持を得るというしごく当たり前の目的のためにどのような手段が駆使されるのかを述べている。小泉純一郎による郵政選挙の手法はこの本の内容と酷似していたという。著者・三浦博史の考え方のポイントは「プロパガンダは単純に」ということに尽きると言ってもいい。一つのまとめ方として次の通りに要約できるという。

①こちらの好イメージのレッテル貼り（相手の悪いイメージのレッテル貼り）、②自由、正義、愛など、華麗な言葉による普遍的価値との結びつけ、③自らの権威付け、正当化、④有名人の発言利用、⑤庶民派など市民との親近感づくり、⑥都合がいいことの強調と、悪いことの隠蔽、⑦その政策が世間の趨勢であるような言い方をする。

そういえばあの時の選挙はそうだったな、と誰しも思い当たるのではないか。

二〇〇五年八月の山崎拓自民党前副総裁の発言記事（朝日新聞）は、「政治」というものの一側面を照らし出したものとして一考に値する。同様なことはあとで見るヒトラーにおいても見られることである。

●ヒトラー・ナチスの「経験」から

次の記述はナチスの宣伝の、当時としては細かい神経の使い方がよくわかって興味深い。人種的反ユダヤ主義の宣伝をも完全に調整しながら進めた経験は驚くべきである。ナチスは反ユダヤ主義一辺倒ではなかったのである。

これまでになかった宣伝方法の発明においては、特にゲッベルスが抜きん出ていた。彼は、三〇年夏の選挙戦をファシスト的動員戦術の模範とした。（……）ナチスの宣伝家の創意工夫を免れる発明領域はなかった。ゲッベルスの影響で、ナチ党は三〇年以来、当時はまだ一般的になっていなかった規模の政治的宣伝映画を利用した。その宣伝映画は、特にヒトラーと党の大物が演説者として出向くことのできなかった地方で行われた。ドイツの映画チームには困難であった野外でのサウンド映画を行うために、ナチ党は、アメリカの映画会社「二〇世紀フォックス」の援助を仰いだ。三二年七月の国会選挙でのヒトラーのドイツ飛行は、ナチスの選挙戦での近代技術を投入したもっとも目を見張らせる例であった。

さらに、全国宣伝指導部は、同じ宣伝手段を同じ時点で適用するように要求した。宣伝材料を中央で印刷することはあまりにも複雑であったので、テキストと原画は地方の事務所に送られて複製された。こうして、党新聞の公式見解と、調整された宣伝内容が全国的に一致したものとなることが保証された。宣伝は意識的に数少ない中心的テーマ、たとえばヤング案反対闘争や、公的生活に特殊利害が蔓延することなどに対するテーマに限定された。宣伝の統一性によって、団結と闘争力を暗示しようとした。他の点においても、宣伝技術は非常に有効であった。傘下の事務所に定期的に適用した宣伝手段の成果、ならびに地方の雰囲気を報告することが義務づけられたが、さらに、傘下の事務所のレベルから宣伝活動への提案を提出することが義務づけられた。こうして、党本部は、近代のアンケートを先取りする有効な意思伝達組織を作り上げた。

（……）こうして宣伝は、増大する利害団体の細分化を考慮し、それぞれに異なった選挙公約をするという利点を活用することができた。さらに、選挙戦の内容と世界観的基本テーマが、それぞれのグループを見て案配された。党は早い時期から、人種的反ユダヤ主義をあまりにも強調することは、まさに党の重要な同調者の基盤であったブルジョア階級の有権者を驚愕させるということに気がついており、したがって、いわゆるユダヤ人の経済支配を論難することに活動を限定した。ヒトラー自身もこの指示を尊重した。そのため、三〇年から三二年までの決定的な選挙期間に、ナチ党宣伝で反ユダヤ主義的テーマが取り上げられたのは、国家国民党のそれよりも恐らく少なかったであろう。（『ヴァイマール共和国史』ハンス・モムゼン、関口宏道訳、水声社、二〇〇一年、308～309頁）

ヒトラーが、ただわめくだけの扇動家、デマゴギーであるとの印象は強いがそれは間違っている。彼なりに深く考え抜いた言葉を最も効果的と思われる方法で発信した。当時の世界の反応についても驚かされる。

まずなすべきは、軍縮と平和を説いてヨーロッパにおけるドイツの敵国どもを攪乱することだ。そしてやつらの集団安全保障の鎧のほころびから目を離さぬことだ。一九三三年五月十七日、ヒトラーは議会で有名な「平和演説」をおこなった。これはヒトラーの生涯でもっとも有名な演説のひとつであり、ドイツ国民の感動を呼び覚まして彼の背後に団結させ、国外でも深く好感を呼んだという意味で欺瞞的宣伝の傑作である。前日ローズヴェルト大統領は世界四十四カ国の元首に、軍縮と平和についてのアメリカ案と希望を伝える高調子のメッセージを送り、すべての攻撃的兵器——爆撃機、戦車、移動式重砲の廃絶を訴えた。ヒトラーはすかさず大統領の挑戦を受けて立ち、それを最大限に利用した。

ローズヴェルト大統領の提案をわたしは昨夜知ったが、ドイツ政府は深甚なる謝意を表するものである。この方法により国際危機を乗り切ることに、ドイツ政府は同意する用意がある。……大統領の提案は、平和の維持に協力を望むすべての者にとって安堵《あんど》の光明である。……武装した諸国がそれぞれ攻撃兵器を破壊するならば、ドイツもすべての攻撃兵器を放棄する用意がととのっている。……またドイツは、近隣諸国が同様のことをするなら全軍事施設を解体し、残った少量の武器もためらうことなく破壊する用意がある。……ドイツはいかなる真摯な不可侵条約にも同意する用意がある。なぜなら、ドイツは安全保障を確保することのみを考えており、攻撃は念頭にないからである。

演説には、ほかにも多くの内容が盛られていた。その穏健さ、平和を愛する気持ちの表明には、不安を抱いていた世界中が驚きつつ歓迎した。ドイツは戦争を欲してはいない。戦争は「際限のない狂気」なのだ。戦争は「いまの社会的、政治的秩序の崩壊をもたらす」だろう。ナチス・ドイツは、他国民の「ドイツ化」を望んでいない。「ポーランド人もフランス人もドイツ人にしてしまうという前世紀的な発想は、われわれと無縁である。……フランス人もポーランド人も何国人も、みな隣人である。今後、想像しうるいかなる出来事もこの現実を変更できないと、われわれは知っている」。

ひとつ、警告が含まれていた。ドイツは、他の諸国と公平な扱いを、とくに軍備の点で要求していた。これが得られなければ、ドイツは軍縮会議と国際連盟の双方から脱退するであろう。

この警告は、ヒトラーの意外に道理の通った発言に西欧世界が狂喜するさなかで忘れられた。〈ロンドン・タイムズ〉は、ヒトラーによる公平の要求は「論駁《ろんばく》不可能である」と賛意を表した。やはりロンドンの、労働党の正式機関紙〈デイリー・ヘラルド〉は、ヒトラーのことは言葉どおりに受け取ってやろうと呼びかけた。またロンドンの保守系週刊紙〈スペクテイター〉は、ヒトラーはローズヴェルトの手を握った、この意思表示は苦悩する世界に新たな希望を与えるものだ、と結論づけた。「大統領は、ヒトラーが提案を受け入れたことに熱狂的に喜んでいる」と、大統領秘書官がワシントンで語ったと、ドイツの官営通信社は伝えた。

ナチの独裁的扇動家の口から聞こえてきたのは、大方が予想したような野蛮な脅迫ではなくて優しさと光明だった。世界は魅了された。国会では、服役中あるいは亡命していない社会民主党代議士も含め、ひとことの異論もなく賛成投票し、ヒトラーの外交政策宣言を全会一致で承認した。（『第三帝国の興亡　1　アドルフ・ヒトラーの台頭』ウィリアム・L・シャイラー、松浦伶訳、東京創元社、二〇〇八年、416〜418頁）

ヒトラー、演説して興奮しながらも冷静に状況判断。同時放送を中止し、編集した上で放送することを指示。外国世論への配慮。ヨーロッパ中を戦火に引きこむヒトラーは「平和」を叫んでいた。民主主義の息の根を止めようとする政治家が「民主主義」を声高に叫ぶごとく。外国政府の意図の特有の歪曲もみられる。ヒトラーが「指に火傷する」と言えば、指がちぎれるだけでなく幾千万の諸国民の首が飛ぶことと理解しなければならなかった。チェンバレンがポーランドに保障を与えるというニュースは、ドイツの独裁者を特有の憤激状態に投じた。

（……）

翌四月一日、彼は戦艦〈ティルピッツ〉の進水式でヴィルヘルムスハーフェンに行き演説した。あまりに戦意横溢して自分を抑える自信がなくなったらしく、ぎりぎりになってからラジオの同時放送は中止された。録音を編集した上で放送せよ、というのが彼の指示だった。その録音放送版にもイギリスとポーランドにたいする警告の言葉がちりばめられていた。（……）

彼ら〔西側連合諸国〕が衛星国をつくってドイツに対峙するその日まで、今日のドイツが我慢強く待ってくれると考えているとすれば、それは戦前のドイツと思い違いをしているのだ。これら諸国のために火中の栗を拾うなどと広言する者は、指に火傷《やけど》すると知らねばならない。……

自分たちは軍備を増強するだろう、そして増強をつづけるだろうと他の国々で彼らが言うならば、わたしはそれらの政治家どもにこう言うだけである。「わたしをへとへとにさせることは、断じてできないぞ」と。わたしはこの道を歩みつづけようと、心に決めたのである。

演説の同時放送を中止したことでもわかるように、ヒトラーは外国の世論を過度に挑発しないように気を遣ってはいた。その日のベルリンでは、ヒトラーはチェンバレンへの最初の回答として独英海軍協定を廃棄するだろうと取り沙汰された。しかし演説では、イギリスがもはやこの協定に執着しないのならば、ドイツは「しごく冷静に受け入れるだろう」と述べるにとどまった。

以前からしばしばヒトラーは、平和を願う決まり文句で演説をしめくくっていた。「ドイツは他国民を攻撃する意図は持っていない……この信念に発して、三週間前にわたしは、きたる党大会を『平和の党大会』と名づけることにした」――一九三九年の夏が深まるにつれ、ますます皮肉の度を増してゆくスローガンであった。それは大衆向けの発言だった。二日後の四月三日、ヒトラーはチェンバレンとベック大佐への本当の回答を極秘裡に与えた。それは〈作戦・白〉の開始を告げる、国防軍への秘密指令を含むもので、その書類はわずか五部しかつくられなかった。のちの世界史で重要となる暗号名である。

極秘〈作戦・白〉（……）

……目的はポーランドの軍事力を破壊することであり、東部に国防の必要な条件を満たすような状況をつくりだすことである。（……）

ポーランドの孤立化は、われわれが強力な奇襲攻撃で戦争をはじめるのに成功し、迅速に戦果を上げれば、戦闘開始のあとでもたやすく維持できるだろう。……

3　国防軍の任務

国防軍《ヴェーアマハト》の任務は、ポーランド軍を壊滅することにある。この目的のため奇襲攻撃を旨とし、その準備をせねばならない。（……）

（……）が、ヒトラーはすでに四月三日、〈作戦・白〉につぎのような命令を追加していた。

一九三九年九月一日以降、いつ何時でも作戦が実行できるように準備がなされねばならない。

ヒトラーがズデーテンを手に入れるずっと前に実行期日――一九三八年十月一日――を決定したように、このさらに重要な日付、一九三九年九月一日も守られることになる。(『第三帝国の興亡 3 第二次世界大戦』ウィリアム・L・シャイラー、松浦伶訳、東京創元社、二〇〇八年、29〜34頁)

●政治宣伝の基本的な技術

現在における政治宣伝の基本的な技術に関しては、次の例を紹介したい。

事実は事実として動かさない。しかし事実の見せ方は数限りなく存在する。これがプロパガンダの手法の一つだ。(『洗脳選挙―選んだつもりが、選ばされていた!』三浦博史、光文社、二〇〇五年、24頁)

外見の重要性:人を外見だけで判断してはいけないというが、政治家の外見はそれ自体がすでに宣伝の一つの要素となっている。

だが、外見は選挙を勝ち抜くうえで非常に重要なファクターだ。「人の印象は目からの情報によってほとんど決まってしまう」と言ったのは南カリフォルニア大学の心理学者、メラビアン教授だ。メラビアン教授の研究によると、人の印象を決めるのは、服装や体の動きといった目からの情報が五五%、声の調子や話し方が三八%、話の中身が七%であるという。(同前、24〜25頁)

カメラマンの問題:ポスターの顔写真など、結局は一般の有権者・国民の目にどう映るのかが問題。

もう一つはカメラマンの問題だ。候補者のいい顔の撮れるカメラマンとそうでないカメラマンの差は何か。候補者の写真撮影を行う場合、どんなプロカメラマンだって初対面となる。時間は限られている。「それではまずスーツに着替えて、座ってみましょう。楽しげに行きましょう」などと言っても、いい写真が撮れるわけがない。大手代理店の制作現場に何度も同席したことがあるが、こういう仕事の仕方をするカメラマンは多い。

いきなり仕事をはじめ、「このあたりを見て」「今度はこのへんを見て」「はい、もっと笑って」「歯を出して」などと言って写真を撮る。できあがった写真は、目は真剣なのに歯を見せて笑っているような気味の悪い写真ばかりで、これでギャランティが数十万円するのだからあきれてしまう。（同前、79頁）

アメリカ大統領選挙にまつわる政治宣伝の歴史は古い。以下はほんの一例。

〝オクトーバー・サプライズ〟は、二〇〇四年アメリカ大統領選挙投票日（二〇〇四年一一月二日）の直前に起きた。カタールの衛星テレビ局アルジャジーラが、一〇月二九日夜、国際テロ組織アルカイダの指導者、オサマ・ビンラディン容疑者のビデオ声明を放映したのである。（……）

大統領選直前にこの映像を見せつけられた米国民はどう思っただろうか。今回の大統領選は「ブッシュ対ケリー」の戦いではなく、「ブッシュ対反ブッシュ」の戦いであると言われた。ブッシュを選択するか否かの瀬戸際で、ビンラディンによるブッシュ批判が行われたのである。

この映像は大統領選にどのような影響をもたらしたのだろうか。

ニュースを聞いて、まず私が感じたのは、次のようなことだ。

「このビデオ声明は、ビンラディン自身がアルジャジーラに送りつけたものだと言われているが、果たして本当だろうか」

実は私は、このビデオ声明は、ブッシュ陣営が僅差の選挙戦を制するために周到に準備した、もっと言えば、事前に押収していたテープを使った〝最終兵器〟だったと見ている。このビデオがごく最近撮影されたという情況証拠は、「9・11テロから四年目に入った」とするビンラディンの言葉のみだ。音声・メッセージの一部の修正等、今の技術で不可能なものはない。ビンラディンの言葉の一部（「四年目に入った」の部分）を入れ替えるのも容易なことだろう。

が、ともかく、ビデオ声明のインパクトは大きかった。

〝テロ再び〟の危機感をアメリカ国民に与えたのである。ブッシュの〝テロとの戦い〟の正当性を喧伝し、「戦時大統領に相応しいのはやはりブッシュだ」と米国民を洗脳したのである。

それまでブッシュ対ケリーの支持率調査は、いずれも僅差の接戦。「どう転ぶかわからない」とも言われていた。しかし、ビンラディン・サプライズによって、ブッシュの勝利は決定的になったと私は見ている。ビンラディンの「ブッシュ批判」は、米国内の保守層を目ざめさせる「応援演説」になったのである。（同前、147〜150頁）

テロ記念日9・11に投開票。

最大の政治的効果を狙ってあらゆる工夫がなされる。広い意味の宣伝。政治家の面目躍如。あまりにあけすけに語ったので、少し変な言い訳をつけ加えているが。

テロ記念日9・11に投開票がいい／講演会で山崎拓氏

自民党の山崎拓前副総裁（福岡二区）は二九日、福岡市内で講演し、郵政民営化法案の参院採決の直前に、解散・総選挙の日程などを小泉首相と電話で話し合ったことを披露。九月一一日投開票になったことについて「投票日は九月一一日がいい、と。なにしろ同時多発テロの記念日であるから」と協議の内容を説明した。そのうえで、「参院議員の反対派の同時多発に我々は巻き込まれて、ビルから転げ落ちたような格好でございますから」と結んだ。（「朝日新聞」二〇〇五年八月三〇日）

最大の支持を集めるためには「無党派層」の支持を手放さない。そのために伝来の支持層の一部が離反しても。下野して後、再び政権の座に返り咲く。一票の票に変わりはない。

「参議院に勝つためには何が何でも復党させろ」と言いますが、選挙で一番大切なのは無党派層なんです。もちろん、自民党を昔から支持してくれている人たちや組織は大切ですよ。でも先の総選挙でなぜ自民党があれだけ大勝したのか。ほとんど都市部で勝った。「改革を止めるな」「改革か先送りか」というスローガンを掲げた。そして今度の参議院議員選挙のテーマは、まさに「改革、加速。後退は許さない」ということですよ。こういう姿勢を無党派層の人たちは見ているんですよ。

自民党が後退するか、しないか。それは自民党自身に懸かっているんです。（二〇〇六年九月一一日　武部勤自民党幹事長「日本政策アカデミー」第二回講演）（前掲『自民党の底力』、66～67頁）

「ネタ」をとぎれさせない。

これも国民の関心をひきつけるため、メディアへの「ネタ」の提供に腐心。

そして、公募で選ばれた候補者については、私と二階さん、そして小泉首相と相談して、一気に発表するのではなくて、期間を空けながら「ポン」、またしばらくしたら「ポン」といったように、大事に発表して、つないでいきました。（二〇〇六年九月一一日　武部勤自民党幹事長「日本政策アカデミー」第二回講演）（同前、54頁）

同じく有権者・国民の関心を常につなぎとめるための工夫。戦略は細部に宿る。

そもそも政権において重要なのは「アーリー・スモール・サクセス」であると考えます。つまり、「小さくてもいいから早いうちにサクセス事例をいかに見せられるか」ということです。（二〇〇七年一月二九日　竹中平蔵元総務大臣「日本政策アカデミー」第八回講演）（同前、224頁）

有権者・国民の心理＝こころに響く政治とは。

政治というのは、理屈と情緒の世界、それから社会心理の世界なんです。（二〇〇七年二月一九日　津島雄二自民党税制調査会長「日本政策アカデミー」第九回講演）（同前、231頁）

後退の現実から再出発の方針を打ち出す――ここでも工夫される「広報の展開」。

自民党参院選総括委　報告書最終案要旨

自民党参院選総括委員会がまとめた報告書最終案の要旨は次の通り。

一、参院選後も支持率は低迷を続け、党は存立の危機に立っている。

一、「年金記録不備」「政治とカネ」「閣僚の失言など不祥事」の逆風三点セットともいうべき問題が続出し、国民の怒りと失望を買う結果となった。年金では発覚した際の初動対応を誤った。（……）

一、国民の心をつかむためには政治家の「捨て身の姿」が必要。きめ細かく分かりやすい広報の展開に取り組む。

（「京都新聞」二〇〇七年八月二四日）

最後に。「そうはイカンザキ」。深い愛情、成功の要因。

テレビで一見「ダサイCM」に思えたが専門家は別の見方をしている。いかにも堅物に見える検事出身の神崎公明党首の印象を変えたといわれている。一般の有権者・国民にいかに親しみを持ってもらうかに腐心した結果か？

〈このCMを起用して成功だったんだな〉

後になって「もっとも印象に残っている政党CMは何か」との質問に、「そうはイカンザキ」を挙げる人は多い。それほど強烈なインパクトをもったCMであった。

選挙プランナーを主な生業とするアスクの三浦博史も、このCMを高く評価している。これはCM制作者の公明党への深い愛情なくして、この傑作は生まれなかっただろうと考える。（前掲『権力奪取とPR戦争』、179頁）

第二章　「第三帝国」に見るプロパガンダの破壊力

1　アドルフ・ヒトラーの台頭

この節はすべて『第三帝国の興亡』1巻からの引用で構成されている。
一九三三年一月三〇日、アドルフ・ヒトラーはドイツ国首相に就任した。この日をもってヴァイマル共和制は終わりを告げ、ナチス第三帝国が誕生した。ウィーンで挫折と極貧の青春時代を送り、第一次世界大戦では一介の伍長。ビアホール・プッチで惨めな失敗を喫したその男は、いかにして権力にまで到達したのか。第1巻はヒトラーの出生から総統としてドイツに君臨するまでを描く。第1巻の目次は以下の通り。

第1部　アドルフ・ヒトラーの台頭
　第1章　第三帝国の誕生／第2章　ナチ党の誕生／第3章　ヴェルサイユ、ヴァイマル、ビヤホール・プッチ／第4章　ヒトラーの精神と第三帝国の根源
第2部　勝利と地固め
　第5章　権力への道　1925―31／第6章　共和制最後の日々　1931―33／第7章　ドイツのナチ化　1933―34

冒頭には、「ビヤホール一揆」裁判でのヒトラーの弁舌について記された部分が引用されている。「ビヤホール一揆」は別名「ミュンヘン一揆」（一九二三年十一月）とも呼ばれる。その裁判［編注：一九二四年二月〜］におけるヒトラーの演説は、当時のドイツ民衆の屈折した心理に訴えるものがあった。つまり、第一次大戦で敗北したドイツは隣国フランスをはじめとする連合国から課された苛酷な賠償条件に苦しんでおり、これに対して卑屈で軟弱なドイツ政府や軍の対応は国民の意識とずれていた。失敗に終わった一揆ではあったが、捕まって被告となったヒトラーは、裁判での弁舌で人気を博すこととなった。

この失業中の成り上がり者［編注：ヒトラー］は、野望のあまりに陸軍と国家に指図しようとした。ほんのすこし前までは愛国運動のただの「鼓手」になるために躍起になっていた破廉恥なデマゴーグが、よくもここまできたものだ、将軍［編注：ロッソー将軍、バイエルン州陸軍首脳］はそう叫んだ。

ただの鼓手？　ヒトラーは返す言葉を心得ていた。

小人《しょうじん》の頭にあるのは、なんとちっぽけな考えであろう！　信じてほしい、大臣の椅子を手に入れるなぞ、努力にも値しないことだ。偉大な人物にとって、ただの大臣に成り下がって歴史に名を連ねることに価値があるなどと、わたしは考えたこともない。並び大名のようにその他大勢といっしょに葬られるなどこりごりだ。はじめからわたしの目的は、大臣になるよりも数千倍も高いところにある。わたしは共産主義を破壊する者になりたい。わたしが成し遂げたいのはこの仕事だ。もし成し遂げたら、大臣の肩書などわたしに関するかぎり笑止の極みだ。（前掲『第三帝国の興亡　1』、161頁）

ヒトラーといえば大変な宣伝、扇動家。しかし、ある人達にとっては政治指導者としての「魅力」も間違いなく大きなものがあったに違いない。そういうヒトラーの姿がうかがわれる。あわせて彼の意図も。ここでは一時反ヒトラーの立場に身を置きながら、後に終生変わらぬ忠実な部下となってらつ腕を振るったゲッベルスの心理の変化が分かる。少数政党当時のナチスの内部事情も興味深い。

しかし、一年半ほどたったいま、ゲッベルスの偶像は壊れた。それ［編注：ヒトラー］は党から蹴り出すべき「プチブル」に堕した。ライとフェーダーだけが異を唱えるなかで、ハノーファー会議［編注：一九二五年一一月］はシュトラッサーの新しい党方針を採択し、共産主義者に同調して元王侯貴族の所有物を取り上げる国民投票運動を展開する決定を承認した。

ヒトラーは時機を待ち、一九二六年二月十四日、反撃に出た。彼は南ドイツのバンベルクに会議を召集した。狡猾にも、北部のリーダーたちが職場を離れにくいウィークデーが選んであった。（……）ヒトラーに屈服した点ではシュトラッサーとおなじだったが、依然ゲッベルスは党首が完全にまちがっていると考えていた。すくなくとも当座は、ヒトラーに同調する意思は毛頭なかった。バンベルク会議のあと、二月十五日の日記で告白している。

> ヒトラーは二時間、演説した。わたしは誰かに殴られたような気がした。ヒトラーとは、どんな男なんだ？　反動か？　極端に扱いにくく、気が変わりやすい。ロシア問題では完全にまちがっている。イタリアとイギリスは、本来われわれの同盟国だって？　おそろしい！……ロシア殲滅《せんめつ》すべし、だって？……貴族の私有財産の問題は触れることもならず、だって？　まったく。……言葉もない。まるで、頭を殴られたみたいだ。
> ……
> まちがいなく、生涯で大きな失望のひとつだ。もはやヒトラーには完全な信をおけない。おそろしいことだ。ついていた杖を奪われた感じだ。

忠誠心が誰の側にあるかを示そうと、ゲッベルスは駅までシュトラッサーを送ってゆき、慰めようとした。およそ一週間後の二月二十三日の記述にはこうある。「シュトラッサーと長時間の会談。結論＝ミュンヘン組の〝ピュロス王の勝利（犠牲多き辛勝）〟を妬むなかれ。社会主義のための闘いを、われわれはもう一度はじめねばならぬ」。

しかしヒトラーは、この炎のようなラインラント出身の青年をシュトラッサーよりも高く評価していた。三月二十九日、ゲッベルスは記している。「今朝、ヒトラーから手紙。四月八日、ミュンヘンで演説することになる」。四月七日に同市到着。「ヒトラーのまわしてくれた車が待っている。王侯並みのお迎えだ！歴史的な〈ビュルガーブロイケラー〉〔編注：一九二三年一一月のビヤホール一揆の現場〕で演説するのだ」。翌日、かつて最高指導者の立ったのとおなじ演壇から演説した。その一部始終を四月八日の日記に記している。

ヒトラーが電話をくれる。……バンベルクでのいきさつにもかかわらず、この親切には恥じ入る。……二時、〈ビュルガーブロイケラー〉に車を駆る。ヒトラーはもう来ている。心臓が高鳴ってはちきれんばかり。ホールに入ると万雷の拍手。……それから二時間半ほど演説する。……聴衆の怒号と叫び。終わるとヒトラーが抱擁してくれる。幸せだ……ヒトラーはいつもぼくのそばにいる。

数日後には、ゲッベルスは完全に屈服した。「四月十三日……ヒトラーは三時間、演説する。すばらしい。ヒトラーの演説を聞いていると、自分の考えなどあっただろうか、と思えてくる。イタリアとイギリスはわれらの同盟国だ。ロシアはわれわれを呑み込もうとしている。……彼を愛している。……彼は何でも考え抜いている。彼の理想とするのは適正な集産主義と個人主義。土地はすべて人民のものだ。生産は創造的、かつ個人主義的であるべきだ。トラスト、輸送、その他もろもろは国有化されるべきである。……いまや、安心して彼を見ていられる。……この偉大な人物、政治的天才に敬礼する」。

四月十七日、ミュンヘンをあとにしたとき、ゲッベルスはもうすっかりヒトラーに心酔していた。そして終生、もっとも忠実な信奉者でありつづけた。四月二十日、彼は総統の誕生日にカードを送った。「親愛にして敬愛するアドルフ・ヒトラー！　あなたからは、とても多くを学びました。……あなたのおかげでついに光明を見ることができたのです」。その夜の日記にはこうある。「彼は三十七歳だ。アドルフ・ヒトラーよ、あなたが偉大にして同時に単純であるがゆえに、あなたを愛する。このふたつは天才を特徴づけるものだ」。

ゲッベルスはその夏の大部分を、ヒトラーとともにベルヒテスガーデンで過ごした。彼の日記はリーダーへのさらなる賛辞であふれかえっている。八月、〈フェルキッシャー・ベオバハター〉に発表した論文で、ゲッベルスは公然とシュトラッサーとたもとをわかった。

いまにしてはじめて、きみたちのあるがままの姿が見える。すなわち言葉を聞くと革命家だが、行動を見るとそうではない。〔彼はシュトラッサー兄弟とその一派に向けて話している〕……あんまり理想ばかり語るのはよしたまえ。そして自分がその理想の発明者であり、保護者であると自分を偽らないほうがいい。……われわれがぴったりと総統の背後に寄り添っているのは、苦行をしているのではない。われわれは……ドイツの封建領主の前に毅然として立った古代スカンディナヴィア人の男のような不屈の矜持をもって……彼に敬礼するのである。彼はわれわれの誰よりも偉大である、きみたちやわたしよりも偉大である。われわれはそう感じている。彼は新鮮で創造的な情熱で歴史をつくりたもう神のご意思の道具なのである。

一九二六年十月も終わり頃、ヒトラーはゲッベルスをベルリンの大管区指導者《ガウライター》に任命した。（同前、259〜263頁）

ナチスとヒトラーの躍進速度は驚異的だった。以下は、一九二八年五月、ナチスが権力を獲得するわずか五年前のドイツと、一九三〇年九月のドイツとの比較である。ナチスの政権獲得への道のりは当事者たちでさえ予測できないものだった。ヒトラーの驚きはそのことを物語っている。

ヒトラーやナチの名が出るのは、たいていは冗談の対象としてだった——ビヤホール・プッチのことが知られるにつれ、それに関連して名が出るのがふつうだった。一九二八年五月二十日の選挙で、国家社会主義ドイツ労働者（ナチ）党は総数三一〇〇万票のうちわずか八一万票、国会四百九十一議席のうち十二議席しか獲得できなかった。保守派の国家人民党も手ひどい敗北を味わい、一九二四年の六〇〇万票から四〇〇万票に減り、議席数も百三から七十三になった。対照的に社会民主党は一二五万票増の九〇〇万票を超え、議席数も百五十三をかぞえて第一党に躍進した。終戦十年目にしてヴァイマル共和国はやっと足場を固めたように見えた。国家社会主義党の党員数は、終戦十周年のその年、十万八千人だった。（同前、241頁）

ブリューニングは、議会の過半数を味方につけて彼の経済政策に関する措置を承認させることができなかった。そこでヒンデンブルクに憲法第四八条を発動させ、大統領緊急令の撤回要求でもって応えた。経済危機のせいで強い政府が必須のものとされたとき、議会主義は崩壊をはじめたのである。袋小路の打開策を求めて、ブリューニングは一九三〇年七月、大統領に議会の解散を要請した。選挙は九月十四日におこなわれることになった。何を根拠にブリューニングが今度の選挙で議会の安定多数を得られると期待したか、それは答えの出ない疑問である。しかしヒトラーは、好機が思いのほか早くやってきたことを感じていた。

追い詰められた国民は窮境からの脱出口を探していた。失業者数百万人が職を求めていた。商店主も助けを求めていた。前回の選挙から約四百万人増えた若い新有権者が、すくなくとも生活のできるような未来への展望を欲していた。不満だらけの数百万人にたいして、ヒトラーは嵐のような選挙運動を展開して、悲惨のなかでもいくらか希望がつなげそうな公約をした。ドイツをふたたび強国にする、賠償金支払いを拒否する、ヴェルサイユ条約を破棄する、汚職を一掃する、金満家どもを（とくにユダヤ人を）やっつけ、国民各員が仕事を持ち、パンが買えるようにする。救済だけでなく新しい信念と、新しい神を求めていた希望を失った飢えたひとびとにとって、この呼びかけが効果のないはずはなかった。

望みは高かったものの、一九三〇年九月十四日に選挙の結果がでたのを見てヒトラーは驚いた。二年前、彼の党は八一万票獲得し、十二人の議員を議会に送った。今回はたぶんその四倍の票数を得て、五十議席は確保しそうであった。ところが蓋を開けてみると、ナチ党の得票数は六四〇万六九〇〇、議席数は百七に増えていた。第九位の弱小の党から第二党に躍進したのだ。（同前、278～279頁）

知識人に対するヒトラーの憎しみ。

ヒトラーは教師を含めたいわゆる知識人を憎んだ。侵略したポーランドでは真っ先に知識人の抹殺にとりかかった。現在日本で民主主義の息の根を止めてしまおうとする勢力が学者や知識人、学術文化にたいする根強い軽蔑心をあらわにするのも決して偶然ではない。彼らは個人攻撃をすることに何のためらいも持っていない。学識なり教養なりは民主主義の敵にとっては邪魔者以外の何物でもなかった。

ウィーン時代のヒトラーは挫折と絶望の青春であった。貧乏で才能もない一画学生。失業者でもあった。将来には何の展望ももてなかった。ヒトラーは自分の容貌にも自信を持てなかったと言われる。雅やかに見えるもの、自分より上等に見えるもの、学歴などに対して、深いコンプレックスを抱えていた。インテリゲンチャに対する憎悪は、こうしたコンプレックスの裏返しの表現でもあったのだ。

自分が弱点を抱えていることを知悉しているがゆえに、他人の弱点と急所を見抜くのは鋭かった。敵を見つけた後の攻撃は素早く徹底的であった。自身が記しているように、ヒトラーの人身攻撃は「あらゆる人間の弱点についての正確な計算に基づく戦術であり、その結果は、ほとんど確実に成功する」ものであった。

学業の失敗はヒトラーの後年に深い傷を残したとみえ、学位とか資格とか学者らしい風采とかをそなえたアカデミックな〝紳士〟を、彼はたびたび冷笑している。（……）

わたしの教師だったひとたちのことを考えると、彼らのほとんどはすこし頭がおかしかったのだと思われる。良い教師だったと思えるのは例外的である。そういうひとたちが若者の進路に立ちはだかっていたのは悲劇的である。——一九四二年三月三日（……）

わたしの学校の教師だったひとたちのことを思い返すと、その半数は異常であったことに気づく。……昔のオーストリアの小学生であったわたしたちは、年とった人たちや女の人たちを尊敬するように育てられた。しかし先生にたいしては、何の情も感じない。彼らは生まれついての敵なのだ。その大部分はどこか精神的に狂っていて、すくなからぬ者たちが生涯を正真正銘の狂人として終える！　わたしはとりわけ、教師に受けが悪かった。外国語にはまったく素質がなかった——その教師が白痴でなかったならば、すこしは素質をあらわすこともできたかもしれない。その男のことは見るのもいやだった。——一九四二年八月二十九日（同前、34～35頁）

学校に我慢ができなくなって猛然と読書にのめりこみ、リンツの成人教育図書館とか博物館協会の会員となって大量の本を借り出したのは、この時期である。若き友人が想起するところでは彼はいつも本に囲まれていたが、なかでもお気に入りはドイツの歴史とドイツの神話についての本だった。（同前、42頁）

しかし、この頃の彼はすでに知的に成長していたので、労働者階級に支えられた政党にたいする激しい怒りは抑えて、それが大衆的人気を得ている理由を慎重に検討した。（……）この第三の教訓は、あきらかに間違った観察に基づき、大きな偏見が混じっているが、これが青年ヒトラーの興味をそそった。十年たたぬうちに、彼は自分の目的のためにこれを活用する。

わたしは、とくにブルジョアジーに効果のある、悪評高い精神的恐怖の何たるかを理解した。道徳的にも、心理的にも、そのような攻撃にかなうものはない。どんなに危険に見える敵にたいしても、ちょっと合図しただけで、たちまち嘘と中傷の一斉砲火を浴びせ、ついには相手の神経をまいらせてしまうのだ。……これは、あらゆる人間の弱点についての正確な計算に基づく戦術であり、その結果は、ほとんど確実に成功する。

……

同様に、わたしは個人、あるいは集団にたいする肉体的恐怖の重要さについても理解した。……というのは、味方にとっては自分たちの大義の勝利に思えても、負けた相手にすれば、たいていの場合、それ以上抵抗する気をなくさせるものだからだ。（同前、55〜56頁）

ドイツで権力の座についたときにヒトラー自身は忘れていたが、ウィーン時代に得た教訓のひとつは、『わが闘争』で長々と強調しているように、政党が教会とことを構えることの無益さである。（……）汎ドイツ党の失敗のうち、ヒトラーの見るところで最大の間違いは、大衆の蜂起を促すことができなかった点、一般大衆の心理を理解すらできなかった点にあった。（……）

汎ドイツ党には、ヒトラーがおかさなかった過ちがもうひとつある。それは、強力で既成の国家制度――教会といわずとも、軍とか内閣とか国家元首とか――のすくなくともどれかひとつの支持を取りつけなかったことだ。そのような支持を得た政治運動でなければ、権力奪取は不可能とはいわなくとも困難である、そのように青年は考えた。（同前、57〜58頁）

彼がオーストリアを去ったのは、おそらく兵役を逃れるためである。臆病だったからではなく、ユダヤやスラブなど帝国内の少数人種と肩を並べて軍務に服すのを嫌ったのだ。（……）

彼自身が述べているオーストリア退去の理由は、まことに壮大である。

わたしのハプスブルク帝国にたいする激しい嫌悪感は、確実に増していた。……首都は人種のごたまぜの観を呈し、チェコ人、ポーランド人、ハンガリー人、ルテニア人、セルビア人、クロアチア人、そしてどこへ行ってもニョキニョキと生えている人間きのこ――ユダヤ人、ユダヤ人……の増殖が腹立たしかった。わたしの目には、この大都市は人種の神聖への冒涜《ぼうとく》そのものに思えた。……長く住めば住むほど、かつてはドイツ文化の栄えたこの地が外国人との混交によって腐食しはじめていることに憎悪がつのった。……こうした理由で、少年時代以来のひそかな欲求、ひそかな愛情に引き寄せられた場所へとうとう行くのだ、という渇望がますます強くなるのだった。（同前、64〜65頁）

「匕首《あいくち》伝説」

第一次世界大戦敗北後のドイツ国内において、主に右翼政党が、左翼政党を批判する際に好んで使ったプロパガンダである。「背後からの一突き」「匕首伝説」とも呼ばれる。第一次世界大戦におけるドイツの敗因は、軍事的作戦による失敗ではなく、休戦協定に政府代表として署名した社会民主党や、革命を扇動していた共産主義者らに求められるべきであるとする。反戦運動の存在がドイツ軍の敗北を招いたのだ、と。このプロパガンダはヒトラーが政権を獲得するのにも一役買うことになった。以下は、それがまやかしであったことを記している。ただ、こうした「伝説」＝プロパガンダが現代日本でも通用しかねないことに留意しておきたい。反中・嫌韓の全体のムードに異論を唱え、中国・韓国との友好を唱えるのを「売国」的と揶揄する風潮などである。

一九一八年十一月、父なる祖国を襲った災厄は、それ以上に耐えがたかった。ほとんどすべてのドイツ人がそう思ったが、彼にとってそれは「途方もなく」不当なものだった。ドイツ陸軍は戦場で敗れたのではなかった。国内の反逆者の手で、背後から刺されたのである。

こうしてヒトラーにも、多数のドイツ人の心にも、「背後から刺された」［編注：匕首伝説］という伝説への狂信的な信仰が生まれた。なによりもそれがヴァイマル共和国の根幹をゆるがし、ヒトラーの究極の勝利にいたる道となった。この伝説はまやかしだった。一九一八年九月二十九日、事実上の最高司令官ルーデンドルフ将軍は「即時」休戦を主張し、名目上の上官ヒンデンブルク元帥もそれを支持した。十月二日、皇帝ヴィルヘルム二世の主宰によりベルリンで開かれた御前会議の席上、ヒンデンブルクは即時休戦を求める最高司令部の要望をくりかえした。「陸軍としては、四十八時間は待てません」彼は言った。同日、ヒンデンブルクの書いた手紙には、「軍事的」状況は「いますぐ戦いをやめる」ことを至上命令とする、と単刀直入に言っている。「背後から刺された」ことには一言《いちごん》も言及されていない。

だが後日、このドイツの英雄は、伝説を是認するようなことを言っている。終戦の一年後にあたる一九一九年十一月十八日、国会の調査委員会でヒンデンブルクはこう述べた。

「あるイギリスの将軍がいみじくも語ったように、ドイツ軍は『背後から刺された』のである」。（……）

事実を言うと、バーデンのマックス公に率いられる文民政府は、日々悪化する戦況について九月の終りまで最高司令部から報告を受けておらず、ルーデンドルフの休戦要求を数週間も保留していたのである。

この信じがたい話がドイツ国民のあいだにどれだけ流布していたかを知るには、両大戦間のドイツに住んでいなければならなかった。それが嘘であることを示す事実は、いくらでもそのへんに転がっていたのである。右翼のドイツ人は、そうした事実に向き合おうとしなかった。悪いのは「十一月の犯罪者ども」である、彼らはそうわめくのをやめなかった。（同前、74～76頁）

尊敬すべき参謀総長の結びの言葉はまさにドイツ陸軍の良き伝統にかなうものだったが、その誠実さについてはドイツ国民は以下の事実を知らなかったという前提で判断せねばならない。つまり、連合国軍に抵抗できる望みはないばかりか、それは陸軍将校団の壊滅を、ひいてはドイツそのものの消滅をもたらすだろうと、ヒンデンブルクとグレーナーは意見が一致していたという事実である。（同前、128頁）

ブレスト・リトフスク条約について。

ヴァイマル憲法の草稿ができる以前に、ある不可避的な出来事が起こり、憲法とそれによって樹立されようとしている共和国の前途に不吉な影を落とした。（……）

ドイツ人の記憶力は、一年以上前の一九一八年三月三日までは遡《さかのぼ》れないようだった。その年、戦勝国ドイツは敗戦国ロシアにブレスト・リトフスクで講和条約を押しつけた。それは二十年後に冷静に戻ったあるイギリスの歴史家が、「近代以後、未曾有にして類のない屈辱」と書いたほどのものだった。それによってドイツは、オーストリア・ハンガリーにトルコを合わせた広さに近い旧ロシアの領土と総人口の三二パーセントにあたる住民五千六百万人、鉄道総延長の三分の一、鉄鋼生産量の七三パーセント、石炭総生産量の八九パーセント、そして五千を超える工場と産業施設を奪ったのである。そのうえロシアは、六〇億マルクの賠償金をドイツに支払わねばならなかった。（同前、125頁）

しかし、いちばん痛かったのはドイツが事実上、武装解除され、このためヨーロッパで覇権を握る道を当分閉ざされたことである。しかしそれでもヴェルサイユ条約は、ドイツがロシアに押しつけたときの講和条約とくらべれば、地理的にも経済的にもドイツは大きく手つかずで残され、政治的統一と大国としての潜在力を保持することを許されたといえよう。（同前、127頁）

ビヤホール一揆の失敗からヒトラーは学んだ。

……しかし運命はわれわれに味方した。運命はあの日の成功を許さなかった。もし成功していたら、当時の運動内部の未成熟さ、組織的、思想的基盤の脆弱《ぜいじゃく》さの必然的結果として、結局は瓦解しただろうから。……旧国家を転覆するだけでは十分ではない。新国家を前もってつくっておいて、実際にいつでも持ち出せるようにしておかなければならないと気づいたのだ。……一九三三年には、暴力行為で国家を転覆するのはもはや問題外となっていた。新国家はもうできていて、あとは旧国家の残滓《ざんし》を壊すだけだったのだ――そしてそれには二、三時間もあれば十分だった。（同前、163頁）

裁判中［編注：一九二四年二月～ビヤホール一揆の裁判で］、柵を隔てて判事、検事とやりあっているときに、新しいナチ国家をいかにして建設するかということがすでに彼の頭にあった。ひとつは、次回は陸軍とやりあうのではなく、陸軍と手を組まねばならないということだった。彼は最終弁論で軍隊と和解する考えを打ち出す。陸軍を責める言葉は一語も聞かれなかった。

きょう街頭でわれらの鈎十字旗を振っている大衆が、かつて彼らに銃口を向けた連中と腕を組む日がいつかくることを、わたしは信じている。……発砲したのは警察であったことを知り、伝統を汚したのが国防軍《ライヒスヴェーア》ではなかったことがわかって嬉しく思った。国防軍は無傷だったのだ。いつの日か、この国防軍が将兵ともにわれわれの側に立つ日がくるであろう。（同前、163～164頁）

独裁者が権力を握ったらどういうことになるのか、現代においてもそれを知らなかったという言い訳は通じない。

アドルフ・ヒトラーを責めるひとはいろいろいるけれど、権力を握ったらドイツをどんな国にするのか、武装ドイツによる征服でどんな世界をつくろうというのか、その具体的な見取図を示さなかったと言ってヒトラーを責めることは誰にもできない。第三帝国の青写真は、いや一九三九年から四五年にかけて勝ちつづけていたヒトラーがヨーロッパに押しつけた野蛮きわまる〈新秩序〉の青写真は、この啓示に満ちた書物〔編注：『わが闘争』〕の表紙から裏表紙までのあいだに、長々と、ことこまかに、呆れるほどの生々しさで書かれているのである。（同前、171頁）

戦前のドイツ外交政策の不明について説きながら、ヒトラーはつづける。新たな領土の獲得は「東方においてのみ可能である。……ヨーロッパに領土を求めるとすれば、それは主としてロシアの犠牲によって獲得できるのである。ドイツの鋤《すき》のための土地と、国民の日々のパンを、ドイツの剣によって手に入れるには、新国家はかつての〈ドイツ騎士団〉（第三回十字軍の頃、パレスチナにできた医療組織に発する宗教騎士団。中世ドイツの東方進出に貢献した）の道をたどらねばならないのだ」。

第一巻〔編注：『わが闘争』〕での説明が足りないとでもいうように、ヒトラーは第二巻でもその主題に立ち戻る。

地上に十分な広さの領土があってはじめて、国家は存在の自由を確保される。……「伝統」や先入観にとらわれることなく〔国家社会主義運動は〕現在の限られた生存圏から新しい国土にいたる道沿いに、国民とその力をあらかじめ結集する勇気を見出さねばならない。……国家社会主義運動は、人口と国土面積とのあいだにある不均衡を取り除くようつとめなければならない――国土の面積は武力外交の基礎であると同様、食糧の源泉であることに鑑みて。……ドイツ国民に当然与えられるべき国土を確保するために……われわれは断固として目的を堅持するのだ。（同前、174頁）

そこで、われわれ国家社会主義者は……六百年前に中断したことを再開する。南方と西方への果てしないドイツの進出をやめ、〝東方〟の土地に目を転じることとする。今日、ヨーロッパの土地というとき、まずはロシアおよびロシアと国境を接するその属国のことのみが脳裏に浮かぶ（傍点は筆者シャイラーによる）。（同前、176頁）

混血と、それに由来する人種的レベルの低下が、古い文化の死滅した唯一の原因である。人間の滅亡は勝利の喪失によるのではなく、純血のなかにのみ保たれる抵抗力の喪失によるのである。この世界で優秀でないものは、すべて屑《くず》である。

屑とはユダヤ人であり、スラブ人であった。（同前、183頁）

昂揚した気分で奔流のように『わが闘争』第一巻の口述を終えると、すぐに第二巻にとりかかった。全能の神がこの激動の世界でなすべく彼に課したことの青写真とそれを支える哲学、すなわち〈世界観《ヴェルタンシャウウング》〉が冷厳な活字に印刷されて、ものごとを深く考えるひとびとの前に差し出された。その哲学はいかに狂気じみたものとはいえ、これまで見てきたようにドイツ人の生活に根ざしたものだった。二十世紀に生きるひとびとの目には、ドイツにおいてさえも、その青写真は途方もなく馬鹿げたものと映るかもしれない。しかし、ある種の論理は存在した。また、ひとつのヴィジョンを提示してもいた。当時気づいたひとはすくなかったけれど、それはドイツの歴史の連続性を示していたのだ。栄光あるドイツの宿命の道を指し示していたのだ。（同前、231〜232頁）

少数政党のヒトラー・ナチスは辛抱強く時機を待った。

一九二五年から一九二九年の大恐慌にいたる数年は、アドルフ・ヒトラーにとってもナチ運動にとっても実りすくない時期だったが、彼がいかに辛抱強く、いかに希望と信念を失わなかったかを測る尺度でもある。（……）

良い日々は長続きしないと、彼は確信していた。ドイツはみずからの力でなく外国の力に頼っている。そう彼は見ていた――とりわけ大きくアメリカに依存し、厖大な貸付金が流入してドイツに繁栄をもたらしている。一九二四年から三〇年にいたる期間にドイツは約七〇億ドルの借款をしているが、そのほとんどを出したのはアメリカの投資家である。その連中の念頭には、あとでドイツがどうやって返すかという問題は存在しない。ドイツ人にいたってはアメリカ人以上に考えていない。（同前、239頁）

一九二九年の暮近く、不況がまるで燎原の火のごとく全世界に広がり、アドルフ・ヒトラーに好機を提供した。彼はそれを最大限に利用した。多くの偉大な革命家たちのように、ヒトラーも悪い時代――はじめは大衆が失業、飢餓、絶望に苦しんでいたとき、のちには戦争に酔いしれていたとき――にのみ、成功した。しかしひとつの点で、これまでの革命家たちと違うところがあった。それは、政権を取ったあとで革命を成し遂げようとしたことである。国を支配するための革命はいらない。その目的なら有権者の要請、または為政者の承認によって得られる――ひとことでいえば、憲法の枠内で達成できるのだ。票を集めるためには、ヒトラーは三〇年代に入ってからふたたび国民が希望をなくしている時勢の後押しを受ければよかった。為政者の支持を得るには、ドイツを窮境から救いうるのは自分だけだと説得する必要があった。一九三〇年から三三年にかけ、細心かつ豪胆なナチ党指導者は、このふたつの目的にふたたびエネルギーを注ぎはじめていた。振り返ってみれば、不況という出来事自体と、民主主義共和国への忠誠の誓いに縛られたひとにぎりの為政者の弱点と混乱がヒトラーに利したのである。（同前、275〜276頁）

ヒトラーは語る「ナチ党は憲法の枠内で権力を得る」。単なるウソと考えればそれは間違いだろう。文中のSAはナチス「突撃隊」。

しかし法廷［編注：一九三〇年一〇月、ウルム駐屯地事件裁判］で脚光を浴びたのは弁護人でも被告人でもなく、アドルフ・

ヒトラーであった。（……）

全ドイツが注視する討論の場となった証言台から、ヒトラーは持てる弁論の才と政治戦略の繊細な感覚を駆使した。その見事な弁舌がたとえ欺瞞だらけであったにしても（事実そうだったのだが）、それに気づくひとは国中でもすくなく、将軍たちも気がつかなかった。温和な物腰のヒトラーは、ＳＡも党も陸軍を敵にまわす気はないと、法廷（と陸軍将校）に確言した。「陸軍に取って代わろうとするなど狂気の沙汰だと、ずっと思ってきました。そんな気は誰も持っておりません。……権力を獲得したそのときには、現在ある国防軍から全ドイツ国民のための偉大な陸軍が生まれるようにと考えています」。

それから彼は、法廷（と将軍たち）に向かってくりかえした。ナチ党は憲法の枠内で権力を得ようとしている。青年将校たちが武装蜂起を期待しているとしたら誤解である。

われわれの運動には武力はいらない。ドイツ国民がわれわれの理念を知るときが、いつかはくるでしょう。そのときこそ三千五百万国民がわれわれの味方をするのです……われわれには憲法で保障された権利があるのだから、われわれが正当だと考える方法で国家をかたちづくる。

裁判長　それも、憲法の枠内の方法でか？

ヒトラー　そうです。（同前、283〜284頁）

「自由企業と自由競争が絶対に必要」とヒトラーは約束した。

裁判が終わり、ヒトラーが言うべきことを言い終えると、将軍たちはこれまで陸軍にたいする脅威だと見なしてきた運動をずっと好意的に見るようになっていた。第二次世界大戦時の国防軍総司令部（ＯＫＷ）作戦部長だったアルフレート・ヨードル将軍は、ニュルンベルク軍事法廷で、ナチ指導者のライプツィヒの法廷での発言が将校団にとってどんな意味があったかを語っている。彼の言うには、それまで古参将校たちはヒトラーが陸軍を徐々に弱めようとしていると思い込んでいたが、そのときから安心するようになった。（……）

ドイツ陸軍将校の政治的盲目ぶりは致命的だったとのちにわかるが、この頃からすでに目につくようになっていた。

産業界、経済界の大立者たちの政治音痴ぶりも将軍連中と大差なく、大金を食らわせておけばヒトラーは恩義に感じて、政権を取ったときに何でも言うことを聞くだろう、と思い違いをしていた。が、オーストリア生まれの成り上がり者――二〇年代にはそれが大方の見方だった――が、ドイツの支配権を握るかもしれないという空気が、一九三〇年選挙でのセンセーショナルなナチの得票のあと、政財界のリーダーたちのあいだで広まりはじめた。

ヴァルター・フンクがニュルンベルクの法廷で証言しているが、一九三一年には「産業界の友人たちもわたしも、遠からぬ将来、ナチ党が権力を握るだろうと確信していた」。（……）

党指導部は、当時経済政策に関して矛盾だらけの混乱した考えを持っていた。わたしは総統や党上層部に直接はたらきかけて、個人の独創力、事業家の自信、自由企業の創造性等々を、党の経済政策の基本とするように主張して自分の任務を果たそうと努めた。総統は、わたしや紹介した産業界の重鎮との話し合いのなかで、自分は国家主導の経済いわゆる「計画経済」の敵であると何度も強調し、生産性を最大に上げるには自由企業と自由競争が絶対に必要だと考えていると語った。

将来の国立銀行《ライヒスバンク》総裁で経済大臣のシャハトが語っているが、当時ヒトラーはドイツ中の金持ちに近づこうとしており、多かれ少なかれ相手の耳元で甘い言葉をささやいていた。党は選挙運動や広範囲で強化されている宣伝の費用、数百人の専従職員の給料、SAやSSなど私兵の維持のために多額の資金を必要としていた。私兵といっても一九三〇年暮には総勢十万を超え、国防軍よりも大きな軍勢となっていた。（……）

実際、石炭および鉄鋼業界は、一九三〇年から三三年にかけて権力への最後のハードルを越えようとするヒトラーを助けた主要な資金源であった。（同前、287～291頁）

ヒトラー周辺の群像を見てみよう。

エルンスト・レームは一九二五年にヒトラーと絶縁してほどなく南米へ行き、ボリビア軍に中佐として入隊した。一九三〇年の終わり頃、ヒトラーは彼を呼び戻して、たがのゆるんでいたSAの統率をもう一度任せようとした。SA隊員も隊長も、ナチ党による暴力革命があるものと信じ込んでいたとみえ、街へ繰り出しては反対派にしつこくからんだり、殺人に及ぶことが増えていった。全国選挙、地方選挙、市の選挙を問わず、選挙といえば街頭の野蛮なもめごとがつきものだった。

そうした衝突のひとつをここに注記しておかなければならない。というのは国家社会主義党最大の殉教者が生まれているからである。ホルスト・ヴェッセルはベルリンのSA隊員のひとりで、もともとプロテスタントの牧師の息子であったが、家族も勉学も棄て、元売春婦とスラム街に住んでナチズムのための闘いに半生を捧げていた。反ナチの連中の多くは、この若者がポン引きをして暮らしを立てていると思っていたが、この非難は誇張であったかもしれない。ただ、ポン引きとも売春婦ともつきあいがあったことは確かである。一九三〇年二月、彼は数人の共産主義者の手にかかって殺された。それだけなら、こうした衝突で双方に出た何百人という犠牲者のひとりとして忘れ去られたかもしれないが、彼は自分が作詞作曲したひとつの歌を残していた。これが〈ホルスト・ヴェッセルの歌〉と呼ばれるもので、すぐにナチ党の党歌になり、やがて――〈ドイチュラント・ユーバー・アレス〉につぐ第三帝国の第二国歌となった。ホルスト・ヴェッセル本人は、ゲッベルスの巧妙な宣伝のおかげで、大義のために生命を捧げた汚れなき理想主義者として、ナチ運動の偉大な伝説的英雄のひとりとなる。

レームがSA隊長を引き受けた時点では、グレーゴール・シュトラッサーは間違いなくナチ党のナンバー・ツーだった。演説は力強く、組織者として華々しい成果を上げていたシュトラッサーは、党のもっとも重要な部局政治組織部の長をつとめ、地方あるいは地区のリーダーたちを監督して絶大な権力をふるっていた。バイエルン人ならではの温厚な性格からして、党内でヒトラーにつぐ人気のある幹部だったが、総統とちがって個人的にも信頼され、反ナチ派からも好かれていた。当時シュトラッサーが、気分屋で、何をしでかすか知れないオーストリア人に代わって、いずれは党首になるだろうと信じていたひとは党内外に多かった。とりわけ国防軍と大統領官邸内にこの考えが強かった。（同前、295～297頁）

これが国家社会主義党党首を囲むひとたちだった。正常な社会なら、社会不適格者の異様な寄せ集まりとして目立ったにちがいないが、共和制最後の混乱の日々にあっては、何百万の混迷するドイツ人の目に救世主のように映ったのである。彼らには反対派にくらべてふたつの利点があった。ひとつは、自分の望むことを正確に心得ている男に導かれているという点、そして望むものを手に入れるためにはどこまでも突き進む非情さと楽天性をそなえていたという点である。（同前、300頁）

その夏［編注：一九三二年］のあいだ、学者肌の首相［編注：ブリューニング］はドイツの置かれている窮状にずっと思いをめぐらした。彼の政府が共和制時代きっての不人気な政府になっていることはよくわかっていた。不況を克服しようと大統領緊急令の力をかりて低価格、低賃金政策をとり、商取引、国家財政、社会福祉にきびしい制限をつけた。ナチ、共産党の双方から、彼は「飢餓宰相」と呼ばれた。（同前、308頁）

「ハルツブルク戦線」ヒトラーの冷静な状況判断。

ヒトラーは憤然として、翌十月十一日［編注：一九三一年］におこなわれる中央政府とプロイセン政府にたいする「国民反対集会」の大デモンストレーションに参加するために、バート・ハルツブルクへ急行した。（……）ナチ党党首の心は集会にはなかった。彼はフロックコートにシルクハット姿の、勲章だらけの旧体制の遺物を嫌悪した。彼の運動のような「革命」運動がこの手の連中とあまり親密に組むのは危険かもしれない、と思った。彼は気のない演説をそそくさと終えると、鉄兜団の行進がはじまるまえに会場をあとにした。ひとつには、鉄兜団が突撃隊（ＳＡ）を数で圧倒しているのを嫌ったからである。この日結成され、共和制打倒の最後の攻撃（ブリューニングの即刻辞任を要求していた）をはじめる連合戦線にナチ党を引き入れようとする旧来の保守派のあがきでもあった〈ハルツブルク戦線〉は、そういうわけで死産となった。ヒトラーは、引き返すことのできない過去に心を埋めた紳士連のために第二ヴァイオリンをつとめる気はなかった。彼らがヴァイマル体制の土台を蝕《むしば》むのに手を貸し、新しい資金源となってくれれば（実際そうだったが）、当分は利用価値があるかもしれなかった。しかし彼らに利用されてはたまらない。数日たつと〈ハルツブルク戦線〉は崩壊の危機に瀕し、さまざまなグループはふたたびたがいの喉笛を狙っていた。（同前、310〜311頁）

大統領選挙、ヒトラーの善戦——政治宣伝の威力が姿を現す。

老大統領はナチ党の扇動家を七〇〇万票以上もリードしたが、必要な過半数を制するにはいたらなかった。ということは再選挙が必要であり、今度はもっとも得票数の多かった者が当選する。ヒトラーは一九三〇年の議会選挙時にくらべて五〇〇万票——約七七パーセント——近くも票を伸ばしたが、ヒンデンブルクには遠く及ばなかった。（……）

しかし、翌朝の〈フェルキッシャー・ベオバハター〉で、ヒトラーは声明を出していた。「第一次選挙戦は終わった。今日、第二次選挙戦がはじまった。わたしはその先頭に立つであろう」。実際、第一次に劣らぬ精力的な運動がつづいた。ユンカースの旅客機をチャーターして——当時の選挙戦としては新機軸である——国の端から端まで飛びまわり、日に三、四回、できるだけ多くの都市の大集会で演説した。得票を増やすために抜け目なく戦術を変えた。第一次キャンペーンでは民衆の悲惨さを謳い上げ、共和制の無力を訴えた。今回は、彼が選ばれればドイツに約束されるという明るい未来を描き出した。労働者には職を、農民にはより収入を、商人にはより多くの商取引を、軍人にはより大きな軍隊を。ベルリンのルストガルテンでの演説では「第三帝国では、すべてのドイツ女性は夫を持つだろう」と公約した。（……）

一九三二年四月十日の第二回投票日は薄暗い雨の一日で、投票者は百万人も減った。その夜遅く発表された結果は、つぎの通りである。

ヒンデンブルク	一九三五万九九八三	五三％
ヒトラー	一三四一万八五四七	三六・八％
テールマン	三七〇万六七五九	一〇・二％（同前、319～320頁）

ヒトラー、政権獲得――ゲッベルスは記している「彼の両の目には涙が」。

一九三三年一月三十日月曜日、正午すこし前に、ヒトラーはヒンデンブルクとの会談のために首相官邸へ車を駆った。のちにわかることだが、彼自身にとっても、ドイツにとっても、世界にとっても運命的な瞬間であった。（……）「成功したかどうかは、彼の顔に出ているはずだった」と、ゲッベルスは記している。そのときになっても、みなは確信が持てなかった。「疑念と希望、歓喜と落胆のあいだで、われわれの心は引き裂かれていた」と、ゲッベルスは日記に書いている。「われわれはあまりにもしばしば失望を味わってきたので、大いなる奇跡が起こると心から信じることはできなかった」。

数瞬ののち、彼らは奇跡を目《ま》のあたりにした。（……）そして鼻下にチャーリー・チャプリン風の髭をたくわえた四十三歳の男が、いまドイツ首相として宣誓をすませてきたのだ。（……）

（……）「彼は何も言わず、われわれも誰ひとりとして、何も言わなかった」とゲッベルスは記録している。「しかし、彼の両の目は涙でいっぱいだった」。（同前、19～20頁）

感激するヒンデンブルク――行進するのは「ロシア人捕虜」か？　ドイツで何が解き放たれたのか？　「ドイツ革命がはじまった」とゲッベルスは綴った。

大統領官邸の窓辺に立つヒンデンブルクは、行進する群集を見下ろして軍楽に合わせてステッキで拍子をとりながら、昔ながらのドイツの流儀で民衆を奮い立たせることのできる首相をとうとう選び出したと、満悦のように見えた。この日、自分の解き放ったものが何であったのか、耄碌《もうろく》したこの老人がうっすらとでも気づいていたかどうかは疑わしい。出所はあやしいが、行進のさなか彼はある老将軍にふりむいて、「こんなに大勢のロシア人を捕虜にしたとは知らなかったよ」と言ったという話がすぐベルリン中に広まった。

石を投げれば届く距離のヴィルヘルムシュトラーセの首相官邸で、アドルフ・ヒトラーは興奮と歓喜を総身にみなぎらせ、窓を開けてすっくと立ち、そのうち踊りまわり、ナチ式敬礼の腕をひっきりなしに振り上げ、静かな笑みをたたえ、やがて破顔し、それからふたたび両目に涙をあふれさせた。

ある外国人はこの夜の一部始終を観察して、別の感想を持った。「大使館の前を火の川が通り過ぎていった」と、フランス大使のアンドレ・フランソワ - ポンセは書いている。「なぜかわたしは重い心を抱き、不吉な予感に満たされて、その光の流れを見守った」。

疲れてはいたが幸福な気持ちで、ゲッベルスはその夜午前三時に帰宅した。寝室に行く前に、なぐり書きで日記を書いた。「夢のようだ……まるで、おとぎばなしだ……新たな国家が生まれたのだ。十四年の努力が、勝利の冠を戴いたのだ。ドイツ革命がはじまったのだ」。（同前、20～21頁）

はじめてナチ党は——ドイツで最後となる比較的自由な選挙〔編注：投票日一九三三年三月五日〕で——集票のために政府の莫大な資産をすべて利用することができた。ゲッベルスは喜びを隠せなかった。二月三日の日記に書いている。「選挙戦は容易だろう。国家の持つ便宜を総動員できるのだから。ラジオと新聞はこちらの思うがままだ。われわれは宣伝の大傑作を披露することができる。それに当然ながら今回は、資金が不足することはない」。（同前、378～379頁）

国会議事堂炎上。支配の完成にむけての第一歩が始まった。国会議事堂炎上事件はその真相の全容はついに明らかにならなかったが、ナチス支配への大きな機会を提供したことは間違いない。歴史上衝撃的な事件の様子を次の記録は伝えてくれる。この記述も貴重な証言となっている。

　大実業家たちは、組織された労働者を本来の未組織状態に戻して、経営者に思うがまま事業の運営を任せてくれる新政府を歓迎したが、そのかわり金を吐き出させられた。二月二十日、ゲーリングの議会議長官邸で開かれた会合はシャハト博士がホストをつとめ、ゲーリングとヒトラーが選んだドイツ財界有数の大立者二十数人が招かれていた。クルップ・フォン・ボーレン（一夜にして熱狂的なナチ賛美者となった）、Ｉ・Ｇ・ファルベンのボッシュとシュニッツラー、合同製鋼会長のフェーグラーその他が、この会合で献金を約束した。この秘密会の記録は今日でも保存されている。

　ヒトラーは、実業家たちの耳に心地よい、長い演説をはじめた。「民主主義の時代には私企業は維持できない。権威と人格についてひとびとが健全な考えを持っていてはじめて、それは成り立つ。……われわれが所有する財貨のすべては、選ばれたひとたちの苦闘の賜物である。……文明の恩恵は、多かれ少なかれ鉄拳でもたらされたことを忘れてはならない」。彼は共産主義を「抹殺」して、国防軍《ヴェーアマハト》を復活させることを、実業家たちに約束した（国防軍のくだりについては、再軍備で得るところの大きいクルップ、合同製鋼、Ｉ・Ｇ・ファルベンなどの企業が特別の関心を寄せた）。「いまわれわれは最後の選挙を目前にしている」ヒトラーはこう結んで、「結果はどうであれ、退却はない」と約束した。万一敗れても、彼は「ほかの手段……ほかの武器で」権力の座にとどまるだろう。ゲーリングは当面の問題について言葉を継ぎ、「財政的犠牲」というところを強調した。「三月五日の選挙は間違いなく今後十年間で最後、おそらく向こう百年間で最後の選挙になるだろう。そのことを念頭におけば、産業界がそれに耐えるのはいとも容易だろう」。

　列席した産業界のお歴々の前ですべてが明確にされると、ろくでもない選挙や民主主義や軍備撤廃にはおさらばするというくだりが、熱狂的に迎えられた。テュッセンの話では、一月二十九日にヒトラーを首相にしていただきたいとヒンデンブルクに頼んだという軍需産業の王者クルップも跳び上がって喜びをあらわし、首相が「かくも明瞭に未来を示された」ことにたいして、実業界を代表して「謝意」を表明したほどである。シャハト博士が、そのあと帽子をまわした。「わたしは三〇〇万ライヒスマルクを集めた」と、ニュルンベルクで回想している。

一九三三年一月三十一日、ヒトラーが首相に任命された翌日、ゲッベルスは日記に書いている。「総統をまじえた会議で、赤色テロにたいする闘争の基本方針を決める。当分のあいだ、われわれは直接の対抗手段はとらない。まずボルシェヴィキが火の手を上げなければならない。それからほどよいタイミングで、われわれが一撃をくわえる」。

ナチ側の度重なる挑発にもかかわらず、共産党側でも社会民主党側でも革命の火の手の上がる気配はなく、選挙戦はつづいていった。二月のはじめ、ヒトラー政府は共産党の集会のいっさいを禁止し、共産党系新聞の発行を停止した。社会民主党の集会も不許可になるか、あるいは突撃隊（SA）の暴漢によって妨害され、主要な社会民主党系新聞もつぎつぎと発行停止となった。中央党でさえナチの恐怖はまぬがれえなかった。カトリック労働組合リーダーのシュテーガーヴァルトは集会で演説しようとして褐色シャツ団の袋叩きにあい、別の集会でブリューニングは、多数の参会者をSA隊員に傷つけられて警察に保護を求めざるをえなかった。選挙戦期間中に合計五十一人の反ナチが殺され、一方、ナチ側は党員十八人が生命を失ったと主張した。

プロイセン州内相というゲーリングの要職が、やっと注目されはじめた。プロイセン州首相のパーペンのほうが上位にあると考えて当然だが、そのパーペンの制止を振り切るようにしてゲーリングは何百人もの共和派の役人を首にし、そのあとにナチ党員、それも大部分はSAと親衛隊（SS）の幹部を据えた。彼は警察に、SA、SS、鉄兜団とは「どんな犠牲をはらっても」ことを構えないように厳命し、一方、「国家に敵意を示す」者には容赦しないように命じた。また警察に「火器の使用」を勧め、使用しなかった者は処罰すると警告した。ヒトラーに反対するものは、ドイツ全土の三分の二に睨みをきかすプロイセン警察の手で射殺するという、公然たる命令にひとしかった。この任務が徹底しておこなわれるように、二月二十二日、ゲーリングは五万人からなる補助警察を創設したが、このうち四万人にはＳＡ、ＳＳ隊員があてられ、残りは鉄兜団から集められた。プロイセンの警察力は、このようにナチの暴漢に支えられていた。無思慮なドイツ人は、そのような〝警察〟にナチのテロリズムからの保護を求めようとしていたのである。

こうしてテロが横行しても、ゲッベルス、ヒトラー、ゲーリングが手ぐすねひいて待つ「ボルシェヴィキ革命」はいっこうに「火の手が上がら」なかった。挑発しても起こらないなら、こちらから起こしてやらなければならないのかもしれない。

二月二十四日、ゲーリングの警察隊はベルリンの共産党本部、〈カール・リープクネヒト会館〉を襲撃した。共産党幹部は数週間前に引き払っていた。その多くはすでに地下に潜るか、こっそりソ連に逃げていた。しかし地下室に宣伝パンフレットの束が残されていた。押収された〝書類〟は共産党が革命を起こそうとしていた証拠を示すものである。ゲーリングがそう公式コミュニケで発表するには十分だった。しかし大衆の反応や、政府内の保守派の何人かは懐疑的だった。三月五日の投票日の前に、大衆が肝をつぶすようなもっとセンセーショナルな何かを見つけなければならないことはあきらかであった。

二月二十七日の夕刻、（……）ゲッベルスによれば彼らはすっかりくつろいでいて、蓄音機で音楽をかけて談笑していた。あとでゲッベルスは日記に記している。「とつぜんハンフシュテングル博士からの電話が鳴った。『議事堂が火事だ！』というのだ。わたしは、てっきりかつがれているのだと思って、総統に取り次ぐ気にもならなかった」。（……）

火事場に着くなり、これは犯罪だ、共産主義者の犯罪だ、と彼らは宣言した。汗まみれで息を切らしたゲーリングがすでに来ていて、興奮のあまりわれを忘れて「新政府にたいする共産主義者の犯罪だ」と天を仰いで叫んでいたのを、パーペンはのちに想起している。のちのゲシュタポ長官代理となるルドルフ・ディールスに、ゲーリングが叫んだ。「これは共産主義革命のはじまりだ！　一刻の猶予もならない。情け容赦は不要だ。共産党員の役人は、見つけしだいひとり残らず射殺しろ。共産党員の代議士は、今夜のうちに吊るし首だ」。

議事堂炎上の真相の全容はおそらくわからないだろう。それを知る者のほとんどは死んでいる。しかも大半は事件後数カ月のうちにヒトラーに殺害されたのだ。(……)

ナチが計画していたまさにそのとおりのことをやろうとしていた共産主義者の放火魔をナチが見つけた、という偶然はほとんど信じがたいが、にもかかわらず証拠に裏づけられている。放火という発想がゲッベルスとゲーリングによって生み出されたことはほぼ確実である。(……)

法廷はナチ当局にずいぶん気を遣ったが、それでもゲーリングとナチにすくなからぬ疑惑をかけた。しかし、それが実際に何らかの効果を発揮するには結審が遅すぎた。ヒトラーが、間を置かず議事堂炎上事件をとことん利用したからである。

火災の翌日の二月二十八日、彼はヒンデンブルク大統領を説得して「国民と国家の保護のため」の大統領緊急令に署名させた。個人の市民的自由を保証する憲法の七条項を停止するものだった。「国家を危殆《きたい》に瀕せしめる共産主義者の暴力行為にたいする防衛措置」とされた大統領緊急令にはこうあった。

個人的自由の制限、報道の自由を含む自由な意見表明の権利の制限、集会と結社の権利の制限、信書、電報、電話による通信の秘密の侵害、家宅捜索の令状、財産の押収または制限命令もまた、ほかに規定のないかぎり法の制約を超えて実施しうるものとする。

そのうえこの大統領緊急令は、必要とあらば連邦諸州にたいして全権を行使しうることを中央政府に認めていたから、武装したひとびとによる「重大な治安攪乱《かくらん》」を含めて多数の犯罪に死刑判決を科すことができた。

こうしてヒトラーは一挙に、合法的に政敵の口を封じて好き勝手に逮捕できるようになっただけでなく、でっちあげの共産主義者の脅威をいわば「公認の」ものにして、数百万の中産階級と農民層を恐怖の坩堝《るつぼ》に投げ込み、一週間ほどのちの選挙で国家社会主義党に投票しなければボルシェヴィキが政権を取るかのように思い込ませてしまった。四千人ほどの共産主義者の役人と、多数の社会民主主義者、自由主義者の指導者が逮捕された。そのなかには、法律上、逮捕できないはずの国会議員も含まれていた。国民は、政府に後押しされたナチのテロをはじめて経験したのであった。ドイツ全土にわたって、トラックに鈴なりのＳＡ隊員が辻々で怒号し、民家に押し入り、獲物を狩ってはＳＡの営舎に引き立て、拷問、打擲《ちょうちゃく》した。共産党の出版物と集会は弾圧された。社会民主党の新聞、自由主義者系の新聞は発行停止となり、民主主義諸政党の集会は禁止または妨害された。ナチ党と国家主義者系の党だけが妨害されずに選挙戦を展開できた。

中央政府とプロイセン州政府の便宜をほしいままにし、大企業から金庫に流れ込んでくる資金をふんだんに使って、ナチ党は未曾有の選挙戦を展開した。国営ラジオがヒトラー、ゲーリング、ゲッベルスの声をはじめて電波に乗せて、全国津々浦々に流した。（……）選挙民は街にひしめく褐色シャツ隊の恐怖に怯《おび》え、共産主義「革命」の〝暴露〟に縮み上がりながらも、楽園ドイツを約束されてころりと騙された。議事堂炎上の翌日、プロイセン州政府は長文の声明を発表し、共産主義者の「文書」が発見されてつぎのようなことが立証されたと述べた。

> 政府庁舎、博物館、大邸宅、主要な工場は、焼き討ちされるはずであった。……テロリスト集団の先頭には、女と子供が歩かされるはずだった。……議事堂炎上は血なまぐさい暴動と内戦の合図となるはずであった。……今日こそは、ドイツ全土にわたってテロリストが個人と対峙し、私有財産を奪い、平和な大衆の生命健康を脅かし、もって全国的な内戦が見られるはずであったことが確認された。

「共産主義者の陰謀を立証する文書」の公表が約束されたが実行されなかった。しかし、プロイセン州政府が文書は本物であると保証したという事実が、国民の多くに強い印象を与えた。（同前、379〜389頁）

第一回議会の開会「議会は自殺した」。ドイツの議会民主主義が死滅した時の様子をシャイラーは目撃した。その具体的な描写は得がたい証言である。

この段階ではヒトラーは、老元帥、陸軍、国家主義的保守派に大仰な挨拶を送って、ヒンデンブルクの盛名やプロイセンの過去の軍事的栄光に、彼自身の無頼な、変革的な政体を結びつけておくのが得策だと考えた。

そして完璧を期して、三月十三日に宣伝相に就任したゲッベルスとともに、見事な一幕を考え出した。ヒトラーはいずれは自分で破壊することになる新国会の開会式を、ポツダムの守備隊教会でおこなうことにしたのである。この教会は、帝国ドイツの栄光、偉大さのかずかずの記憶を喚起するプロイセン主義の一大霊廟である。フリードリヒ大王の遺骨はここに葬られたたし、ホーエンツォレルン家歴代の王はここでの礼拝を欠かさなかった。一八六六年、ドイツにはじめて統一をもたらしたオーストリア・プロイセン戦争から帰国した青年近衛士官ヒンデンブルクが、生涯の長旅の第一歩を印したのもここである。

第三帝国第一回議会開会式典に選ばれた三月二十一日というのも、まことに意味深い日取りであった。というのは、この日は一八七一年、ビスマルクが第二帝国での初議会を開会した記念日に当たるからである。(……)ヒンデンブルクは、目に見えて感動していた。式典を演出し、ラジオの全国中継を取り仕切っていたゲッベルスはそれを目にして――日記にも記して――いるが、老元帥はある箇所までくると、両目にいっぱいの涙を浮かべたという。礼装のモーニング・コートを着て落ち着かなげに見えるヒトラーを脇に従え、灰緑色の制服に黒鷲勲章をつけた大統領は、片手には角の一本ある兜、もう一方の手には元帥杖をたずさえ、しずしずと通路を進んで皇帝席のヴィルヘルム二世の空っぽの椅子に敬意を表するために歩みを止め、ついで祭壇の前に立ってヒトラー新政府を祝福する短い祝辞の朗読をした。

この高名なる霊廟に住まう往古の魂をして、今日のひとびとの胸にゆきわたらしめたまえ。われわれを利己心と政党間の争いから解放し、国民的自覚のもとに誇り高き統一自由ドイツをともに祝福させたまえ。

ヒトラーの答辞は抜け目なく計算しつくされ、〈旧秩序〉の共感に訴えてその信頼をいっそう輝かしく見せるものだった。

カイザーも、政府も、国民も、戦争を欲しませんでした。弱体化した民族が、神聖なる確信に反してこの戦争の責任を引き受けさせられたのは、ひとえに国家の崩壊ゆえでありました。

それからヒトラーは、一、二メートル離れた椅子にしゃちこばって座っているヒンデンブルクを振り返った。

過去数週間の比類なき激動により、国家の名誉は回復されました。陸軍元帥閣下《ヘル・ゲネラールフェルトマルシャル》、大統領閣下のご理解のおかげで、古い偉大さと新しい力の象徴が結び合わされました。閣下に心からなる敬意を捧げるものであります。神慮の守護により、閣下は国の新しい諸権力を統べられることになったのであります。

ヒトラーは、その週のうちに政治権力を剥奪するつもりでいる相手に深い恭順の意を表して壇を降りると、深々と一礼してから大統領の手を握った。（……）

「ポツダムにおけるヒトラーの目もくらむような誓約のあとでは」と、列席したフランス大使があとで記している。「彼の党の行き過ぎや越権行為を見て不安を感じはじめていたひとびと――ヒンデンブルクとその取巻き、ユンカーと君主制支持の貴族たち、フーゲンベルクとドイツ国家人民党員たち、ドイツ国防軍の将校たち――も、懸念を捨てないではいられなかっただろう。彼の要求するがまま権力のすべてを委譲し、全信頼をあずけないではいられなかっただろう」。

答えは二日後の三月二十三日、国会の開かれたベルリンのクロル・オペラハウスで得られた。まずは、いわゆる「全権委任法」――正式にいえば「国民と国家の困難除去のための法律」の審議があった。わずか五条項のその法律は、国家予算の統制権、外国との条約の承認権、憲法修正の発議権を含む立法権を、向こう四年間、議会から取り上げて内閣に渡すことになっていた。それだけではない。内閣が制定する法律は首相によって起草され、「憲法から逸脱することもある」と、その法案は規定していた。いかなる法律も「議会の立場に影響することはなく」――全文のなかで、間違いなくもっともきついジョークである――大統領の諸権限も「制約を受けない」。

ヒトラーは、きらびやかなオペラハウスに参集した議員を前にして、予想に反して控えめな演説で最後の二点をくりかえした。この劇場はずっと以前からもっぱらオペレッタを上演しているのだが、今日ばかりは褐色シャツのSA隊員が通路で睨みをきかせており、その傷痕のめだつ形相は、国民の代表といえどもふざけた真似は容赦しないぞと言っているかのようであった。

政府は〔ヒトラーは約束した〕これらの権限を、真に必要な措置を講じるために肝要である場合にかぎって行使するであろう。上下両院ともに、その存在が脅かされることはない。大統領の地位、権限も不変である。……連邦諸州の独立性も廃止されることはない。教会の諸権利が縮小されることはなく、国家との関係も改変されない。このような法に頼る内的必然性のあることは、きわめて限られた場合になるであろう。

いつもは炎のように激越なナチ党党首の言葉はまことに穏やかで、謙虚に聞こえさえした。第三帝国は誕生したばかりで、ヒトラーの約束の価値は反対党議員にもよくわかっていなかった。しかし、そのうちのひとり、社会民主党党首オットー・ヴェルスは同党の代議士十余名を警察に〝拘留〟されて──外では突撃隊員が「全権を寄越《よこ》せ、さもなければ腕ずくだ！」と怒号するなかを──敢然と立って独裁者になろうとしている男に抵抗した。静かな口調で、しかし威厳をこめて、ヴェルスは宣言した。政府は社会主義者から力を奪うことはできても、誇りを奪うことはできないだろう、と。

われわれドイツ社会民主党はこの歴史的瞬間に、人道と正義の原則、自由と社会主義の原則を堅持することを厳粛に誓うものである。全権委任法といえども、永遠にして不滅の理想を滅ぼす力を与えるものではない。

激怒したヒトラーは席からとびあがった。満場の議員たちも、そのときこの男の本当の品性を見て取った。

きみたちは遅れて来た。おめおめと、やってきた！〔彼は絶叫した〕……きみたちは、もう必要ない。……ドイツの星はいま昇ろうとしている。きみたちの星は沈むところだ。すでにきみたちのための弔鐘が鳴っている。……きみたちの投票など必要ではない。ドイツは自由になるだろう。が、それはきみたちの手によってではない！〔万雷の拍手〕〔……〕

こうしてドイツの議会民主主義はついに葬り去られた。テロをともなってはいたが、共産党と一部の社会民主主義者の逮捕を別にすれば、すべてはきわめて合法的におこなわれた。議会は憲法上の権威をヒトラーに渡し、かくして自殺した。もっとも、その死体は第三帝国の終焉にいたるまで防腐処理をほどこして放置され、ときとしてヒトラーの声明を伝える蛮声の反響板の役をつとめた。〔……〕ヒトラー独裁の法的基礎をなすのは、

この全権委任法だけであった。（同前、392〜398頁）

シャイラーは語る。「ヒトラーなしには第三帝国はなかった」。

一九三三年一月三十日に誕生した第三帝国は千年つづくだろうとヒトラーはうそぶいたし、（……）そしてその国家が冷血にも惹き起こした世界大戦――人間の生命と精神にたいする計算ずくの虐殺をおこなって被征服民族の上に恐怖の王国を樹立しようとして起こした世界大戦――の果てに国民を破壊と荒廃の底に追い込んだ第三帝国は、史上いかなる暴虐とも比較できない。

（……）人間や状況を把握する驚異的な能力を発揮したアドルフ・ヒトラーがいなかったなら、第三帝国は出現しなかっただろう。（同前、21〜22頁）

2 政治宣伝の威力の諸相

政権獲得後、「ナチス革命」は始まった。SAによるテロに立ち向かう国民の勇気はすでに眠り込まされていた。ここでは政治宣伝の威力のいくつかのあらわれを見たい。

連日、SAによるテロのニュースが全国から相次いだ［編注：一九三三年三月五日の国会議員選挙］――ラインラントでは、中央党の選挙集会のあと、同党支持者にSAの襲撃班が襲いかかり、流血の衝突から発砲騒ぎにまで発展。クレーフェルトでは、中央党のデモ行進に参加していた元閣僚のシュティーガーヴァルトをSA隊員が襲撃。ミュンスターでは双方の実力行使が正面衝突し、ミュールハイムでは中央党の機関紙編集局がSA隊員によって破壊され、シュレジエンでは社会民主党のデモ隊に爆発物が投げ込まれた。社会民主党や共産党の政治家は何人も街頭テロの犠牲となった。（……）

ＳＡのならず者どもの街頭テロのあとには、ゲーリンクによる弾圧と強制捜査という行政テロが控えていた。（……）

こうしたナチ党による十字砲火のあとを締めくくるのが、褐色の宣伝部隊である。そのスローガンは「ボルシェヴィズムと闘え」と「全国民にパンと職を」の二つしかない。（……）

ナチ党の宣伝屋たちは、どうすれば選挙民に党を売り込めるかを熟知していた。（……）

このラジオ放送は、ヨゼフ・ゲッベルスの腕の見せどころである。指導者《フューラー》の代弁者として、ヒトラー演説のたびにマイクの前に立って国民に呼びかけ、扇動的かつ大仰な口調で聴取者の心を自分の思う通りにひきずり回した。ゲッベルスが初めて放送したあとで、こう大喜びしたものだ。「今日の放送で全国に熱狂の嵐をまき起こした。ほぼ無血で国民は我々の手に落ちることだろう」

事実、現代史家のマルティン・ブローザットがいうように、ナチ党の宣伝は、数百万の有権者を「盲目的に信ずることの至福」にひたらせることになる。すでに一月三〇日に見られた大衆心理から明らかなように、大衆が抱いていた疑似宗教のような漠然たる待望論とヒトラーの名前が結びついてしまったのである。その名前は、いまだかつてドイツの国内政治に登場したことのない新しい力を象徴するものであり、大衆のささやかな要求さえも実現できないような空洞化した社会制度に対する不毛の議論と絶望感から脱出する道を指し示しているように見えた。何百万もの国民が、政党と社会階級を超克して、何か新たなるものを創造すると約束している「運動」という蜃気楼《しんきろう》を見たのである。（『ヒトラー　独裁への道』ハインツ・ヘーネ、五十嵐智友訳、朝日新聞社、一九九二年、400～403頁）

テロさえも歓迎されるヒトラー。野心ある政治家は有権者・国民が支持してくれると確信すればどんなことでも躊躇しない。逆にそうすることでより一層支持を広め固めることができるなら、なおのことである。

一九三四年夏、ヒトラーは、自分の反対者やライバルたちとの関係を、初めて流血で決算するような事態になっても、国民は甘受するだろうと確信した。そこで、依然新体制に順応しようとしないＳＡ幹部たちを表向きは反逆罪の名目で射殺させた（「レーム一揆」〔ＳＡの幕僚長レームらが「真の革命実現」を叫ぶとともに、ＳＡの国軍化を要求して、反ヒトラー色を強めたため、一揆の陰謀があるとして、六月三〇日から七月一日にかけてＳＡの高級幹部多数を逮捕、射殺させた〕）。さらにこの機会に、ヒトラーがあまり英雄らしからぬやり方で権力の座にのぼりつめた秘密に精通している人々を血をもって粛清した。シュライヒャー将軍は自宅で射殺され、ブレドウ将軍も同じ運命をたどった。グレゴール・シュトラッサーは、ゲシュタポの独房でピストルの銃弾を撃ち込まれ、命を絶たれた。ヒトラーは、国会で勝利のかちどきをあげた。

「その時、私は……ドイツ民族の最高裁判官だったのである」（……）

国民は、ヒトラーの殺人行為に恐怖したり、その厚顔無恥ぶりに憤激の声をあげなかったのだろうか。全く見られなかった。それどころか、褐色シャツの無頼漢どもが排除されたことに国民は満足している、とバイエルン各地の憲兵隊分遣隊や職業安定所からの世論動向報告は報じている。その一つによると、レーム一揆の鎮圧は「総統《ヒューラー》に対する信頼」を確固たるものとし、「国民の幸福のためとあらば、総統は犯罪人がどんな地位、身分であろうとも、いつでもなすべきことをなす用意がある」のだという国民の信頼感を裏付けてくれた、という（一九三四年八月九日付、インゴルシュタット職業安定所からの報告）。（同前、437〜438頁）

同じものなら二つより一つの方が経済的。小さなことでも、経済的合理性に国民は敏感。他にはるかに巨大な不合理があったとしても。

もちろんナチスの時代のほうがよかった。スポーツ協会はひとつしかなかったからだ。それ以前には、村にはスポーツ協会が二つあった。……村のような所では、二つではなくひとつのほうがよい。そうでないと、無駄なことにエネルギーを使いすぎることになるからだ。

こう語り、ナチスによる画一化を肯定的にみる人物は、ナチスではなく、社会民主党員である。ナチズムは、「すっきりしない状況」をすっきりさせたものとして評価されている。（前掲『ナチズムの記憶』、33頁）

「ワイマール共和国についてはほとんど何も教わらず」若者の回想。

愛国主義と、徴兵制の復活と、ナチズムを結ぶ回路については、ケルレ村ではなく、ホーホラルマルクの鉱夫の息子が、こう語っている。

なぜおれたちの世代は、こんなにナチズムに熱狂したんだろうか。たぶん教育に原因があったのだろう。家では全体主義的に教育され、学校ではドイツの栄光の歴史を教えられた。……ヴァイマル共和国についてくは、ほとんどなにも教えられなかった。非常にたくさんの政党があったこと以外には。（同前、138〜139頁）

当時の国民の意識――ポーランド侵攻、第二次大戦勃発の前後。

さて、いい時代という記憶にもどると、つぎのケルレ村の山羊農家の証言は、失業の解消とナショナリズムのほかにも、いい時代と思わせる要因があったことを示している。

それから本当に上向いていった。ナショナルな問題に賛成する者は、みな喜んで同調した。そして、それから路頭に迷っていた失業者がやってきた、アウトバーンが建設された。〔ナチ体制から〕離れていようとする者や、関係したくないと思う者は、もうひとりもいなくなった。

一九三九年までは、すべてがうまくいっていた。戦争にならないかぎりは、すべて良しというわけだ。だれもが生活でき、仕事にありついていて、満足していた。ごらん、だれそれはもう自転車を買ったとか、だれそれはまだもっていないとか。住宅の建築がおこなわれた。この上手にいる人たち、労働者たちは、当時みな家を建てた。住宅は土地代もふくめて六、七〇〇〇マルクから一万マルクかかった。彼らは、いつもこういっていた。「仕事があって、金がかせげるかぎり、おれたちは満足している」と。戦争になると、みんなの意見は後退していった。〔満足感は〕消えてしまった。すべてがだめになった。ほとんどだれもがこういった。彼〔ヒトラー〕は、戦争なんかはじめないで、そのままでいてくれたらよかったのにと。（同前、141～142頁）

ユダヤ人への迫害についての意識――ひとつの例。

さて、ケルレ村の山羊農家の娘は、この「水晶の夜」についてつぎのように語っている。

わたしたちは、直接そのことに関与しませんでした。というのもケルレ村にはユダヤ人が住んでいなかったからです。しかし、わたしたちが翌朝メルズンゲンに働きにでかけると、破壊のあとをみました。

まったくひどいありさまでした。こんなにめっちゃくちゃにしてしまうなんて、とても人のやることとは思えませんでした。窓ガラスという窓ガラスは、ことごとく打ちやぶられて、こなごなになっていました。そしていっさいが路上に投げだされていました。

彼らは、すばらしい物を全部、いっさいかまわずに窓から投げだし、一部では火をつけることさえしたのです。すべてがだめになってしまい、もう使いものにはなりませんでした。

この女性のまなざしは、はじめから最後まで、モノに向けられている。（……）彼らの証言は戦後もだいぶたってからのものである。だが、事件がおきた当時の人びとも、おなじような反応をみせている。（……）

たとえばデュースブルク市のあるナチ党員は、こう怒りをぶちまけていた。「一方では、歯磨き粉のチューブやブリキ缶が集められていながら、もう一方では、家々や窓ガラスが壊されている」と。

また化学工場の町レーヴァークーゼンでは、ある労働者がつぎのように語っている。

デュッセルドルフの街路には靴や衣類が投げだされ、トラックや市電がその上を通っているとのことだ。身にまとう物がないという者がいるというのに、まったく言語道断なことだ。……物をこわすより、貧乏人に分けたほうがましだろうに。

〔デュッセルドルフ市の〕ランゲンフェルト街では、すばらしいシナゴーグが焼かれたそうだが、それを住宅にかえれば、四家族が住めただろうに。（同前、244〜246頁）

一九〇九年生まれのホーホラルマルクの公務員によれば、市役所のなかでは戦争中にこういわれたそうである。「最終的な勝利が実現したら、黒いならず者たち〔ユダヤ人〕は根こそぎ撲滅してやるぞ。やつらを木につるしてやる」と。彼は、以前にユダヤ商店に出入りしているのをみつかったため、「願わくは最終的勝利がこないように、さもないと、わたしも木につるされるとよく思ったものだ」と回想している。

市職員のこの証言は、大量殺害の事実を知っていたかどうかに答えるものではない。が、戦争がおわったらユダヤ人問題に決着をつけるといううわさが存在したことは伝えている。そしてまた彼が、このうわさに示されるナチスの意図を、あるていどありうるものと思っていたこともわかる。戦後、レクリングハウゼン市でも非ナチ化が実施された。しかし、ナチスは市の行政機構からたいして排除されず、ほとんどの者が残ったとこの市職員はつけくわえている。（同前、258〜259頁）

ホーホラルマルクの人びとにとっては、ユダヤ人といえば、商人や、経営者であるか、弁護士、医者、大学教授、音楽家などの専門職についている者たちであった。労働者のユダヤ人なんか、想像もできないことだったといわれる。さきにも述べたが、ある若者は、戦争にゆき、ロシア軍の捕虜になってはじめて、農民や労働者のなかにもユダヤ人がいることを知ったという驚きを語っている。（同前、310頁）

当時の若者の心境——戦争を忌避すれば社会的に抹殺されるおそれ。

しかし鉱夫のばあい、そのような民衆反乱の恐れは無用だった。ドイツ軍が、ポーランドにたいする電撃的な勝利につづいて、一九四〇年四月に、デンマークとノルウェーを占領し、六月十四日に、パリに入城すると、当初の重苦しい雰囲気はうすらぎ、ホーホラルマルクでも戦勝気分がたかまった。例のヒトラー少年は、さきの証言につづいて、こう語っている。

ポーランド戦役後、父は兵役を解除された。鉱夫が必要だったからだ。おなじ理由で、兵役義務のある若い鉱夫も、労働奉仕団へゆかなくてすんだ。父がもどってくると、わたしの兵役志願をめぐって口論がつづき、とうとう父もこれに同意した。父や祖父が、いかに戦争が悲惨なものか口をすっぱくしていっても、われわれ若者たちはそれを信じなかった。さらに、われわれは戦争が数週間で勝利するだろうと思っていた。だから一刻も早く、戦争に参加したかったんだ。さもないとあとで「ごらん、あいつはずっと家でぶらぶらしていたんだぜ」といわれるのが心配だったから。(同前、264頁)

「ヒトラー死亡のニュースを聞いた私は、絶望のあまり涙を流した」(『そこに僕らは居合わせた』の著者グードルン・パウゼヴァング)

ユダヤ人はドイツ国民の弱体化と殲滅をねらっている。ユダヤ人から身を守り、彼らの破壊的行動に対してドイツ人が一丸となって戦うのは当然の権利だ。

ドイツにはさまざまな人種が存在しているが、中でも「北方人種」が最も優秀である。ドイツ国民は異民族の影響から自らを守り、自らを「秩序づける」努力をしなければならない。

ドイツ国民はとりわけ優秀、勇敢で強大な国民であり、他のいかなる国民よりも優れている。

覚えさせられた数々の歌は麻薬のような効き目がありました。私たちは「第三帝国」滅亡の日まで献身的に歌いました。一九四五年四月三十日、ヒトラー死亡のニュースをラジオで聞いた私は、絶望のあまり涙を流しました。ヒトラーがいない生活や世の中など、私たち若者はだれも想像できませんでした。ヒトラー以外のドイツ首相はひとりも知らなかったのですから。(……)

まもなく時代の証人はいなくなるでしょう。あの時代の恥ずべき行為が忘れ去られることがないよう、私はこの書を世に送り出します。人間を踏みにじる政治は、もう二度と行われてはなりません。それはドイツでも、他のどんな国でも同じです。（『そこに僕らは居合わせた――語り伝える、ナチス・ドイツ下の記憶』グードルン・パウゼヴァング、高田ゆみ子訳、みすず書房、二〇一二年、231～232頁）

ナチスに協力した政党も残らず禁止された。

ヒトラー政府の相棒、ドイツ国家人民党――その協力なくしては元オーストリア人伍長が合法的に権力の座につくことはできなかったのだが――は、いったいどういう運命にあったのだろうか。ヒンデンブルクとも、陸軍とも、ユンカーとも近い関係にあったのに、またヒトラーが借金をしている大企業とも親しかったのに、他の政党とおなじ道をたどり、おなじ情けない目に遭《あ》った。六月二十一日〔編注：一九三三年〕、警察とＳＡは全国の同党事務所を襲い、ほんの半年前にはヒトラーを首相の椅子に押し上げた党首フーゲンベルクは六月二十七日に閣僚を辞任し、仲間たちが〝自発的に〟党を解散した。

残ったのはナチ党だけであった。七月十四日、ひとつの法律が布告された。

国家社会主義ドイツ労働者党は、ドイツにおけるただひとつの政党である。

その他の政党の組織機構を維持、あるいは新政党の結成を企てる者は、その行為が他の規則でより重い罪を科せられるのでないかぎり、三年以下の懲役、もしくは六か月以上三年以下の拘禁に処せられる。

一党独裁の全体主義国家は、反抗やさざなみも立たず、国会が民主主義の責任を放棄してから四カ月で達成された。（前掲『第三帝国の興亡 1』、401～402頁）

ヒトラー・ナチスの元でドイツはどんな国になったのか。

文化・報道・教育・政府機構にしぼって見てみたい。今日では想像もできない「国」が出現した。真の絶望とはこのことをいうのでは。若者たちが焚書の先頭に立ったことは忘れられてはならない。

文化のナチ化

一九三三年五月十日の夕べ、それはヒトラーが首相になってから三カ月余りたったときだったが、中世以来、西欧ではお目にかかれなかった光景がベルリンで展開された。夜中の十二時ごろ、松明《たいまつ》を持った数千人の学生の行進がウンター・デン・リンデンのベルリン大学前広場に入っていった。そこに集められた大量の本に松明の炎が移され、火がまわるにつれてさらに多くの本が投げこまれて最終的には二万冊ほどの本が灰になった。おなじような光景は他の町々でも見かけられた。焚書がはじまったのだ。

ゲッベルス博士承認のもとで、浮かれる学生たちの手でその夜ベルリンで炎に投じられた書物の多くは、世界中の名だたる作家によって書かれたものだった。そのなかには、ドイツの作家トーマス・マン、ハインリヒ・マン、リオン・フォイヒトヴァンガー、ヤーコプ・ヴァッサーマン、アルノルト・ツヴァイク、シュテファン・ツヴァイク、エーリヒ・マリーア・レマルク、ヴァルター・ラーテナウ、アルベルト・アインシュタイン、アルフレート・ケル、フーゴー・プロイスの名があった。最後にあるのは、ヴァイマル憲法を起草した学者の名である。しかし、燃やされたのはドイツの作家ばかりではなく、多数の外国の作家も含まれていた。ジャック・ロンドン、アプトン・シンクレア、ヘレン・ケラー、マーガレット・サンガー、H・G・ウェルズ、ハヴロック・エリス、アルトゥール・シュニッツラー、フロイト、ジッド、ゾラ、プルーストである。ある学生の宣言したところによれば、「われわれの未来に破壊的作用を及ぼし、ドイツの思想、ドイツの家庭、ドイツ国民の活力の根源に打撃をくわえる」ような書物はすべて焚書の対象とされた。

これよりのちドイツ文化にナチの拘束衣を着せることになる新任宣伝大臣ゲッベルス博士は、炎に包まれた書物が灰になるのを見ると学生たちに向かって演説した。「ドイツ国民の魂はふたたび己を語る言葉を持った。この炎は古い時代の終わりを照らすばかりではない。新しい時代もまた照らすのだ」。

ナチによるドイツ文化の新時代を照らしたのは焚書の炎や、これほど象徴的ではないがもっと効果的な方法である本の販売、図書館での閲覧、新刊の出版を大幅に禁止することだけではなかった。西欧近代国家が経験したことのないほどの大規模な文化統制が実施されたのである。早速一九三三年九月二十二日には、ゲッベルス博士指導により〈帝国文化院〉が設立された。その目的とするところは、法律で以下のように規定されている。「ドイツの文化政策を遂行するためには、あらゆる分野の創造的芸術家を国家の指導のもとひとつの統一組織に糾合することが必要である。国家は文化の進むべき精神的方向を定めるだけでなく、あらゆる職業を指導、組織せねばならない」。

文化的生活のあらゆる分野を指導、統制するために、七つの下部組織がつくられた。(……)これらの分野で働く者はそれぞれの組織に所属せねばならない。組織の決定、指示は法的効力を持つ。いろいろな権限があったが、とりわけ各院には「政治的に信頼を欠く」会員を除名する——あるいは加入を拒む——権限があった。言い換えれば、国家社会主義に不熱心な者はその職業、芸術に従事するのを禁止され、生活の手段を奪われるかもしれないのである。実際、そうなるのがふつうだった。(『第三帝国の興亡 2 戦争への道』ウィリアム・L・シャイラー、松浦伶訳、東京創元社、二〇〇八年、25〜27頁)

当時のドイツに住んだ証人の語る言葉は重い。これも貴重な証言の一つであろう。シャイラーの嘆きを読むと、心あるドイツ国民自身の気持ちがどれほどのものだったのかが思い知らされる。

新聞、放送、映画の統制

毎朝、ベルリンの日刊紙の編集責任者と国内各地で発行される日刊紙の通信員が宣伝省に出頭して、ゲッベルス博士本人または助手から、どのニュースを印刷しどれを抑えるべきか、ニュースはどんな書き方にするか、見出しはどうつけるか、どんなキャンペーンを中止し、あるいははじめるか、その日の論説には何が望ましいかを告げられた。すこしの誤解もないように、口頭の指示のほかに文書による指令が毎日手渡された。ベルリン市外の小新聞や定期刊行物には、電報や郵便で指示が届けられた。

第三帝国で編集者であるためには、まず政治的、人種的に「清浄」であることが必要だった。一九三三年十月四日に公布された〈新聞記者法〉は、ジャーナリズムは「公的な職業」であるとし、すべての編集者はドイツ国籍を有し、アーリア人種の子孫であり、ユダヤ人と結婚していてはならないと、条文で規定している。〈新聞記者法〉第一四節は、編集者たる者は「いかなるかたちであれ大衆を間違った方向に導き、自分本位の目的と公共の目的を混同し、外部的にも内部的にもドイツ国の力、ドイツ国民の共通の意思、ドイツの防衛、文化と経済……を弱め、ドイツの名誉と尊厳を傷つけるものを新聞に持ち込んではならない」とある――一九三三年以前に発効していたら、ナチの編集者と国内のナチ刊行物のすべてを弾圧しなければならなかったような法令である。（……）

わたし自身、全体主義国家では虚偽の報道や検閲された新聞、放送によって、ひとがたやすく騙されるのを体験することになった。一般のドイツ人とちがって、わたしは外国の新聞、とくに一日遅れで届くロンドン、パリ、チューリヒの新聞を読めたし、ＢＢＣ等の外国放送を毎日聞くこともできた。一方、日に何時間も費やしてドイツの新聞に目を走らせ、ドイツの放送をチェックし、ナチの役員の話を聞き、党の集会に出たりするのが仕事だった。だからわたしは事実を知る機会があったし、情報源がナチである場合には生来の猜疑心が頭をもたげたが、何年にもわたって虚偽と歪曲に慣らされていると一定の印象が頭に残ってつい騙されてしまうことを知って驚き、ぞっとしたこともあった。全体主義国家に何年か住んだ経験のないひとには、体制が計算ずくで絶え間なく押しつける宣伝の影響から逃れることがどんなに困難であるか、理解しがたいだろう。ドイツ人の家庭や会社で、ときにはレストラン、ビヤ・ホール、カフェで会った行きずりのひととの日常のやりとりのなかで、一見教育のある知的なひとがとんでもない主張をするのに出くわすことがよくあった。そういうひとたちはラジオで聞いたり、新聞で読んだりしたたわごとをそのまま口にしていたのにきまっている。ときにはそう言ってやりたくもなったが、そんなときには信じられないという顔でまじまじと見つめられるか、神を冒涜《ぼうとく》したとでもいうように冷ややかな沈黙を返されるかだった。そして歪んだ頭脳の持ち主や、真実の直視を避けて、ヒトラーやゲッベルスの言うがままに皮肉な目で人生を見ているひとたちと理解し合おうとするこ

とが、どれほど無意味であるかを痛感させられるのだった。（同前、32〜38頁）

「新しいドイツは若者を誰にも渡さない」ヒトラーはそう言い、そのように実行した。筆者も指摘しているとおり、ヒトラー・ユーゲントにあこがれる少年少女の顔は輝いていた。

第三帝国の教育

（……）ヒトラーの「教授」や知的学究生活にたいする軽蔑は『わが闘争』の随所にあらわれているが、教育についての考えも同書のなかで語られている。「国家による総合教育は、知識の詰め込みを第一とするのではなく、骨の髄まで健康な肉体をつくることを旨としなければならない」と彼は書いている。が、より重要なのは、若者の心をつかみ「新しい国家」に奉仕するように訓練することであると強調している――これは彼が独裁者として権力を握ってからも何度もくりかえされる主題である。一九三三年十一月六日の演説で言っている。「『そちらには味方しない』と相手が言ったら、わたしは穏やかにこう言い返すだろう。『おまえの息子はすでにこちらの陣営にいる。……おまえは何者か。おまえはやがて死ぬだろう。しかし、おまえの子孫は新しい陣営に属している。まもなく彼らは、この新しい社会のことしか知らなくなるだろう』と」。そして一九三七年五月一日には言う。「新しいドイツは若者を誰にも渡さない。若者は国家のものとし、独自の教育としつけをほどこす」。これはほらではなかった。まさにそのとおりのことが現実になろうとしていた。

ドイツの学校は、小学一年生から大学まで急速にナチ化されていった。教科書は急いで書き直され、カリキュラムは変更された。（……）

幼稚園から大学にいたるまで、教職にある者は全員〈ＮＳ（国家社会主義）教員連盟〉に加入することが義務づけられた。（……）もちろんユダヤ人は教職につくことができなかった。すべての教師が「アドルフ・ヒトラーに忠誠をつくし、服従する」ことを誓約した。（……）

一九三三年まで公立学校は地方当局、大学は州の管轄下にあった。それがすべて教育大臣のもとに統括され、鉄の規則で縛られることになった。それまでは教授会全員の選挙で決めていた学長や学部長も、教育大臣が任命するようになった。大学生全員が所属する学生連合、全講師からなる講師連盟の会長を決めるのも大臣である。（……）

こうした徹底的なナチ化は、ドイツの教育と学問研究にとって最悪の結果をもたらした。（……）

ベルリン大学のルートヴィヒ・ビーバーバック教授によれば、アインシュタインは「異邦人の山師」であった。レーナルト教授にいたっては「ユダヤ人は真理を理解する力をいちじるしく欠き……この点、アーリア人種の研究者が真理にたいして注意深い真摯《しんし》な意思を持つのとは対照的である。……このようにユダヤ物理学は幻影であり、ドイツ物理学を根底から堕落せしめる現象である」。

ところが一九〇五年から一九三一年までの期間に、十人のユダヤ系ドイツ人が科学に貢献あったとしてノーベル賞を得ているのである。（……）

一九三三年七月二十日の政教条約は、〈カトリック青年連盟〉の存続が妨げられることはないと、とくに規定している。しかしヒトラーは一九三六年十二月一日、同連盟ほかナチ以外の青年組織いっさいを禁止する法令を制定した。

すべてのドイツ青年は、〈ヒトラー・ユーゲント〉のもとに組織される。

ドイツ青年は、家庭と学校で教育されるほかに、〈ヒトラー・ユーゲント〉を通じて……肉体的、知的、道徳的に国家社会主義の精神に従って教育される。

（……）十歳になって体育、キャンプ、ナチ史観による歴史の試験にパスすると、〈ドイツ少年団《ユングフォルク》〉進級し、つぎのような誓約をする。

われらが総統をあらわすこの血の旗を前にして、祖国の救い主アドルフ・ヒトラーに全霊、全力を捧げることを誓います。総統のためには喜んで生命を投げ出す覚悟です。神のご加護のあらんことを。（……）

このようにして、若者たちは第三帝国で生活と労働と死の訓練を受けた。彼らの精神は意図的に毒されてゆき、正規の教育は中断され、養育という点で家庭の意味も大きく変わったが、少年少女の顔は〈ヒトラー・ユーゲント〉生活への情熱で幸せに輝いていた。そして、貧しい育ちの者も金持ちも、労働者も農民も実業家も貴族も、その子弟におなじ仕事を与え、あらゆる階層と職業の子女をいっしょに育てるというのは、それ自体、健康的でとても良いことではあった。都会の少年少女が強制労働奉仕で半年間、戸外で生活し、肉体労働の価値を学び、生活環境の異なるものといっしょにやっていくのが弊害になることはぜんぜんなかった。当時のドイツを旅して、キャンプの若者と話したり、彼らが働いたり遊んだり歌をうたったりしているのを目にしたことのあるひとなら、教える内容がいかに凶凶《まがまが》しいものであったにせよ、疑いなくダイナミックな若者の運動をそこに見たのである。（同前、38〜53頁）

議会を廃止しようなどとは、独裁者の念頭に浮かばなかった。残骸は大事にされた。

ヴァイマル共和制は破壊されたが、ヴァイマル憲法をヒトラーは公式に廃止したわけではなかった。実際――皮肉なことに――ヒトラーは支配の「合法性」の基盤を、あれほど嫌悪した共和国憲法においていた。何千と公布された政令――第三帝国ではこれ以外になかった――は、あきらかに一九三三年二月二十八日の〈国民と国家の保護のための大統領緊急令〉に基づいており、これはヒンデンブルクが憲法第四八条に従って署名したものである。（……）

一九三三年三月二十三日に議会で可決され、ナチ政府に立法権を渡した〈全権委任法〉も、ヒトラー支配の「合憲性」を保証する第二の柱である。以後四年ごとにゴム印を押すだけの議会によって有効期限がさらに四年延長された。かつては民主主義的な制度であった議会を廃止しようなどとは、独裁者の念頭に浮かんだこともなかった。ただ、それを非民主主義的に変えるだけでよかった。議会は戦争勃発前に十回ほど開かれただけで、法律も四つ「制定」されただけである。* 討論も投票もおこなわれず、ヒトラーの演説以外には耳にすることもなくなった。

＊一九三四年一月三十日の〈ドイツ国再建法〉と、一九三五年九月十五日の反ユダヤ主義の〈ニュルンベルク法〉三法である。（同前、86〜87頁）

つとめて平和を口にすること、ひそかに戦争の準備をすること、外交政策に慎重を期して、ヴェルサイユ列強から予防軍事行動を起こされないように隠密裏に再軍備を進めること——これが最初の二年間の、ヒトラーの戦術だった。（同前、95頁）

チャーチルのイギリスを屈服させられない。

（……）七月十六日、大将軍はついに決断して、「イギリス上陸作戦の準備に関する指令第十六号」を発令した。

最高機密　　　　総統司令部

一九四〇年七月十六日

イギリスは軍事的絶望状況にありながら、いまだに妥協の意思をまったく示さない。よってイギリス上陸作戦の準備をはじめ、もし必要とあらばそれを実施する決意をした。

この作戦の目的は、対独戦争実施基地としてのイギリス本国を排除し、もし必要となればそれを完全に占領することにある。

この作戦の暗号名は、〈アシカ作戦〉と名づけられることになった。準備は八月中旬までに完了しなければならない。

「もし必要とあらば実施する」。それは必要になると彼の直感はますます強くそう告げていたが、指令書が示しているほどには確信がなかった。七月十九日夕刻、議会でアドルフ・ヒトラーがイギリスにたいする最後の平和提案をしたとき、この「もし」は依然大きな「もし」だった。それはヒトラーの議会大演説の最後のものであり、筆者がこの数年にこの場所で聞いた多くの演説の最後になった。そして、彼の最高の演説のひとつでもあった。その晩、わたしは印象を書き留めた。

今夜わたしが議会で見たヒトラーは征服者であり、そのことを十分意識していた。しかも俳優としてもすばらしく、堂々として国民の心をしっかりつかみ、征服者としての自信と、大衆がその人物が頂上にあるとわかっているときの気持ちにぴったりくる謙虚さを巧みに共存させていた。今夜の彼の声は低かった。いつものように、叫ぶことはほとんどなかった。この演壇でこれまで何度も示したように、ヒステリックに喚くことは一度もなかった。

たしかにその長広舌には歴史の歪曲がいたるところに見られたし、随所にチャーチルへの個人的軽蔑がちりばめられていた。が、赫々《かくかく》たる勝利のわりには彼の口調は大人しく、自国民だけでなく中立国のひとびとにも支持され、イギリスの大衆にも一考に値するものを投げかけるように抜け目なく計算されていた。

（……）わたしが偉大な帝国は滅ぼされると予言するとき、ミスター・チャーチルも一度ぐらいは耳を傾けてもいいではなかろうか──その帝国を滅ぼすのは、いや傷つけることさえわたしの意図ではないのだが。こうして強情なイギリス首相を攻撃し、彼からイギリス国民を切り離そうとしたあとで、ヒトラーは長い演説の眼目に入った。

ここにいたってわたしは、わたしの良心に照らしていま一度、他のどことも変わらぬイギリスの理性と良識に訴えることを義務と感じるものである。わたしは哀れみを請う敗者としてでなく、理性の名で語る勝者として、この呼びかけをする立場にあるものと考える。

わたしは、この戦争が続行されねばならぬ理由がわからない。（……）

ＯＫＷの若手将校や各省の役人が部屋に集って、熱心に耳を傾けていた。沈痛な面持ちだった。自分の耳が信じられないようだった。「意味がわかったかい？」ひとりがわたしに向かって叫んだ。彼は茫然としていた。「イギリスの間抜けどもの言うことが理解できるかい？」彼は喚きつづけた。「いまになって講和を断るなんて、狂ってる！」。（前掲『第三帝国の興亡　4　ヨーロッパ征服』、85〜89頁）

おなじ日〔編注：一九四〇年七月一九日〕の夜チアーノは、ベルリンでわたしがいっしょにいた連中よりずっと高い地位のひとたちとともに、狂ったイギリス人の反応を聞いた。「遅い時刻に、演説にたいする最初のイギリス人の反応が聞こえてきたとき」と彼は日記に書いている。「隠しきれない失望感がドイツ人のあいだに広がった」。が、チアーノによれば、ムッソリーニの反応はまるで違っていた。（……）

彼は……「あまりに狡猾な演説だ」と決めつけた。この演説にイギリスは交渉をはじめる口実を発見するかもしれない、と恐れている。ムッソリーニにすれば、それは嬉しいことではない。なぜなら彼はこれまでにもまして戦争をしたがっているからだ。（……）

イギリス侵攻準備のための指令第一六号が発令された三日後にこの演説をしたのは、そこに主な理由があったのではないだろうか。彼〔編注：ヒトラー〕は信頼するふたりのイタリア人、アルフィエリとチアーノにたいして、――事前に――それを認めた。七月一日、彼は大使に告げた。

……将来の事態の成り行きについて敵に責任があると内外の世論に印象づけるのは、いつだっていい戦術だ。それは味方の士気を高め、敵のそれを低下させる。ドイツがいま計画中の作戦は、きわめて血なまぐさいものだ。……だから、このおそろしさを避けるためにあらゆる措置がつくされたことを、世論に納得させねばならない。……

十月六日の〔ポーランド戦の終結にあたって西方に平和提案をした〕演説も同様に、今後の進展についてはすべて相手方に責任を負わせようという考えに貫かれていた。そうすることで、いわば戦争が実際にはじまる前に勝利していたのだ。こんどもまた、これからとる行動のために士気を保つ心理的な意図がある。

一週間後の七月八日、ヒトラーはチアーノに打ち明けた――

……戦争を続行する場合――それが問題とされる唯一の現実的な可能性だと彼は考えている――、イギリス国民に心理的効果があるような何か派手なことをもう一度やらかそうと思う。……イギリス国民に巧妙に呼びかけることによって、おそらくイギリス政府を国内でさらに孤立させるのが可能になるはずである。（同

●威力の反例

ドイツ国民が一人残らずヒトラーの政策に従ったのではなかった。以下はその一例である。ささやかな抵抗、しかし命懸けの不服従がみられた。次の二編は当時の国民のありのままの姿を物語にして描いた短編集からの抜粋である。

一九四四年九月末、戦況はすでに厳しく、少しでもものごとを理解できる人間ならドイツの勝利などあり得ないと思っていました。でも、こと私に限れば、事実を認めたくなかった。盲目的に勝利を信じていたんですね。ある時、祖父が三人の戦友と行きつけの居酒屋クロトケで飲んでいました。祖父が口に手をあてながら「じきに負けるな」とささやくのを聞いた時、私は祖父の首を締めたいとさえ思いましたよ。実は、私には他にも気がかりなことがあったんです。それは、自分が大人になる前に戦争が終わってしまわないかという心配でした。兵士にならないうちに戦争が終わってほしくなかったんですよ。それがほんの数週間だとしても。のちに私はこう言いたかったんでしょう。私もそこに居合わせたのだ、と。

当時のニュースはもう「国民突撃隊」で持ちきりでした。十六歳から六十歳までのドイツ男子は全員、予備部隊に配属されることになったんです。ついに私も、その一員になれた！　狂喜乱舞しましたよ。ようやく認められた、一人前の兵士としてまもなく戦闘に加わることができるってね。（……）

では私は？　まだ来ないのか？　焦りましたよ。「早く召集令状が来ますように！」と、寝る前に祈る毎日でした。

そしてドレスデンが壊滅的空襲を受けた翌日、ついにそれが来たんです。同時に祖父にも召集令状が届いていました。私は令状を振りかざして、居間じゅう跳ね回りました。

「勝利のためにはもう、誰かれかまわずってわけだな」

祖父は頭を横に振りながら、壁の地図に見入っていました。（……）

私たちは懸命に働きました。祖父はツルハシで硬い粘土の出っ張りを掘り起こし、私は土間を突き固める役でした。しばらくすると交替して、私がツルハシ、祖父がランマーを手にしました。

「ここをもう少し！　それから、そこもあと二センチ」

祖父はそう言いながら近づいてきます。ツルハシとランマーが互いに触れるほどでした。時折、ランマーを避けるために飛びのかなくてはなりませんでした。

その時でした。祖父が力まかせに私の右足の上にランマーを落としたんです。私は叫び声をあげ、足を抱えてのたうちまわりました。血が噴き出しました。祖父は私に駆け寄り、母はそっとスリッパと靴下を脱がせました。（……）

祖父は医者を呼びました。もう三十年以上世話になっているかかりつけの医者で、彼は丹念に私の指を診察すると、こう言ったんです。

「おおごとだ。三本とも複雑骨折だ」

診断書には、兵役につくのはしばらく不可能だと書かれていました。

医者は祖父に向かって言いました。

「あとで面倒なことになるかもしれないぞ。この件は報告しなくてはならん。あんたのミスで兵士を一人減らしてしまったわけだからな。でも、歳のことも汲んでもらえるようにするさ。歳を取ると重いものをうまく扱えないことだってある。仕方ないね。とにかく、この件は不運な事故だったということだ。実際そうだよな？」

その時、医者が目くばせをしたような気がしました。訳がわかりませんでしたよ。（……）

「かわいそうに！　本当に残念だ！」

祖父はそう言うと、私の肩に腕をまわしました。

「かわいい孫の足の指が治って、最終勝利への戦いに耐えられるようになるまで、いったいどれぐらい時間がかかるんだろう?」

「複雑骨折しているから、四、五週間というところだろう」

医者は答えました。

祖父は、胸のつかえがおりた時にいつもそうするのですが、大きなため息をつきました。そして首を横に振ると、心配そうに舌打ちをしました。医者が家を出ていくとすぐに、祖父と母は診断書をのぞきこんで互いにうなずきあっていました。

私は茫然としていました。四、五週間⁉ 私は早く戦争に行きたくてしかたがなかったんですよ。なのに、祖父はそれほどがっかりした様子もありません。祖父は私の夢をぶち壊したんです。もう、祖国を守ることはできなくなってしまいました。足を上げてベッドに横になっていると、母が台所で鼻歌を歌っているのが聞こえてくるじゃありませんか。いったいどういうことでしょう!(……)ようやく医者が完治したと言った時は、もう遅すぎました。(……)私が戦う前に、戦争は終わってしまったんです。

(……)祖父はおそらく、終戦の少し前に亡くなったのでしょう。(……)私は今も、片足を少しひきずっています。当時は、ただで命拾いをすることなどありませんでした。でも私は祖父のおかげで生き延びることができたんです。(前掲『そこに僕らは居合わせた』、89~98頁)

強制労働に駆り出されたフランス人捕虜に対するドイツ人の気持ちが伝わってくる。

エルナに用向きを話しているとき、裏口からフランス人捕虜が台所へ入ってきたの。そのフランス人を迎えに来たドイツ兵もちょうど玄関に現われた。するとエルナは、茹でたてのジャガイモを山盛りにした大鍋をテーブルに置いて、「待ってちょうだい。うちのピエールは夕飯がまだなの。一日中畑で働いていたのよ。まだ帰せないわ」と言ったの。監視役の兵士はいつも通りの時間に来ただけだと文句を言ったわ。でもエルナは、今日は畑仕事が多かったのでちょっと遅くなったのだと謝ると、急いで食べるようにとフランス人を呼んだの。彼は状況を理解して、急いでテーブルについた。その時エルナは思いついたのね。戸口に立って物欲しそうにこちらを見ていたドイツ兵に「一緒にいかが？ どうぞ食べていってくださいな」と言ったのよ。二度たずねる必要はなかったわ。ドイツ兵だって勤務先の収容所でろくな食事を与えられていなかったはず。彼は困ったようにうなずいて、肩から銃をおろすと「どっちみち待ってなきゃならないなら」と、つぶやいたの。エルナがフランス人のとなりに椅子をひとつ用意すると、ドイツ兵は銃を壁にたてかけて腰をおろした。エルナは、彼にも皿とフォークとナイフを用意すると、二人にクヴァルクをよそってバターのかけらを乗せ、まだ湯気をたてているジャガイモの皮を剥き始めたの。私は「あんたはあとで私たちと一緒に食べようね。他のみんなが畑の泥を落としてからね」と言われたので、そこで見ていたわ。エルナはまず最初にドイツ兵の皿にジャガイモを置くとばかり私は思っていたの。そしたら驚いた。そうじゃなかったの。まず一つめのジャガイモはフランス人、二つめはドイツ人、三つめはフランス人、そして四つめはドイツ人。そうやって二人は平等に食べることができたの。肩を並べて、実に平和にね。エルナは「おいしくおあがりなさい」と言うことも忘れなかった。やさしい気持ちは伝わるものなのね。二人も「いただきます」と言うと、顔を見合わせてにっこり笑ったのよ！

驚いたわ。でも、なぜ自分が驚いたのかその時は言葉にできなかった。ただ、この農家の台所では、ふだん学校や少女団で教わったのとは違うことが起こっていると感じたの。何年かたってやっと、それがなんだったのか理解した。エルナは彼らに、勝者のドイツ人や敗者のフランス人としてではなく、同じ人間として接したんだって。（同前、218〜219頁）

3 ナチス侵略政策の進行

ナチスは国内支配の体制を確立しながら、国外に凶暴な爪を伸ばしていく。チャーチルが政権につく以前のイギリス政府の「弱腰外交」は驚くべきものがある。この歴史の事実は銘記されなければならない。

三月十六日〔編注：一九三五年〕、土曜日——ヒトラーの不意打ちというと、たいてい土曜日だが——首相は徴兵制度を敷いて、平時の陸軍を十二個軍団、三十六個師団とするという法令を公布した。ざっと五十万の兵力である。これは、ヴェルサイユ条約の軍備制限の打切りを意味した——フランスとイギリスが行動を起こさなければ、だが。ヒトラーの予測したとおり、両国は抗議したが行動は起こさなかった。それどころかイギリス政府は、今後も外務大臣を引見してくれるかと、急いで問い合わせたほどである——独裁者は、丁重に肯定の返事をした。

三月十七日の日曜日は、ドイツあげての慶祝の日だった。敗北と屈辱の象徴だったヴェルサイユ条約の枷《かせ》がはずれたのだ。ドイツ人がヒトラーとそのギャングまがいの支配をどんなに嫌っていても、共和制政府がやってみようともしなかったことを総統が成し遂げたのは認めざるをえない。大部分のドイツ人にとって、国家の名誉は回復されたのだ。（前掲『第三帝国の興亡 2』、104～105頁）

ヒトラーの価値観に「誠実かどうか」はない。あるのはただ「強いかどうか」だけである。人の良い国民はつい自分の尺度で他人の真意を測りたくなる。本当に野心を持つ政治家の真意は測り知れない。

しかし、まずはその雄弁に耳を傾けよう。この演説の一節は世界遺産にでも登録して未来に引き継がなければならないぐらいである。

五月二十一日［編注：一九三五年］の夕べ、彼はふたたび議会で「平和」演説をおこなった――筆者はヒトラーの議会演説はたいてい現場で聞いているが、これまで聞いたなかでおそらくもっとも雄弁で、まちがいなくもっとも巧妙で、もっともまやかしに満ちた演説であった。ヒトラーはくつろいだ態度で、自信のみならず――大方の傍聴者の予期に反して――寛容と和解の気持ちを滲《にじ》ませていた。彼がヴェルサイユ条約の軍備制限条項を反故《ほご》にしたことをなじる国々にたいする憤りも怒りもそこにはなかった。それどころか、彼の望むのは平和と、すべての国にとっての正義に根ざした協定にほかならないと保証していた。彼は戦争という概念そのものをしりぞけた。それは無意味で、無益で、恐怖と変わるところはないと。（……）

ドイツは他国民を征服しようなどという気は毛頭ない、そうヒトラーは言明した。（……）

しかり！　国家社会主義ドイツは、その基本的な確信に基づいて平和を希求する。そして、戦争はヨーロッパの苦難を本質的に変えることはなさそうだという単純かつ素朴な実感にしたがって、平和を欲するのである。……いかなる戦争においても、そのおもな結果は国家の精華を破壊することなのである。

ドイツは平和を必要とする。そして平和を希求する！

彼は、その点を強調しつづけた。最後に平和維持のための十三項目の提案をしたが、それは見事なものだったので、ドイツ国内ばかりか全ヨーロッパに深い感銘を与えた。前置きとして、彼は想起させる。

ドイツはフランスにたいし、ザールの住民投票にしたがって画定したその国境線を、厳粛に承認し、保証する。……よって、われわれがふたつの大戦において争った土地、アルザス・ロレーヌに関するいっさいの要求を最終的に放棄する。……過去の経緯を考慮にいれることなく、ドイツはポーランドと不可侵条約を結んだ。……われわれは無条件に、この条約を尊重する。……われわれはポーランドを、偉大で国家意識を持つ民族の住む地として承認する。

オーストリアについては——

ドイツはオーストリアの国内問題に介入する意図はなく、望んでもいない。すなわちオーストリアを併合する、あるいは独墺合邦《アンシュルス》をおこなうことはしない。（……）

軍縮については、ヒトラーは局限のところまで行く気でいた。

ドイツ政府は、重砲や重戦車のようなおもに侵略を目的とした重兵器の廃絶にいたろうとも、いかなる制限にも同意する用意がある。……ドイツは、砲の口径、戦艦、巡洋艦、水雷艇のいずれであろうとすべての制限に同意する用意があることを宣言する。同様にドイツ政府は、潜水艦のトン数制限、あるいは廃絶自体に同意する用意がある。

これに関連して、ヒトラーはイギリスに特別の餌を差し出した。彼は新ドイツ海軍をイギリス海軍の三五パーセントに制限してもいい、それでもフランス海軍の保有総トン数より一五パーセントすくない、と言った。これはドイツの要求の手はじめにすぎないだろうという海外からの反論にたいして、ヒトラーは「これがドイツの最終、恒久的要求である」と応じた。

その夜十時すこし過ぎ、ヒトラーは結論に達した。

ヨーロッパの戦争の口火に点火する者は、混乱以外の何物も期待できないだろう。しかしわれわれは、われらの時代において西欧の没落ではなく西欧の再生が果たされるという、固い信念を抱いて生きている。ドイツがこの偉大な事業に不滅の貢献をすることは、われわれの誇り高き希望であり、不動の信念である。

平和と理性と和解を含んだ蜜のように甘い言葉だった。諸国民も諸政府も、何か理にかなった、いや理屈はどうあれ平和の保たれることを喉から手の出るほど欲していたヨーロッパの西欧民主主義諸国は、この言葉に飛びついた。（同前、106～111頁）

九カ月後、ラインラント進駐を指示したヒトラーはさらに「平和への熱望」を語る。この言葉も忘れてはならない。

> （……）一九三六年三月二日、ブロンベルク軍務相はヒトラーの指示に従ってラインラント占領の正式命令を発した。上級指揮官たちが告げられたのは、「不意打ち」だった。（……）
>
> 　ヒトラーは、国会の演壇から熱狂する聴衆に向かって平和への熱望と、そのとき思いついた平和維持の方策について語っていた。（……）それにつづく情景を、わたしはその夜の日記に記している。
>
> 「ドイツはもうロカルノ条約に拘束されていると感じることはない〔と、ヒトラーは言う〕。国境の安全と防衛の保障という本来の権利を守るために、ドイツ政府は今日、非武装地帯に絶対かつ無制限のドイツの主権を確立した」。
>
> （……）メシアは完璧に役になりきっている。へりくだるかのように頭を下げ、辛抱強く静寂の戻るのを待つ。それから彼の声。依然、低い声。激情にくぐもった声で、ふたつの誓いを口にする。
>
> 「ひとつ、わが国民の名誉を回復するにあたり、いかなる武力にも頼らぬことを誓う。……ふたつ、未来永劫《えいごう》にヨーロッパ諸国民との、とりわけ隣接する西欧諸国との理解に努めることを誓う。……われわれはヨーロッパで領土的要求をするつもりはない。……ドイツは、けっして平和を破らない！」
>
> 　喝采は長いあいだ鳴り止まなかった。（同前、118～121頁）

西欧民主主義諸国の足元を見ていたヒトラーはひとつひとつ大戦争への準備のための侵攻を進める。

「はったり」とバクチもまたヒトラー外交の大事な武器だった。その内幕を知れば驚かされる。

> 　ヨードルはニュルンベルクの法廷で証言している。「状況からして、フランスの反撃部隊が来ればわれわれはひとたまりもなかっただろう」。（……）
>
> 　それは十分ありえた――そうなっていたら、十中八、九、ヒトラーはおしまいだっただろう。独裁者もそのような大失敗をして生き延びることはできず、その後の歴史はまったく違った、もっと明るいものとなっていただろう。ヒトラー自身ものちに認めている。「われわれのほうが退却すれば、全滅したことだろう」。その後、

何度も危機をしのぎ、尻込みする将軍たちを鼓舞して成功をもたらしたのは、ひとえにヒトラーの鋼鉄の神経だった。しかしその彼にとっても、けっして容易な状況ではなかった。「ラインラント侵攻後の四十八時間、生涯であれほど神経がまいったことはなかった」。ヒトラーの通訳パウル・シュミットは、のちに総統が洩らすのを耳にしている。「もしフランスがラインラントへ攻め込んでくれば、こちらは尻尾を巻いて退散するしかなかっただろう。当方の軍事力は、ほんの控えめな抵抗をするにもまるきり不足していたのだから」。

フランスは進軍してこないという強い自信を持っていたヒトラーは、腰の定まらぬ参謀本部の退却提案を頑としてしりぞけた。（同前、122〜123頁）

ここでは「国民投票」は国民の政治的権利ではなく、支配者にとって一層屈服を強いるための有力な手段となった。秘密が守られない、「信任」しかない投票はすでに投票ではなく、強制された「服従の表明」である。しかしそれでも律儀な有権者は、自ら「賛成」票を投じた道義的責任から心理的に逃れるのは困難である。野心家はそのことをよく知っている。

ラインラントにおけるヒトラーの賭けの成功は、その影響の大きさからして、当時理解できた以上に大きく、より決定的な勝利を彼にもたらしたことが、いま考えれば容易に見て取れる。国内では、彼の人気*と支配力を強化し、過去のドイツのどの支配者もかなわなかったほどの高みに押し上げた。（……）

＊三月七日、ヒトラーは議会を解散し、新〝選挙〟と国民投票でラインラント侵攻について信を問うた。公式発表の数字によれば、三月二十九日の投票日には登録有権者数四千五百四十五万三千六百九十一人の約九九パーセントが投票に行き、そのうちの九十八・八パーセントがヒトラーの行動を「是」としていた。投票所を訪れた外国人特派員は、そこでやや異様な光景に接した――とくに、秘密投票ではなくて公開投票だったことである。「否」を投じるとゲシュタポに見つかるのではないかと恐れるひともいたにちがいない（前にみたとおり、まことにもっともなことである）。フーゴー・エッケナー博士から直接聞いたのだが、彼の設計した新ツェッペリン飛行船〈ヒンデンブルク〉号はゲッベルスの希望で全国各都市に宣伝飛行をおこなったが、船内での「是」票は宣伝大臣の発表によれば四二票で、全搭乗者数より二票多かったそうだ。とはいえ、ドイツ各地で〝選挙〟取材をした筆者の観察によれば、ヒトラーの奇襲攻撃に「是」を投じたひとの数は圧倒的だった。（同前、124〜125頁）

四カ月後、次はオーストリアの番である。ヒトラーは巧妙に版図の拡大に努める。

一九三六年七月十一日に調印された独墺協定は、公表された文面を見るとヒトラーが異例なほどに寛大になっているようにみえる。ドイツはオーストリアの主権を認めることを再確認し、国内問題に干渉しないとあらためて約束している。そのかわりオーストリアは、外交政策においてつねに「ドイツ人国家」であるという原則に立って行動することを約束している。

しかし同条約には秘密付帯条項があり、そのなかでシュシュニクは彼自身を——およびその小国を——破滅に導くような譲歩をしていたのである。彼がひそかに同意していたのは、オーストリア国内にいるナチの政治犯に恩赦を与えることであり、「いわゆる『民族的反対派』議員——ナチないし親ナチの婉曲表現——を政治的責任のある」ポストにつけることであった。これは、トロイの木馬をオーストリア国内に据えつけることをヒトラーに許すにも等しかった。（同前、128～129頁）

日独防共協定、「西欧文明擁護のために」のかげでソ連に対抗する秘密合意が。

十一月二十五日〔編注：一九三六年〕、彼〔編注：リッベントロップ〕は日本との防共協定に調印した。通信員を前にして（わたしもそのひとりだったが）、ドイツと日本は西欧文明擁護のために協力し合うことにしたと、しゃあしゃあと語った。表面的には、この協定は世界的な共産主義への嫌悪とコミンテルン不信の風潮を利用したドイツと日本のプロパガンダ以外の何物でもないように見えた。ところがじつはこれには、はっきりソ連を意識した秘密議定書がついていた。ドイツもしくは日本にたいして挑発によらない攻撃がソ連によってなされた場合、両国は「共通の利害を守るために」いかなる手段に訴えるかを相談し、同時に「ソ連を助けるようないかなる手段もとらない」ことに同意する、というものである。そして、双方の同意なくしては、この協定の精神に反したいっさいの政治的取り決めをソ連と交わさないことも同意されていた。

ほどなくしてドイツはこの協定を破り、日本がこれを守らなかったと——不当な——非難をする。しかしこの協定は、世界中の騙されやすいひとにとってある程度の宣伝目的を果たし、はじめて「持たざる」侵略者たる三国を結びつけたのである。イタリアが調印したのは、翌年のことであった。（同前、134頁）

ゲーリングは語った。「すでに戦争ははじまっている」

一九三七年がはじまったとき、ヒトラーが最初の四年間にしたことの大半が戦争の準備にほかならなかったことは、イギリス、フランスの政府、国民にも、ドイツ国民の大多数にもわかっていないようであった。（……）ゲーリングは、これから起こることについてベルリンの実業家、高級官僚に向けた秘密演説であからさまに語っている。

われわれが近づきつつある戦いは〔と彼は語る〕、厖大な生産能力を必要とする。再軍備の限界は見当もつかない。勝利か、はたまた破滅あるのみである。……われわれは最終戦争が目前にある時代に生きている。いまや動員開始直前にあり、すでに戦争ははじまっているのである。見えないのは、実際の戦闘だけである。

ゲーリングのこの警告がなされたのは一九三六年十二月十七日のことだった。（同前、136～137頁）

一九三七年一月三十日、国会のロボット議員どもを前にした演説でヒトラーは断言した。「いわゆる不意打ちの時代は終わった」。（同前、137頁）

ドイツのスペイン内戦への介入の一側面。

一九四六年三月十四日のニュルンベルク法廷における証言で、ゲーリングはスペイン内戦が「わたしの若い空軍」に試験の機会を与えてくれたと誇らしげに述べている。「総統の許可を得て、わたしは輸送機の大部隊と、多数の試験的戦闘機部隊、爆撃機、高射砲を送った。そうして実地の戦闘条件のなかで任務に堪えうるかどうかを確かめる機会を与えられた。また要員が経験を積めるよう、たえず新人を送って別の人員を呼び戻すなど交替に気を配った」。（同前、137〜138頁）

当時のドイツとイタリアの関係がどのようなものであったのか、以下の記述は教える。

このようにオーストリア問題で懐柔され、野心のことごとくを——エチオピアで、スペインで、地中海で——フランス、イギリスに反対されて、ムッソリーニはついにヒトラーの招待に応じることにした。そして一九三七年九月二十五日、このときのために新調した制服に身をつつんで、ムッソリーニはアルプスを越えて第三帝国に入った。このあと何度もくりかえされる旅の最初の訪問で征服者だの英雄だのと持ち上げられるムッソリーニは、この旅がいかに運命的なものであるか、このときは気づいていなかった。ムッソリーニは以後ずるずると立場を弱くし、結局は破滅にいたるのである。ヒトラーの目的は客と外交上の問題を論じることにはなく、ドイツの力を見せつけて、勝ち目のあるほうに賭けようと考えているムッソリーニの妄想をかきたてることにあった。ドゥーチェは西に東にとドイツ中を引きまわされ、ＳＳ（親衛隊）や軍隊の行進、メクレンブルクでの演習、唸りを上げるルールの軍需工場を見学させられた。（同前、138〜139頁）

平穏の代償としてイギリスが何を支払うつもりなのか、ドイツ外務省は注視した。

五月［編注：一九三七年］末、ヴィルヘルムシュトラーセのドイツ外務省は、イギリスのスタンリー・ボールドウィン首相の引退と、ネヴィル・チェンバレンの就任を興味深く見守った。新イギリス首相は前任者よりも外交に積極的に関わる気で、できるならナチス・ドイツと合意に達したい意向を持っていることを知って、ドイツ側は喜んだ。どのような合意ならヒトラーは同意できるのか、当時、ドイツ外務省政治局局長だったエルンスト・フォン・ヴァイツゼッカー男爵の十一月十日付の覚書に概要が記されている。

われわれがイギリスから得たいと願うのは、植民地、そして東方における行動の自由である。……平穏を欲するイギリスの気持ちは強い。その平穏の代償としてイギリスは何を支払おうとしているのか、それを探るのが有益だろう。（同前、140〜141頁）

「他国への侵略以外にドイツの生きる道はない」ヒトラーは断言する。無論、秘密会議の席上である。（いわゆる「ホスバハ覚書」より）

会議［編注：一九三七年十一月五日］は午後四時十五分にはじまり、八時半までつづいた。ほとんどヒトラーがしゃべりつづけた。彼は口を切った。まず言っておかなければならないのは、「権力の座について以来四年半の熟考と経験」の成果についてである。そしてこれから話そうとしているのは、彼が死んだときに遺言と見なされるべき重要なものである。

「ドイツの政策の目的は、人種的共同体を確立し、維持し、拡大することである。したがってそれは、空間の問題〈生存圏《レーベンスラウム》〉である」。彼は断言した。「ドイツ人には、他の人種よりも広い空間で生きる権利がある。……それゆえドイツの未来は、一に空間の必要性をいかに解決するかにかかっているのである」。（……）

それはどこか？　どこかアフリカやアジアの植民地にではなく、ヨーロッパの中心の「すぐそこのドイツの隣接地に」。ドイツの問題は、どこなら最小の費用で最大の効果が得られるか、ということなのである。

どの時代においても――ローマ帝国でも大英帝国でも――拡張は抵抗を押しつぶし、危険をおかすことによってのみ実現できたことを、そして妨害が避けられなかったことを歴史は証明している。主のいない空間は……かつて存在したことがなかったし、まして今日ではまったく存在しない。襲撃者はかならず所有者に阻まれるのだ。（……）

ドイツの問題は、武力によってのみ解決しうる。（……）

「第一の場合」期間一九四三―四五年

この日付以後は、われわれの観点からすれば悪いほうへの変化しか予測できない。陸海空三軍の装備は……

…ほぼ完了した。装備、武装は近代的である。これ以上遅れると旧式になるおそれがある。とりわけ「特殊兵器」の秘密を永久に保持することはできない。……われわれの相対的戦力は……世界の国々の……軍備との比較において減少するだろう。そのうえ世界の諸国はわれわれの攻撃を予期して、年々、対抗手段を増強している。攻勢に出るべきは、世界が防備を増強しているうちである。

一九四三―四五年の状況がどうなっているかは、今日では誰にもわからない。ひとつだけはっきりしているのは、もうこれ以上待てないということである。（同前、146～149頁）

ナチ革命の成就。

ヒトラーの二月四日の大掃除は、将軍相手に限らない。外務省からはノイラートを掃き出し、浅薄なおべっか使いのリッベントロップに替えている。*

＊軍部の危機から注意をそらすためもあり、また国内外でのノイラートの威信を守るためもあって、ヒトラーはゲーリングの勧めにしたがっていわゆる〈秘密内閣会議《ゲハイマー・カビネッツラート》〉をつくった。二月四日の緊急令によれば、「外交政策遂行の指針」を総統に与えるためのものである。ノイラートが議長に指名され、メンバーにはカイテル、三軍の長、主要閣僚、党幹部が含まれる。ゲッベルスの宣伝機関は大車輪でプロパガンダに努め、まるで内閣の上に内閣ができたような、ノイラートが昇進したような騒ぎだった。ところが実際には、〈秘密内閣会議〉は架空のものだった。そんなものは実在しなかった。ニュルンベルクでゲーリングは証言している。「たしかにそんな内閣は存在しなかった。しかし音の響きがとてもいいので、何か意味があるようにひとは想像しそうに見えた。……誓って言うが、この〈秘密内閣会議〉は一度も、一分たりとも開かれたことはない」

翌二月五日、〈フェルキッシャー・ベオバハター〉に絶叫調の見出しが躍った。「総統、全権力を手中に！」このときばかりは、ナチの代表的日刊紙の調子も誇張とはいえなかった。

一九三八年二月四日は、第三帝国の歴史における主要な転換点、戦争に進む道の里程標である。この日をもって、ナチ革命は成就したといっていいだろう。（同前、176～177頁）

苦悩の四週間　一九三八年二月十二日―三月十一日

ヒトラーはシュシュニクに、最後通牒を実行することについての「拘束力ある回答」をするのに三日間——二月十五日火曜日まで——の猶予を与え、(……)シュシュニクは「明日までには大統領の抵抗をくじく」気でいます、とパーペンに伝えた。

同日夕刻七時三十分、ヒトラーはカイテル将軍が起草した、オーストリアに軍事的圧力をかける指令書に署名している。

虚偽の、だがきわめて信憑性のありそうな情報を広め、オーストリアにたいする軍事進攻の準備がととのったとの結論にいたらしめる。

実際、シュシュニクがベルヒテスガーデンをあとにするなり、ヒトラーはオーストリア首相が言われたとおりにするかどうかを確かめるために、偽の軍事行動を起こさせている。ヨードルがそのいっさいを日記にしたためている。

二月十三日——午後、K〔カイテル〕将軍から、C〔カナリス〕提督とわたしにアパートメントに来てくれと呼び出しがある。偽の軍事行動を起こして軍事的圧力をかけよとの総統命令は十五日までつづけると、将軍は言う。草案にしたものを電話で総統に報告し、承認を求める。

二月十四日——効果は覿面《てきめん》、しかも満点。オーストリアでは、ドイツは本気で軍事的準備をしているとの印象が強まる。(同前、199〜200頁)

ヒトラーの口からなんと「民族自決」の言葉が。

二月二十日、ヒトラーはやっと国会演説をおこなった。これは一月三十日に予定されていたが、ブロンベルク・フリッチュ危機や、オーストリアにたいする策謀のせいでのびのびになっていたものだった。彼はシュシュニクの「理解」と、独墺間により緊密な合意をもたらした「温かい善意」を歓迎していた——チェンバレン首相はこのたわごとにいたく感銘を受けたらしい——が、同時にひとつの警告も発していた。それはロンドンではおおむね聞き流され、ウィーンの聾者《ろうしゃ》の耳には入らなかった――プラハでもおなじだった。

一千万人以上のドイツ人が、国境を接するふたつの国で暮らしている……ひとつの点で、疑いがあってはならない。それは、政治的にドイツ国と切り離されていても、権利の剥奪があってはならないこと――すなわち、民族自決という一般的諸権利が剥奪されてはならない。世界の強国としては、国境の向こう側に人種的同胞がいて、民族全体の共感、一体感、民族の運命、〈世界観《ヴェルトアンシャウウング》〉を求めて過酷な苦しみにさらされているのは、まことに見るに忍びない。国境沿いに住み、政治的、精神的自由をみずからの努力で勝ち取ることのできない境遇にいるドイツ人の保護は、ドイツ国の関心事に属することなのである。

これは七百万オーストリア国民とチェコスロヴァキアのズデーテン地方の住民三百万の将来を、以後、第三帝国の国内問題と見なすというヒトラーの率直な公的な発言であった。（同前、202～203頁）

ドイツ、オーストリア併合に突き進む。

わたし自身そのとき知ったのだが、ウィーンのイギリス公使館がベルヒテスガーデンにおけるヒトラーの最後通牒についてつぶさにチェンバレンに連絡していた事実に照らせば、三月二日にチェンバレンが英下院でおこなった演説にはまったく驚き入る。しかし、ヒトラーは喜んだ。オーストリアに侵攻しても、イギリスとのあいだは面倒なことにならないとわかったのだ。（同前、227頁）

各個撃破政策は戦後の超大国の専売特許ではなかった。倫理観が欠落した政治家の「名誉にかけての誓い」が何の役にも立たないことは悲惨な経験の後にやっと理解された。

三月十一日夕刻、ヒトラーが真剣に心配していたのは、この侵略にたいするムッソリーニの反応だった。しかし、チェコスロヴァキアがどう出るだろうかという心配も、ベルリンにはすこしあった。ところが、疲れを知らぬゲーリングは、たちまちのうちにこれを解決してしまった。（……）チェコスロヴァキアのベルリン駐在公使ヴォイチェフ・マストニー博士は、会場に着くなりべたべた勲章をつけた元帥〔編注：ゲーリング〕に隅へ引っ張っていかれた。そして、チェコスロヴァキアにはドイツを恐れる理由は何もない。ドイツ軍がオーストリアに侵攻したのは「家庭の問題以外のものではない」し、ヒトラーはプラハ政府との関係を改善したいと考えている。元帥は名誉にかけてそう誓うと告げたのである。そのかわり、チェコスロヴァキアは軍隊を動員しないと約束してほしいという。マストニー博士はいったん会場を出てプラハ政府の外務大臣に電話をかけた。そして戻ってくると、動員はかけない、チェコスロヴァキアはオーストリアでの出来事に介入する意思はない、とゲーリングに告げた。ゲーリングはほっとしてさきほどの保証の言葉をくりかえし、これにはヒトラーの承認も得てあるとつけくわえた。（同前、229〜230頁）

ヒトラーはこの時期（一九三七年）になってもなおも国民に「懇願」する。四年を期限とする全権委任法をさらに四年延長する提案。国民は本当に懇願されていると「勘違い」した。この「勘違い」は余りに高くつく。

外国人の耳には論理的——あるいは正直——ではないと思えたとしても、ドイツ人には疑いもなく強い印象を与えた。国会演説を終えるにあたって、ヒトラーが思い入れに声をつまらせて「ドイツ国民諸君、わたしにあと四年与えてほしい。そうすれば、果たされた統一を諸君全員のために活用できるだろう」と懇願したときに受けた喝采の声は、これまでこの壇上で得た勝利のすべてを卑小に思わせるほどだった。（同前、237頁）

次はチェコスロヴァキアの番である。電撃的な攻撃計画の裏で細心の政治的考慮、つまり謀略が。三つの項目のうちの一つが「宣伝」である。

〈作戦・緑〉は、チェコスロヴァキア奇襲作戦につけられた暗号名だった。（……）オーストリアを簡単に征服できたことが、あきらかに〈作戦・緑〉を緊急課題にしていた。計画は最近の情勢に応じて練り直され、実行の準備がはじまった。一九三八年四月二十一日にヒトラーがカイテルを呼びつけ

> たのもそのためであった。翌日、ヒトラーの新任副官のルドルフ・シュムント少佐が、協議の摘要をつくった。それは「政治情勢」「軍事的結論」「宣伝」の三部に分かれていた。
> ヒトラーは、「大義もなければ正当化もできそうにない抜き打ちの戦略攻撃の計画案」を却下した。「世界の反感を招けば、取り返しのつかない結果になるかもしれない」と恐れたからである。（……）すくなくとも当面、総統の気に入っていたのは第三案であった。「突発事態（たとえば反独デモの最中に駐在ドイツ公使が殺される、とか）に基づく電撃的行動」というものである〔括弧内の但し書きは原資料にある〕。そのような「突発事態」は、かつてオーストリア侵攻を正当化するために考え出され、パーペンがもうすこしで犠牲になるところだったことは記憶に新しい。ヒトラーのギャング的世界では、ドイツの在外大公使などいくらでも首のすげ替え可能な消耗品なのだった。

> ドイツの大将軍——三軍の指揮権を手中にしたいまでは、文字どおり大将軍といえた——は、この作戦は迅速を要するとカイテルに強調した。

> 政治的には、最初の四日間の軍事行動が肝要である。目立った軍事的成功がなければ、ヨーロッパ危機が生じるのは必定である。「既成事実」は諸外国に、軍事的介入の余地がないことを納得させるであろう。（同前、253〜254頁）

「英仏はチェコスロヴァキアを犠牲にする方を選ぶだろう」ヒトラーの勘は的中した。

> 八月〔編注：一九三八年〕の末にできあがった陰謀者たちの計画〔編注：ヒトラーの支配を終わらせる暗殺計画〕では、ヒトラーがチェコスロヴァキア攻撃の最終的命令を出ししだい逮捕し、彼〔編注：ヒトラーのこと〕自身のつくった〈民族裁判所〉に引き出す。（……）
> この企ての成否がかかる事柄がさらにふたつあり、それには陰謀の中枢にいるふたりの人物、ハルダーとベックがかかわっていた。（……）

ベックにとって気の毒で、世界の大部分の未来にとって残念だったことに、大戦の可能性についてより抜け目のない考えを持っていたのはヒトラーであり、辞めたばかりの参謀総長ではなかった。ベックは歴史感覚のそなわった教養あるヨーロッパ人だったが、イギリスとフランスがドイツによるチェコスロヴァキア攻撃への介入を控えて、自国の利益をことさら犠牲にするなどとは考えられなかった。彼には歴史感覚はあったが、現代政治の感覚はなかったのだ。一方、ヒトラーにはそれがあった。しばらく前からヒトラーは、ひとつの判断が自分のなかで強まるのを感じていた。それは、チェンバレン首相は戦争に突入するよりはチェコスロヴァキアを犠牲にするほうを選ぶだろう、その場合フランスはプラハ政府にたいする条約上の義務をまっとうしないだろう、というものだった。（同前、287〜288頁）

チェンバレンの政治的な鈍感さは救いがたい。陰謀は着々と進められる。

会談の終わりに近くなって、チェンバレンはもう一度会談するまでは軍事行動は起こさないという言質《げんち》をヒトラーから引き出した。この時期のイギリス首相はヒトラーの約束に絶大な信頼をおいていた。一、二日たってこう洩らしている。「その顔には気難しさと厳しさがあらわれていたものの、目の前にいる男がいったん口にした言葉なら信頼していいという印象を持った」。

イギリス首相がこのような気休めの幻想にひたっている一方で、ヒトラーはチェコスロヴァキア侵攻の軍事的、政治的計画を着々と進めていた。ヨードルはOKWを代表して、その日記に「われわれの国際法侵犯への非難を論駁するための共同の準備」と記しているものを宣伝相とともに練り上げていた。すくなくともドイツ側としては乱暴な戦争になりそうだったので、ナチの無法を正当化するのがゲッベルス博士の仕事になると思われたのだ。彼の嘘は詳細にわたって準備された。九月十七日ヒトラーは、バイロイト郊外のドンドルフの城にかまえた新本部から指揮をとっているヘンラインにOKWの参謀将校をひとり付けて、ズデーテン自由軍団を組織させることにした。それはオーストリアの武器で装備され、総統命令でチェコスロヴァキアの「騒擾《そうじょう》と

衝突」を長引かせるために機能するはずだった。（同前、310〜311頁）

ヒトラーも驚いたミュンヘン協定。この事実も忘れることはできない。

九月二十二日は、ヨーロッパ中が緊張した一日だった。というのは、チェンバレンがその朝、ヒトラーとの会談のためふたたびドイツに出発したからである。ここで、二度の総統訪問のあいだに、イギリス首相がロンドンで何をしていたかについて簡潔に触れておく必要があろう。

九月十六日の夕刻ロンドンに帰着すると、チェンバレンは閣議を召集してヒトラーの要求を閣僚に話した。ランシマンもプラハから召喚されて意見を述べることになったが、その意見たるや驚くべきものだった。ランシマンはヒトラー宥和に熱心なあまり、ヒトラー以上に踏み込んでいた。ズデーテン人の圧倒的に多い地域を、住民投票の手間をはぶいてドイツに移譲することを主張したのである。彼はまた、チェコスロヴァキア国内の「政党や個人による」あらゆるドイツ批判を、合法的な手段で封じ込めることを強く主張した。（同前、313〜314頁）

九月二十一日の午後遅くチェコスロヴァキア政府は降伏し、英仏案を受諾した。「ほかに選択肢はなかった。われわれは孤立無援であったから」と政府発表は苦々しく説明している。ベネシュ個人は、もっと簡潔に書いている。「われわれは卑劣な裏切りを受けた」。（同前、318頁）

平和を愛好する実業家からイギリス首相になった男にとって、すべては単純で、理にかない、論理的なことのように思えた。ある目撃者が記録しているが、彼はあきらかに自己満足をおぼえながらヒトラーの反応を待ってひと呼吸置いた。

「イギリス、フランス、チェコスロヴァキア政府は、ズデーテンをチェコスロヴァキアからドイツに移譲するのに同意したと理解していいのですな」ヒトラーは尋ねた。後日チェンバレンに語ったところでは、ヒトラー

は移譲がここまですんなりと、これほど早く決まったことに驚いていた。(同前、320〜321頁)

チェコスロヴァキア問題はヒトラー「最後の領土的要求」であった。チェンバレンを送り帰したあとでヒトラーがどれほど大笑いしたであろうか。

ドイツの独裁者は、チェンバレンがせっかくかかった針をはずしてしまうのを好まなかった。彼は一種の「譲歩」で応えた。

「わたしがこんなことをするのはめったにないのですが」と、ヒトラーは明るく言った。「チェコスロヴァキアの撤兵の日取りを延ばしましょう。十月一日です。それであなたの仕事がやりやすくなればいいのですが」。そう言いながら、彼は自分で鉛筆を握って日付を書き換えた。もちろんこれは譲歩でも何でもなかった。十月一日は、はじめからXデーだったのだから。

(……)ホテルの玄関から八メートル離れているだけの臨時の放送スタジオを設けたポーター溜まりの絶好の場所から、わたしはふたりが別れの挨拶をするのを見守った。ふたりの親密な様子に衝撃を覚えた。シュミットは、わたしには聞こえなかった言葉を記録している。

チェンバレンは、総統に誠心誠意の別れを告げた。彼はこの数日の話し合いの結果、自分と総統とのあいだに信頼関係がはぐくまれたのを感じると言った。……彼は現在の困難な危機が乗り越えられることを期待してやまないと述べ、いまなお未解決の他の問題についても総統とあらためて語り合う機会があれば、おなじ精神でもって喜んで話し合いたいと言った。

総統はチェンバレンの言葉に謝意を表し、同様のことを希望すると述べた。彼が何度も言ったように、チェコスロヴァキア問題は彼がヨーロッパでした最後の領土的要求だった。

これ以上の領土略奪は断念するという言葉は帰途につくイギリス首相の心にも焼きついたとみえ、このあとの下院での報告で、ヒトラーは「大いに熱意をこめて」そう言ったと強調した。(同前、326〜328頁)

ヒトラー・ナチスの前に、ヨーロッパ諸国は次々に陣地を明け渡していった。それは空前の惨禍の準備の過程であった。ちなみにチェコは当時東欧で数少ない工業国だった。ヒトラーの無血征服にドイツの民衆は歓喜した。

〝ミュンヘン〟のもたらしたもの

ミュンヘン協定の条項に基づき、ヒトラーはゴーデスベルクで要求したものを実質的に手に入れ、脅迫に屈した〈国際委員会〉はそれよりはるかに多くのものを彼に与えた。一九三八年十一月二十日の最終取り決めでは、チェコスロヴァキアは二百八十万人のズデーテン・ドイツ人と八十万人のチェコ人が住む二万八〇〇〇平方キロの領土をドイツに割譲することを強いられた。この地域には、フランスのマジノ線を別にすればそれまでヨーロッパ最強の防衛線を形成した広大なチェコスロヴァキアの要塞のすべてが存在する。

それだけではない。チェコスロヴァキアの全鉄道、道路、電話電信網が分断された。ドイツ側の算定では、手足をもがれたこの国は石炭の六六パーセント、褐炭の八〇パーセント、化学製品の八六パーセント、セメントの八〇パーセント、織物の八〇パーセント、鉄鋼の七〇パーセント、電力の七〇パーセント、木材の四〇パーセントを失った。繁栄していた工業国が細分されて、一夜にして破産したのである。

ミュンヘンの一夜、ヨードルが嬉しげに日記にしたためたのも無理はない。

ミュンヘン協定が調印された。ひとつの勢力としてのチェコスロヴァキアはおしまいだ……総統の非凡な才と、世界戦争をも辞さない決意が、武力を用いない勝利をふたたびもたらしたのだ。懐疑的な者、弱き者、確信なき国民も心を入れ替え、今後もそうありつづけるだろうという望みを抱くことができる。

確信なき者の多くは改心し、そうでない少数は絶望に陥った。ベック、ハルダー、ヴィッツレーベンとそのほか民間の協力者たちは、またも誤った。ヒトラーは一弾も発射することなく望むものを得、またも大いなる征服を成し遂げた。威信はさらに高まった。筆者もそのひとりだが、ミュンヘン後のドイツで過ごしたひとならこのときの民衆の歓喜を忘れることはできない。彼らは戦争が避けられたことに安堵し、チェコスロヴァキアだけでなくイギリスとフランスにたいしてヒトラーがおさめた無血の勝利を誇った。わずか六カ月という短期間に、ヒトラーがオーストリアとズデーテンを征服し、一千万住民とドイツの南東ヨーロッパ統治への道を開く広大な戦略的領地を第三帝国に付け足したことを、彼らの歓喜は思い出させてくれる。それも、ひとりたりともドイツ人を犠牲にせずに。(……)

目くるめく上昇の過程で、ヴェルサイユの戦勝諸国のうち一国としてドイツを止めようとする国はなかった。たとえそうする力があってもである。なかでも最大の征服が記録されたミュンヘンには、英仏はわざわざドイツを支持するために出向きまでした。とりわけヒトラーを驚かせたにちがいないのは――ベック、ハッセルたち反対派の小グループは実際仰天した――英仏政府を牛耳るひとたちの誰ひとりとして(ミュンヘン以後、総統は非公式の場では「虫けらども」と軽蔑していた)ナチ幹部がつぎつぎと示す侵略行動にたいして何の力も行使できなかったことがどんな結果を生むかをわかっていなかったことである。(同前、380~382頁)

チャーチルは、イギリスでただひとりそれがわかっていた。

ウィンストン・チャーチルは、イギリスでただひとりそれがわかっていた。十月五日の彼の下院演説ほど簡明適切にミュンヘンの影響について語ったものはない。

われわれはどう見ても、まぎれもない敗北をこうむった……われわれはいま最大級の災厄のただなかにある。ドナウ川を下り……黒海にいたる道が開いた……中欧《ミッテル・オイローパ》とドナウ流域のすべての国々はひとつ、またひとつと……ベルリンを中心として放射状に伸びる……ナチ政策の大きな体系に組み込まれるだろう。……これで終わりだと考えてはならない。はじまりにすぎないのだ……

(……)ニュルンベルク裁判で、ミュンヘンについての将軍たちの反応はどうだったのかと問われて、[編注:カイテル将軍は」こう答えている。

われわれは、軍事作戦にいたらなかったことをこのうえなく喜びました。というのは……チェコスロヴァキア国境の要塞攻撃にはわれわれの軍備は不十分であると、つねづね考えていたからです。純粋に軍事的観点からして、われわれは国境の要塞撃破に必要な攻撃手段を欠いていました。（同前、382〜384頁）

チェコスロヴァキア解体の準備を指令。世界大戦への道を突き進むヒトラー。

ミュンヘン協定の調印をすませてから十日もたたぬうち――ズデーテンの平和的軍事占領が完了もせぬうちに――ヒトラーは、ＯＫＷ（国防軍総司令部）総監カイテル将軍に緊急極秘メモを送った。

１　ボヘミア、モラヴィアにおけるチェコスロヴァキアのあらゆる抵抗を撃破するには、現在の情勢ではどのような増強が必要であるか？

２　軍隊の再編成もしくは新たに前線への移動をはかるには、どれだけの時日が必要とされるか？

３　おなじ目的のことが予定の動員解除と帰還措置のあとでおこなわれるとしたら、どれだけの時日が必要とされるか？

４　十月一日の準備態勢をととのえるには、どれだけの時日が必要とされたか？

（……）カイテルはつづけている。「現在のチェコスロヴァキアの抵抗の弱さから見て、増強はせずとも作戦を開始できるとＯＫＷは考えます」。

これで安心したヒトラーは、十日後、軍司令官たちに自分の考えを伝えた。

極秘　　ベルリン、一九三八年十月二十一日

軍のこれからの任務と、それらの任務から生じる戦争の準備は、追って命令により、自分が指示する。その命令が効力を発揮するまで、軍は常時、以下の事態にそなえて準備をしなければならない。

１　ドイツ国境の保持。

２　残存チェコスロヴァキアの解体。

３　メーメル地方の占領。

（……）チェコスロヴァキアについては――

残存チェコスロヴァキアの政策が反ドイツ的になったら、それをいつでも粉砕できるようにしておかなければならない。（同前、399～401頁）

水晶の夜（クリスタル・ナハト）。しくまれた「自然発生的デモ」

ゲッベルスと彼の統制するドイツの新聞各紙によると、それはパリの殺害事件［編注：ドイツ人外交官銃撃事件］のニュースに触発されたドイツ人大衆の「自然発生的」なデモンストレーションだった。しかし戦後になって、それがどのように「自然発生的」であったかを示す文書類が発見された。それは戦前のナチ時代の極秘文書でもっとも啓示的な――そして気味の悪い――ものである。

十一月九日の夕刻、党裁判所首席判事ヴァルター・ブッフ少佐が作成した報告書によると、ゲッベルスはその夜「自然発生的デモンストレーション」を「組織、実行」すべく指令を発した。ほんとうの組織者はＳＳ（親衛隊）帝国指導者のヒムラーにつぐラインハルト・ハイドリヒで、ＳＳ保安諜報部（ＳＤ）とゲシュタポを仕切る三十四歳の陰険な男だった。テレタイプによるその指令書は、ドイツの押収文書のなかにあった。

十一月十日午前一時二十分、彼は緊急のテレタイプの通告を国家警察とＳＤの本部および全支署に配布した。「デモンストレーション組織について検討するために」党とＳＳ幹部に召集をかけるものだった。

a　それはドイツ人の生命と私有財産に危険を及ぼさないような手段にかぎって採用されるべきである（たとえばシナゴーグへの放火は、近隣に延焼の危険がない場合にのみ許される）。

b　ユダヤ人の商店、住居は破壊してもよいが、略奪は禁ずる……

d　……

ii　警察はデモンストレーションを妨害してはならない……

v　既存の刑務所に収容可能なかぎりのユダヤ人、とくに金持ちのユダヤ人を逮捕すべし。

……逮捕したら適当な強制収容所に即刻連絡し、できるだけ早く監禁すべきである。ドイツ中が恐怖に怯《おび》える一夜となった。シナゴーグ、ユダヤ人の住宅、商店が炎上し、焼死を逃れようとした多数の男女、子供のユダヤ人が、銃撃などにより殺害された。つづく十一月十一日、ハイドリヒはゲーリングに仮調査の秘密報告をした。

ユダヤ人の商店と住宅の破壊の規模は、まだ数字を挙げて確認することができないが……八百十五軒の商店が壊され、百七十一軒の住宅が燃やされ、あるいは破壊されたが、放火に関するかぎり実際の被害のごく一部を示しているにすぎない……百十九のシナゴーグが炎に包まれ、七十六が完全に破壊され……二万人のユダヤ人が逮捕された。三十六人の死者が報告され、重傷者の数はおなじく三十六人にのぼる。死者と負傷者はすべてユダヤ人である……

その夜のユダヤ人死者の最終的な数は、仮調査の数字の数倍にのぼるものとみられる。ハイドリヒ自身、仮報告のあと、略奪を受けたユダヤ人の商店は七千五百という数字を挙げている。強姦も数件あった。ブッフ少佐の党法廷は、その報告から判断すると強姦は殺人より悪いと考えていたようである。なぜなら、強姦をおかした者は非ユダヤ人とユダヤ人の性交を禁じた〈ニュルンベルク法〉に違反しているからだ。違反者は党から除名され、一般の法廷に移された。ユダヤ人を殺したというだけの党員は「罰することができない」と、少佐は主張した。彼らは命令に従ったにすぎないからである。その点について彼はきわめて率直であった。「十一月九日に起こったような政治運動が党によって組織され、指揮されたことは、党が認める認めないにかかわらず大衆はひとり残らず知っていた*」。

＊ブッフ少佐の報告を見ると、第三帝国における正義がどういうものであったかがよくわかる。「ユダヤ人殺しのつぎのようなケースでは法的処分が保留されるか、または軽罪が科せられた」と記してあるくだりもある。そして少佐はユダヤ人殺しの被害者と加害者の名を列挙しつつ、そのような「事件」を多数記している。「党員アウグスト・フリューリング、ユダヤ人ゴルトベルク夫妻射殺およびユダヤ人シナゾーンを射殺したことにより……党員ヴィリ・ベーリング、ヨーゼフ・ハイケ、ユダヤ人ローゼンバウム射殺およびユダヤ人女性ツヴィーニツキを射殺したことにより……党員ハインリヒ・シュミット、エルンスト・メックラー、ユダヤ人イルゾファーを溺死させたことにより……」等々。（同前、403～406頁）

他民族、他国民の否定的側面のみに焦点を合わせた報道、宣伝の洪水に浸かっていると、自分たちは優秀であるという自尊心をくすぐられる。と同時に同じ人間である、という感覚が失われる。現代でも同様。

ゲーリングとゲッベルスは、ユダヤ人にさらに辱《はずかし》めを与えることを話し合っては大いに楽しんでいた。(……)「そうだ、汽車が混んでいたらユダヤ人はコンパートメントから蹴り出して、着くまでトイレに座っていさせようか」ゲーリングは笑った。

ゲッベルスがまじめな顔で、ユダヤ人の森林への立入禁止を要求したとき、ゲーリングは答えた。「森の一定の場所には立ち入りを許して、ユダヤ人に似た動物が彼らになつくかどうか見てみようじゃないか——そういえば、ヘラジカはユダヤ人そっくりの鼻をしている」。(同前、407~408頁)

さらに長い討議の末に、ユダヤ人問題はつぎのような決着を見た。すなわち、ユダヤ人をドイツ経済から排除する。あらゆるユダヤ人の会社と宝石や美術品を含む財産を、若干の補償と引き換えにアーリア人種に譲る。その補償は、利子は使えるが元金には手をつけられない国債のかたちでおこなう。ユダヤ人を学校、保養地、公園、森林その他から締め出す問題、財産をすべて取り上げてから追放するか、あるいは国内のゲットーに監禁して強制労働に従事させるかという問題は、委員会〔編注:十一月十二日のゲーリングの主宰する十数人の閣僚と高級官僚からなる異様な構成の会議〕でさらに検討することになった。(同前、410~411頁)

ナチス・ドイツ、リトアニアに進出。

リッベントロップは、(……)メーメルをドイツにすぐに返してくれと要求していた。早くしないと「総統は電撃的スピードで行動するだろう」。リトアニアは「外国の援助を」当てにしたりしてみずからをごまかしてはいけない、ドイツ外相はそう忠告した。

（……）独裁者と提督は、メーメル港に大砲を撃ちながら突っ込むべきかどうかを早く判断せねばならなかった。三月二十三日〔編注：一九三九年〕午前一時三十分、ようやくリッベントロップはリトアニア側が署名したことを無線で報告できた。

二十三日午後二時三十分、ヒトラーは占領したての都市にまたも凱旋入城を果たし、熱狂する「解放された」ドイツ人群衆を前にしてメーメル市立劇場で演説した。ヴェルサイユ条約の取り決めが、ここにまたひとつ破られた。またもや無血征服が果たされたのだ。しかし総統は知らなかったが、これはその最後のものであった。

（前掲『第三帝国の興亡 3』、19～21頁）

第二次世界大戦が引起こされようとしていた。「戦争以外に選択の道はない」ヒトラーは言った。彼を暗殺しようとした軍人グループの動きを知っていることにも触れる。

一九三九年八月二十二日の軍事会議

将軍たちの目には、ヒトラーはいつにもまして尊大で、非妥協的な気分にあるように見えた。「一同に参集を願ったのは政治情勢を諸君に示し、行動に移る不退転の決断をするに際して考慮した個々の要素について諸君の洞察をうながし、諸君の自信を強化せんがためである。そのあとで、軍事的細部につき検討しよう」。まず最初に、ふたりの人間についての性格的考察がされた。（……）

フランコも助けになる。彼はスペインの「好意的中立」を保証するはずである。「もう一方の側について言えば」ヒトラーは耳を傾ける将軍たちに向かって断言した。「英仏にこれといった人物はいない」。

昼食で一度中断されただけで数時間はつづいたはずの会合のあいだ、鬼神に憑《つ》かれたような独裁者は弁じ来たり、語り去った。その間、将軍、提督、空軍司令官のひとりでも彼の判断について質問をはさんだり、ましてその虚偽に挑戦したりした者がいたとは記録に残っていない。ポーランドとの衝突が避けられないことについては春のうちに考えを固めていたが、まず西方を相手にしなければならないとヒトラーは考えたのだ。しかしその場合は、ポーランドがドイツを攻めてくるのが「明白」になった。ゆえに、ポーランドはいま殲滅しなければならない。

いずれにせよ、戦争をすべきときがきたのだ。

われわれにとって決断はやさしい。失うものは何もなく、得る一方である。わが国の経済状態は、数年以上はもちこたえられなくなっている。ゲーリングに訊けばわかる。ほかに選択の道はない。行動あるのみだ。

……

人的要素はさておき、政治的情勢はわがほうに味方している。地中海方面ではイタリア、フランス、イギリスが対立している。東洋には緊張がある……

イギリスは非常に危険な状態にある。(……)

チェコスロヴァキア問題解決のあと、高い地位にある反抗的なドイツ人がイギリス人に事情を話したり手紙を書いたりしたことが、甚大な被害をもたらした。しかし諸君が怖気づいて、あまりにも早く降参したとき、総統は一歩もあとに引かず言い分を通した。〔編注:ヒトラーはここでは自身のことを三人称で呼んでいる〕ハルダー、エルヴィン・フォン・ヴィッツレーベン、トーマス、それにミュンヘンの頃の陰謀に荷担したほかの将軍たちも、これを聞いてちぢみあがったにちがいない。あきらかにヒトラーは、彼らが考えている以上のことを知っていたのだ。

ともあれ、その彼らが自分たちの戦闘能力を示すときがきた。ヒトラーは、自分が「政治的はったり」で〝大ドイツ〟をつくりあげたことを指摘した。いまその「軍事装置をテストする」ことが必要になった。「陸軍は、西部における最終的大決戦の前に実戦を経験しなければならない」。ポーランドが、その機会を提供してくれている。(同前、156~160頁)

4　テロの破壊力

政治宣伝の破壊力の例として、引き続きナチス・ドイツの歴史をみていきたい。以下の記述もまた絶対に将来に引き継がなければならない大事な記録の一つである。

ウクライナでおこなわれた集団殺人の様子。五千人のユダヤ人の抹殺。いまからわが子どもも殺されていく人々の冷静さに驚かされる。ナチスは同じ人間ではないと思い込む以外に、この現実をどのように受け入れられたのか？　占領地におけるナチのテロをみる。

しかしガス・ヴァンは一度に十五人から二十人しか処理できなかった、とオーレンドルフは証言した。これではヒトラーやヒムラーが命じているような大量殺人にはまったく不十分である。たとえばウクライナの首都キエフでおこなわれた、特別行動隊公式記録にほとんどがユダヤ人の三万三千七百七十一人が一九四一年九月二十九、三十の二日間だけで「処刑された」とあるような大仕事にはまったく不向きである。

ウクライナでおこなわれた比較的小規模な集団殺人の様子についてのあるドイツ人の目撃談が、イギリスの首席検事ハートレー・ショークロス卿によって読み上げられたとき、ニュルンベルクの法廷に恐怖の沈黙が落ちた。それはドイツの建築会社ウクライナ支社の支配人兼技師だったヘルマン・グレーベの宣誓供述書だった。一九四二年十月五日、彼は特別行動隊がウクライナ民兵の手を借りて、ウクライナのドゥブノの処刑壕で行動中のところを目撃した。それは五千人のユダヤ人町民を抹殺する作業だった、と彼は報告している。

……職場主任とわたしはまっすぐ壕に行きました。盛り土の向こうからライフルの連射音がつづけざまに聞こえました。トラックから降りたひとたちはみな——男も女も年恰好さまざまの子供たちも——乗馬鞭や犬用の鞭を手にしたSS隊員の号令に従って服を脱がなければなりませんでした。靴、上着、下着と、きちんと分けて、決まった場所に置かなければならないのです。靴は八百足から千足ほども山をなし、下着と上着は別の山をつくっていました。

叫びもすすり泣きもせずに服を脱ぎ、家族ごとに固まってたがいにキスをし、別れの言葉を交わしながら、やはり鞭を持って壕の縁に立っている別のSSの合図を待っていました。わたしがそこにいた十五分ほどのあいだに、泣き言を言ったり命乞いをする声はまったく聞こえてきませんでした。

雪のように白い髪をした老婦人が一歳ぐらいの赤ん坊を腕に抱き、あやしながら歌をうたってやっていました。赤ん坊はよろこんできゃっきゃっと声を上げていました。赤ん坊の両親は目にいっぱい涙をためて、それを見つめていました。父親は十歳ほどの少年の手を握って、小声で話しかけていました。少年は懸命に涙をこらえているようでした。父親は空を指差し、少年の頭を撫でながら何かを説明していました。

そのとき壕のところにいるSSが同僚に何か叫びました。呼びかけられたほうの男は二十人ほどのひとを数え、盛り土のかげに行くように指示しました。……ひとりのスラッとした黒髪の女性が、通り過ぎながら自分を指差して「二十三歳なの」とささやいたのが忘れられません。

盛り土の向こう側にまわってみると、目の前は途方もなく大きい墓穴になっていました。ぎっしり詰まったひとびとの体がたがいに積み重なり、そのあいだから顔だけがのぞいていました。ほとんど全員が頭から流れる血を肩に受けていました。何人かはまだ動いていました。腕を持ち上げて頭をもたげ、まだ生きていることを示そうとしているひともいました。穴はすでに三分の二ほど埋まっていました。千人はいる、と思いました。わたしは撃った男を目で探しました。そのSSの男は穴の狭いほうの端に腰を下ろし、脚をぶらぶらさせていました。膝の上に軽機関銃を置き、タバコを吸っていました。

ひとびとは素っ裸で何段か下りると、そこに横たわっているひとたちの頭を跨いで、SS隊員が指示するところに行きました。そして死者と傷ついたひとたちの前に横たわりました。まだ息のあるひとを撫でさすったり、低い声で話しかけるひともいました。それから連射する銃声が聞こえました。穴を覗くと、死体の上でヒクヒク動いている体や、すでにピクリともしなくなった頭部が見えました。首筋に血が流れていました。もうつぎの一団がそこに来ていました。そして穴に下り、前の犠牲者のそばに並び、それから射殺されました。

こうして、おなじことが一団、また一団とくりかえされた。つぎの朝、そのドイツ人技師は現場に戻ってみた。

三十人ほどの裸のひとたちが穴の近くに横たわっていました。何人かはまだ生きていました。……まだ生きているユダヤ人は、あとで死体を穴に投げ込むように命じられました。それからこんどは自分が横になって、首のところを撃たれました。……このことは絶対に真実であることを、神かけて誓います。（……）

ゲシュタポユダヤ人局局長カール・アドルフ・アイヒマンによると、東部で総計二百万人が特別行動隊によって抹殺されたが、そのほとんどがユダヤ人だった。しかしこの数字はほぼ間違いなく誇張されたものである。（……）ヒムラー専属の統計係リヒャルト・コルヘア博士は一九四三年三月二十三日に、計六十三万三千三百人のソ連におけるユダヤ人の「移住」を終えたと報告した――これは特別行動隊による集団殺人を意味する婉曲語である。驚いたことにこの数字は、のちに多数の専門家によっておこなわれた徹底的な研究の結果とかなり合致する。大戦最後の二年間に殺された数十万人をくわえれば、おそらくわれわれの入手しうるもっとも正確な数字となるだろう。（……）

大きな数字である。しかし「最終的解決」が実行されるようになって、ヒムラーの絶滅収容所で死に追いやられたユダヤ人の数にくらべると小さな数字である。（『第三帝国の興亡　5　ナチス・ドイツの滅亡』ウィリアム・L・シャイラー、松浦伶訳、東京創元社、二〇〇九年、54～59頁）

目標としてのポーランド。ヒトラーの議会演説の裏であけすけな領土要求。

ポーランド外相自身が言ったように、ヒトラーの要求のせいで新年早々悲観的な気分になったとすれば、春の到来とともにますます意気消沈していった。一九三九年一月三十日の権力獲得六周年記念の議会演説でヒトラーは、心のこもった言葉で「ドイツ・ポーランドの友情」を語り、それは「ヨーロッパにおける政治生活の安定を約束する要素のひとつだ」と断言していたのに、その四日前にワルシャワを公式訪問したリッベントロップはもっと率直にベックに話していたのである。彼はダンツィヒ〈回廊〉を横断する交通路の問題を蒸し返し、要求は「きわめて控えめ」であると強調した。（前掲『第三帝国の興亡　3』、15〜16頁）

ここでヒトラー・ナチスによる名の知れた犠牲者の一部を紹介する。

ルドルフ・ブライシャイト：社会民主党国会議員団長。ナチ政権後、フランスに逃れたが、ゲシュタポに逮捕され、国家反逆罪でブッヘンヴァルト強制収容所に連行、連合軍の空爆にあって死亡。

ルドルフ・ヒルファーディング：社会民主党国会議員、シュトレーゼマン、ミュラー内閣の蔵相。著書に『金融資本論』。ナチ政権後、フランスへ逃れたが、ブライトシャイトとともにゲシュタポに捕らわれ、消息を断った。

クルト・フォン・シュライヒャー前首相：陸軍大将。国防相、首相。一九三四年、ヒトラーのレーム一派粛清の際、反ヒトラー派として夫人ともども射殺される。

エドガー・J・ユンク：ミュンヘンの右翼弁護士。著作家としても活躍し、のちにパーペンの演説も起草した。ヒトラー政権後、パーペンのヒトラー批判演説に関与したため逮捕され、親衛隊によって射殺された。

エルンスト・テールマン：共産党の党首。社会民主党を経て共産党入り。一九二五年から党首、国会議員。大統領選に立候補したが、ヒンデンブルクに敗れた。ナチ政権後、逮捕され、一一年の拘置後、一九四四年に強制収容所で射殺された。

テオドール・ヴォルフ：ユダヤ系で、民主党の創設者の一人。出版物に対する官憲の検閲問題に反対して脱党。ヒトラー政権後、フランスに逃れたが、ゲシュタポに逮捕され、強制収容所で虐待されたすえ死亡した。

フェルディナント・フォン・ブレドゥ将軍：シュライヒャー将軍の側近で、のちに国防省官房長。一九三四年のレーム粛清に便乗した反ヒトラー派暗殺で、ベルリンの自宅で親衛隊によって射殺された。
エルンスト・レーム：のち突撃隊の最高指導者となる。一九三四年、ヒトラーの命令で逮捕、粛清される。（以上、前掲『ヒトラー独裁への道』より）

ナチスの議員は嘘をつかない。

「諸君は」と、ザクセン選出のナチ党国会議員のマンフレート・フォン・キリンガーは、共和国派の国会議員に面と向かってこう叫んだ。「われわれ国家社会主義者に対して挑戦の手袋を投げつけようとしている。だが諸君、落ち着きたまえ、われわれはいま、それに取り合うつもりはない。しかし、われわれがいつか諸君に手袋を投げつける日のくることを忘れてもらっては困る……その手袋というのは、打ち落とされた諸君らのボスの首なのだ」。（前掲『ヒトラー独裁への道』、164頁）

対ソ戦がはじまって半年でソ連兵の捕虜の六〇％、一八〇万人が飢えと病気で死亡。

食糧というキーワード

ソ連との戦争は、一九四一年六月にはじまる。対ソ戦の目標は、労働力の獲得ではなく、食糧の獲得におかれていた。そもそもナチス・ドイツにとっては、生存圏の獲得によって食糧問題を解決することが、第二次世界大戦の主要目標であった。ドイツは、ドイツ一国では国民をやしなうことができなかったからである。

戦争の継続に必要な食糧をソ連からもってくると、数千万人のソ連人が餓死するか、シベリアへ移住させなければならなくなる。国防軍と農業専門家は、事前にそう計算していた。対ソ戦は、あらかじめ相手住民の餓死を前提としてすすめられたのである。

（……）対ソ戦がはじまって半年で、ソ連兵三三五万人が捕虜となったが、そのうちの六〇％、一八〇万人あ

まりが、収容所で飢えと病気で死亡していた。（前掲『ナチズムの記憶』、298頁）

知識人の抹殺について。

一九三九年九月、ポーランドに侵攻したナチス・ドイツがしたことは、特務部隊によるポーランド人知識人や支配層の抹殺であり、残ったポーランド人をドイツの労働力にすることであった。そしてドイツ国内では、障害者や「反社会的分子」にたいする安楽死が実施に移されるようになった。ヒトラーがこの安楽死計画を発動させたのは、三九年の十月とされる。しかしそれを命令する文書の日付は、開戦の日にさかのぼって、九月一日と記されている。わざわざこの日付を選んだことは、戦争と人種主義の結合をあらためて確認し、象徴するためであった。

こうして第二次世界大戦は、ポーランド人エリートの殺害と、ドイツ国内での障害者などへの安楽死計画の発動としてはじまったのである。（同前、320～321頁）

重要なことであるが、当時のドイツ国民はポーランドが侵略してくると本気で思わされていた。事実は逆だった。

九月第一週に予定されていたニュルンベルクの年次党大会（ヒトラーは「平和の党大会」と呼ぶことにしていた）も、すでに中止が決まっていた。八月二十七日、政府は翌日から食糧、石鹸、靴、衣料生地、石炭の配給制が実施されると発表した。わたしの記憶では、何にもましてこの発表が、戦争は近いという切迫感をドイツ国民に呼び覚まし、不平の声が耳につくようになった。八月二十八日の月曜日、ベルリンから東の方角に向け、続々と軍隊が吐き出された。彼らは貨物自動車、野菜トラック、その他かき集められるかぎりの車両で輸送された。（……）

ベルリンでも外国人観察者の目には、新聞がヨーゼフ・ゲッベルスの手慣れた指導のもとに信じやすい国民を騙す手口を見て取ることができた。ナチによる日刊新聞の「調整」――それは新聞の自由の破壊を意味していたが――がはじまった六年前から、市民たちは世界の出来事の真実から隔絶されて生きていた。ときとして、チューリヒやバーゼルから入ってくるスイスのドイツ語新聞をドイツのおもなニューズスタンドで買うことができ、こうした新聞には客観的なニュースが載っていた。しかし近年では、これらの販売は禁止されるか、少部数に制限されるかしていた。英語やフランス語の読めるドイツ人には、ロンドンやパリの新聞が手に入ることも稀にあったが、それはひとにぎりの少数のひとに限られていた。

「ドイツ人の住む世界は何とすっぱり世界から隔絶していることか」とわたしは一九三九年八月十日の日記に書いている。（……）

　ドイツによって平和が破壊されつつある、ポーランドを攻撃すると言って脅迫しているのはドイツだと、世界中、ここ以外のどこでもかしこでも言っているのに……ここドイツでは、地元の新聞のでっちあげる世界でまるで正反対のことが報じられている。……ナチ新聞の主張するのはこうだ。ヨーロッパの平和を乱しているのはポーランドだ。ポーランドは、武装侵略でドイツを脅かし……

「ポーランドよ、用心しろ！」〈B・Z（ベルリーナー・ツァイトゥング）〉紙の見出しにはこうあった。「ヨーロッパの平和と正義を破壊する殺人鬼ポーランドへの回答」。

あるいは、車中で求めたカールスルーエの日刊紙〈デア・フューラー〉の見出しにはこうあった。「ワルシャワ、ダンツィヒ爆撃と脅迫――ポーランド、狂気の沙汰のあげく、信じがたい煽動！」

　しかし、まさかドイツの民衆はこんな嘘を信じなかったろう、そう思うひとは彼らと話してみるといい。多くのひとは信じている。

当初、ヒトラーがポーランド攻撃を予定していた八月二十六日、土曜日には、ゲッベルスのプロパガンダ作戦は最高潮に達していた。わたしは見出しのいくつかを日記に書き取った。

〈B・Z紙〉……「ポーランド、混乱の極――ドイツ人家族避難す――ポーランド軍、ドイツ国境に肉薄！」

〈12・ウーア・ブラット（十二時新聞）〉紙……「火遊びも行き過ぎ――ドイツ旅客機三機、ポーランドが銃撃――〈回廊〉でドイツ人農家、多数焼打ち！」

深夜、放送局に向かう途中、〈フェルキッシャー・ベオバハター〉の日曜版（八月二十七日付）を買う。一面左右いっぱいに、二・五センチ角活字の大見出し。

「ポーランド全土に戦争熱！　百五十万動員！　国境方面に陸続と軍隊移動！　上《かみ》シュレージェンに混乱！」

すでに述べたとおり、ドイツは二週間前に動員をかけていたが、当然のことながらそれについてはひとことの言及もなかった。（前掲『第三帝国の興亡　3』、227〜232頁）

ナチスはポーランドで何をしようとしていたのか？

「ポーランド人はドイツの奴隷にすべきである」彼［編注：ハンス・フランク、ポーランド総督］はこの仕事に就任した翌日［編注：一九三九年十月十三日］、そう言ってのけた。ボヘミアとモラヴィアの「保護官」ノイラートが、チェコの大学生七人の処刑を告知するポスターを貼り出したことを聞いたとき、フランクがナチのある新聞記者に言ったという。「ポーランド人を七人処刑するたびにポスターを貼り出すことを命じれば、ポスター用の紙を漉《す》くのにポーランドの森だけでは足りないだろう」。

ヒムラーとハイドリヒが、ヒトラーによってユダヤ人一掃の仕事を任された。フランクの仕事はポーランドから食糧と生活必需品を搾り取り、強制労働を強いることのほかに、知識階級を一掃することだった。この作戦にナチは美しい暗号名をつけた。〈特別平和化運動〉（（……）略してAB運動として知られるようになる）である。フランクがこれを軌道に乗せるまでに若干の時間がかかった。結果が出はじめたのは翌春［編注：一九四〇年］の終わり、ドイツの西部大攻勢のせいで世界の耳目がポーランドから逸れてのちである。彼の日記があきらかにしているが、配下の警察関係者を激励した五月三十日の演説では運動の進捗ぶりを誇らしげに語った――ポーランド人知識層「何千人か」の命を奪い、また奪おうとしているところだ、と。「そこで諸君、お願いだが、この任務に協力していただくにあたっては可能なかぎり厳格な手段を採用していただきたい」。ここだけの話だがと断って、彼はつけくわえた。これは「総統命令だ」と。フランクはこんなふうに言った。

　ポーランドの指導者となりうる人物は一掃しなければならない。また、彼らに追随する人間も……抹殺しなければならない。ドイツはこんな荷物を背負う必要はないのだ……こんな分子をドイツの強制収容所におくりはしない。

　連中はこのポーランドで始末しなければならない、とフランクは言った。

　その会合で、保安警察の長官が仕事の進捗ぶりについて報告したことを、彼は日記に記している。

「〈特別平和化運動〉の開始とともに」約二千人の男と数百人の女を逮捕しました、と長官は言った。そのほとんどはすでに「即決判決」を受けています――これは皆殺しを意味するナチの婉曲表現である。いまその第二陣が駆り集められて「即決判決」を待っています。ポーランドでもっとも危険な知識層「約三千五百人」が、こうして始末されます。

　フランクは直接の抹殺任務こそゲシュタポに奪われたが、ユダヤ人問題をゆるがせにはしなかった。彼の日記はこの問題に関して彼が考えたこと、彼がしたことの記述で満ちている。一九四〇年十月七日、彼はポーランドでおこなわれたナチの集会で就任一年間の努力のあとを総括する演説をしたことを記録している。

　親愛なる同志諸君！……わたしはすべての虱《しらみ》とすべてのユダヤ人をただの一年間で絶滅させることはできなかった（ここで大いに受けたと注記している）。しかしときの経過に従って諸君の助力を得ることができれば、かならずや目的は達せられるであろう。

　つぎの年のクリスマスまで二週間というとき、総督府の置かれているクラクフで閣議を終えるにあたり、彼はこう言った。

　ユダヤ人に関しては何とか始末しなければならないと率直に言いたい。……諸君、いっさいの憐憫《れんびん》の情を捨ててほしい。ユダヤ人は絶滅させねばならないのだ。

　それはむずかしい、彼は認めた。「総督府管区のユダヤ人三百五十万人を銃殺、あるいは毒殺するのは容易なことではない。しかし、何とかして彼らの絶滅を可能にする措置をとることができるだろう」。まさに正確な予言であった。

(……)翌年夏、フランスが降伏したあとSS親衛師団《ライプシュタンダルテ》の隊員を前にして、ヒムラーは彼の部下が西部で実施しようとしている移送と、すでに東部で達成された実績とを比較した。

ポーランドでは零下四〇度という気象条件でおこなわれ、何千、何万、いや何十万人を駆り立てなければならなかった。そこでは非情さが必要であり――このところはよく聞いてほしいが、すぐに忘れてもらいたい――指導的なポーランド人を何千と撃ち殺さねばならなかった。……諸君、文化的水準の低い、邪魔っけな連中を弾圧したり、ひとびとを処刑したり、狩り立てたり、泣き叫ぶ女どもを追い立てたりするより、仲間といっしょに戦闘に赴くほうが、たいていの場合どれほど楽かしれない。(同前、433〜437頁)

「ポーランドはソ連を攻撃する際の前進地点」ヒトラーは独ソ不可侵条約締結の一か月半後に語った。

一九三九年十月十七日、ポーランド作戦が終了するかしないかのうちに、彼〔編注:ヒトラー〕はカイテルにこう指摘していた、ポーランド地域は――

……それがわれわれにとって軍事的観点から重要であるのは、前進攻撃地点としてであり、戦略的には部隊の集結地としてである。その目的のために、鉄道、道路、通信網を整備しておかなければならない。

ヒトラーは十月九日の覚書で将軍たちに告げているが、一九三九年という重要な年が終わりに近づくにつれ、ソ連の中立を永久に当てにはできないことを悟っていた。八カ月か一年のうちに情勢は変わるかもしれない、と彼は言っていた。十一月二十三日、将軍たちに長広舌をふるったときも、「われわれは西方で自由になったときはじめて、ソ連に立ち向かうことができる」と強調していた。これは、やすらぐことを知らない彼の脳裡に貼りついて離れない考えであった。(同前、446〜447頁)

5　占領による破壊力

ドイツ軍によるイギリス侵攻が成功していたら何がおきたか?

侵攻が成功していたら

ナチス・ドイツのイギリス占領が実現していたら、とてもきれいごとでは済まなかっただろう。それは押収されたドイツの文書を見ればあきらかである。九月九日［編注：一九四〇年］、ブラウヒッチュ陸軍総司令官はつぎのような命令に署名した。「［イギリスにおける］十七歳から四十五歳までの強壮な男性住民は、地域の状況が例外を必要としないかぎり、収容して大陸へ送致する」というものである。（……）他の被占領国では、ポーランドにおいてすらこのように過激な手段はとられなかった。（前掲『第三帝国の興亡　4』、146頁）

独ソ不可侵条約締結の十一か月後、ヒトラーはソ連殲滅の決意を語る。イギリスの最後の希望は打ち砕かれ、ドイツがヨーロッパとバルカンの支配者に。奇襲を成功させるため絶対に秘匿させる。

一九四〇年七月最終日、ベルクホーフでつぎの会議が持たれたとき、イギリス侵攻が遠のいたことでヒトラーの気が逸《はや》ったのだろう、陸軍首脳を前にしてはじめてソ連にたいする決意を語った。（……）

しかしソ連が殲滅《せんめつ》されれば、イギリスの最後の希望は打ち砕かれるだろう。そうして、ドイツがヨーロッパとバルカンの支配者となるだろう。

結論。以上の考察からしてソ連は抹殺されねばならない。一九四一年、春。

ソ連殲滅は、早ければ早いほどいい（傍点はハルダーによる）。

それからナチの大将軍は、しばらく前から頭のなかで西部の戦闘に気を遣いながらも発酵させていたにちがいない——将軍たちにはそれがあきらかだった——戦略計画を開陳した。その作戦は、ソ連を一撃で殲滅するという目標がある場合にのみ実行に値する。ソ連の領土を広範囲に占領するというだけでは十分でない。「ソ連の力を根こそぎ一掃する！ それが目標だ！」ヒトラーは強調した。*（……）

＊この報告のなかでトーマスは、当時のソ連のドイツへの物資配送がいかに期日に几帳面であったかを強調している。実際、それは「攻撃の直前まで」つづけられ、「最後の数日間にいたっては、極東からのゴムが〔ロシア人によって〕急行貨物列車で送り届けられたほどだった——たぶん、シベリア横断鉄道が使われたことだろう。

（……）八月九日、ヴァルリモントは最初の指令を出して、対ソ攻撃開始地点として東部の部隊展開地域の準備を命じた。（……）八月二十六日、ヒトラーは十個歩兵師団と二個機甲師団を西部戦線からポーランドへ移動させる命令を出した。（……）多少の動きは察知されるに決まっているので、モスクワ駐在のドイツの陸軍武官エルンスト・ケストリング将軍は、年輩の兵を工場にまわして若い兵士と交替させるだけだと、ソ連の参謀本部に知らせるように命じられた。九月六日、ヨードルはカムフラージュと欺瞞の手口を詳細に指示した指令を出した。「これらの再配置によって、われわれが東部攻撃の準備をしているという印象をソ連に与えてはならない」。（同前、178〜181頁）

〈バルバロッサ作戦〉発令。

これまでソ連攻撃計画に触れたときと同様、この会議の報告でもハルダー将軍の日記は〈オットー〉という暗号名を使っている。ところが二週間とたたぬ一九四〇年十二月十八日には、この歴史に残る暗号名は変更されていた。その日、ヒトラーはルビコンを渡った。彼は指令第二一号を発した。それは「〈バルバロッサ作戦〉」と題されていた。こういう書き出しである。

総統司令部

極秘

一九四〇年十二月十八日

ドイツ軍は、対英戦終了以前に迅速な作戦によりソヴィエト・ロシアを粉砕する準備をととのえなければならない。この目的のために、占領地域を奇襲攻撃から守るべき部隊を除き、陸軍の全部隊が使用される（傍点はヒトラーによる）。

準備は……一九四一年五月十五日までになされるものとする。攻撃意図が察知されないよう、細心の注意が払われなければならない。（……）

これが一九四〇年のクリスマス休暇直前に練り上げられたヒトラーの壮大な計画であり、根本的な変更は必要ないほどよく仕上げられていた。（……）

その忠実な条約順守のおかげでポーランドと西部の勝利を可能にしてくれたソ連に背を向けるというヒトラーの決断にたいして、陸軍総司令部（ＯＫＨ）の将軍たちが反対したという証拠はない。あとになってハルダーは「ヒトラーのソ連の冒険」を嘲笑し、陸軍の首脳部ははじめから反対だったと主張している。しかし、一九四〇年十二月の彼の浩瀚《こうかん》な日記のどこにもこれを裏づける言葉はない。それどころか、自身参謀総長としてこの立案に責任のあったハルダーは、「冒険」に心から熱中しているという印象を与える。（同前、202〜205頁）

テロの立案

「ソ連を取るのに遠慮はいらない」ヒトラーは語る。

ソ連を取るには遠慮はいらない。ヒトラーは、将軍たちにそれを肝に銘じるよう強く説いた。一九四一年三月はじめ、彼は三軍の長と陸軍の主な野戦指揮官を集めて原則を定めた。ハルダーが総統の発言を証言している。

対ソ戦は（ヒトラーは言った）、騎士道の流儀でできるような、そんな戦争ではない。この戦いはイデオロギーと異民族間の争いであり、過去に類例のない、非情な苛烈さでもって遂行せねばならないだろう。全将校は、時代遅れの観念は棄てねばならぬ。戦争の遂行にそのような手段が必要だということが諸君の理解を超えるであろうことはよくわかっているが……わたしの命令が異論なく励行されることに、わたしは固執する。政治委員《コミッサール》は、国家社会主義に対立するイデオロギーの持ち主である。それゆえ政治委員は抹殺されるだろう。国際法に違反するドイツ軍人の罪は……許されるだろう。ソ連はハーグ条約に加盟していない。だからその条約で保護されてはいない。

かくしていわゆる〈コミッサール命令〉が発せられた。（同前、241～242頁）

対ソ連戦では軍法会議すら機能制限された。無法が取って代わろうとしていた。

プロイセンの伝統に縛られた旧派の陸軍将校たちは、五月十三日に総統の名でカイテル将軍から新たに発令されたいくつもの指令によって、さらに良心と闘う局面を与えられた。なかでも主要なひとつは、ドイツの軍法会議の機能を制限していた。軍法会議は、より原始的なかたちの法に席を譲ろうとしていた。

〔ソ連における〕敵民間人によっておかされた処罰すべき不法行為は、あらためて通達のあるまで、軍法会議の管轄下に置かれない。……

犯罪行為をおかした疑いのある者は、ただちに将校のもとに連行される。将校は、その者を射殺すべきかどうかを決定する。

ドイツ国防軍将兵により敵民間人にたいして企《くわだ》てられた犯罪行為については、その行為が同時に軍事的犯罪、もしくは軍規違反であってもかならずしも訴追は必要ではない（傍点は指令書文言による）。（同前、243～244頁）

数百万のロシア人の餓死を前提した征服計画。

五月〔編注：一九四一年〕はじめ、ローゼンベルクはドイツ史上最大の征服となるはずの、最初の詳細な青写真をつくりあげた。（……）

軍が行動を開始する二日前、ローゼンベルクは将来のロシアを支配するはずの親しい協力者たちを前にして演説した。

ドイツのひとびとを食べさせることが、東方にたいするドイツの要求項目の第一にくる〔と彼は言う〕。〔ロシアの〕南部が……ドイツのひとびとを食べさせるのに役立つだろう。

逆に余分な土地からの生産物で、われわれがロシア人を食べさせる義務を感じる理由はまったくない。ご承知のとおり、これは感情抜きの過酷な現実的必然である。……未来はロシア人にとって非常につらい数年となろう。

まったく、さぞかし非常につらい数年だったことだろう。ドイツ人は計算ずくで、何百万というロシア人を餓死させるつもりだったのだから。

ソ連の経済的搾取の責任者だったゲーリングは、ローゼンベルクよりもっとそれをはっきりさせた。ロシア南部の黒土地帯で採れる余剰食糧は工業地域の住民にまわしてはならない。いずれにせよ工業地域は破壊されるのだからと、東部経済局は一九四一年五月二十三日の長文の指令で言い渡した。こうした地域に住む労働者とその家族はただ飢えるがままに放置される――可能ならシベリアに移住させる。ロシアの大量の食糧生産はドイツ人に供されねばならない。

これらの地域におけるドイツの行政当局は〔と、指令は宣言する〕、疑いなく起こるはずの飢饉、農業の原始的状態への回帰を促進する飢饉の影響を軽減しようと試みるかもしれない。しかし、そうした措置で飢饉を回避することはできないだろう。黒土地帯の余剰食糧を移入することで住民を餓死から救おうとすれば、ヨーロッパへの供給が減少する。それはドイツの戦争持久力を減じ、経済封鎖にたいするドイツとヨーロッパの抵抗力を弱めるだろう。この点、明確、絶対に銘記されねばならない。

このドイツの計画的な政策によって、どれだけのロシア人が餓死することになるのだろう？　五月二日の次官会議で大まかな回答は出ていた。会議の秘密覚書が残っている。「われわれの必要とするだけのものをその国から持ち出せば、その結果、数百万のひとびとが餓死するのは疑いない」。ゲーリングは、そしてローゼンベルクも持ち出すと言った――それだけは「明確、絶対に銘記されねばならない」と。
この計算ずくの非情、数百万のひとを餓死させるという考え抜かれた計画に異議を申し立てたドイツ人が、誰かただのひとりでもいただろうか？　ロシア略奪に関する指令書の覚書のなかで、誰かが異議を唱えたという言及はどこにもない――すくなくとも、〈コミッサール命令〉について将軍の一部から出たような抗議の声は。

（同前、246～248頁）

ヒトラーの本心を語るムッソリーニへの興味深く重要な手紙。ドイツ自身の偽善は棚にあげる。

「ついにソ連を攻撃する」ヒトラーは幸せだった。

ナチ・ソヴィエトの蜜月は終わった。一九四一年六月二十二日午前三時三十分、クレムリンとヴィルヘルムシュトラーセで外交儀礼が終了する三十分前に、何百キロにも及ぶ戦線にヒトラーの大砲は轟き、蜜月を永遠に吹き飛ばしてしまった。
大砲の撃ち合いに先だって、外交的序曲がもうひとつあった。六月二十一日の午後、ヒトラーは東プロイセンの陰気な森のなか、ラステンブルクに近い地下の新司令部狼の巣《ヴォルフスシャンツェ》の机に向かい、ムッソリーニに宛てた長い手紙を口述していた。（……）

（……）7　イギリスの情勢は良くない。食糧と原料の供給はますます困難になりつつある。戦争をする闘争心は、結局のところ希望のみによって支えられている。その希望はふたつの仮定、すなわちソ連とアメリカに基盤を置いています。われわれにアメリカを排除できる可能性はありません。しかし、ソ連を排除することはわれわれの力でできるのです。ソ連の排除は同時に東アジアにおいて日本を大いに安堵させることであり、日本の介入を通じてアメリカの活動により大きな脅威を与える可能性があります。
こうした情勢を考え、わたしはクレムリンの偽善的な行為に終止符を打たせる決心をいたしました。（……）

最後にヒトラーは、ついに肚を決めたことからくる大きな安堵感について語る。

……もうひとつだけ言わせてください、ドゥーチェ。もがき苦しんだあげくにこの決定に達したことで、わたしはふたたび精神的な自由を感じています。ソヴィエト連邦との協調関係は、最終的な和解に達しようとするわが方のまったく真摯な努力にもかかわらず、わたしにはしばしば煩わしく感じられました。どことなく、わたしのなかにある全根源、わたしのものの見方、わたしのこれまでの義務感に背くもののように思われたからです。いまわたしはそうした精神的苦痛から解き放たれて、とても幸せです。

心からの、同志としての挨拶を。

あなたのアドルフ・ヒトラー（同前、279〜284頁）

「レニングラードとモスクワの降伏を受け入れてはならない」ヒトラーは言明した。「この都市は完膚なきまでに破壊する」。「住民を生かしておくことに何の益もない」。

一九四一年秋のはじめ、ソ連はもうおしまいだとヒトラーは思い込んでいた。（……）ソ連の二大都市、ピョートル大帝がバルト海に臨む首都としてつくったレニングラードと、いまはボルシェヴィキの首都となった古都モスクワは、ヒトラーに陥落寸前と見えた。九月十八日、彼は言明した。「レニングラードとモスクワの降伏は、たとえ申し入れがあっても受諾してはならない」。この二都市の運命については、九月二十九日の指令で司令官たちにあきらかにされた――

総統は、サンクト・ペテルブルク（レニングラード）は地表から抹消することに決した（傍点は原文による）。ソヴィエト・ロシアが瓦解すれば、この大都市には何の意味もない。……

砲撃と絶え間ない空襲でこの都市を包囲し、完膚なきまでに破壊するのがわが方の意図である。……占領してほしいと要望があっても、拒絶せねばならぬ。住民の生存と食糧供給の問題は、われわれの解決しうる、あるいは解決すべき問題ではないからである。この生存のための戦いにおいて、たとえ部分的といえどもこの大都市の住民を生かしておくことには何の益もない*。

＊数週間後、ゲーリングはチアーノに言った。「今年、ソ連では二千万から三千万のひとが餓死するだろうが、それもいいだろう。どこかの国民が減らされなければならないんだから。それはまずいと言ったところで、どうすることもできないのだ。全人類が餓死せねばならないとしても、最後まで生きるのはわれわれ両国民だろう。……ロシア人の捕虜収容所では共食いがはじまっているよ」(Ciano. Ciano's Diplomatic Papers,pp.464-465)。

その週の十月三日、ヒトラーはベルリンに帰って、国民にソ連の崩壊を告げる演説をおこなった。「本日わたしは宣言する。いかなる留保もなしに。東方の敵は撃破した。二度と立ち上がることはないであろう……。わが軍の後方にはすでに広大な領土が広がっている。わたしが一九三三年に政権についたときのドイツにくらべて二倍の広さの領土が」。（同前、293〜295頁）

「いずれ最後にアメリカを始末する」ヒトラーは考えていた。日本とイタリアの支援を得て。

ローズヴェルトが大統領であるかぎり、世界を征服して地球を枢軸三国で分割しようという遠大な計画の前に立ちはだかるのがアメリカだということを、ナチの独裁者は十二分に理解していたことが、ヒトラーのさまざまな私的発言からわかる。アメリカ合衆国はいずれ始末しなければいけない。それも「手抜きすることなく」。しかし、一度に一国ずつだ、そう彼は考えていた。これまで彼の戦略が成功してきた秘密がそれだった。アメリカの番はいずれくるだろうが、それはイギリスとソ連を倒してからだ。そのときこそ日本とイタリアの支援を得て、成り上がり者のアメリカを始末する。孤立し、ひとりぼっちのアメリカは、連戦連勝の枢軸国の前に手もなく屈服するだろう。

（……）一九四一年の早い時期から、ドイツの日本への圧力が増していった。二月二十三日、リッベントロップはザルツブルクに近いフシュルの接収した屋敷で、激しやすく気短な日本大使の元陸軍軍人である大島浩を引見した。常日頃、筆者は大島から、ナチよりもナチらしいという印象を受けていた。戦争にはすでに勝ったも同然だが、とリッベントロップは客に向かって言った、日本は「出来るだけ早く――、自分の利益のために」参戦し、アジアにおけるイギリス帝国領を奪うべきだと。（……）

ドイツが弱体化するようなことがあれば、日本は瞬く間に全世界と対決することになるだろう。われわれはおなじ船に乗っている。将来何世紀間にわたる両国の運命は、いま決定されようとしているのだ。……ドイツの敗北は日本帝国主義者の理念の終焉でもある。

軍の司令官たちと外務省上層部に新対日政策を知らしめるため、ヒトラーは一九四一年三月五日、「日本との協力に関する基本命令第二四号」と題された最高機密指令を発令した。

日本が可能なかぎりすみやかに極東において積極策をとるように仕向けることが、三国同盟に基づく協力目的でなければならない。それによって強力なイギリス軍は行動を制限され、合衆国の関心の重心は太平洋に移るだろう。……

戦争遂行の共通目的はイギリスをすみやかに屈服せしめることであり、それにより合衆国を戦争の局外に置くことであると強調すべきである。

極東におけるイギリスの拠点としてのシンガポール攻略は、三国の全戦争行為の決定的成功を意味する（傍点はヒトラーによる）。

ヒトラーはまた、日本にイギリスの海軍基地攻略をうながし、「合衆国の参戦が避けられないのなら」アメリカの基地も攻略することを勧めた。そして最後に「〈バルバロッサ作戦〉のことは日本人の前ではおくびにも出してはならない」と言ってしめくくった。同盟国イタリアと同様に、同盟国日本もドイツの野望達成には利用するが、ソ連攻撃という総統の意図についての機密に参画させてはならなかったのだ。（同前、330〜333頁）

〈新秩序〉

ナチスはヨーロッパにどのような「新秩序」をうち立てようとしたのか？

〈新秩序〉の全体的な青写真がつくられたことはないが、押収された文書や実際に起こったことから見ると、アドルフ・ヒトラーがどのようなものにしたいかを十分心得ていたことがわかる。それは、資源はドイツのために利用し、住民は主人であるドイツの奴隷とし、「好ましからぬ要素」――何よりもユダヤ人だが、多くの東欧のスラブ系民族も含んだ、とりわけインテリ層――は根絶する、ナチが支配するヨーロッパである。

　ユダヤ人とスラブ系民族は「ウンターメンシェン」――つまり人間以下であった。ヒトラーにとって、彼らは生きる権利を持たないのだった。ただしスラブ民族の一部だけは、ご主人様のドイツ人の奴隷として畑や鉱山で働くために必要とされるかもしれなかった。東欧の大都市モスクワ、レニングラード、ワルシャワは永久に抹消され、それだけでなく、ロシア、ポーランド、その他のスラブ民族の文化は根絶され、それらのひとびとは正規の教育が与えられない。繁栄している工場は解体されて、ドイツへ運ばれ、住民はもっぱら農業に従事させられる。彼らはドイツ人のための食糧生産に専心し、自分のためには生きてゆけるぎりぎりのものをとることだけを許される。ヨーロッパそのものは、ナチの指導者たちの言葉を借りると「無ユダヤ人」地域にする。（……）

「ロシア人やチェコ人に何があろうが、自分はちっとも気にしない」とハインリヒ・ヒムラーは一九四三年十月四日、ポズナニの親衛隊（SS）幹部への非公開演説で述べた。この時期のヒムラーはSS長官であり、かつ第三帝国の全警察機構の頂点に立つ者としてヒトラーにつぐ重要な地位を占め、ドイツ国民八千万人とその二倍にのぼる被征服民族にたいして生殺与奪の権を握っていた。

　諸民族がわれわれとおなじ種類の優秀な血を差し出すというのなら、よろこんで受け入れよう〔ヒムラーはつづけた〕。必要とあれば子供を誘拐してきてでも、われわれといっしょに育てることも辞さぬだろう。それらの民族が繁栄しようが家畜のように餓死しようが、わたしには何の興味もない。わが文化《クルトゥーア》の奴隷としての興味しかない。

　対戦車壕を掘っている一万人のロシア女が疲れ果てて倒れようと、ドイツのための対戦車壕が完成していればほかのことは気にしない。

一九四三年におこなわれたヒムラーのポズナニ演説（それは〈新秩序〉の別の側面を語っているので、あとでもう一度触れるが）

のはるか以前、ナチの指導者たちは東欧の諸民族を奴隷にする構想と計画を持っていた。

一九四〇年十月十五日、すでにヒトラーは制服した最初のスラブ民族チェコ人の将来をどうするかを決めていた。その半数は主としてドイツに運び奴隷労働に従事させることで「吸収」する。残りの半数、「とりわけ」インテリ層は、これに関する秘密報告の用語を使えば、単に「排除」する。

その二週間ほど前の十月二日、総統は二番目に征服したスラブ民族ポーランド人の運命についての考えをあきらかにした。忠実な秘書マルティン・ボルマンは、ヒトラーが残存ポーランド総督ハンス・フランクやその他の役人に説明した計画の概要の長大な覚書を残している。

ポーランド人は、とくに下等労働をするために生まれついている。……彼らを向上させるなど問題外である。ポーランドにおいては生活水準を低く保つことが必要であり、それを引き上げさせてはならない。……ポーランド人は怠惰であり、強制しなければ働かない。……〔ポーランド〕総督府管区はわれわれにとって単純労働力の供給源としてのみ利用すべきである。……毎年ドイツの必要とする労働者は、そこから得られるのだ。

ポーランドの聖職者については——

……彼らはわれわれが説教してほしいと望むことを説教する。そうでない行動をする聖職者は、われわれがさっさと片づけてしまうだろう。聖職者のつとめは、ポーランド人をおとなしく、愚鈍な人間にしておくことである。

ポーランドには、ほかにも処理しなければならないふたつの階級があった。ナチの独裁者はそれに言及することを忘れなかった。

ポーランド貴族は存在させてはならないということを念頭に置くべきである。残酷に思えるだろうが、彼らがどこにいようとその場で絶滅させねばならない。

ポーランド人にとって主人はひとりでなければならない。それはドイツ人である。ふたりの主人が並び立つことはできないし、そうあってはならない。それゆえすべてのポーランド人インテリゲンツィアの代表は根絶せねばならない。残酷に聞こえるかもしれないが、それが人間界の掟というものである。

ドイツ人は支配民族であり、スラヴ民族はその奴隷にならなければならないという強迫観念は、ロシア人についてはことさら辛辣《しんらつ》だった。荒くれ者のウクライナ総督エーリヒ・コッホは、一九四三年三月五日、キエフでの演説でそれをあきらかにした。

われわれは支配人種であり、厳格に、しかし公正に統治しなければならない。……この国からは最後の一滴までも搾り取るだろう。わたしは天の祝福を振り撒《ま》くためにやってきたのではない。……住民は働きに働き、もう一度言うが徹頭徹尾働かねばならない。……われわれは荒野の民に神が恵んだ食物《マナ》を与えにここへ来たのではない。われわれがここに来たのは勝利への土台を築くためである。

われわれは支配人種である。ドイツの最下層の労働者も、人種的、生物学的にここの住民にくらべて千倍も価値がある。

八カ月ばかり前の一九四二年七月二十三日のこと、ドイツ陸軍がヴォルガ川とカフカスの油田に迫りつつあったとき、党官房長でいまではヒトラーの右腕になっていたマルティン・ボルマンはアルフレート・ローゼンベルクに長い手紙を書き、この問題に関する総統の見解をくりかえし述べた。その手紙を、ローゼンベルクの省〔東方占領地域省〕の一役人が要約している。

スラヴ民族はわれわれのために働かねばならない。われわれが彼らを必要としなくなったときは、死んでもかまわない。それゆえ強制的な予防注射もドイツによる衛生行政も不必要である。スラヴ人の多産は望ましくない。避妊させるか、中絶するのがいい――避妊と中絶は多ければ多いほどいい。教育は危険である。百まで数えられればいい。……教育を受けた人間は、将来の敵である。宗教は気晴らしの手段として残しておいてやる。食物は生存にぎりぎり必要なだけでいい。われわれが主人である。われわれが第一である。〔前掲『第三帝国の興亡 5』、7～12頁〕

占領したソ連でナチスは何をしようとしていたのか。

一九四一年七月十六日、対ソ作戦を開始してひと月とたたないうちにドイツの緒戦での成功があきらかとなり、ロシアの大きな切れはしが手に入るのを目前にしていたとき、ヒトラーはヘルマン・ゲーリング、ヴィルヘルム・カイテル、ローゼンベルク、ボルマン、そしてハンス・ラマース（この男は総統官邸官房長だった）を東プロイセンの司令部に呼び、新しく占領した土地における目的について念を押した。（……）しかし、ヒトラーの意図は「公表」を禁じられた。

その必要はない。われわれ自身が望むところを知っていることが肝要である（ヒトラーは言った）。……これが最終的な移住のはじまりであることを誰にも悟られてはならない。といっても、われわれが必要な手段――銃殺、強制的移住――をとることは妨げられない。われわれはあらゆる手段を用いるだろう。

原則として、とヒトラーはつづけた――

われわれは、まず

支配し、

ついで管理し、

最後に利用する

ことができるよう、思いのままにケーキを切り分ける仕事を前にしている。

ソ連がドイツの戦線の背後でゲリラ戦を命じても意に介しない。「その場合は歯向かう者を片っ端から片づけることが可能になるだけだ」。

だいたいにおいて、ドイツはウラルにいたるまでのロシア一帯を支配する。この広大な地域で武器の携行を許されるのはドイツ人だけである。そこでヒトラーは、ロシアというケーキのひと切れひと切れをどうするかについて具体的な話に移った。

バルト地方全域をドイツに合併する。……クリミアからすべての非ドイツ人を退去させ、ドイツ人のみを入植させて、ドイツの領土〔とする〕。……コラ半島はドイツが取る。大ニッケル鉱があるからである。フィンランドを連邦国として合併する件は、周到に準備すべきである。……レニングラードは破壊しつくしたのち、フィンランドにくれてやるつもりである。（……）

また、征服したロシア人の治安を維持するための最良の方法は何かということについても激論があった。ヒトラーが、ドイツ警察に装甲車を配備してはどうかというと、ゲーリングがそれには及びますまいと反対した。「叛乱が起きた場合にはうちの飛行機から爆弾を落としてもいい」と彼は言った。

もちろんこの広大な地域は、できるだけ早く平定しなければなりません〔ゲーリングはつづけた〕。いちばんいい解決法は、そぶりのおかしな人間は片っ端から射殺することです。

〝四ヵ年計画〟の責任者であるゲーリングは、ソ連の経済的利用の責任も持たされていた。* （……）

＊一九四一年五月二十三日付、ゲーリングの東部経済局の指令には、ソ連の工業地域の破壊が命じられていた。この地域の労働者とその家族は飢えるがままに放置することになっていた。指令書はいう。「〔ロシアの〕黒土地帯から余剰食糧を輸入することによりそこの住民を飢餓から救おうとする企《くわだ》て」はいっさい禁止する。（同前、15～18頁）

子供を誘拐してドイツに送り込み徒弟不足の解消をめざす。敵の潜在能力を奪うことにも。

〈新秩序〉における奴隷労働

一九四四年九月末には、七百五十万人ほどの外国民間人が第三帝国のために働かされていた。そのほとんどが強制的に駆り集められ、食べ物も水も衛生設備もなしに有蓋貨車でドイツに運ばれ、工場や畑や鉱山で働かされた。ただ働かされたのではない、貶《おとし》められ、ぶたれ、十分な食べ物も与えられずに働かされたのである。食糧や衣服や雨露をしのぐ家を与えられずに、死ぬに任されることもしばしばだった。

さらに戦争捕虜二百万人が、外国人労働力にくわえられた。そのうちすくなくとも五十万人が軍需産業で働かされたが、これは捕虜をそのような仕事のために使役してはならないと規定したハーグ条約、ジュネーヴ条約の歴然たる侵犯だった。（……）これはドイツも署名している国際条約のさらに重大な違反であった。（……）ドイツへ大量の奴隷労働力を送り込むにあたって、妻は夫から、子供は両親から引き離され、ドイツ各地に散らばるさまざまな場所で働かされた。子供も働ける年に達していれば容赦されなかった。（……）一九四四年六月十二日のローゼンベルクのファイルにあった覚書に、占領下のソ連における誘拐の実態が述べられている。

中央軍集団は十歳から十四歳までの子供を四万ないし五万人捕え……ドイツに移送する考えである。この方法は、もともと第九軍の発案によるものである。これらの若年者は、もともとドイツ産業界に徒弟として配分する意図であった。……この措置は、徒弟不足を決定的に解消するものとして産業界から大いに歓迎されている。

この措置は敵の兵力が増強されるのを妨げるだけでなく、敵の生物学的潜在能力を減じることも意図している。（同前、26～27頁）

使い捨てられる労働者。生まれた赤ん坊は列車の窓から投げ捨てられた。

酷使のあげく使い物にならなくなって帰国する東欧の労働者を満載した列車がブレスト・リトフスク近くの待避線で、「新たに徴用」されてドイツに向かうロシア人労働者でいっぱいの列車とすれ違ったときのことである。彼［編注：グートケルヒ博士という人物］は書いている――

送還労働者を乗せた車輛には死体がいくつも転がっていたので、収拾のつかないことが起こっても不思議はなかった。……この列車の中で赤ん坊が生まれると、その赤ん坊は走っている列車の窓から投げ捨てられた。結核や性病にかかっている者はおなじ車輛に乗せられた。死にかけている者は敷き藁《わら》もない貨車に横たえられ、死者のひとりは線路脇の土手に投げ捨てられた。おなじことは他の送還列車でもあったにちがいない。（同前、28～29頁）

ドイツで強制労働させられる外国人労働者は文字通りの奴隷として扱われた。

押収された「ポーランド国籍を持つ外国人農場労働者の扱い」に関する指令書に、それがどんなものであったかをうかがわせる記述がある。これはポーランド人を対象にしたものではあったが――ロシア人に適用される以前の一九四一年三月六日付になっている――のちに他の外国人にたいする手引きとして使われた。

> ポーランド国籍の農場労働者は、今後、苦情を申し立てる権利を有しない。いかなる公的機関も苦情を受け付けない。……教会へ行くことは厳禁する。……劇場、映画館、その他の文化的娯楽も厳禁する。……
> 婦女子との性交は厳禁する。

それがドイツ婦人とのあいだにおこなわれた行為なら、一九四二年のヒムラー通達により死刑に相当する。*

* 一九四二年二月二十日のヒムラー通達は、おもにロシア人奴隷労働者を対象にするものだった。それはまた、「就労拒否や怠業を含む重大な規律違反」に「特別な措置」を命じてもいた。そのような場合には――
……特別な措置が必要である。特別な措置とは絞首刑である。それは宿舎近辺でおこなってはならない。〔しかしながら〕一定数の者は立ち会わなければならない。

「特別な措置」という言葉はヒムラーの書類や、戦時中のナチの用語にもよく出てくる。それはヒムラーが指令書のなかで使っているのとまったくおなじ意味である。（同前、33～34頁）

「捕虜の死者が多ければ多いほど、われわれにとってはいい」ナチの幹部は言った。

ナチの奴隷労働計画では、男性とほとんどおなじように女性も重要であるのはあきらかであった。ドイツ人のために奉仕を強要された三百万人ほどの民間ロシア人のうち、百五十万人以上が女性であった。しかもその大半が農場の重労働や工場労働に従事した。（……）

一九四一年七月、ソ連攻撃をはじめてひと月とたたないうちにヒトラーが強調したように、その占領計画は「最終的移住」をめざすものだった。一年後、ソ連にたいする攻勢が最高潮にあったとき、彼は側近に言った。

> 妙ちきりんな恰好のスラヴの連中は、その一億人のなかからいちばんましなのを選んで、われわれに似合う姿につくりなおしてやろう。そして残りの連中はもといた豚小屋に隔離してやろう。あの田舎くさい連中が愛しいだの、やつらを文明化してやりたいだのとほざく輩《やから》は、そのまま強制収容所行きだ。（……）

捕虜たちにとってそれよりはるかに大きな関心事は、戦争で生き抜くということだった。ロシア人の生き抜く見通しはじつに暗かった。ソ連兵捕虜は他の国の捕虜を全部合わせたよりも多く——ざっと五百七十五万人もいた。一九四五年に連合軍が捕虜収容所を解放したとき、そのうち生き残っていたのはわずか百万人にすぎなかった。また、百万人は戦争終結前に釈放されるか、ドイツ陸軍が組織した協力部隊に勤務するのを許された。二百万人はドイツの捕虜になっているあいだに、飢餓、寒中の遺棄、病気で死亡した。残りの百万人のことは説明されていない。ニュルンベルクでは、大部分が上記のような理由で死ぬか、SD（SS保安諜報部）に処刑されたのだろうとされた。（……）

「捕虜の死者が多ければ多いほど、われわれにとってはいい」。それがナチ幹部一般の態度であり、責任者ローゼンベルク当人の言葉だった。（同前、35〜37頁）

死ぬまで働かせ、生き残った少数は単に殺す。東部に住むユダヤ人は輸送の必要はない。そのまま「解決」する。

ヨーロッパのユダヤ人はまず東部の占領地域に移し、死ぬまで働かせ、生き残った少数は単に殺すというのである。すでに手中にある、東部に住むユダヤ人——数百万人——はどうするか？ ポーランド総督府を代表する次官ヨーゼフ・ビューラーは、答えを用意していた。ポーランドには二百五十万人に近いユダヤ人がいて、「大きな危険となっている」とビューラーは言った。彼らは「伝染病媒介者で闇商人でもあり、労働にはまったく向いていない」。この二百五十万人の輸送に問題はない。すでに、そこにいるからである。

わたしの願いはただひとつである〔ビューラーは結論した〕。わたしの地域にいるユダヤ人問題が一刻も早く解決されることである。（同前、64〜65頁）

一時SS幹部のあいだに、ユダヤ人を早く死にいたらしめるのにどのようなガスがもっとも効果的であるかをめぐって、ちょっとした対立があった。スピードが重要な要素だった。とくにアウシュヴィッツでは、戦争

末期に一日に六千人をガス室で殺すという記録をつくっていた。(同前、68頁)

大量殺人技術の改良につとめるナチス。ヘスは証言する。

つねにヘス〔編注：当時アウシュヴィッツ収容所所長〕は大量殺人技術の改良につとめていた。

もうひとつ改良をくわえたのは、トレブリンカではほとんどの犠牲者が殺されることに事前に気づいていたのにくらべ、アウシュヴィッツでは虱退治に行くのだと思い込まされたことです。

もちろんわれわれのほんとうの意図に気づかれることはよくありましたし、ときには反抗を受けるなど厄介なことが起こりました。また女たちが子供を着衣の下に隠そうとすることもよくありました。もちろん、見つけるとすぐに子供を絶滅にまわしました。

こうした絶滅は秘密にするように要求されましたが、毎日死体を焼いているため吐き気をもよおすいやな臭いがあたり中にたちこめ、周辺に住んでいるひとたちにアウシュヴィッツで何がおこなわれているかが知れました。

ときとして少数の「特別の収容者」――あきらかにソ連の捕虜だった――は、単純にベンゼンの注射で殺害された、とヘスは説明した。「われわれの医師は通常の死亡診断書を書くように命じられていました。死因としてはどう書いてもいいとされていました」。(同前、70〜71頁)

一九三九年には、ヒトラーの軍隊が占領した地域に約千万人のユダヤ人が生きていた。どういう計算によろうと、その半数近くはドイツ人に抹殺された。これが、ウィーンの貧民窟で未来のナチ独裁者の心にとりつき、多くのドイツの信奉者に分かち与えられ――あるいは共有された――妄想の結果であり、惨憺たる代償だった。(同前、90頁)

囚人は実験動物だった。

医学実験

（……）この種の殺人で犠牲になったのはユダヤ人ばかりではなかった。ナチの医師たちはソ連兵捕虜も、ポーランドの強制収容所の囚人も、男ばかりか女も、そしてドイツ人すら実験に使った。「実験」は多岐にわたった。減圧室に入れて、人間が高空で呼吸できなくなる限界点をさぐる実験もあった。チフス菌や黄疸《おうだん》を起こす薬を大量に注射して、致死量を測る実験もあった。人体を氷水に浸けたり、雪の戸外に裸で凍死するまで放置する「冷凍」実験もあった。イペリット・ガスも、毒弾も試された。女性専用のラーフェンスブリュック強制収容所では、何百人というポーランド人女性――「ラビット・ガールズ」と呼ばれた――が傷つけられて傷口にガス壊疽菌を擦り込まれたり、骨移植の「実験」台とされた。（……）ポコルニー博士はヒムラーに、いい方法が見つかったように思う、カラディウム・セグイニウムは永続的な不妊をもたらします、と言っている。（……）

いまドイツにとらわれている三百万人のボルシェヴィキを断種して、繁殖のおそれなく労働させることができると考えただけで、このうえなく遠大な展望が開けます〔この善良な医師はヒムラーにこんな手紙を書いている〕。（同前、91〜92頁）

この証言は考えさせられる――ガスによる殺人技術「わたしはそう訓練された〜」

この頃〔編注：一九四三年六月頃〕には、ナチのガスによる殺人技術は完成されていた。

何人かのSSの手助けで〔と、クラマーはつづけた〕、わたしは女たちの服をすっかり脱がせ、丸裸の女たちをガス室へ押し込みました。

ドアを閉めると、女たちは叫び出しました。わたしは管から一定量の塩〔編注：毒ガス〕を注ぎ、……室内で何が起こっているか、覗き孔から観察しました。女たちは三〇秒も息を吸い込むと、床にくずおれました。わたしは換気装置をつけてからドアを開けました。女たちは死んで床に転がっていました。みんな、排泄物にまみれていました。

クラマー大尉は八十人の収容者全員が死ぬまでおなじことをくりかえし、死体はヒルト教授に「要求されたとおりに」引き渡したと証言した。そのときどんな気がしたかと質問されて彼は忘れがたい返答をしたが、それは第三帝国で起こった人間の理解を超えるような異常事にひとつの洞察を与えるものだった。

そうしたことを実行するとき、何の感情も抱きませんでした。なぜなら、すでに供述したやり方で八十人の収容者を殺せという命令を受けていたからです。ついでながら、わたしはそう訓練されたのです。（同前、96頁）

奇怪な支配体制は奇怪な「人間」を生み出すのだ。

夫人はブッヒェンヴァルト強制収容所所長の細君で、収容者たちから「ブッヒェンヴァルトの雌犬」と渾名されていた。刺青のある皮膚がとりわけ珍重された。ドイツ人の収容者アンドレアス・プファッフェンベルガーが、これについてニュルンベルクで証言している。（……）

……刺青をしている囚人は、全員医務室に出頭するように命じられました。全員を調べたのち、いちばんきれいで芸術的な皮膚を持っている者が注射で殺されました。それから死体は病理学部に渡され、そこで刺青のある皮膚が必要なだけ剥ぎ取られ、さらに処理がされました。処理の終わった製品がコッホの細君に渡されると、彼女はランプ・シェードや装飾的な調度につくりあげるのです。

コッホ夫人が好んだらしい皮膚の一片には、「ヘンゼルとグレーテル」と刺青してあった。（同前、100〜101頁）

人体「実験」の一例。

ラッシャー博士の発見は、科学的たわごとの適例である。この高度試験のために、彼は空軍の減圧室をミュンヘンから近くのダッハウの強制収容所に移した。そこなら人間モルモットがいつでも手に入るからである。

酸素の割合と気圧が高度のものとおなじになるように、新案の装置から空気が抜かれた。ラッシャー博士は観察を開始した。以下はその代表的な一例である。

三回目のテストは、高度八九六〇メートルに相当するように酸素をゼロにして、良好な健康状態にある三十七歳のユダヤ人を使っておこなった。呼吸は三十分間つづいた。四分後、ＴＰ〔被験者〕は発汗をはじめ、頭をぐるぐる回しはじめた。

五分後、痙攣《けいれん》が起こった。六分後から十分後のあいだに、呼吸が頻度を増した。ＴＰは意識をなくす。十一分から十三分で呼吸が低下し、一分間に吸気三回になる。そういう状態のなかで、ついに呼吸が止まる。……呼吸停止三十分後、検死を開始した。

ラッシャー博士の事務所で働いていたオーストリア人収容者アントン・パチョレックの語る「実験」は、さらに非科学的である。（……）

ラッシャー博士が切り上げるまでに、二百人ほどの囚人が実験の対象にされた。「医師団裁判」における証言によれば、そのうち約八十人がその場で殺され、残りは話が洩れないようにあとで処刑された。（同前、103〜104頁）

収容者のひとりで、ラッシャー博士の下働きをつとめるヴァルター・ネフという男が、「医師団裁判」で素人から見た氷水実験の模様を供述している。

あれはひどい実験でした。ロシア人将校がふたり、収容所から連れてこられました。ラッシャーが服を脱がせると、彼らは裸で水槽に入らねばなりませんでした。一時間、二時間とたちましたが、あの冷たさではふつう長くとも六十分で意識を失うところ、このふたりは二時間半たってもちゃんと受け答えをしていました。ラッシャーに注射で眠らせたらと言ってみても聞いてくれません。三時間目に入って、ロシア人のひとりがもうひとりに言いました。「同志、撃ち殺してくれと将校に頼んでくれないか」。もうひとりは、ファシストの犬に慈悲は期待しないと答えました。ふたりは握手して「さよなら、同志」と言い交わしました。…

…ポーランド人の青年がこの言葉をラッシャーのために翻訳しました。言いまわしは多少違っていたと思います。ラッシャーが事務所に戻りました。ポーランド人青年は急いでクロロホルムをふたりに嗅がせようとしましたが、ラッシャーはすぐに帰ってきてわれわれを銃で脅しました。……実験はすくなくとも五時間つづき、それからやっと死が訪れました。（同前、106〜107頁）

「医師団裁判」での証言によれば、約四百例の「冷凍」実験が三百人の男女におこなわれ、そのうち八十人から九十人はそれが直接の原因となって死亡し、残りはわずかの例外を除いて後日始末された。そのなかには発狂した者もいた。ラッシャー博士自身は、生きてこの法廷で証言することはなかった。（同前、113頁）

ドイツ軍占領下のレジスタンスについて。ナチスによる「報復」。リジツェの運命。

一九四二年五月二十九日の朝、メルセデスのオープン・スポーツカーで田舎の別荘からプラハ城に帰るとき、イギリス製の爆弾を投げられて車は大破、彼［編注：ハイドリヒ］は背骨を砕かれた。爆弾を投げたのはチェコスロヴァキア人ヤン・クビス、ヨゼフ・ガベイクのふたりで、イギリスを拠点とする自由チェコスロヴァキア軍に属し、英空軍の飛行機から落下傘降下したものだった。任務のために周到な準備をしたふたりは、用意の煙幕に隠れてまんまと逃げおおせ、プラハのカルロ・ボロメーオ教会にかくまわれた。

ハイドリヒはそのときの傷がもとで六月四日に死亡した。ドイツ側は英雄の死を悼んで、ゲルマン人の古い慣わしにのっとった野蛮な報復に出て、文字どおりの大虐殺をおこなった。あるゲシュタポの報告によれば、二百一人の女性を含む千三百三十一人のチェコ人が即座に処刑された。実際の暗殺者は、カルロ・ボロメーオ教会に逃げ込んだチェコ・レジスタンスのメンバー百二十人とともに、SSに包囲され、最後のひとりにいたるまで殺害された。しかし、支配民族にたいするこの叛逆行為でいちばん痛い目を見たのはユダヤ人だった。爆弾のテレージエンシュタットの〝特別待遇〟のゲットーから三千人が東方に移され、絶滅の運命に遭った。爆弾の投げつけられた日にゲッベルスはベルリンに残留するユダヤ人のなかから五百人を逮捕し、うち百五十二人がハイドリヒの死んだ日に〝報復として〟処刑された。（……）

ハイドリヒの死がもたらした結果のうちで、プラハからほど遠からぬ鉱山町クラドゥノ近郊の小村リジツェの運命ほど文明世界で長く記憶されるものはないだろう。自分たちを取り締まる役人の命を狙った被征服国の民衆への見せしめというだけの理由で、この平和な田舎の小村におそろしい蛮行がくわえられたのである。

一九四二年六月九日の朝、マックス・ロストック大尉*の指揮するトラック十台に分乗したドイツ公安警察の一隊がリジツェに到着し、村を包囲した。たまたま出かけていた住民は帰るのを許されたが、村から出てゆくことは誰ひとり許可されなかった。十二歳の少年が、怖くなって逃げ出そうとした。少年は撃たれて死んだ。農家の女がひとり、村の周辺に広がる畑のほうに駆け出した。女は背中から撃たれて死亡した。村人の男は全員、ホラクという農民の家の納屋、家畜小屋、地下蔵に閉じ込められた。ホラクは村長もしていた。

＊　一九五一年八月、プラハで絞首刑に処せられた。

翌日、夜明けから午後四時まで、男たちは十人ずつ納屋の裏庭に連れ出され、公安警察の銃殺隊によって処刑された。合計百七十二人の大人と十六歳以上の少年がこうして処刑された。殺戮のつづいているあいだクラドゥノの鉱山で働いていた十九人があとで見つかり、プラハで始末された。

七人の女がリジツェで狩り出され、プラハへ連行されて射殺された。残りの村の女百九十五人は、すべてドイツ国内のラーフェンスブリユック強制収容所へ送られ、そこで七人はガスで殺され、三人は「消息を絶ち」、四十二人は虐待を受けて死んだ。臨月のリジツェの女四人はまずプラハの産院に入れられ、そこで生まれた新生児は殺され、女たちはラーフェンスブリユックに送られた。

ドイツ人に残されている仕事は、父親が死に、母親は収容所に入ったリジツェの子供たちの始末だった。はっきり言っておかなければならないが、ドイツ人はその子たちも撃ったわけではない。男の子供でも撃たなかった。彼らはグナイゼナウの強制収容所に送られた。全部で九十人いたが、一歳未満の七人がナチによって選ばれ、ヒムラーの「人種専門家」によるしかるべき検査のあと、ドイツに送られてドイツ名をつけられ、ドイツ人として育てられた。のちに、他の子供たちも同様な処置を受けた。

「いっさいの痕跡が失われました」ニュルンベルク裁判にリジツェに関する公式報告書を提出したチェコスロヴァキア政府は結論した。

さいわいにして、のちに何人かは見つかった。わたしは一九四五年八月、当時連合国の管理下にあったドイツの新聞を読んでいて、リジツェの生き残りの母親が子供たちの所在をつきとめて「家に」帰してほしい、とドイツ人に訴えている可哀想な記事を見た記憶がある。*

＊　一九四七年四月二日、ＵＮＲＲＡ（国連救済復興機関）はそうした十七人がバイエルンで見つかり、チェコスロヴァキアの母親のもとへ帰されたと発表した。

リジツェは、実際に地表から姿を消した。男たちが殺戮され、女と子供が運び去られると、公安警察は村を焼き払い、焼け跡をダイナマイトで爆破し、地面を平らに均《なら》した。

リジツェはこういったナチの蛮行の見本としてもっとも広く知られるようになったが、ドイツに征服された国でこのような野蛮な目に遭ったのはここだけではない。チェコスロヴァキアにはもうひとつレジャーキーという村があり、ポーランド、ソ連、ギリシャ、ユーゴスラヴィアにもいくつかある。

〈新秩序〉がそれほど殺戮と結びつかなかった西ヨーロッパでも、リジツェの例はくりかえされた。たいていの場合は、ノルウェーのテレヴォークのように、村の建物という建物が薙《な》ぎ倒されてから、男と女と子供が別々の強制収容所に入れられたというだけだったが。

ところが一九四四年六月十日、リジツェの殺戮からきっかり二年後、フランスのリモージュに近いオラドゥール・シュル・グラーヌの村におそろしい苦難が襲いかかった。ソ連におけるテロで——戦闘でなく——勇名を馳せていたＳＳダス・ライヒ師団の分遣隊がフランスの村を包囲し、住民に中央広場に集まるように命令したのである。隊長によれば、村に爆発物が隠されているという通報があったので、捜索および身分証明書の検査をするというのである。そして六百五十二人の住民が全員監禁された。男は納屋に入れられ、女と子供は教会に閉じ込められた。それから村中に火が放たれた。ついでドイツの兵士は村人に襲いかかった。納屋に入れられた男で焼死を免れた者は機関銃で掃射されて殺された。教会の女子供も同様に機関銃弾を浴びせられ、それでも死なななかった者は教会に火をかけて焼き殺された。三日後、リモージュの司教は、焼け焦げた祭壇のうしろに十五人の子供の焼死体が折り重なっているのを見つけた。

九年後の一九五三年、フランスの軍事法廷は、オラドゥールの殺戮で六百四十二人の住民――女二百四十五人、子供二百七人、男百九十人――が死亡したと確定した。生き残ったのは十人だった。ひどい火傷《やけど》を負ったが、死体をよそおって助かったのだった。（同前、115～119頁）

ナチスは反抗する者を情け容赦なく殺す。子供も女性もかまわず。

アイケ司令官がされこうべ連隊に指示を与えてから二日後に、ハインリヒ・ヒムラーはSSのウード・フォン・ヴォイルシュ将軍に対して、「上シュレージェン（訳注…現在のシロンスク）の新占領地各地に見られるポーランド人の反抗の萌芽を徹底的に鎮圧」するつもりであることを知らせた。〝徹底的〟とは〝情け容赦なく〟という意味を婉曲に示した言葉であった。村という村がそれこそ徹底的に焼き払われた。九月三日［編注：一九三九年］、トルスコラシではポーランド人の農夫五五人が駆り集められ、射ち殺された。しかもそのうちの一人は二歳の幼児だった。ヴィエルシュクではユダヤ人二〇人が広場に集まるよう命じられた。六四歳の老人イズラエル・レヴィもその中の一人だった。娘のリーベ・レヴィが父親に走りよると、一人のドイツ兵が彼女を「図々しい女だ」と言ってその口を開けるよう命じた。そして兵士はその口の中に銃弾を射ち込み、リーベ・レヴィはその場に倒れて死んだ。その後二〇人のユダヤ人が処刑された。（『第二次世界大戦　上巻』マーティン・ギルバート、岩崎俊夫訳、心交社、一九九四年、13～14頁）

「夜と霧」の政令が布告された。

ベルリンでは一二月五日［編注：一九三九年］、ヒトラーとポーランドから帰ったばかりのゲッベルスがポーランドにおけるSSの任務について論じあった。「私は自分の旅行について彼に報告した。彼は私の言うことをすべて注意深く聞いて、ユダヤ人問題とポーランド人問題に対する私の意見に賛成してくれた。我々はユダヤ人の持つ危険性を一掃しなければならない。だが、それは数世代の後にはまた元に戻ることだろう。この問題に対する万能薬はない。ポーランドの貴族階級は破滅させるに値する。彼らは一般の人々とは何のかかわりも持たず、それらの人々は自分達の都合のためにのみ存在していると見なしている」。ゲッベルスは日記にこのように記している。ハンス・フランクはゲッベルスと共にベルリンを訪れ、この会談にも同席していた。ゲッベルスの日記には「彼は膨大な仕事に取り組まなければならず、幾つもの新しい計画を作成中である」と記されている。その二日後に、ヒトラーは〝夜と霧〟という名称のつけられた新しい政令を布告し、「ドイツの安全にとって危険な人物」の逮捕を承認した。逮捕された者はすぐに処刑されることはなく、「夜と霧の中に消息を残さずに消えていく」ことになっていた。強制収容所の収容者名簿では、夜と霧のドイツ語（Nacht und Nebel）の頭文字〝NN〟をその名前につけられることはその人物が処刑されることを意味していた。（同前、56～57頁）

邪悪の勝利。

外界から遮断され、監視下に置かれたポーランド中のゲットーでは、ドイツが食糧支給に厳しい制限を課したので、毎日多数のユダヤ人が餓死していた。ワルシャワでは一九四一年一月中に餓死した者は合計二〇〇〇人に達した。二月もその数は前月同様に高水準であった。エマヌエル・リンゲルブルムが二月二八日の日記に書いている。「ほとんど毎日、人々が道の真ん中で死んで行くか、意識を失って行く。率直に言ってもうあまり気にならない」。

ドイツ占領当局の飢餓、恐怖、テロを通しての圧政はとどまるところを知らなかった。リンゲルブルムはまた、ワルシャワへ送り込まれたユダヤ人の例を日記に残している。列車の停車中、ドイツ人監視員が三歳の子供を雪の中に投げ出した。母親が貨車から飛び降りて子供を助けようとしたところ監視員がピストルで脅かした。母親は子供がいなければ生きていられないと言いはったので、今度は貨車の中にいるユダヤ人を全部撃ち殺すと脅かした。母親はワルシャワに着き、悲しみで気が狂ってしまった」。

戦争勃発から五〇〇日経った今、その婦人の狂乱によって、軍隊が勝利しただけでなく、邪悪も勝利したことが証明されたのである。（同前、213頁）

ドイツによるソ連侵攻の結果は？

ドイツ軍がソ連の奥深く侵攻したバルバロッサ作戦により、ヨーロッパの第二次世界大戦の中心をなす軍事・政治ゲームが始まった。（……）

ナチスの蛮行はとどまるところがない。新しく統治される側は抵抗するよりほかなかった。「賊」によってドイツ兵が殺されるたびに、一〇〇人の農民が処刑される。村は残らず破壊され住民は殺害された。ナチの将校は意のままに人々を虐殺できると思っていた。ポーランドと同じように、住民は審査によって人種別に分けられ、渡された人種カードに従って仕事を許可される。ユダヤ人はすぐに殺されるか、さもなければゲットーに放り込まれた。スラブ民族は無学な奴隷にしか向かないと考えられ、エリートは絶滅の対象となっていた。数百万の男女が強制労働のためにドイツに送られる。「好ましからざる人物」のカテゴリーの増加とともに、ナチが捕虜を得るネットワークと強制収容所が拡大していく。ソ連の捕虜はなんの権利も認められず、三〇〇万から四〇〇万人が屋根のない囲いのなかで死んでいくままに放置された。東は人と資源を無制限に搾取するための備蓄同然にあつかわれる。三年間でウクライナの人口は九〇〇万人減少した。（『ヨーロッパ　Ⅳ　現代』ノーマン・ディヴィス著、別宮貞徳訳、共同通信社、二〇〇〇年、188～190頁）

ナチスによる「特殊処理」の実態。

八月三一日〔編注：一九四一年〕ドイツ占領下のヴィルナでは、ユダヤ人に対する〝行動〟があった。目撃者アーバ・コブナーによると、二人の兵士が一人の女を髪の毛をつかんでひきずっていた。その時女の腹から包みが落ちた。男の嬰児だった。兵隊の一方が屈んで「子供を取り上げ、脚をつかんでぶら下げた。女はうずくまって長靴にすがり、助けを乞うた。だが彼は子供の頭を一度、二度と壁に激しく打ちつけた」。

〝行動〟についてのドイツ側の正確な記録によれば、その夜ユダヤ人の女二〇一九人、男八六四人、子供八一七人が貨車で街から連れ出され、ポナールの墓穴で射殺された。ベルリンで編集された作戦状況報告書では、これを〝特殊処理〟と呼んだ。（前掲『第二次世界大戦　上巻』、307〜308頁）

若い現役将校の回想が残っている。

この新体制の内部で、ドイツ陸軍の若い将校エルウィン・ビンゲル中尉は九月一六日〔編注：一九四一年〕当時ウマニにいた。四年後の回想によると、彼はSS隊とウクライナ民兵による数百人のユダヤ人殺害を目撃した。ユダヤ人達は郊外のその場所へ連れていかれて何列にも並ばされ裸にされた上、機関銃でなぎ倒された。生まれてまだ二、三週間で乳を吸っている嬰児を連れた母親もこの恐ろしい裁きから逃れることは出来なかった。母親達は子供が小さな脚をつかまれ、ピストルの台尻や棍棒の一撃で殺された上、死体が積み重なった溝の中にほうり込まれるのを見せつけられた……。（同前、314頁）

ヒトラーはロシアをどのようにしようと考えていたのか？

ラステンブルクのヒトラーは九月一七日〔編注：一九四一年〕も依然楽観的な気分で、訪れた人々に対し戦後のロシアについて語った。クリミアはドイツに柑橘類、木綿、ゴムを供給する。「我々はヨーロッパの誰でも必要とするものに穀物を供給する」。ロシア人には教育を与えない。「大地を耕すのに不可欠な人的資源を彼らに求めよう」。ロシアへのドイツ人植民者や支配者は「要塞のような閉鎖的社会」を構成する。「すくなくとも我々一統は土着民の誰よりも優秀である」。（同前、315頁）

「神の選民」の大虐殺に喜びを感じる親衛隊将官。

八月［編注：一九四二年］に入ると、ワルシャワからトレブリンカへの強制移送と被移送者の処刑が連日行われるようになった。八月一三日、カール・ヴォルフSS中将はドイツ運輸省の責任者にあててこう手紙を書いている。「神の選民五〇〇〇人を乗せた列車が、この二週間連日トレブリンカへ向かっていること、しかも、さらに大量移送の速度を上げることすらできることを知るのは大きな喜びであります」。（同前、458頁）

他民族を奴隷にして恥じないナチス。

八月一九日［編注：一九四二年］、南部方面軍はスターリングラードに接近する一方コーカサス山脈の山頂に達していたが、レニングラード郊外ではドイツ軍は、その地をドイツの手から取り戻そうとするソ連軍によって攻撃された。その日、ナチスの指導者マルティン・ボルマンは、ドイツのための奴隷労働者として使われていた何十万ものロシア人とポーランド人について記している。「奴隷たちは我々のために働く。我々が必要としなくなったら、彼らは死ぬのだ。スラブ民族が豊かな人口を持つことは喜ばしいとはいえない」。（同前、464頁）

トレブリンカに移送されて殺された一三歳の少女の手紙が残っている。

スターリングラードの闘いが三か月目に突入した頃、ドイツ戦線の後方ではレジスタンス活動と恐怖とがいたるところで目立った。一〇月一四日［編注：一九四二年］、ポーランドの町ピオトルクフでユダヤ人二万二〇〇〇人のトレブリンカへの強制移送がはじまった。移送には七日間を要したが、移送されて殺されたなかの一人、少女ルシア・ミレルは、出発の数日前に友人にあてて手紙を書いている。「本当に恐ろしいことです。若い人たちが死ぬなんて、ひどく悲しいことです。だって私の中の何もかもが生きたいと思っているんですもの。それに一三歳という若さでは、人生がわかりはじめたばかりだわ。多分それだって早すぎるくらいよ。よくわからないけど。私は絶対に死にたくないの」。（同前、482頁）

「ソ連軍が敗北したら二千万人が餓死するだろう」ヒトラーは言った。

スターリングラードでは、ドイツ軍とソ連軍が大雨の中廃墟での戦闘を続けていた。〝トラクター〟工場は持ちこたえられなかったが、〝バリケード〟と〝赤の一〇月〟両工場のソ連軍はその制圧を狙うすべての攻撃を退けた。しかし一〇月二〇日〔編注：一九四二年〕には、ソ連軍は西岸まで僅か一〇〇〇ヤード（三〇〇メートル）足らずにまで追いつめられた。「総統はソ連軍が崩壊しつつあると確信しておられる」とカイテル陸軍元帥は一〇月二一日に記し、こう続けた。「総統は二千万人が餓死せざるをえないだろうと言われた」。（同前、483頁）

第三帝国の終焉が迫った。ヒトラー究極の「政策」。敗北を前にしてドイツ国民を「愛してやまなかった」ヒトラーの本性があらわれる。

（……）一九四五年二月十三日、ふたりはソ連軍の状況について新たな言い合いをはじめ、それはたっぷり二時間つづいたとグデーリアン〔編注：参謀総長〕は言う。

拳を振り上げ、怒りで顔を真っ赤にして、彼は全身を震わせていた。その男は激怒のあまりわれを忘れてわたしの前に立ち、すっかり自制心をなくしていた。怒りが爆発するたびにヒトラーは絨毯《じゅうたん》の端から端まで行ったり来たりし、急にわたしの目の前で立ち止まると新たな非難の言葉を投げつけた。彼はほとんど絶叫せんばかりで、両目はとびだし、こめかみに青筋が立っていた。

ドイツ総統が生涯における最後の重大な決定をしたとき、彼の精神と肉体はこのような状態にあったのである。三月十九日、彼はいっさいの軍事、産業、運輸、通信施設と、国内の商店を、敵の手に無傷で渡らないように破壊しろと命令を出した。この措置は、大管区指導者と国防管理官の協力を得て、軍が実行することになっていた。「本命令に反するいっさいの指令は無効である」と、その命令は結論していた。ドイツは広大な荒野と化すべきである。国民が敗戦ののちも生き延びうるような、何ものも残してはならなかった。(……)

しかしヒトラーは、個人的運命がつきたいま、無限の愛を注ぐと公言してきたドイツ国民の存続には興味を持たなかった。彼はシュペーアに言った。

戦争に敗北すれば、国もまた滅びる。それは不可避の運命である。国民がもっとも原始的な存在をつづけるための基盤など考慮する必要はない。それどころか、この国が弱かったことの証明になり、そして未来はより強い東方の国〔ソ連〕に所属するにきまっているから、これらのものはわれわれ自身の手で破壊するほうがいい。それに戦闘のあとに残る者たちは劣等者ばかりだろう。優れた者たちは殺されてしまったからだ。

翌日大将軍は、悪名高い〈焦土命令〉を発令した。(……)シュペーアはニュルンベルクの証言台で述べた。

ボルマンの布告は、東部と西部の住民をドイツ中心部に移すことを目的としていました。外国人労働者と捕虜もそれに含まれます。数百万のひとびとが徒歩で移動させられることになっていました。彼らが生きてゆくための食糧は用意されませんでした。当時の情勢からすれば、その気はあっても不可能だったでしょう。そして想像を絶する飢餓地獄が出現したことでしょう。

ヒトラーとボルマンが出した命令のすべてが――補足的な指令がつぎつぎと出された――実行されていたら、命からがら逃げてきた数百万のドイツ人は死んでしまったことだろう。シュペーアはニュルンベルクで、ほかにもさまざまの〈焦土命令〉について概要を述べようとした。破壊すべきものとしては――

……いっさいの工場、いっさいの重要電気関係施設、水道施設、ガス施設、食料品店、衣料品店。すべての橋、鉄道、通信施設、すべての運河、すべての船舶、すべての貨車、すべての機関車。(……)

四月十六日、米軍がナチの党大会の町ニュルンベルクに到着した日、ジューコフのソ連軍はオーデル川の橋頭堡をあとにして、四月二十一日の午後にはベルリン郊外へ達した。ウィーンはすでに四月十三日に陥落していた。四月二十五日午後四時四十分、アメリカ軍第六九歩兵師団の偵察隊が、ソ連第五八親衛師団の前衛とエルベ川河畔トルガウで邂逅した。ベルリン南方一二〇キロの地点であった。

ドイツは南北に両断された。アドルフ・ヒトラーはベルリンで孤立した。第三帝国最後の日がやってきたのだ。（前掲『第三帝国の興亡　5』、340～347頁）

ヒトラーの愛人エヴァについて。

ヒトラーは、ヒムラーに復讐する機会のくるのを待ってはいられなかった。さいわいSS長官の連絡係フェーゲラインを手許に押さえてあった。元騎手、いまSS将軍のフェーゲラインは衛兵詰所から引き出され、ヒムラーの「裏切り」について事細かに尋問され、それに荷担したことを責められ、そして総統命令で官邸の庭に連れ出されて銃殺された。フェーゲラインがエヴァ・ブラウンの妹と結婚している事実は、彼を救うことにはならなかった。エヴァは、義弟の命を救うために何もしなかった。

「誰も彼にも見捨てられ、みんなに裏切られた可哀想な、可哀想なアドルフ」エヴァは涙にかき暮れてハンナ・ライチュに言った。「ドイツから彼が失われるぐらいなら、他の一万人が死ぬほうがずっといいのに」。

ドイツは彼を失った。しかし、この最後の数時間、エヴァ・ブラウンは彼を得た。彼女が最後まで忠実であったことのご褒美として、四月二十九日、午前一時から三時にかけてのある時刻に、彼は情婦の願いをいれて正式に彼女と結婚した。彼がつねに言っていたことだが、結婚は第一に党に政権を取らせるための献身の邪魔になり、第二にドイツを至高の高みに導く妨げであった。しかし、いまは導くべき何ものもなく、彼の生涯は終わりに臨んでいる。たとえ数時間つづくだけの結婚であっても、彼は安んじてそうできる。（同前、382～383頁）

世界を道連れに！

「われわれは絶対に降伏しない。負けるときは世界を道連れにしてやる」とヒトラーは言った。（『ベルリン陥落1945』アントニー・ビーヴァー、川上洸訳、白水社、二〇〇四年、44頁）

第三章　情報――戦略と戦術

1　言葉、心理、演説

●大衆の心理と「言葉」の役割

本節では大衆の心理を操作するうえで「言葉」の果たす意味、役割について、紹介・引用しておきたい。

言葉のもつ重要性――イタリア・ファシズムに見る。

ボローニャ県では長期の農業協約改定闘争が、一九二〇年十月にフェデルテッラ〔編注：全国土地勤労者連合〕の勝利で終わっており、これに地方選挙での社会党の勝利が重なって、この地域の農業家層と都市中間層の危機意識を同時に誘発した。十一月二十一日、ファシストは社会党市政の誕生を阻止するためボローニャ市庁舎に攻撃をかけ、社会党側に九人の死者がでた。一カ月後に同様の事件がフェッラーラ市でも起こり、これをきっかけにポー平野からトスカーナにかけての一帯で、ファシストによる襲撃事件が日常化し、社会党系のコムーネ議会は解散させられ、コムーネ行政は政府派遣のコミッサーリオの監督下におかれた。襲撃行為には行動隊（スクァードラ）が編成され、復員士官、有産者の子弟、学生などが参加し、労働会議所、労働組合、協同組合、社会党の事務所の破壊と活動的メンバーの殺害を繰り返した。行動隊には農業家層からの資金や武器の援助があり、通常、都市部から周辺農村に出撃して懲罰遠征と称したが、県知事、軍部、警察など公権力機関はこれを黙認した。

このようにしてファシストは社会党系の労働組合と協同組合を破壊したあと、農業家層と協力して農業労働者の就業を斡旋し、自らの労働組合を結成した。ファシスト労働組合の運営にはサンディカリスト出身の活動家の働きがあり、フェデルテッラが「土地の社会化」を唱えたのにたいして「土地を耕す者の手に」というスローガンで農民・農業労働者を引きつけた。（『新版　世界各国史　15　イタリア史』北原敦編、山川出版社、二〇〇八年、481頁）

不用意な言葉の使用を厳禁したナチスの例。

戦場や強制収容所の別なく、こうした処刑や処理を遂行した者は鉄十字勲章受賞の資格対象者にはならなかった。しかし、彼らの指揮官は彼らに何らかの報償が与えられることを望んでおり、それには戦時労働十字賞がふさわしいと思われた。一一月一四日［編注：一九四一年］、シュレジェン地方のグロスローゼン強制収容所の司令官はどんな「理由」が十字章を受けるにふさわしいのか、「特別行動すなわち処刑」がそれに値するのか、あるいはもっと「通常」の任務なのかと尋ねた。六日後、彼は強制収容所監察官代理のリーベヘンシェルSS中佐からの回答を受け取る。〝理由〟については司令官としては「『重要な戦争任務の遂行』をあげる」べきだと中佐は助言を与え、こうつけ加えた。「いかなる場合も『処刑』という言葉を使用してはならない」。（前掲『第二次世界大戦　上巻』、340頁）

日本の政治家たちに見る用例——キャッチフレーズに神経を使う自民党。

八月六日、武部は、北海道の稚内市内で講演し、小泉首相が解散に踏み切った場合、自民党が分裂することへの危機感をあらわにした。（……）

担当者らは、なぜ、そのようなキャッチフレーズにしたのか、一案ずつ丁寧に説明していた。担当者らの熱意が伝わり、武部は、冷静に耳を傾けた。

そのなかのひとつにあったのが『改革を止めるな。』である。武部は、『改革を止めない。』の方がいいと思っていたが、キャッチフレーズについて、クリエイティブの責任者が説明をおこなった。

「選挙で候補者がマイクを握り、『改革を止めない』と国民に訴えたとき、『そうだ、そのとおりだ』と反応しずらいんじゃないでしょうか。言葉が切れてしまう感じがします。だから、『止めない』ではなく、『止めるな』のほうがいいと思います。『小泉さんの思いを止めるな!』と訴えれば、『そうだ、止めてはいけない』と反応できるはずです。国民とのコミュニケーションをはかるためにも、『改革を止めるな』のほうがいいと思います」

武部はうなずいた。

「きみのいうとおりだ。『止めない』といったら、たしかに言葉が切れてしまう感じがするよな」(前掲『権力奪取とPR戦争』、53〜54頁)

矢島〔編注:日本の三大PR会社プラップジャパンの創設者〕から見て、政治家は、コミュニケーションのことがわかっていそうでわかっていない。マスコミで紹介される首相のブレーンは政治家ばかり。(……)

矢島が選挙を通じて思ったのは、支持率と好感度とのちがいである。このふたつは、似ているようでいてじつはちがう。実際に支持率を上げたいのなら、その前に数字にはあらわれない好感度を上げることである。支持率は、その好感度についてくる。

では、国民は、どのようなところに好感度を抱くか。評論家にしても政治家にしても、「この国をどうするか」を論じる。そのときの、「この国」と言うと、どこかで距離を置いた印象をあたえる。「わたしたちの国」と言ったほうが、共感を得られる。それもしつこいほどに、「わたしたちの国をどうするか」「わたしたちの国の安全をどう守っていくのか」と小さな言葉を積み重ねていくことによってメッセージは伝わっていく。細かいことだが、そのようなところを、国民は、敏感に嗅ぎわけている。(同前、92〜93頁)

ただ、政治家が使う「議論する必要がある」という言葉は大変含みのある言葉でして、学者やジャーナリストが言う「議論する必要がある」という表現とは必ずしも同じではないわけです。

政治家は文学者と同じで、「言葉の使用の芸術家」でございますから、多義的に「議論する必要がある」という言葉を使っている場合もございます。ですから政治家がそういう表現を使うと、「日本は核武装するのか」と思う方もいるわけです。私はやはり、そういった誤解を生むような表現は避けるべきではないかと思っております。（二〇〇六年一一月六日　谷垣禎一前財務大臣「日本政策アカデミー」第五回講演）（前掲『自民党の底力』、130〜131頁）

民主党は、政権政党の選択がいかに大事かを訴えた。しかし、民主党の公約を、ただ「政権公約」と呼ぶのでは新味がなく、有権者を惹きつけるにも弱い。

田中は、「政権公約」の代わりとなる言葉を提案した。

「『マニフェスト』で、いきましょう」（前掲『権力奪取とPR戦争』、18頁）

翻訳、誤訳、すりかえ。

日本語訳、意味正反対に!?／十一ヵ国の温暖化防止共同声明／日本学術会議修正後に撤回／環境団体「反抗勢力へ配慮か」

主要国首脳会議（グレンイーグルズ・サミット）に向け、日本学術会議（黒川清会長）など十一ヵ国の学術団体が六月にまとめた地球温暖化に関する共同声明で、小泉純一郎首相にも提出した日本語仮訳には大きな誤訳があり意味が正反対になる、と複数の関係者が指摘していることが五日、分かった。（……）温暖化問題に詳しい西岡秀三国立環境研究所理事は「世界の専門家は今、温暖化の悪影響を避けるためには大気中の温室効果ガスの濃度をどの程度に抑えればいいかについて議論している。専門家の立場から、素直に読めば『受け入れがたい影響を避けるような』との意味と考えるのが自然だ」と話している。

（英文表記）Launch an international study to explore scientifically-informed targets for atmospheric greenhouse gas concentrations that will enable to avoid impacts deemed unacceptable.

（学術会議の訳）大気中の温室効果ガスの濃度に関して、世界の国々にとって無理のない程度の、科学的に裏付けされた削減目標を設定するための国際的な研究に着手する

（撤回された文案の訳）大気中の温室効果ガスの濃度に関して、世界の国々にとって受け容れがたい悪影響を回避することができるような、科学的に裏付けされた削減目標を設定するための国際的な研究に着手する（原文のまま）（「京都新聞」二〇〇五年七月五日）

石原慎太郎氏「環境問題」対応に注目

――東京五輪の世論調査で目標の「賛成七〇％」に向けた戦略は。

「地道にやっていくしかない。『オリンピックを東京に』というスローガンを『日本に』に変えたんですよ。私は言葉の専門家だから分かるんですよ。これで数％は増えますよ」

――ズバリ、勝算は。

「『神のみぞ知る』だね」（「京都新聞」五輪の風　二〇〇八北京　第一部新年インタビュー　二〇〇八年一月五日）

維新の会圧勝の要因について。

絆づくり、成否の鍵握る

橋下徹さんが大阪市長選で七五万票を得たと知った時、まさに夢とか希望を込めた人の数だと思った。橋下さんの言葉は短く、分かりやすいだけでなく「未来を創っていく」との強いメッセージ性に特徴がある。人々に行動を喚起させる言葉だ。「大阪都」「ワン大阪」は田中角栄元首相の日本列島改造論にも似て、その是非は

未知数ながらも、未来を想像させ、期待させる力を持つ。取り繕ってもばれちゃう時代。本当のことが見透かされ、玉虫色は通じない。流れに任せるだけでは何も変わらないと、みんな分かっている。それなのに、玉虫色の言葉や行動が政治や職場に蔓延している。

橋下さんはそんな今の状況を「おかしい」と言い切った。（市長選で争った）平松邦夫さんと綱引きを続けても物事が進まない。変えるか変えないかの選択しかない。有権者は「それならば」と橋下さんに共感した。痛みを伴うが、このまま手を打たないと瀕死になる、とみんなが肌感覚としてとらえたと思う。象徴的なのが二重行政への批判だった。「財布を一つにする」という言葉は、生活感覚とマッチした。（「朝日新聞」維新圧勝　私の見方①「宣伝会議」編集室長　田中里沙　二〇一一年一一月一日）

同じ意味ならポジティブが楽／使ってみたい「ネガポ」な言い換え

RANKING

1位　いいかげん↓おおらか
2位　気が多い↓好奇心旺盛
3位　つきあいが悪い↓「Ｎｏ！」と言える
4位　飽きっぽい↓切り替えが早い
5位　退屈↓平穏無事
6位　頭が固い↓芯が強い
7位　失敗↓成功への架け橋
8位　一匹おおかみ↓自主性がある
9位　空気が読めない↓周りに流されない
10位　往生際が悪い↓粘り強い

11位　愛想が悪い↓こびを売らない
12位　着信なし↓便りがないのは良い便り
13位　鈍感↓打たれ強い
14位　器用貧乏↓マルチな才能がある
15位　ドジ↓おちゃめ
16位　諦めが早い↓限界を知っている
17位　他力本願↓頼れる仲間が多い
18位　暇人↓自由人
19位　融通が利かない↓周りに流されない
20位　オタク↓好きなものを好きと言える
（「朝日新聞」二〇一三年一月二六日）

死は或いは泰山より重く或いは鴻毛より軽し（『成語林』旺文社、一九九二年、497頁）

かつて「軍人勅諭」は「死は鴻毛より軽し」と断じた。しかし格言はもう一つの側面、すなわち人の命の尊さを謳っている。この両方がそろって初めて健全な精神が養われるといいたい。なお、別の言い方では、

義は泰山より重く命は鴻毛より軽し（同前、284頁）

ここでは「義」の重さが強調されている。しかし職業軍人ならともかく、有無をいわさず徴兵され戦場に駆り出された兵士たちは「義」の重さを説かれてはたして納得できたであろうか？

●民主主義と大衆心理

「指導者待望論」が聞かれるが、単なる「民主主義の理解不十分」では片付けられないように思われる。民主主義は「代議制」と不可分である以上、願いを託す政治家の強力な指導力を求める有権者の気持ちは理解できるのでは。「働く者」と「政治家」との分業の「効率」、「経済的合理性」という側面である。

　ワイマール共和国において、ナチ党ほど当時の人々の不満、幻滅、夢を巧みに代弁した政党はなく、ヒトラーほど大衆の心の奥底に秘められていた期待、希望にいち早く気付き、それを巧みに政治運動の活力とした扇動家はいない。（前掲『ヒトラー独裁への道』、139頁）

　何かに失敗したとき、あるいは誰かから非常に否定的な評価をされたとき、私たちの自己評価は脅威にさらされる。私たちには自己評価を維持したいという動機があるため、自己評価が脅威にさらされるとその脅威から逃れようとする。否定的な評価による自己に対する脅威を逃れる方法の1つは、否定的評価が誤りであるとみなすことである。（『社会心理学』池田謙一・唐沢穣・工藤恵理子・村本由紀子、有斐閣、二〇一〇年、117頁）

　ヒトラー宣伝がしつこく大衆に論じているのは大衆が奴隷ではなく、支配者だということだ。（前掲『武器としての宣伝』、74頁）

人の心理の一面を示すことわざの例。

　学者の取った天下なし（前掲『成語林』、205頁）

　判官贔屓《ほうがんびいき》（同前、１０３１頁）、

　誉める人には油断すな（同前、１０５１頁）、

　身も蓋もない（同前、１０９５頁）

上手な演説について。

話じょうずの第一の要素は真実、第二は良識、第三は上機嫌、第四は頓智（英の政治家・著述家テンプル）

「真実がなければ人は耳を傾けないし、良識がなければ顰蹙を買う。そして上機嫌に話せば聞き手も愉快になるし、頓智（ウイット）は話に生彩をもたらす。よどみなく言葉の出てくる能弁が、話じょうずの四つの条件に入っていないことに注目すべきである」（同前（世界の名言・名句）、47頁）

明るい性格は財産よりもっと尊い（アメリカの実業家カーネギー）（同前（世界の名言・名句）、67頁）

それゆえ、群衆の心を動かす術を心得ている弁士は、その感情に訴えるのであって、決して理性に訴えはしないのである。合理的な論理の法則は、群衆には何の作用をも及ぼさない。群衆を説得するのに必要なのは、まず、群衆を活気づけている感情の何であるかを理解して、自分もその感情を共にしているふうを装い、ついで、幼稚な連想によって、暗示に富んだある種の想像をかき立てて、その感情に変更を加えようと試みること、必要に応じてはあともどりもし、特に、新たに生れる感情をたえず見ぬくことである。このように話をしている瞬間に生ずる効果に応じて、言葉を種々に変化させるのが必要であるから、およそ考えぬかれて、下ごしらえのできている演説などに効力のないのは、あらかじめわかっている。聴衆の思考ではなく、自分の思考のみを追う弁士は、単にそれだけの事実で、一切の影響力を失ってしまうのである。（『群衆心理』ギュスターヴ・ル・ボン、櫻井成夫訳、講談社、一九九三年、144〜145頁）

テレビは政治をショー化した。（……）

小泉純一郎は、巧みにも、短く的確なフレーズでメッセージを発して国民の心を掴みとった。言葉のもっている魅力といおうか、あやのようなものをうまくからませる。その言葉を、メディアは使う。（……）さらには、髪を振り乱す感じ、間合いの取り方は、天才的としかいいようがない。まさに、テレビ業界でいう「絵になる」

男であった。イメージ戦略の申し子というべき存在であった。（前掲『権力奪取とＰＲ戦争』、38～39頁）

人を惹きつける演説のポイントは、次の三つであるといわれている。（……）個人の思い、感情、経験などを自分のことばで語ること、さらに政治、政策の話題ももちろん大切だが、人間的な魅力、人間の弱さ、はかなさ、強さ、たくましさなど彷彿《ほうふつ》とさせる語りを入れること、そして、聞き手の予想をくつがえすような驚き、動き、意外性、発見があるような劇的な語りにすること。この三つの要素を入れることによって、聞き手は、思わず話し手の言葉に惹かれていくことになる。（『選挙演説の言語学』東照二、ミネルヴァ書房、二〇一〇年、27頁）

総じて、二人の候補者を比較した場合、当然ながら、そこには個人的なスタイルの差が存在する。しかし、それは単なる、野田［編注：聖子、国会議員］、馬淵［編注：澄夫、国会議員］という個人の差を越えて、歴史的な圧勝をし、政権交代を成し遂げた民主党と、大敗を喫し長年の政権の座から滑り落ちてしまった自民党を象徴しているようで、実に興味深いといえるだろう。

県庁隣の農業会館前で、伝統的な支持者（その多くは中高年）に向けて、閉ざされた空間で、ウチ向きの演説でスタートを切る自民党。自分を下げて、ひたすら地元や組織の有力者に支持を請い願う候補者。一方、多くの一般市民を相手に、私鉄ターミナル駅の前で、開かれた空間で、ソト向きの演説でスタートを切る民主党。テーマを設定し、フレームを作りながら、聞き手を巻き込むように演説を行う候補者。野田と馬淵の出陣式は、この自民党と民主党の構図を、ものの見事に映し出した一日であったといえる。このたった一日の演説スタイルの差が、実は、その後の選挙戦、そして日本の政党政治の一大革命ともいえる政権交代の目にみえる（耳で聞こえる）マグマを象徴していたといっても過言ではない。（同前、47～48頁）

岡田［編注：克也、元民主党代表］のことばは、ただやみくもに候補者の名前を連呼しながら、なりふりかまわず必死になって、聞き手に支持を懇願するという従来のスタイルとはかなり違った、異質のものだ。ここで、岡田は、一方的に自分の願い事を聴衆に訴えるというスタイルではなく、聞き手である「皆さん、一人一人」が行動を起こすことを訴えている。さらに、なぜ、そうするのか、どういう目的、ゴールのためにそうするのかを、明確にしながら、呼びかけている。(……)

岡田は、政策、論点だけを次から次へと述べる、面白み、新鮮さのない硬い演説をする政治家だという印象を持つ人は多い。しかし、この能登中島で行われた演説をみるかぎり、いかに聴衆を惹きつけるか、いかに聴衆との関係、つながりを作り上げるかに腐心しながら演説していることがわかる。それは、情報、政策をそのままストレートに述べるのではなく、自分の経験、個人的な思いを小さな物語に埋め込んで、熱を込めて語ることであり、それが聴衆の「情緒の扉」を開かせる方向へと働いている。(同前、132〜133頁)

考えてみると、意外と、私たちは最初のほんの一瞬で、その人が自分にとってどういう人間であるか、無意識的に判断する能力をもっているようだ。(……)「薄切り」にされた、ほんの少しの断片的な情報で、私たちは瞬間的に無意識的に認知する能力を持っているというわけだ。

このことを演説にあてはめてみると、最初の出だしで、聴衆たちはその演説者がどういう人であるか、大かた判断してしまうということになる。大切なのは、冒頭の出だし、いわゆる「つかみ」である。(同前、180〜181頁)

●強さの秘密——レーガンの場合、ヒトラーの場合

アメリカ大統領選、レーガンの強さの秘密はなんだったのか?

直接、聴衆、テレビの視聴者に質問を投げかける。それも、単純な(自明な)質問ばかり、連続して五つ、繰り返していく。それぞれの質問への答えは明白だ。しかし、ポイントは、聞き手に決定権を与えているという

ところだ。決断するのは、話し手ではなくて、聞き手だ。聞き手に最大限の自由が保障されている。質問が繰り返されるたびに、聞き手の中では、誰に投票するべきかがはっきりしていく。

ふつうなら、自分がいかに有能で経験、実績があるかをアピールしながら、自分への投票を呼びかけたり、頼んだりするところだろう。ところが、押し付けがましさは、まったくない。決めるのはあくまでも聞き手であるという、聞き手中心の語りを通じて、多くの聴衆はレーガンに惹かれていったのである。選挙〔編注：一九八〇年、現職ジミー・カーターとの戦い〕の結果は、レーガンの圧勝に終わる。このあとレーガンは、一九八四年の選挙でも、モンデール候補に大差をつけ、地すべり的勝利を得ている。（同前、217頁）

問題は、何故、民主党員たちが、自分たちとは政策の相容れないレーガンに投票したのかということだ。多くの人は、レーガンにはカリスマ性、魅力があったからだと答えるかもしれない。確かにそうかもしれない。しかし、ポイントは、そのカリスマ性や魅力は、具体的にどこからくるのか、その中身は何なのかということだ。（……）

ところが、この先、三つ目の構成要素がレーガンをレーガンたらしめたものだという。それは、人々の価値観（values）にふれるような情緒的側面を演説の中に入れることだという。（……）政策ももちろん大切だ。しかし、それだけでは人々は惹きつけられないし、感動しない。選挙演説とは、究極的には、価値観を伝え、つながり、共感することだといってもいいだろう。（同前、246〜247頁）

しかし結局ヒトラーは、大衆の支持をいかにして得るかを知り、現代社会の諸問題と、大衆動員の際のプロパガンダと弁舌の重要性を理解する、この男の天与の才を知らされることになる。ルエガー〔編注：ウィーン市長にしてキリスト教社会党党首カール・ルエガー博士〕が教会の教権をあしらう手際には、ヒトラーも賛嘆を禁じえなかった——「彼の政策はどこまでも抜け目なくつくられていた」。そして最後に、ルエガーは「あらゆる手段を弄して古くから確立されている組織の支持を取りつけることに敏であった。だからして、これら古い権力源から自分の活動にとって最大の利益を引き出しえたのである」。(……)カール・ルエガー博士はすばらしい能弁のひとであったが、汎ドイツ党には効果的に大衆に向けて話す演説家がすくなかった。ヒトラーはこのことに気づいていたとみえ、『わが闘争』で政治における雄弁の重要性について紙幅を割いている。

太古の昔から、歴史のうねりのなかで大きな宗教的、政治的雪崩《なだれ》現象を起こしたのは、語られた言葉の魔力であり、それ以外のものではなかった。

さまざまのひとからなる大衆を動かすのは、演説の力だけである。すべての偉大な運動は大衆運動であり、残酷な苦悩の女神によって、あるいは大衆に投げつけられた言葉によって火をつけられた人間の情念や感情の噴火である。耽美的文学者や客間の主人のレモネードのように甘っちょろい言葉ではない。(前掲『第三帝国の興亡 1』、59〜60頁)

このように、ヒトラーは演説の中に疑似宗教の響きがする使命感を強調したので、政治に無関心な国民は新首相をキリスト教の改革者ではないかと錯覚したほどである。おまけにヒトラーは、思い入れたっぷりに「アーメン」の一語で演説を締めくくるという芸当までやってのけた。これについて、ゲッベルスは、「ごく自然な形で出てくるので、聴衆は深く感動し、感激した」と解説している。また、年配層の聴衆に対しては、意識して伝統的な用語を多用して魅了した——そんなことがきっかけで、ある帝政時代の将軍をして「我々はついに首相にふさわしい人物を得た」という愚にもつかない賛辞を洩らさせることになる。(前掲『ヒトラー独裁への道』、381頁)

各国の回答は、ヒトラーにとって武器になりうるものだった。一九三九年四月二十八日の心地よい春の日、彼は議会演説にたくみに織り込んで、存分にそれを利用した。それは二時間以上かかり、わたしの聞いた彼の重要な演説のなかでも最長のものだと思う。いろいろな意味でよい演説だったが、とりわけドイツ国民と国外のナチス・ドイツの友人たちに及ぼした喚起力において、おそらく過去最高のすばらしさだった。筆者の聞いたなかでは、間違いなく最高である。雄弁、巧妙、皮肉、風刺、偽善においてこれまでになかった域に達しており、以後もそれに及ぶものはなかった。（……）

ドイツがポーランド攻撃の意図を持っているとの報道は、とヒトラーはつづけた、「世界の新聞のつくりごと」である（ラジオを聞いている数千万人のなかのひとりとして、わずか三週間ほど前にヒトラーが、「遅くとも」九月一日までにポーランド粉砕の準備を終えるように、文書による命令を国防軍に下していたことを知る者はいなかった）。（前掲『第三帝国の興亡　3』、38〜40頁）

議場は笑声に包まれた。ヒトラーはニコリともせず、謹厳な物腰がますます効果を上げるに任せた。それから結びの言葉になった――ドイツ人が耳にしたヒトラー最高の雄弁であった、とわたしは思う。（……）

しかしながらわたしは、われわれみなの関心事、すなわち全世界の正義、福祉、進歩、そして平和のためにもっとも役立ちうるのは、そこ［編注：ドイツ］で働くことだと信じています。

ドイツ国民の目をくらましたという点では、この演説はヒトラーの最高傑作であった。しかし、そのあとヨーロッパを歩いてみると、これまでのヒトラーの雄弁のかずかずとは違って、こんどの演説がもはや外国のひとびとや政府を騙しきれなくなっているのは歴然としていた。（同前、45〜47頁）

●一　精神科医の強制収容所体験

最後に『新版　夜と霧』の一部を紹介したい。第二次世界大戦中、オーストリアの心理学者で精神科医だった著者のヴィクトール・エミール・フランクルは、ポーランドのアウシュヴィッツ（ビルケナウ）にあった大規模強制収容所の支所の被収容者となる。のちに、志願して医師として、ドイツのバイエルン地方にあった発疹チフス患者のいる収容所へ移送される。戦争末期に赤十字に保護された。フランクルは、「おびただしい小さな苦しみ」を描写するために、自らの直接の見聞を実名で発表することを決意し、本書を著した。日本では一九六一年に初版が翻訳出版されて以来、不朽の名著として版を重ねている。新版もその一つである。

フランクルは、強制収容所での体験をおおまかに分類すると、収容所生活への被収容者の心の反応は、三段階に分けられると記している。

第一段階　施設に収容された段階
第二段階　収容所生活そのものの段階
第三段階　収容所からの出所ないし解放の段階

以下は第三段階における一断面である。

収容所監視者の心理

収容当時のショック、本来の収容所生活の心理と述べてきて、これから被収容者の心理的反応の第三期、つまり収容所を解放されたときの心理について述べるわけだが、その前に、もうひとつの特殊な問題を取りあげたい。つまり、心理学者ならだれしも、そしてこういうことをみずから経験した者ならなおのこと関心のある、収容所監視者の心理だ。なぜ血の通った人間がほかの人間に、この報告にあるようなことができたのか。こうした報告を聞いて、そのとおりに受けとめ、そのようなことがありうると知った者は、では心理的にどうしたらそんなことができるのか、とたずねるのだ。

この問題に深入りするつもりはないが、問いに答えるには、まずつぎのふたつの指摘をしなければならない。つまり、収容所の監視兵のなかには、厳密に臨床的な意味での強度のサディストがいた、ということがひとつ。そして、選り抜きの監視隊を編成するときにはサディストが求められた、ということがふたつである。被収容者のなかからカポーを任命する目的でおこなわれるような、共犯者や刑吏の手下を人間として劣悪な順に選ぶ選抜についてはすでに述べたが、言うまでもなくそこでは残酷な輩《やから》や保身にこりかたまった連中が選ばれた。収容所でのこの下位からの選抜は、サディストの上位からの選抜にほかならなかった。

厳寒の作業現場で、わたしたちは壕《ごう》の底にいた。着ているものはほとんど防寒の役に立たなかった。順番におよそ二時間ごとに数分、戸外にしつらえられ、枝や木っ端《こば》を焚きつけたストーブにあたる許可がもらえた。そんなとき、わたしたちがこぞって大喜びしたのは言うまでもない。だが、この喜びを取りあげることに快楽を覚える現場監督や監視兵がかならずいた。気分次第でだめだと言ったり、みごとに炎をあげている焚きつけごとストーブを雪のなかにひっくり返すその表情からは、サディスティックな満足感がありありと読み取れた。また、親衛隊《SS》員たちはだれかが気に食わないと、その哀れな被収容者を配下のある男に引き渡した。この男は、手加減を知らないサディスティックな虐待に長《た》けていることで知られていた。

三番めに指摘されるのは、収容所の監視者の多くが、収容所内で繰り広げられるありとあらゆる嗜虐《しぎゃく》行為を長年、見慣れてしまったために、薬の服用量がだんだん多くなるのに似て、すっかり鈍感になっていた、ということだ。この鈍感になり、心が干乾びてしまった人びとの多くは、すくなくとも進んでサディズムに荷担はしなかった。しかし、それがすべてだ。彼らはほかの連中のサディズムになんら口をはさまなかった。

四番めに挙げられるのは、収容所の監視者のなかにも役割から逸脱する者はいた、ということだ。ここでは、わたしが最後に送られ、そこから解放された収容所の所長のことにだけふれておこう。彼は親衛隊員だった。当時は収容所の医師（やはり被収容者だった）しか知らず、解放後に明らかになったことだが、この所長はこっそりポケットマネーからかなりの額を出して、被収容者のために近くの町の薬局から薬品を買って来させていた。

これには後日譚《たん》がある。解放後、ユダヤ人被収容者たちはこの親衛隊員をアメリカ軍からかばい、その指揮官に、この男の髪の毛一本たりともふれないという条件のもとでしか引き渡さない、と申し入れたのだ。アメリカ軍指揮官は公式に宣誓し、ユダヤ人被収容者は元収容所長を引き渡した。指揮官はこの親衛隊員をあらためて収容所長に任命し、親衛隊員はわたしたちの食糧を調達し、近在の村の人びとから衣類を集めてくれた。いっぽう、この同じ収容所の被収容者の班長は、収容所の親衛隊員からなる監視者のだれよりもきびしかった。この班長は、時と所を問わず、また手段も選ばずに、手当たり次第に被収容者を殴った。他方、たとえば先の所長は、わたしの知るかぎりではただの一度も「彼の」被収容者に手を上げたことはなかった。

このことから見て取れるのは、収容所監視者だということ、あるいは逆に被収容者だということだけでは、ひとりの人間についてなにも語ったことにはならないということだ。人間らしい善意はだれにでもあり、全体として断罪される可能性の高い集団にも、善意の人はいる。境界線は集団を越えて引かれるのだ。したがって、いっぽうは天使で、もういっぽうは悪魔だった、などという単純化はつつしむべきだ。事実はそうではなかった。収容所の生活から想像されることに反して、監視者として被収容者に人間らしく対することは、つねにその人個人のなせるわざ、その人のモラルのなせるわざだった。そのいっぽうで、みずからが苦労をともにしている仲間に悪をなす被収容者の卑劣な行為は、ことのほか非難されるべきだ。品位を欠くこうした人間が被収容者を苦しめたことは、他方、監視者が示したほんの小さな人間らしさを、被収容者が深い感動をもって受けとめたことと同じように明らかだ。

たとえば、こんなことがあった。現場監督（つまり被収容者ではない）がある日、小さなパンをそっとくれたのだ。わたしはそれが、監督が自分の朝食から取りおいたものだということを知っていた。あのとき、わたしに涙をぼろぼろこぼさせたのは、パンという物ではなかった。それは、あのときこの男がわたしにしめした人間らしさだった。そして、パンを差し出しながらわたしにかけた人間らしい言葉、そして人間らしいまなざしだった……。

こうしたことから、わたしたちは学ぶのだ。この世にはふたつの人間の種族がいる、いや、ふたつの種族しかいない、まともな人間とまともではない人間と、ということを。このふたつの「種族」はどこにでもいる。どんな集団にも入りこみ、紛れこんでいる。まともな人間だけの集団も、まともではない人間だけの集団もない。したがって、どんな集団も「純血」ではない。監視者のなかにも、まともな人間はいたのだから。
　強制収容所の生活が人間の心の奥深いところにぽっかりと深淵を開いたことは疑いない。この深みにも人間らしさを見ることができたのは、驚くべきことだろうか。この人間らしさとは、あるがままの、善と悪の合金とも言うべきそれだ。あらゆる人間には、善と悪をわかつ亀裂が走っており、それはこの心の奥底にまでたっし、強制収容所があばいたこの深淵の底にもたっしていることが、はっきりと見て取れるのだ。
　わたしたちは、おそらくこれまでどの時代の人間も知らなかった「人間」を知った。では、この人間とはなにものか。人間とは、人間とはなにかをつねに決定する存在だ。人間とは、ガス室を発明した存在だ。しかし同時に、ガス室に入っても毅然《きぜん》として祈りのことばを口にする存在でもあるのだ。（『新版　夜と霧』ヴィクトール・E・フランクル、池田香代子訳、みすず書房、二〇〇二年、141～145頁）

2　情報、情報操作全般

この節では、ヒトラー・ナチスが国民を欺きながらどのように侵攻と暴虐の限りを尽くしたのかを語る証言を引用した。民主主義を憎む勢力に絶対に政治権力を托してはならないのは、現在の日本でも変わりない。

『第三帝国の興亡　4』（261頁～）

　調査されたドイツの文書類から明らかになったことは、ヒトラーはソ連奇襲攻撃の計画をソ連駐在大使にも言わなかったことである。「奸智」は測りしれない。

『第二次世界大戦　上巻』(11頁～)

著者のギルバートは「地元放送局に対する〝ポーランド軍の襲撃〟という奇想天外なでっち上げ事件～」と語っており、それはそのとおりだが、重要なことは大多数のドイツ国民がそれを信じ込まされたということだ。だからこそ、ドイツ軍がポーランドに殺到して破壊と殺りくの限りをつくしても悪いこととは思わなかったのである。これ以後続くナチス・ドイツの他国への暴虐に歯止めはかからなかった。

『第三帝国の興亡　3』(267頁～)

興味深いことに、筆者のシャイラー自身がヒトラーの策略にまんまと瞞着された。ナチス当時のドイツに滞在していたジャーナリストだからこその証言である。

『第三帝国の興亡　3』(386頁～)

ヒトラーはポーランドに侵攻しながら「平和を望む」と声高に主張し、平和を望むドイツ国民も当然それを支持した。多数の国民にとっては、誰が戦争を望み誰が平和を望んでいるのか、ここで完全に実際と逆のことが共通の認識となったのである。広い意味で情報操作による国民意識の改造が完了した。

『ベルリン陥落　1945』(30頁～)

一九四四年一一月のヒトラー演説の表題は「降伏はすなわち絶滅」であった。ソ連は自分が絶滅させようとしていた国である。「国民は破壊、凌辱、隷属の運命にみまわれる」と警告したが、それをソ連国民に強いたのはヒトラー自身だった。この倒錯した論理。

民主主義の前提の一つは、有権者・国民がその時々に正しい政治判断を下すのに必要で充分な情報を常に入手していることであろう。同じことの裏返しとして、誤った政治判断につながる「広い意味の情報操作」を避けることであろう。「広い意味の」とは結果的に誤った判断を導き得る「情報の提供のあり方」を含めて、という意味で。

これは余談であるが、情報の伝達技術に関して。

コルドバでは、メスキータから市外のメディナ・アサアラへ足をのばせばいい。ここはかつてカリフの宮殿だったところで、カリフは太陽と鏡を使ったネットワークにより二十四時間以内でエジプトに連絡をとることができた。（前掲『ヨーロッパ　Ⅰ』、446頁）

貴重な記録。「情報」一般でくくれる性質のものではないが。

ベルリンの指令で焼却されるまえにアメリカ第一軍がハルツ山地の城や鉱坑で押収した四八五トンものドイツ外務省の記録は、第三帝国の時期はもとよりヴァイマル共和国時代、さらにはビスマルクによる第二帝国の初期にまで及んでいる。戦後何年ものあいだ、大量のナチ関係資料はヴァージニア州アレグザンドリアにある広大なアメリカ陸軍倉庫に死蔵されていた。アメリカ政府は、梱包をほどいてそのなかにいかなる史的関心の対象があるかを知ろうともしなかったのである。押収から十年たった一九五五年になってやっと、アメリカ歴史協会と二、三の民間の財団が音頭をとってアレグザンドリア文書は開けられた。哀れなほど小人数の学者グループが不十分なスタッフと貧しい機材により、この問題を急いで処理しようとしていた政府がドイツに返還するまえに調査し、写真に撮ったのである。結果は、じつに貴重な発見であった。（前掲『第三帝国の興亡　1』、4～5頁）

ナチスのドイツに駐在していた者の目から隠されていた。

ジャーナリストにせよ外交官にせよ、ナチ時代のドイツに駐在したわれわれが、第三帝国という外面の裏で進行していたことをいかに知らなかったかは驚嘆に値する。全体主義的独裁制というものは、その性質上、極秘裏にことを進め、外部の詮索の目から秘密を守るすべを知っている。第三帝国の赤裸々で刺激的な、ときに吐き気をもよおさせる出来事を記録し、描写するのはやさしい。（……）しかし、ひそかにされた重大決定、そこにいたる陰謀、裏切り、その手口と異常な行為、舞台裏で主役たちの演じた役割、彼らが行なったテロの規模とその方法——これらのすべて、あるいはそれ以上のことが、ドイツの秘密文書が発見されるまではわれわれの目から隠されていたのだ。（同前、6頁）

隠蔽された情報。都合のよい事は宣伝、オリンピックはその絶好の機会。

一九三六年八月にベルリンで開かれたオリンピックは、第三帝国の成し遂げた成果を世界に印象づける絶好の機会であった。ナチはそれを存分に利用した。「ユダヤ人お断り《ユーデン・ウンエアヴュンシュト》」の張り紙は、商店、ホテル、ビヤ・ガーデン、公共娯楽施設からひそかに取り払われ、ユダヤ人迫害とプロテスタント、カトリック両教会の弾圧は一時的に中止され、国中がお行儀をよくした。オリンピックがこれほど完璧に組織されて壮大な見世物となり、これほど贅沢な娯楽として供されたことはなかった。ゲーリング、ヨアヒム・フォン・リッベントロップ、ヨーゼフ・ゲッベルスが、外国からの賓客のために目もくらむようなパーティーを催した——なかでも宣伝大臣がヴァンゼー付近の孔雀島《プファウエンインゼル》で開いた「イタリアの夕べ」のディナーには四千人以上の客が詰めかけ、アラビアン・ナイトの一夜もかくやと思われるほどだった。招待客、とりわけイギリス、アメリカからの客は強い印象を受けた。いかにも幸せそうで、健康で、にこやかなひとびとがヒトラーのまわりに親しげに集っているのを見ると、新聞のベルリン特派員の記事で読んだ情景とはまるで違っていた。

しかし、ベルリン・オリンピックの開かれていた素晴らしい夏の終りの日々、観光客の目に見えないところでは、たいていのドイツ人が見過ごしたか、あるいは呆れるほどの無抵抗ぶりで受け入れたものがたしかに存在した。それは——すくなくとも一外国人のわたしの目には——ドイツの生活の堕落と見えるものであった。

ヒトラーが制定した〈反ユダヤ法〉や、この薄幸の人種にたいする政府後援の迫害については、何も隠されていなかった。一九三五年九月十五日に制定された一連のいわゆる〈ニュルンベルク法〉は、ユダヤ人とアーリア人種のあいだの結婚も婚姻外関係も禁じ、ユダヤ人が三十五歳以下のアーリア人種女性を使用人にすることも禁止した。それから数年のあいだに、〈ニュルンベルク法〉を補足する十三ばかりの法令が制定されて、ユダヤ人を完全に法の保護の外におくことになる。しかし、ドイツがオリンピック主催国として西欧からの訪問客をもてなしていた一九三六年の夏にはすでに、ユダヤ人は法的にあるいはナチのテロによって――しばしば法より先にテロがやってきたが――公私の雇用機会を奪われ、すくなくとも半数は生活の手段を持たなかった。第三帝国初年度の一九三三年には、ユダヤ人は官公庁、新聞、ラジオ、農業経営、教職、演劇、映画から締め出され、一九三四年には証券取引所から追い出された。法曹、医療関係の職業につくことや、会社経営については一九三八年まで法の規制はなかったが、ナチ支配の最初の四年間が終わる頃には、ユダヤ人は事実上これらの分野から一掃されていた。

ユダヤ人は、快適に生活するということをほとんど否定されただけでなく、しばしば生活必需品まで取り上げられた。多くの町で、食料品を買うのが不可能とはいわなくても、手に入れるのに苦労した。八百屋、肉屋、パン屋、乳製品の店の入口には、「ユダヤ人お断り」の看板が出ていた。赤ん坊のためにミルクを手に入れることのできない町も多かった。薬局は彼らに薬を売ることができなかった。ホテルは彼らを泊めることができなかった。どこへ行っても、「この町ではユダヤ人厳禁」とか「ユダヤ人の安全は保証のかぎりにあらず」とかいう、ひとを小馬鹿にしたような看板があった。ルートヴィヒスハーフェン近くの道路の急カーブには「運転に注意！　急カーブ！　ユダヤ人は、時速一二〇キロ！」という標識があった。*

＊　筆者は、オリンピック開催中、反ユダヤの看板の一部が撤去されたという記事を送ったため、ドイツの新聞、ラジオから激しく攻撃され、追放すると脅かされた。

ドイツでオリンピック大会が開かれた時期のユダヤ人をめぐる状況は、かくのごときであった。これは大量

虐殺によるユダヤ人絶滅にいたる道の、ほんのはじまりにすぎなかった。（前掲『第三帝国の興亡 2』、10～12頁）

そもそもドイツの再軍備は秘密だったのか？ 七年後に数百万の大軍でソ連に攻め込んだ陸軍は三十万にすることを命じられた。

一方ヒトラーは、疲れを知らぬ精力で軍隊を構築し、それに武器を供給する計画を進めていた。陸軍は兵力三倍増に――一九三四年十月一日までに十万を三十万に――するよう命じられた。四月、参謀総長のルートヴィヒ・ベック将軍は、総統は翌年四月までに徴兵制を敷き、ヴェルサイユ条約の軍備制限を公然と侵犯する考えであると告げられた。そのときまでは最大限の秘密が守られねばならない。「参謀本部」という言葉が新聞紙面に出ないように、ゲッベルスは念を押された。ヴェルサイユ条約は、参謀本部という組織の存在自体を禁じていたからだ。肥大した将校名簿から外国諜報員が何ごとかを察知するのを恐れて、ドイツ陸軍は一九三二年以降、その年の将校名簿を公表するのをやめた。〈ドイツ国防会議〉運営委員会議長のカイテル将軍は、一九三三年五月二十二日、副官たちにこう注意している。「一通の書類もなくしてはならん。敵の宣伝に利用されるかもしれないからな。口頭でやりとりされたことには証拠が残らない。否定すればすむ」。

海軍も、口を閉ざすよう警告された。一九三四年六月、レーダー提督はヒトラーと交わした長い会話の記録を残している。

総統の指示 排水量二万五〇〇〇―二万六〇〇〇トン級の艦については言及しないこと。一万トン級の改良艦の話に限ること。……総統はUボートの建造については完黙を求めている。（……）

このとき［編注：一九三四年十一月］の会見で、レーダー提督は軍艦建造計画が（海軍兵員の三倍増はおくとしても）支払い能力を超えた莫大な費用を要することも指摘したが、ヒトラーは心配するなとだけ答えた。「必要な場合には、ライ博士に言って〈労働戦線〉から一億二〇〇〇万ないし一億五〇〇〇万を海軍用に出してもらう。結局は労働者のために使うのだからな」。こうして、ドイツ労働者の払う会費は海軍の計画にあてられることになった。

ゲーリングもこの最初の二年間、空軍の建設に多忙だった。航空大臣として――表向きは民間航空担当大臣のはずだが――航空機メーカーに軍用機の設計をはじめさせた。軍用機操縦士の訓練が、〈航空スポーツ連盟〉という便利な仮面に隠れて開始された。

当時ルールやラインラントの工業地帯を訪れたひとは、軍需工場の活気に驚嘆したかもしれない。ことにこの一世紀の四分の三にわたってドイツの代表的な大砲メーカーであるクルップ、巨大化学トラストI・G・ファルベンが目立った。クルップは一九一九年以降、連合国によって軍需生産をつづけることを禁じられていたが、実際にはその言いなりになるほど怠惰ではなかった。一九四二年にドイツ陸軍がヨーロッパのほとんどを占領したとき、クルップが自慢したように、「戦車の装備と砲塔の基本設計は、一九二六年には終わっていた。……一九三九年から四一年にかけて使用された大砲については、主要なものはすでに一九三三年に完成していた」。（……）一九三四年初頭には軍需生産のために二十四万の工場を動員することが、〈ドイツ国防会議〉運営委員会によって承認された。そしてその年の終わりには再軍備はあらゆる面で大がかりなものとなり、猜疑心にみちた列強のまなざしから隠しとおすのは困難となった。

大英帝国が主導する列強は、「既成事実」は認めると、言葉をもてあそぶばかりだった。つまりドイツの再軍備は、ヒトラーの考えるほど秘密でも何でもなかったのである。（同前、99〜102頁）

チェコスロヴァキアに対する策略。

オーストリア併合［編注：一九三八年］から二週間たった三月二十八日、ヘンライン［編注：ズデーテン・ドイツ人党首脳］は命令を受けるためベルリンに急行し、ヒトラーと三時間ぶっつづけで一室に閉じこもった。リッベントロップとヘスが同席した。外務省の記録によると、「ズデーテン・ドイツ人党は、チェコスロヴァキア政府が受諾できないような要求をすべし」というのがヒトラーの指示だった。ヘンライン自身が総統の考えを要約したものによれば、「われわれがけっして満足させられることがないように、つねに要求しつづけるべきである」のだった。

というわけでチェコスロヴァキアにおける少数ドイツ人の窮境は、ヒトラーにとっては単なる口実――一年後、ダンツィヒがポーランド侵攻の口実にされたように――狙いをつけた国で混乱を引き起こし、土台を掘り崩し、味方を惑わし、ほんとうの目的を隠すためのものにすぎなかった。(……)

春も深まる頃になると、英仏両政府は、ズデーテン・ドイツ人にたいして大幅の譲歩をするようにチェコスロヴァキア政府に圧力をかけてきた。(……)ヒトラーとリッベントロップは、英仏両政府がそこまで関心を持ってドイツを助けてくれるのを知って、大満悦であった。

しかしこの段階では、ドイツの意図は隠しておくのが何より肝腎であった。五月十二日、ヘンラインはベルリンのドイツ外務省をひそかに訪問し、彼がその晩、ロンドンに行って英外務省外交顧問のロバート・ヴァンシッタート卿らと会うとき、どんなふうに連中をごまかせばよいかリッベントロップから指示を受けた。ヴァイツゼッカー外務次官が方針を覚書にしていた。「ヘンラインは、自分がベルリンの指示で動いていることをロンドンでは否定する。……最後にヘンラインは、チェコスロヴァキアの政治構造を漸進的に解体していくことを話し、その構造を維持するために介入がいまでも有効だと考えている連中の意欲を殺《そ》ぐ」。同日、プラハ駐在ドイツ公使はリッベントロップに電報を打ち、ドイツ公使館がズデーテン・ドイツ人党に資金と指示を与えていることは隠しておくよう、くれぐれも用心してほしいと伝えた。(同前、257~259頁)

ドイツの戦艦の偽りのトン数。

ドイツの艦戦のトン数を発表するにあたって、トーマス将軍は外務省をも欺いた。一年以上もさかのぼる一九三八年二月十八日付のドイツ海軍の興味深い文書によれば、英独海軍協定に基づいてイギリス政府に提示された戦艦のトン数は偽りの数字である。二万六〇〇〇トンとされた戦艦は実際には三万一三〇〇トン、三万五〇〇〇トンの戦艦（イギリス海軍、アメリカ海軍ではトップ・クラスである）はじつは四万一七〇〇トンだった。ナチの欺瞞にしては稀な一例である。（前掲『第三帝国の興亡　3』、74頁）

ソ連を攻撃準備していたヒトラーは「ドイツがソ連に攻撃されるかもしれない」危険を吹聴した。

ドイツのソ連向け機械類の引渡しが滞っていることにシュヌーレ〔編注：モスクワとの通商交渉責任者〕は気づいていたが、ソ連側が気にしないかぎり彼も気にしないようだった。しかし五月十五日〔編注：一九四一年〕、彼はほかのことを気に病んだ。「ドイツとソ連の衝突が近いという噂がしきりで、大いに困ったことになっています」と彼は不満を言った。「しかもその責任はドイツの役所にあるのです」。シュヌーレは外務省に提出した長文の覚書で説明しているが、驚いたことにその「困ったこと」はソ連側からではなく、ドイツの生産工場から出ているという。つまりドイツの企業がソ連との契約から「身を引こう」としているというのだ。

ヒトラーは懸命に噂を否定したが、同時に将軍や高級官僚たちには、ドイツがソ連に攻撃される危険が高まっていると信じ込ませようとしたことを忘れてはならない。将軍たちは軍の情報部を通じて事情をよく知っていたのに、ヒトラーの魔力がそれほど強かったのだろう、ハルダー、ブラウヒッチュ、マンシュタインたち（パウルスは違う、彼はもっと正直だった）は戦後になってからも、その夏のはじめ、ソ連軍のポーランド国境への集結は大きな脅威だったと主張している。

短い休暇でモスクワから帰国したフォン・デア・シューレンブルクは、四月二十八日、ベルリンでヒトラーに会い、ソ連の平和的意図をわからせようとした。「ソ連は、ドイツが攻撃を仕掛けるという風説をとても心配しています。ソ連のほうがドイツを攻撃するなんて、わたしには信じられません。……スターリンは英仏が強かった一九三九年にも両国と行動をともにしなかったのですから、フランスが破壊され、イギリスがひどく打ちのめされたいま、そういう決断はしないでしょう。それどころか、スターリンはもっとわれわれに譲歩するだろうとわたしは信じます」。

総統は、それは疑わしいというそぶりを見せた。彼は「セルビアの一件が……いい警告だった」と言った。「ユーゴスラヴィアと友好条約を結ぶとは、ロシア人にどんな悪魔がとりついたものか」。「ソ連がドイツを攻撃する気になろうとは」じつのところ考えていない、と彼は言った。しかし「用心する」に越したことはない。ヒトラーは、ソ連にたいしてどんな計画を持っているかをその国に駐在する大使に言わなかった。だから正直で上品な、古いタイプのドイツ人であるシューレンブルクは、最後までそれを知らなかった。（前掲『第三帝国の興亡 4』、261～262頁）

ドイツはハンガリーにはすこしばかり情報を洩らしたが、主要同盟国にたいしてはそうしなかった。翌日［編注：一九四一年六月十六日］チアーノはヴェネツィアの運河でゴンドラ遊びをしているとき、ドイツのソ連攻撃の噂についてリッベントロップに尋ねたところ、ナチの外務大臣はこう答えた――

チアーノくん、まだ何も言うことができないのだよ。決定はすべて総統の胸のうちに鍵をかけてしまいこまれているのだからね。しかし、ひとつだけはっきりしていることがある。われわれが攻撃すると決めたら、スターリンのロシアは八週間で地図から消されることだろう」。（同前、271頁）

●情報操作

嘘にも種が要る（前掲『成語林』、121頁）

大戦の最初の犠牲者は謀略によるものだった。

四六〇〇万人を超える犠牲者を出したといわれるこの戦争の最初の犠牲者というのはいったい誰だったのだろうか。それはアドルフ・ヒトラーの収容所の一つに収容されていた名も知れぬ男子の囚人だった。多分通常の犯罪者だったのだろう。ドイツをポーランドの侵略を受けた罪のない被害者に見せかけようという企みから、彼はポーランド軍の制服を着せられ、ポーランドとの国境にあるドイツの町グライヴィッツに連れてこられた。そして一九三九年八月三一日の夜ゲシュタポの手で射殺され、地元放送局に対する〝ポーランド軍の襲撃〟という奇想天外なでっち上げ事件の証拠に仕立てあげられたのである。翌朝ドイツ軍はポーランドへの進撃を開始したが、この時ヒトラーは、侵攻の理由なるものの一つとして〝ポーランド軍の正規兵がグライヴィッツ送信所を襲撃した〟ことを挙げた。（前掲『第二次世界大戦　上巻』、11～12頁）

ポーランド侵攻に関わるナチスの謀略の証拠は戦後になって明るみに出た。軍人としての良心、国民を裏切れない、という気持ちも見られる。

八月十七日［編注：一九三九年］、ハルダー将軍は日記に奇妙な書き込みをした。「カナリス、第一課（作戦担当）に照会。オーバーザルツベルクのヒムラー、ハイドリヒより階級章付きポーランド軍服百五十着、上《かみ》シュレージェンへ」

これは何のことだろう。戦争が終わってから、その意味がわかった。これには、ナチの仕組んだもっとも奇妙な事件のひとつが関係していたのだ。ご記憶だろうか。ヒトラーと陸軍上層部は、オーストリア、チェコスロヴァキア侵攻を世界に向けて正当化するためにドイツ公使暗殺などの「事件」をでっちあげようとしたことがあった。今回も時間的に切迫すると、すくなくとも彼らの主観のなかでポーランド侵攻計画の口実にできるような事件を捏造《ねつぞう》しようとしたのである。

その計画の暗号名が〈ヒムラー作戦〉であり、いたって単純――かつ杜撰《ずさん》なアイデアだった。強制収容所の死刑囚にポーランド陸軍の制服を着せ、ポーランド国境に近いグライヴィッツにあるドイツの放送局に偽装襲撃をかけさせる、という親衛隊（SS）とゲシュタポによる計画である。これで、ポーランドがドイツを攻撃したという口実ができる。八月はじめ、OKW防諜部《アプヴェーア》部長のカナリス提督は、ポーランド軍服百五十着とポーランドの小火器若干をヒムラーとラインハルト・ハイドリヒ宛に送れというヒトラーじきじきの指示を受け取った。妙な指図を受けるものだと思ったので、八月十七日、カイテル将軍に訊いてみた。ＯＫＷ総監は「この種の」行動はあまり感心しないのだがと言い訳しながら、反対するだけの気骨はなく、この命令は総統自身から出ているから「どうにもできない」と提督に答えた。いやな話だと思いながらも、カナリスは指示に従って軍服をハイドリヒに送った。（前掲『第三帝国の興亡　3』、135～136頁）

ポーランド戦役の勃発は最高のナチ方式による演出だった。宣戦布告はしない。そのかわりに親衛隊長アルフレト・ヘルムート・ノイヨックスに、コード名コンセルヴェン（「ブリキ缶」）と名付けられた囚人の分遣隊を集めて、ポーランド国境に近いシュレジエンのグライヴィッツのラジオ局に向かえという指示があたえられた。ラジオ局はポーランドの軍服を着た兵士に襲われ、勇ましいポーランドの合唱がピストルの発射音に重なって放送された。ブリキ缶は外に出たとたん親衛隊の番兵にマシンガンでなぎ倒され、血まみれの死体は投げ捨てられて、まもなく地元警察に発見された。軍事行動の最初の犠牲者は、ドイツの犯罪者に殺されたドイツの囚人だったのである。夜が明ける前にナチの通信社は、ポーランド軍が第三帝国にいわれのない攻撃をしかけたと報じた。（前掲『ヨーロッパ　Ⅳ』、165頁）

大戦初めの動き。

たしかに手遅れだったかもしれない。ドイツ側がそう決めたのだから。しかし重要なのは、これらのドイツ「提案」はまともに取り上げられることを意図したものではなく、そもそも取り上げられるつもりすらなかったことである。実際、これは口先だけだった。ドイツ国民を、できれば世界世論を瞞着して、ヒトラーは最後までポーランドにたいする要求について妥当な解決に到達しようと努力したと思わせるためのたぶらかしだったのである。総統はそれを認めている。「わたしが平和を守るためにあらゆることをしたと示すアリバイ、とくにドイツ国民にたいするアリバイがわたしには必要だったのだ。これが、ダンツィヒおよび〈回廊〉問題解決に寛大な提案をした理由だ」とヒトラーがのちに言うのを、シュミットは耳にしている。（前掲『第三帝国の興亡 3』、266～267頁）

興味深いことはドイツにいた筆者のシャイラー自身がヒトラーの提案に「深く心を打たれ」、瞞着されたことである。

このところの彼の要求にくらべて、これはたしかに寛大だった。驚くほどに。ここでヒトラーは、ダンツィヒのドイツ返還を要求しているだけだ。〈回廊〉の将来は住民投票によって決められる。それも、興奮の鎮静する十二か月後に。ポーランドはグディニア港を保持する。住民投票によって〈回廊〉をどちらが得ようが、他方は〈回廊〉を貫通する治外法権の自動車道路と鉄道を認められる――これはこの春に提示した「提案」の裏返しだった。住民の交換をおこない、たがいに一方の国に住む住民には他方の国に住む住民と同等な、完全な権利が認められる。

こうした提案が真剣に提示されたならば、すくなくとも独ポ間交渉の土台ができ、一世代のあいだに二度の大戦をしないですんだと考えられるであろう。八月三十一日午後九時、この提案は国民にラジオ放送で知らされた。これはヒトラーが、ポーランド攻撃の最終命令を出した八時間半後のことであり、筆者がベルリンで判断したかぎりドイツ国民を瞞着するという目的を達成した。筆者はラジオ放送を聞いてそれが道理にかなっていることに深く心を打たれ、その平和の最後の日に、アメリカ向け放送でそう伝えた。たしかにこのわたしも、まんまと瞞着されたのであった。（同前、267～268頁）

「寛大な和平提案」をする前にすでに第二次大戦を引き起こす命令が発せられていた。

真実はまったく違っていた。一九三九年八月末日の午後から夜にかけての土壇場に、疲れて消耗しきった外交官たちと彼らに指示を与える過労の上司たちの右往左往ぶりは、いたずらに動きまわるばかりで、何の役にも立たなかった。それがドイツ人の場合には、すべて意図された欺瞞行為だった。ハリファックス卿がポーランドにもうすこし協調的になれないものかと説得する前、リプスキがリッベントロップのところに訪ねてゆく前、そしてドイツ側がポーランドにたいする「寛大な」提案を公表する前、ムッソリーニが仲介を試みることを待たずに、八月三十一日正午三十分過ぎ、アドルフ・ヒトラーは最終決定をし、地球をもっとも血なまぐさい戦争に投じ入れる決定的命令を発していたのである。(同前、281頁)

総攻撃の命令を発した後のヒトラーの「平和提案」。

午後九時、前述のようにドイツの全放送局が総統の対ポーランド平和提案を放送した。それが電波に乗って流れるのを聞いていると、判断の狂ったこの通信員[編注:シャイラー自身]にはいかにももっともらしく聞こえた。ヒトラーがそんな提案をポーランドに提示していないことも、イギリスに伝えたのも漠然とした非公式なかたちであって、それも二十四時間前にすぎないという事実も、どこかへ消えていた。もちろんゲッベルスの助けを借りてだが、実際、いかにドイツ政府が平和を守るために外交手段をつくしたかを国民に説明する長たらしい声明文には、職人的な欺瞞の手腕が存分に発揮されていた。(同前、290頁)

ヒトラーとゲッベルスは経験からそれを学んだが、よくできたプロパガンダが効果的であるためには言葉以上のものを必要とする。それは事実である。いかに多くのでっちあげを含んでいようと。総統の寛大な平和提案がポーランドに拒否されたと国民に信じ込ませた(この点については、筆者は自分の経験から証言できる)あと、残っているのは、最初に手を出したのはドイツではなくポーランドだと「証明する」事実をこしらえることだった。(……)

八月三十一日正午、(ナウヨクスは、ニュルンベルク裁判の宣誓供述書のなかで述べている)わたしはハイドリヒから、その夜八時におこなわれる攻撃の暗号命令を受け取りました。こうありました。「この攻撃にあたり、ミュラーのもとに出頭して〈缶詰〉を請求すべし」。わたしは指示されたとおりにして、ミュラーにその男を放送局の近くに運ぶように依頼しました。わたしは男を受け取り、放送局の入口に横たえました。男の息はありましたが、意識は完全に失っていました。男の目蓋をこじ開けてみました。目に生気は認められず、呼吸でかろうじて生きていることがわかりました。銃創はありませんでしたが、顔に血が塗りたくられていました。男は民間人の服装をしていました。

われわれは命じられたとおりに放送局を占拠して、非常用送信機を使って三、四分の演説を放送し*、ピストルを数発撃ってから立ち去りました**。

＊このポーランド語の演説は、ハイドリヒがナウヨクスに概略を指示したものだった。そのなかではドイツにたいして激越な言葉が使われ、ポーランドが攻撃したと宣言した。

＊＊グライヴィッツにおける「ポーランドの攻撃」は翌日のヒトラーの議会演説で使われ、リッベントロップ、ヴァイツゼッカーその他外務省役人たちのプロパガンダで、ナチの侵略の正当化に利用された。〈ニューヨーク・タイムズ〉などの新聞が、一九三九年九月一日付の紙面でその他の事件と併せて報道した。それにつけくわえるべきことは、OKW防諜部《アプヴェーア》のラホーゼン将軍のニュルンベルクにおける証言だけである。その夜の偽装攻撃でポーランド陸軍の制服を着たSS隊員は、全員「消された」ということである。（同前、292～293頁）

こうして前述のように、ナウヨクスの指揮で行われたポーランド軍の制服を着た親衛隊（SS）隊員によるグライヴィッツのドイツ放送局の偽装攻撃は、ドイツ首相の冷血きわまるポーランド攻撃正当化のために利用された。事実、ドイツ国防軍総司令部（OKW）の最初の発表では、軍事作戦は「反撃」と書かれていた。ヴァイツゼッカーまでも、この姑息ないんちきをするのに全力をあげた。その日のうちに、彼は外務省から世界中の在外公館に回状電報を打ち、彼らのとるべき態度の指針を指示した。

ポーランドの攻撃からわが国を防衛するため、ドイツ軍は本日払暁、ポーランドにたいする行動に移った。現在のところ、その行動は戦争と呼べるものではなく、ポーランドの攻撃によってもたらされた武力衝突といった程度のものである。

誰がポーランドの国境を攻撃したかを自分の目で確かめることのできたドイツ軍の兵士でさえも、ヒトラーの嘘を浴びせかけられた。九月一日のドイツ陸軍にたいする大げさな宣言のなかで、総統は言っている。

ポーランドは、わたしの望んだ両国関係の平和的解決を拒否した、武力に訴えた。……度重なる国境侵犯は大国にとっては耐えがたいものであり、もはやポーランドはドイツの国境を尊重する気がないことを証明した。

このような愚行に終止符を打つため、これよりのちは力には力をもって応えるほかない。(同前、304〜305頁)

鉄面皮な嘘をナチス宣伝大臣は叫ぶ。

どこの国の軍最高司令部でも、戦時中は戸棚にひとつやふたつの死体は隠しているものだし、ニュルンベルクでレーダー提督が証言したように、ヒトラーが〈アシーニア〉[編注:イギリスの定期客船、一九三九年九月三日、無警告で雷撃された]事件をひた隠しにしたのは褒められたことではないが、理解はできる。とくに海軍司令部がはじめにドイツに責任はないと主張したのは本心からの行為であって、あとでそれを認めるのはばつが悪かったろうことを考えればなおさらである。しかし、ヒトラーのしたことはそれにとどまらなかった。十月二十二日、日曜日の夕べ、宣伝大臣のゲッベルスみずからラジオに出て――筆者はその放送をよく覚えている――、〈アシーニア〉を沈めたのはチャーチルだと責めたのである。翌日ナチの機関紙〈フェルキッシャー・ベオバハター〉は「チャーチル、〈アシーニア〉を撃沈」の見出しで、イギリスの海軍大臣は同船の船倉に時限爆弾を仕掛けたと一面に記事を載せたのである。放送と記事の両方をみずから命じたのがヒトラーであり、レーダー、デーニッツ、ヴァイツゼッカーはこのような鉄面皮な嘘を不快に思ったが、あえて何もしようとはしなかったことがニュルンベルクで確認された。(同前、385頁)

ヒトラーは隣国を侵略しながら「平和を望む」と演説。

「今夜、新聞は公然と平和について語っている」九月二十日の日記に、わたしはこう書いている。「今日わたしが話したドイツ人はみな、ひと月以内に平和がくると確信しきっていた。みなが意気軒昂としていた」。

その日の午後、わたしはダンツィヒの飾り立てられた〈ギルド・ホール〉の前で、開戦を告げる九月一日の議会演説以来はじめてヒトラーが演説するのに耳を傾けていた。今日にいたるもワルシャワは勇敢な守備隊によってしっかり保持されていて、演説する機会のなかったヒトラーはきわめて機嫌が悪く、イギリスの名を出すたびに毒液のように悪意ある言葉を垂れ流していたが、それでもかすかに平和を望むそぶりを見せていた。「わたしはイギリス、フランスにたいして何の戦争目的も持たない」と彼は言った。「わたしはフランス兵《ポアリュ》に同情を感じる。彼らは自分が何のために戦っているかを知らないのだ」。それから彼は全能の神に呼びかけ、「われらが戦いを祝福したもうた神よ、この戦争がいかに無益であるかを他の国民たちにも理解せしめ、……平和の恵みに思いを致さしめたまえ」と叫んだ。（同前、386頁）

「戦争がより良い解決法だと考える人は、わたしの手を払いのけてほしい」（ヒトラー）

十月六日の正午から議事堂に座って、ヒトラーの平和の呼びかけに聞き入っていたわたしは、まるで古いレコードを五度目か、六度目に聴いている気がしていた。（……）長い演説——彼がかつておこなったもっとも長い演説のひとつ——で、一時間以上も典型的な歴史の歪曲と、ポーランド（「この笑止千万な国」）でのドイツの武勲を自慢した終わり近くなって、平和提案とその理由を語りはじめた。

わたしがもっとも力を注いだのは、フランスとわれわれとの関係からあらゆる悪意の痕跡を消し、両国にとって耐えうるものとすることでした。……ドイツは、フランスにたいしてこれ以上の要求はありません。（……）解決せねばならない問題はいろいろあった。ヒトラーはそれらの一覧表を駆け足で並べていった。（……）「これらの大目標を達成する」ために、彼はヨーロッパ主要国のあいだで「十分な準備のもとに」会議を開催することを提案した。（……）

たしかなことがひとつあります。世界の歴史において、勝者がふたつあったためしはありませんが、敗者のみということはしばしばありました。わたしと考えをともにするひとびと、そしてその指導者は返事をし

てほしい。戦争がよりよい解決法だと考えるひとは、わたしが差し伸べた手を払いのけてほしい。（同前、390〜393頁）

外界から遮断されたドイツ国民に嵐のような宣伝が。

議事堂から帰って日記を書いていると、こんな曖昧な提案に英仏が「五分間でも」耳を傾けるだろうかと、非常に疑わしく思えてきた。しかし、ドイツ人はみな楽観的だった。その晩、放送局へ行く途中で、御用新聞〈フェルキッシャー・ベオバハター〉を一部求めた。炎のような見出しがそこに踊っていた。

「ドイツの平和への意思——英仏にたいする戦争意図なし——植民地を除き、これ以上の修正要求なし——軍備縮小——全ヨーロッパ諸国と協力——国際会議の提唱」（同前、394頁）

スカンディナヴィア諸国への侵攻計画、ここでも奇襲。

しかし旧弊な将軍連、とくに参謀総長を軽蔑しきっていたヒトラーは、そのために延期したりなどしなかった。二月二十九日［編注：一九四〇年］、彼はファルケンホルストの計画を口をきわめて称賛し、とくに山岳部隊二個師団を増やしたことを褒めた。そして、「コペンハーゲンには強力な兵力」を置きたいから、もっと部隊が必要だろうとまで言った。これでヒトラーの生贄《いけにえ》にはデンマークもくわえられた。空軍は、イギリスにたいする発進基地としてデンマークに目をつけていた。

翌三月一日、ヒトラーは〈ヴェーザー川演習〉の指令書を正式に発令した。

最高機密

極秘

スカンディナヴィア情勢の進展は、デンマーク、ノルウェー両国占領のためにあらゆる準備をすることを要求している。（……）さらに、スウェーデンにおけるわが鉄鉱石の基地を保全し、わが海、空軍にイギリスへのより広範囲の進発線を供する。……

スカンディナヴィア諸国の軍事、政治力とわが国のそれとの対比を考慮して、〈ヴェーザー川演習〉に投入される兵力はできるだけ小さくすべきである。数の劣勢は、大胆な行動と奇襲によって補われるだろう。

原則として、われわれは本作戦が平和的占領と見えるように最善をつくすであろう。すなわち、その目的はスカンディナヴィア諸国の中立を軍事的に保護することである。それに照応する要求は、占領開始とともに最初に各政府に伝えられる。必要とあれば、海、空軍の示威行動により十分な圧力をかける。それにもかかわらず抵抗があれば、それを粉砕すべくあらゆる軍事的手段がとられる。……デンマーク国境突破とノルウェー上陸は、同時におこなわれねばならない。……

西方敵国とおなじくスカンディナヴィア諸国の意表をつくことが、何よりも肝要である。……隊員は洋上に出てのち、実際の目的地を知らされる。（同前、475〜476頁）

デンマーク、ノルウェーへの攻撃を命令。

四月二日午後、ヒトラーはゲーリング、レーダー、ファルケンホルストとの長時間の協議のあとで、〈ヴェーザー川演習〉を四月九日午前五時十五分に開始する正式の指令を発令した。（……）

かくて一九四〇年四月九日、コペンハーゲンおよびオスロ駐在のドイツ公使は、その二十分前にたたき起こした両国の外務大臣にたいし（……）、日の出一時間前の午前五時二十分きっかりに（デンマーク時間、午前四時二十分）、デンマーク、ノルウェー政府に即時、無抵抗で「ドイツの保護」を受け入れるように要求する最後通牒を手交した。この最後通牒はおそらくヒトラーとリッベントロップの書いたもっとも鉄面皮なものだったろう。いまや、このふたりは外交の欺瞞にかけては経験十分の達人であった。

ドイツはデンマーク、ノルウェーを英仏の占領から保護するために来たと宣言したのにつづけて、覚書でつぎのように言っていた。

よってドイツ軍は、敵としてノルウェーの地に足を踏み入れたのではない。ドイツ国防軍総司令部は強制されないかぎり、ドイツ軍の占領した地点を対英作戦基地として使用する意図は持っていない。……反対に、ドイツの軍事作戦の目的は、もっぱら英仏軍によって企図されているノルウェーの基地占領から北部を保護することにある。……

……今日までドイツ‐ノルウェー間に存在した友好関係の精神に基づき、ドイツ政府はノルウェー王国政府にたいし宣言する。ドイツは、現在あるいは将来においてノルウェー王国の領土保全と政治的独立を侵害する意図を持つものではない。……

よってドイツ政府は、ノルウェー政府ならびにノルウェー国民が……抵抗を示さないことを期待する。いかなる抵抗も、あらゆる手段を用いて粉砕されねばならないし、粉砕されるであろう……それはまったく無用な流血にいたるのみであろう。（同前、506～508頁）

両国への攻撃はナチスにとっては「ドイツ、スカンディナヴィアを救う！」であった。

（……）その日のベルリンの新聞はちょっとした見ものであった。〈ベルゼン・ツァイトゥング（証券新聞）〉は、「イギリスは、小国の国民の死体を冷酷に踏み越えてゆく。ドイツはこれらの弱小国をイギリスの追いはぎの手から守ってやるのだ。……ノルウェーは、その国民の自由を保証するためにドイツがとった行動の正当性を理解すべきである」と書いた。ヒトラーの御用新聞〈フェルキッシャー・ベオバハター〉は全段抜き大見出しに「ドイツ、スカンディナヴィアを救う！」と掲げた。（同前、509～510頁）

ゲットーのユダヤ人に対する残酷な罠。

一週間で六万六七〇一人のユダヤ人が強制移送させられたワルシャワのゲットーにはまだ二五万人が居住していたが、七月二八日［編注：一九四二年］、彼らはユダヤ人戦闘組織を結成し、トレブリンカへの強制移送に男も女も可能な限り抵抗することを決意した。しかし翌日、飢えに苦しむユダヤ人に対して、ドイツ当局は〝東方〟行きを志願するなら一家族あたり三キロのパンと一キロのジャムを無料で支給するという残酷な罠を仕掛けた。その月だけですでに四〇〇〇人以上が餓死し、飢餓状態にあったユダヤ人にとって、この申し出は抵抗しがたいものであった。数千人が東方行きを志願し、パンとジャムを受け取って、全員がトレブリンカへ、そして死へと旅立っていった。（前掲『第二次世界大戦　上巻』、452〜453頁）

徹底して倒錯した論理。

アウシュヴィッツでは、九月〔編注：一九四二年〕最後の週にスロバキアやフランス、オランダ、ベルギーからのユダヤ人四〇〇〇人がガス室に送られたが、その中にはフランスの元首相レオン・ブルムの弟ルネ・ブルムも含まれていた。九月三〇日、ベルリンでは、ナチ党の冬季救済計画着手にむけて開催された大集会で、ヒトラーが次のように語った。「もしユダヤ人がアーリア人種を征服しようとしてこの戦争を始めたのなら、絶滅するのはアーリア人種ではなくユダヤ民族だとかつて私は語った。私の予言を聞いてユダヤ人は笑った。今でも彼らが笑っているとは思えない」。コーカサスでは、九月三〇日、指揮下の部隊にその使命を思い起こさせようとしたドイツ軍司令官が、マンシュタイン陸軍元帥の一九四一年一一月二〇日付け命令、ドイツ軍兵士たる者は「戦争行為の規定に従う戦士であるばかりか、無情なイデオロギーの体現者であらねばならず」、従って「人間以下のユダヤ人に対する容赦ない復讐の必要性」を理解しなければならぬ旨を再度通達した。（同前、478頁）

ドイツ国民をワナにかけた倒錯した論理。

ヒトラーも、スターリングラートでの決定的敗北の悪夢に、その後ずっとつきまとわれていた。一九四四年一一月、第三帝国東部国境線の向こう側で赤軍が大攻勢を準備していたとき、ヒトラーはスターリングラートの前例を引き合いに出した。長大な演説のなかで、「一九四二年一一月、ドン河岸でルーマニア軍の前線がロシア軍に突破されたことから、ドイツの逆流がはじまった」と述べて、妄想にとりつかれて危険の警告を無視した自分のことは棚に上げて、スターリングラートの脆弱な両翼にろくな武器もなく放置された不運な同盟軍を非難したのである。

この演説には、ドイツ国民をまんまとワナにかけた倒錯した論理が、赤裸々に露呈されていた。公表されたとき、この演説には「降伏はすなわち絶滅」という表題がついていた。ボリシェヴィキが勝利すれば、ドイツ国民は破壊、凌辱、隷属の運命にみまわれ、「人びとは長蛇の列をなしてシベリアのツンドラに駆り立てられることになる」とヒトラーは警告した。

自分の行動がもたらした結果を、ヒトラーは絶対にみとめようとしなかった。ドイツ国民は、原因と結果の乱暴なすり替えに、まんまといっぱいくわされたことに、ずっとあとになってようやく気づいた。ボリシェヴィズムを排除すると言いながら、ヒトラーはそれをヨーロッパの心臓部にまでもちこませた。ヒトラーの残虐非道なロシア侵略を実施したのは、悪魔のように巧妙な取り合わせの宣伝をたたきこまれて育ったドイツの若い世代だった。ゲッベルスの宣伝は、ユダヤ人、コミサール（軍政治委員）、スラブ人全体を人間あつかいにしなかったばかりか、ドイツ人がこういう人たちすべてをおそれ、憎むように仕向けた。ヒトラーはうむを言わさず全国民をこれら空前の大犯罪に巻き込んだ。（前掲『ベルリン陥落　１９４５』、30頁）

3　情報、情報機関など

この節では、情報・報道とそれに関係する機関や人をめぐる記録などを引用した。真実を伝えるべき各国の報道機関がなんと盲目であったのかが語られている。また、現在では巨大な国家情報機関が存在し、それらがどのような活動をしているのかが秘密にされている現状に警鐘を鳴らす動きを伝える記事を引用した。

ところが奇妙なことに、ヒトラーの首相就任は、ナチ党に一票を投じた有権者を上回る国民の支持を得たのである。この日、ドイツではかつて見たこともないような光景が繰り広げられた。街頭では、まるで新時代が到来したかのように、赤の他人同士が抱き合い、キスをしたり、手を取り合って泣いたりするのが見られた。階級身分が固定していて、それを乗り越えることはほぼ不可能だったドイツで、突如として人々が共に語り合うなどということは、いままで見られなかったことだ。中には「興奮のあまり泣き出し、歓喜のあまり平常心のブレーキが外れて」、街頭で踊り出す市民もいた。（……）

歴史家はいまもなお、この時に出現した大衆の自発的行動が何に由来するのかを証明できないでいる。ドイツ中の町や村では何百人もの単位の祝賀パレードが展開され、それを熱に浮かされたような大仰なジェスチャーの群集が歓呼で迎える。山奥の小さな村々にまでカギ十字《ハーケンクロイツ》の旗がはためき、町では官公庁に褐色シャツの一団がなだれ込んで占拠する。これからすべてがよくなるのだ、という、合理的な根拠のない期待論が大手を振ってまかり通り、奇跡待望論が人々の心をとらえた。

ナチ党の途方もないプロパガンダの成果なのか。確かに、それも一役買っている。ヨゼフ・ゲッベルスが「国家社会主義《ナチズム》の勝利」のニュースをドイツの隅々にまで滲透させるのを見て、ヒトラーは「この博士（ゲッベルスのこと）は、まるで腕こきの魔法使いだ」といったものである。ラジオは一日中ナチ党の祝賀集会についてのニュースをこと細かく流し続け、新内閣がとったささいな決定も、さも大事件のように報じ続けた。

当時の社会民主主義青年同盟の一員で、のちに西ドイツ連邦銀行総裁になったカール・クラーゼンは、「国民宰相」のヒトラーが就任後ただちに執務を開始した、というニュースをこれでもか、これでもかと繰り返すラウドスピーカーを聞かされた一人である。クラーゼンはこう回顧している。「そんな当たり前のことを、まるで何か特別のニュースのように繰り返しているので、さぞかし皆が物笑いのネタにするだろうと思ったら、ことは正反対だった。ニュースはいたるところで歓呼をもって迎えられていたのだ」（前掲『ヒトラー独裁への道』、373〜374頁）

当時の外国の新聞はどのように対応したのか？

議会演説のほかにも、ヒトラーは世界に向けて平和プロパガンダを伝える手段を持っていた。それは外国の新聞だった。ヒトラーとのインタビューを狙う通信員や編集者や新聞社はあとを絶たなかったのだ。片眼鏡のイギリス人、ウォード・プライスとロンドンの〈デイリー・メイル〉は、ちょっと合図があればいつでもドイツの独裁者の便宜をはかろうと、手ぐすね引いて待ちかまえていた。というわけで一九三四年八月、開戦前夜までつづくことになる連載インタビューの一回目で、ヒトラーはプライスに――そして読者に――「戦争は二度とないだろう」ということ、ドイツは「戦争の引き起こす害悪についてどこの国よりも深い考え」を抱いていること、「ドイツのかかえている問題は戦争では解決できない」ことなどを語った。秋には、フランス退役軍人会会長で下院議員のジャン・ゴアに、その熱情をくりかえし語った。ゴアはそれを一文にまとめて、パリの日刊紙〈ル・マタン〉に寄稿した。（前掲『第三帝国の興亡　2』、98頁）

一九三五年五月二十一日のヒトラーの議会演説（本書129頁以下参照）――イギリスの反応。

イギリスでもっとも影響力ある新聞、〈ロンドン・タイムズ〉は、ほとんどヒステリックな歓迎の声をあげた。……演説は筋が通っていて、単刀直入かつ包括的だった。ヒトラー氏の提示した政策の要点を曇りない目で読む者は、それがドイツとの完全な和解の基礎をなすことを疑うことはできないだろう――十六年前に平和を強制された降伏ドイツではなく、自由で平等な強国ドイツとの和解の。……

この演説はいずこでも、正確にその言葉どおり、真摯《しんし》で熟考された発言として受け取られることが望ましい。（……）

信じられない無邪気さと素早さで、イギリス政府はヒトラーの差し出した餌にくいついた。（同前、111〜114頁）

報道は基本的に現実の鏡ではない。取材できた内容さえ、取捨選択して（数）十分の1にまで削り、さらに編集を経て、できごとを系統立てて首尾一貫しているようにみえるようにまとめたものが報道である。それはマスメディアの側からみえる現実の再構成物なのであって、現実以上に強調された部分もあれば、みえなくなった部分もある。（前掲『社会心理学』、269頁）

報道機関自体が世論誘導の先頭——郵政解散・総選挙。

郵政民営化／首相に覚悟はあるか

小泉首相が郵政事業民営化の基本方針を閣議で決定した。予算案や法案などは、あらかじめ党の承認を得てから閣議決定するのが自民党政権の長い慣行だ。政府が法案を国会に出しても、自民党が賛成しなければ成立しない。その慣行を首相は破った。党の反対を押しきっての決定は、政策を既得権益のしがらみから解き放つという意味では評価できることだ。郵政民営化は、小泉氏が若い議員のころから一貫して掲げてきた主張である。総裁選のたびに、また、首相として戦った衆参の選挙でも民営化を党の最優先の公約として戦ってきた。それを考えれば、こんどの決断は自然なことだ。（……）

郵政民営化が首相の「業績」として後世の歴史家に評価されるかどうかは、その内容次第なのだ。ところが、こうした心配や批判に首相はまともに答えようとしていない。「民にできることは民に」という首相の発想自体は正しい。だから、正しい民営化を進めてもらいたい。首相の政策が自民党に否定されれば、辞任か解散・総選挙か、という話である。それだけの覚悟が首相にあるか。郵政を第二の道路にしてはならない。（「朝日新聞」社説　二〇〇四年九月一一日）

郵政民営化／法案を可決すべきだ

郵政民営化法案が、参院本会議で可決されるかどうか。自民党内の攻防が大詰めを迎えている。一八人が造反すれば否決される。そうなれば小泉首相は衆院を解散する構えだ。私たちは、郵政民営化を実現すべきだと主張してきた。週明けの審議を経て焦点は採決の行方に移る。改めてこの法案を今国会で可決するよう求めたい。（「朝日新聞」社説　二〇〇五年七月三一日）

消費増税で勝負せよ／民主党の経済政策を読み解く

（……）自民党があいまいにしている今こそ、目先の選挙戦術ではなく、消費税増税で社会保障を充実させる大きな政策構想で勝負すべきではないか。（「朝日新聞」補助線　編集委員　西井泰之　二〇〇七年一月七日）

テレビ局の考査基準について。

変更前ＣＭ、関テレ放送／自民、「年金すべて保証します」／先月二五日～今月四日／「考査基準逸脱せず」と判断

複数の民放の指摘で表現の一部が変更された自民党の参院選向けテレビＣＭを巡り、関西テレビ（大阪市北区）が、変更前のＣＭを六月二五日から七月四日まで放送していたことがわかった。（……）同局が流していた当初案は、年金問題で安倍首相が「皆様の年金は責任を持ってすべて保証します」と語る内容。だが、「すべて保証します」という表現について、複数の民放局が「実現可能性がはっきりしない約束をしている」などと指摘、「局の考査基準に照らして放送には問題がある」とする声が相次いだ。現在放送中のＣＭでは、「年金の全額支払いに責任を持って取り組んでいます」に変わっている。（「朝日新聞」二〇〇七年七月七日）

これに対して、我が国の場合は、大手メディアが記者クラブに所属し、当局発表情報を無批判に流布するのが常態化している（極論すればそもそも我が国にジャーナリズムなど存在するのか甚だ疑問である）。フリーランスはある意味大手メディア以上に性質が悪く、特に公安関係となると、むしろ積極的に権力に追随し、むしろ当局の協力者として活動していると評価して差し支えないケースも珍しくない。個人である分、組織的なチェックが働かず、当局からの情報操作に一層脆弱であるとも言える。したがって、我が国のメディアに情報機関に対する監察機能を期待するのは絶望的と言っても過言ではない。（『諜報機関に騙されるな！』野田敬生、筑摩書房、二〇〇七年、245頁）

情報を扱う巨大な国家機関の存在。

米国家安全保障局（NSA）

一九五二年創設の米国防総省の情報機関。通信情報の収集や暗号解読などを任務とし、ワシントン近郊の陸軍基地内に本部を置く。発足当初は存在も秘密だった。職員数は公表していないが、数万人といわれる。（「朝日新聞」二〇一三年六月一二日）

「エリア51」実在した／宇宙人収容のうわさ／CIA「U2偵察機の実験場」

長らく謎に包まれてきた「エリア51」と呼ばれる米政府の機密区域の存在が、米中央情報局（CIA）の機密文書から初めて明らかになった。「米政府が拘束した宇宙人の収容場所」といったうわさが絶えない同区域だが、CIAは米軍のU2偵察機の実験場だったと説明している。（「朝日新聞」二〇一三年八月一九日）

端的に言うならば、一般人にとって、最も枢要《すうよう》な諜報リテラシー［編注：読み書きの能力、教養］とは、「常に情報の根拠を問い、吟味すること」であると筆者は考えている。（前掲『諜報機関に騙されるな！』、12頁）

米国には世界最大のシギント［編注：信号情報］機関・国家安全保障局（NSA = National Security Agency）が存在し、

同局はエシュロンと呼ばれる世界規模の盗聴システムを運営しているとみられている。（同前、14頁）

「皆さん、我々が今日説明する事柄はすべて根拠、確実な根拠に裏付けられています。断定的主張などではありません。我々が呈示するのは確実な諜報を元にした事実であり、結論なのです」――二〇〇三年二月五日、国連安全保障理事会で、コリン・パウエル米国務長官（当時）はそう明言した。パウエルの右手後ろに控えるのはジョージ・テネットCIA（米国中央情報局）長官（当時）である。（……）

しかしながら、である。イラク戦後、大量破壊兵器が発見されなかった事実は、国連演説で摘示された情報が、「信頼に足るもの」であるどころか、ほぼ完全に間違いだったことを端的に示している。そして、実は他ならぬパウエル本人ですら、演説の土台となる報告書を見て、「推論ばかりだ」という判断を抱いていたというのである。

一体何故、文字通り前代未聞の茶番劇が行われたのか？　この日の国連演説は、情報活動の意味と現実を余すところなく伝える格好の教材となっている。（同前、14〜18頁）

米国にはやはり国家偵察局（NRO = National Reconnaissance Office）という最先端の情報機関がある。NSA、NROともに米国防省傘下の情報機関であり（CIAは独立機関）、今や全体で年間四四〇億ドルに及ぶ米国情報機関予算（二〇〇五年一一月八日付ニューヨーク・タイムズ電子版記事）、その約八割を占めるのは軍の情報機関だ。（同前、15頁）

同様に、米国国家情報会議（NIC = National Intelligence Council）で副議長を務めたグレゴリー・トレヴァートンも、「巷間CIAの職員を〝スパイ〟と呼ぶが、彼らはスパイではない。スパイ活動はCIA職員が獲得した外国人によって行われるのである」と述べる。アレン・ダレス元CIA長官も同趣旨の説明だ。（同前、30頁）

実は調査能力も、分析能力と表裏一体で、良き分析者でなければ重要な事実は発見できないと言われている。（同前、38頁）

我が国も米国によるカバート・アクション［編注：秘密工作］の対象となっている。米国務省が編纂《へんさん》した外交資料集（一九六四〜六八年）（同一頁）によると、米国は一九五八年から一〇年間にわたり、日本の政治路線に影響を与えることを企図した「非公然の計画」（covert programs）を四つ承認した（なお、同頁中でcovert actionとも言い換えられている）。一つは、一九五八年の（第二八回）衆議院議員総選挙の際に、親米・保守の政治家に財政支援と選挙アドバイスを与えるもので、アイゼンハワー大統領がＣＩＡに計画を認可し、受け手の政治家は米国の企業人からの提供であるとだけ告げられた。続く一九六〇年代の選挙でも資金提供が行われた。

一九五九年には、親米的で責任ある野党が登場するのを期待して、左翼勢力を分断する（つまり、社会党右派を支援する）ための計画がＣＩＡに認可された。一九六〇年に、七万五〇〇〇ドルの資金提供が行われ、一九六〇年代初頭を通じて同程度の援助が行われた。（同前、51頁）

9・11事件後間もなく、米国の複数のメディア、上院議員等を襲った一連の炭疽菌テロ事件では、二〇〇一年一〇月四日から一一月二一日の間に、二二人が感染を診断された。皮膚感染した一一名は生存したが、炭疽菌の「芽胞」を吸入した一一名のうち、五名は死亡した。（……）

一連の事件について、志方俊之（元陸将、帝京大学教授）は同年一〇月一三日放送の日本テレビ系「ウェークアップ！」で以下のとおりコメントしている。

「風邪の症状に似ているから一、二日ほっておくんですね。そうするともう手遅れになっちゃう。八〇％くらいの致死率。お父さんが会社の食堂で食べて来て、それがお母さんにうつって、子どもにうつって、子どもが学校でうつすという具合に非常に怖いわけですね。」

しかし、炭素菌は、天然痘《てんねんとう》等とは異なり、人から人には伝染しない。（同前、111〜112頁）

一連の炭素菌事件について、分子生物学者で生物兵器の権威であるバーバラ・ハッチ・ローゼンバーグ博士は、二〇〇二年一月付で以下のような分析と見解を全米科学者協会（FAS）のホームページ上で発表した。

・FBIは炭疽菌テロが米国政府内部の犯行であることを把握しているはずである。実際に炭疽菌を扱ったことのある軍事科学者の数は五〇名に満たない。

・すべての手紙で見つかったサンプルは同一の炭疽菌株で、それは北アリゾナ大学のデータベースにあるエイムズ株に対応している。

・エイムズ株を保有する研究所は二〇以下である。炭疽菌を兵器化する能力があるとみられるのは内四つだけである。この中には軍の研究所と政府の契約者が含まれている。

・これらの研究所の炭疽菌と手紙のそれは、すべてDNAが同一である。

・ダシェル議員に送られた炭疽菌は（他に送られたものと比べて）より粒子が細かく、空中散布に適するように兵器化されている。兵器化のプロセスは尋常でないほどに効率化されている。

・手紙に含まれていた炭疽菌の異常な密度（一グラム当たり一兆個の芽胞）と純度は、最適化された米国の処理過程で出来る物質の特徴と見られる。

・米国の兵器化処理は秘密であり、他国が同様の技術を持っているという証拠はない。

・手紙の炭疽菌は製粉器にかけられていない。米国の処理過程も製粉器を使用しない。

・ダシェル議員への手紙で見つかったサンプルは、米国の処理過程で使用される特殊な形態のケイ素を含んでいる。（イラクが使う）ベントナイトを含んでいない。

・手紙の芽胞が密封化されているのは、米国の秘密の処理過程を示唆している。（同前、114〜115）

およそあらゆる権力は放置すれば必ず腐敗するものであり、とりわけ秘密を旨とし、時に非合法的手段をも敢行する情報機関は、暴走の恐れが最も高い国家機関である。少なくとも民主主義社会における限り、情報機関も一定の説明責任を果たしつつ、民主的監察に服するのが当然である。（同前、240頁）

中国、軍事費、世界二位。しかし世界一位のアメリカはその七倍を超える。

中国、軍事費世界二位　昨年八兆円超、前年比一〇％増

スェーデンのストックホルム国際平和研究所（ＳＩＰＲＩ）は八日、最新の〇九年版年鑑を発表、〇八年の中国の軍事費が前年比実質一〇％増の八四九億ドル（約八兆三五〇〇億円）と推定され、米国に次いで初めて世界二位になったことを明らかにした。一方、超大国米国の〇八年の軍事費は世界全体の四一・五％を占める六〇七三億ドル。米中両国を合わせた世界シェアは五〇％近くとなり、軍事支出面では米中二カ国（Ｇ２）が他国を凌駕していることが鮮明になった。（「毎日新聞」二〇〇九年六月九日）

海上保安官によるビデオ映像流出について——元主任分析官は語る。

同情にも称賛にも値しない／作家・元外務省主任分析官　佐藤優

ビデオをインターネットに流した者に対する同情論が国民の間で出ているが、私は、犯行に至る経緯を徹底的に究明し、形式にのっとって厳正に処分すべきだと考える。それは次の二つの理由からだ。

第一に、今回「ユーチューブ」に流されたデータが「国民の知る権利」に応えるものとはなりえていないこと。もし、すべての映像データがアップされていたならば、それはある程度、国民の知る権利に応えるものと言えたかもしれない。しかし、今回、国民の目に触れたのは、人の手によって編集済みのデータだ。つまり、真実をそのまま写しとったものではなく、だれかの意図が入ったものだということになる。リークや情報操作の入り込むスキがいくらでもある。「義挙だ」という声も聞くが、義挙ではありえない。自分、あるいは自分の組織にとって都合の悪い部分はカットされているかもしれないではないか。映像には、無意識であれ、後付けされたものであれ、海上保安庁の行為を正当化しようとする編集意図が入っている。

第二に、歴史の教訓に学べ、ということ。一九三二年、帝国海軍将校が時の犬養毅首相を暗殺した五・一五事件の時に、「方法はともかく、動機は分かる」と、刑の減免を求める運動が起こり、軽い処分で収束した。この対応が後に二・二六事件（三六年、陸軍の将校が大蔵大臣高橋是清、内大臣斉藤実らを殺害したクーデター）を誘発した。海上保安庁が機関砲を所持している官庁だということを忘れてはならない。武力を行使できる公務員に対して、統制が取れていない行為を認めることの危うさを、国民は肝に銘じておくべきなのだ。（……）

二・二六事件以降、政治家も論壇人も軍事官僚を恐れ、日本は戦争へとなだれ込んでいった。人間は暴力装置には逆らえない。だからこそ、武器を持っている官庁には特別なモラルが求められる。鳩山前首相が今回のビデオ流出を聞き「クーデター」と評したことは本質を突いている。（「朝日新聞」二〇一〇年一一月二二日）

権力による盗聴。

英、大西洋の光ファイバーも傍受／スノーデン氏暴露

米国家安全保障局（NSA）によるネット情報収集を内部告発した米中央情報局（CIA）のエドワード・スノーデン元職員が同紙に文書を暴露した。ガーディアンによるとGCHQ［編注：英情報機関の政府通信本部］は、米国から大西洋を横断して英国に入るケーブルに傍受装置をつけ、通信内容を最長で三〇日間保存して分析。提携関係にあるNSAと共有していた。一年半ほど行われており、協力した民間企業に金銭を支払うこともあったという。英政府は、活動は「法の統制や制限をうけている」（ヘイグ外相）としている。（「朝日新聞」二〇一三年六月二二日）

メルケル氏の携帯　米が盗聴？

ドイツ政府は二三日、メルケル首相の携帯電話が米情報機関に盗聴されていた可能性が高いとして、首相がオバマ大統領に説明を求めたことを明らかにした。独政府のザイベルト報道官が発表したもので、声明で「ドイツ政府は、メルケル首相の携帯電話が米情報機関に監視されている可能性があるとの情報を得て、即座に米政府に照会し、全面的な解明を求めた」と明らかにした。それによると、メルケル首相はオバマ大統領に電話で「ドイツと米国のような長年の友人の間で、このような監視があってはならない。（真実ならば）信頼を破る行為で、重大な結果を招くことになる」と抗議したという。これに対し、米ホワイトハウスによると、オバマ大統領は「首相の通信を監視してはいないし、これからもしない」と約束した。ただ、過去に監視したことがあるかどうかについては言及していない。独誌シュピーゲル（電子版）によると、同誌の取材がきっかけとなり、独情報機関が調べたところ、盗聴されている疑いが十分に強いと判断したため、独政府が異例の強い対応をとったとしている。盗聴は数年にわたって行なわれていたという。（「朝日新聞」二〇一三年一〇月二四日）

ＮＳＡ　光ケーブルから情報収集

米国家安全保障局（ＮＳＡ）がすくなくとも三つのプログラムを組み合わせることで、インターネットや携帯電話などのほぼ世界中の通信記録を対象に収集、分析していたことがＮＳＡ元幹部らの証言でわかった。

朝日新聞はＮＳＡで実際に通信傍受などに携わった元職員六人に米国でインタビューした。ＮＳＡは「アップストリーム」というシステムを使い、主に海底の光ファイバーケーブルの情報を直接収集していた。（「朝日新聞」二〇一三年一〇月二八日）

スノーデン元職員は、米国家安全保障局（ＮＳＡ）が独電機大手シーメンスや独自動車大手メルセデス・ベンツなどの企業もスパイしているか、との質問に「米国が産業スパイを行っていることに疑いはない」と回答。「もし情報機関が、米国の国家利益になると考える情報がシーメンスにあれば、彼らは追跡し、獲得するだろう」

と説明した。また、メルケル独首相の携帯電話盗聴に関して、「彼女一人だけが監視されていたと考えることが論理的だろうか。ドイツ政府の意図を知りたいだれかが、彼女の側近や大臣らを監視していないとは考えにくい」と指摘。多くの人物の携帯が盗聴されていたとの考えを示した。（「朝日新聞」二〇一四年一月二八日）

4　情報の隠蔽、隠滅

ナチスがユダヤ人の迫害を叫んでいたことを知らないドイツ人はいなかった。しかし、実際にここまで残虐な行為の数々を行うとは多くの国民は予想しなかっただろう。それらの秘密を解く鍵がこの節で引用した証言、記録に示されている。ナチスは自らの真の意図も行為も自国民の目から隠さなければならなかった。国民の意識とナチスの実際の行跡との落差、歴史の舞台裏から見えてくる一つの事実である。

日本軍国主義もナチス・ドイツと同様であった。

『私の昭和史』（180頁～）では、日本の終戦と重要書類を燃やすことが一体の出来事としてとらえられていたことが示されている。現在約八〇歳以上の方にとっては終戦時の証拠書類の焼却、隠滅は常識だったが、世代交代が進行した今ではこれらの歴史的事実を伝えることから始めなければならない。戦争体験の継承の課題は増えている。

「朝日新聞」（二〇〇七年六月一五日）は、「歴史の証言者たるべき新聞社が、歴史の隠蔽に加担した」と述べている。

「京都新聞」（二〇〇七年七月二六日）は、戦後六二年経ってようやく陽の目を見た軍関連の書類について記している。もしも当時発覚すれば無事では済まなかった焼却命令違反。「戦争の犠牲になった三百人近い村民や遺族の無念さを想い、保存を決意」された当時兵事係の西邑さんの勇気を称賛したい。

「朝日新聞」（二〇〇七年七月六日）は、「敗戦時の軍内部の焼却命令は、痕跡を残さないよう、ひそかに出され、命令を伝える文書自体が焼却の対象だったという」。かつてのヒトラー・ナチスの手法とあまりにも酷似してはいないだろうか。

「京都新聞」（二〇〇八年四月五日）に、旧海軍が天皇の戦争責任回避のために写真などを含む重要書類の焼却を命じた通達が発見された記事が載った。ところがこれは国内で発見されたのではなく、日本の暗号を解読した連合国側が作成した英公文書で判明したものだった。いかに証拠の隠滅が徹底して行われたのかが想像できる。その中身は当時の軍部自身が天皇の戦争責任訴追の可能性をはっきりと認識していたことを物語っている。

ウォルムーでの虐殺［編注：降伏した英兵数十人が虐殺された］が起きたその日五月二八日［編注：一九四〇年］に、ヒムラーは先にヒトラーの承認を受けた東部占領地域の人口の大量削減に関する文書に最後の手を加えた。この文書は、多様なグループを抱えたかつてポーランドといわれた地域の住民は「粉々に叩き潰す」べきだという見方に立っていた。そうすれば「人種的に価値のある部分を」このごった混ぜの中から「抽出でき」、残る部分は「滅びる」に任せれば良いというのだ。ヒムラーは次のように書いている。もしもこうした措置を常時実施するならばこれからの一〇年間の過程で総督府領の人口は「必然的に減少し、ごく僅かな劣等人間が残るだけとなるだろう」。そうすると彼らは年々ドイツに臨時労働者を供給し得る「指導者無き労働力」を形成することになろう。「人種的に価値のある」子供はドイツに連れて行き、「ドイツ化する」。「残余の者」はのんびりと成長するにまかせ、各人に「最大五〇〇まで数を数えることが出来、自分の名前が書けるといった程度のことと、高貴で、勤勉かつ勇敢なドイツ人に従順であることが神の御心であるということ」を教えればそれで足りるような小学校教育を受けさせる。

五月二八日にヒムラーが記録したところによると、「この文書のコピーは数を限るべきであり、それを再コピーしてはならず、極秘扱いにすべきである」と命じたのはヒトラー自身だったという。この文書を見ることが許されたＳＳ上級司令官はそれを自ら受け取ることになっていた。そして彼がこの文書を読んでいる間それを持ってきた将校は待っており、読者に閲覧確認書を要求し、それを受け取ってから戻った。（前掲『第二次世界大戦　上巻』、121頁）

皆殺し命令の写しはすべて焼却された。収容所での集団殺人の記録も同様だった。

一九四二年十月十八日にヒトラーが発した〈極秘特殊奇襲部隊命令〉がナチの文書のなかにある。

今後、ヨーロッパあるいはアフリカでいわゆる特殊任務《コマンド》を帯びているとドイツ軍が疑いをかけたすべての敵は、制服を着ていようといまいと、武装していようといまいと、戦闘中であろうと遁走中であろうと、最後の一兵にいたるまで殺害せよ。

同日出された補足指令で、ヒトラーはこのような命令を出した真意を司令官たちに説明した。連合軍の特殊部隊の成功を見るに——

……敵破壊活動部隊の殲滅《せんめつ》を厳命し、この命令に従わない者は厳罰に処すことを宣言するのやむなきにいたった。……いっさいの破壊活動部隊は例外なく、最後の一兵にいたるまで殲滅することを、敵に知らしめなければならない。

これはつまり、生きて逃れる機会は皆無であることを意味する。……どのような状況にあろうと、ジュネーヴ協定の規則にのっとって扱われることを期待させてはならない。……尋問のために一、二名を残しておく必要があるとしても、尋問後ただちに射殺すべきものとする。

この犯罪行為は厳秘にしておかなければならなかった。ヨードル将軍はヒトラーの指令に自分の指示をつけくわえ、重要なところにアンダーラインをして念を押した。「本命令は司令官諸氏のみに宛てたものであり、いかなる場合も敵の手に落ちてはならない」。そして、心に刻みつけたのち写しはすべて焼却するように言った。

（……）

一九四五年一月、スロヴァキアに落下傘降下した英米軍事使節の一行十五人ほど——〈アソシエイテッド・プレス〉の戦地特派員が同行、全員軍服着用——が、SDのハイドリヒの後任で、ニュルンベルクの被告人のひとりだったエルンスト・カルテンブルンナーの命令によって、マウトハウゼン強制収容所で処刑された。処刑を目撃した収容所助手の証言がなかったら、この殺人が知られることはなかったろう。この収容所の集団処刑の記録はほとんど廃棄されていたからである。（前掲『第三帝国の興亡　5』、43～45頁）

デンマークでの「清算殺人」。ひそかに実行された報復殺人。

一九四一年十月二十二日、フランスの新聞〈ル・ファール〉はつぎのような布告を載せた——

イギリスとモスクワに雇われた卑劣な犯罪者が、十月二十日朝、ナントの司令官を殺害した。現在にいたるも、犯人はひとりも逮捕されていない。

この犯罪の償いとして、わたしは手はじめに五十人の人質の銃殺を命令した。……いまから十月二十三日、夜十二時までに犯人が逮捕されなかった場合は、さらに五十人の人質を銃殺する。

（……）フランス駐屯のドイツの司令官シュチュルプナーゲルは、「銃殺される人質が有名であればあるほど、犯罪実行者にたいする抑止効果が大きい」と、一年後に言っている。

しめて二万九千六百六十名のフランス人の人質がこの戦争中にドイツによって処刑されたが、この数字にはフランスの刑務所で「死んだ」四万名は含まれていない。ポーランドでは八千名、オランダでは二千名である。公然と宣言された人質銃殺にかわってデンマークでは「清算殺人」という名で知られるようになった方法が採用された。これはヒトラーの緊急命令により、デンマークで殺害されたドイツ人の報復殺人が「一人に五人の割合で」ひそかに実行されたものである。こうしてスカンディナヴィアでもっとも敬愛されていたデンマーク人、牧師・詩人・劇作家のカイ・ムンクは残虐に殺害され、死体に「豚め！　貴様の書くものはドイツのためにもなった」と書いた札を留められて路傍に放置された。（……）

翌年二月、カイテルは〈〝夜と霧〟命令〉を拡大した。逮捕された人物の死刑が八日以内におこなわれない場合は――

囚人はひそかにドイツへ移送される。……この措置には抑止効果があるだろう。なぜなら――

（a）囚人は何の痕跡も残さず消える。

（b）囚人がどこにいるか、どうなったかについて何の情報も与えられないからだ。

このおそろしい任務の責任を持たされたのはＳＤで、その押収された文書には〈ＮＮ〝夜と霧〟〉関連のさまざまの命令、とくに犠牲者の埋葬地を極秘にしておくことについての指令が無数にある。（……）

ハリスは経験を積んだ弁護士で、このときにはドイツ問題のいっぱしの権威となっていたので、特別行動隊についてはいささか知識があった。そこで、いきなり訊いた。

「特別行動隊Ｄの隊長だった年に、きみの隊では何人の男女子供を殺しましたか？」

オーレンドルフは肩をすくめ、かすかにためらってから答えたことを、のちにハリスは思い出した。

「九万人です！」

（……）証言台のオーレンドルフは答えた。

「指示されたのは、ユダヤ人とソ連の政治委員を粛清することです」

「あなたが『粛清する』というのは『殺す』という意味ですか？」

「そうです。殺すという意味です」オーレンドルフは、これには男だけでなく女も子供も含まれると説明した。

「何故、子供を殺したのですか？」ソ連判事のＩ・Ｔ・ニキチェンコが口を挟んだ。

オーレンドルフ　命令は、ユダヤ人住民は残らず抹殺せよということでした。

判事　子供も含めて？

オーレンドルフ　そうです。

判事　ユダヤ人の子供全員が殺されたのですか？

オーレンドルフ　そうです。（同前、46～51頁）

ナチ上層部で〈「最終的解決」に関する総統命令〉として知られるものは、文書にされたことはないようである——すくなくともそれらしき書類は、押収されたナチ文書のなかからは発見されていない。考えられるのは、ゲーリング、ヒムラー、ハイドリヒに口頭で告げられ、彼らの口から一九四一年の夏から秋にかけて部下に伝えられたということである。ニュルンベルクの多数の証人が、その言葉は「耳にした」が目にしたことはないと証言している。（同前、62頁）

公衆の面前から覆い隠されていた大虐殺。

中央ヨーロッパ標準時間の一二月七日深夜一二時頃、東プロイセンのラステンブルクの総統司令部で真珠湾攻撃のニュースを聴いたヒトラーは、ヴァルター・ヘーヴェルに言った。「もう我々が負けるはずはない。この三〇〇〇年間、一度として征服された経験のない国を味方につけたんだからな」。（……）

ヒトラーが日本の参戦を喜び、モスクワ攻略の失敗を一時的にせよ認めざるをえなかった頃、別の分野でのナチスの計画が実行に移されようとしていた。真珠湾の悲劇の朝と同時間のヨーロッパ時間の一二月七日夜、かねてから計画中のガスを使った〝最終的解決〟が実行に移されようとしていた。ラステンブルクの南西二〇〇マイル（三二〇キロ）にあるポーランドの小さな町コウォのユダヤ人七〇〇人がトラックに乗せられて近くの村へウムノへ連れていかれた。翌朝、八〇人は特別製のトラックに移されて近くの森の空地に向かったが、排気ガスがトラックの内部へ逆流するよう配管されていたため、空地へ到着する頃には八〇人全員が死亡していた。死体はそのために掘った壕に投げ込まれて、トラックは再び村へとって返し、八、九往復した後には七〇〇人のユダヤ人全員が殺されていた。

これ以後、ユダヤ人が毎日のように近隣の町や村からヘウムノへ連れてこられて殺された。〝東方〟へ農作業を手伝いに行く、あるいは工場へ働きに行くのだと言われて、一日一〇〇〇人ものユダヤ人が死へと旅立っていった。病人や年寄りを乗せたトラックの運転手には、監督のドイツ人から声がかかった。「注意深く、ゆっくり運転しろ」。しかし、この旅から生還した者は皆無で、計三六万のユダヤ人の命が葬り去られ二〇〇以上の町や村からユダヤ人が姿を消した。この計画はすべて嘘でぬりかためられ、大虐殺は公衆の面前から覆い隠されて、ドイツ占領下ポーランドの人里離れた森の中で詮索好きの目を逃れ、異議をはさまれることもなく実行に移されたのだった。新たな大量殺人の方法が考えだされたのである。（前掲『第二次世界大戦　上巻』、358頁）

死の収容所、名前も知られなかった。

ドイツ占領下のソ連では、新たな死の収容所で五月一〇日［編注：一九四二年］から年末まで毎週二日間殺戮が行なわれた。収容所はミンスク郊外のマリ・トロステネツ村近くに位置し、そこにはソ連軍捕虜やユダヤ人が駆り出されて建てた強制労働者六〇〇人とドイツやウクライナの警備兵のための収容棟があった。ドイツやオーストリア、チェコスロバキアから列車でマリ・トロステネツへと運ばれてきた何万人ものユダヤ人は、駅で大きなトラックに移され村へと向かった。これらのトラックは移動式のガス室で、収容所に到着するまでに中の人々は全員息絶えていた。ヘウムノと同じように、死体は囚人の特別作業班によって取り出され、深い壕に放りこまれたのだった。

マリ・トロステネツの存在は完全に秘密が保たれていた。西側ヨーロッパから何万人ものユダヤ人が連行されて殺されたにもかかわらず、ヒトラーの犠牲者達の命運を監視しようとした連合諸国の首都にいた人々にもその収容所の名前は知られることがなかった。（同前、422～424頁）

ドイツ国内及びドイツ占領下のヨーロッパでは、ハイドリッヒ襲撃［編注：一九四二年五月二七日、SS大将ラインハルト・ハイドリッヒがプラハでチェコ人愛国者に襲われて重傷を負った」の余波が〝利子を付した苦しみ〟にまで達しようとしていた。「ハイドリッヒは危篤状態だ」とゲッベルスは五月三一日の日記に記した。すでに「多数のユダヤ人」がザクセンハウゼンの強制収容所で射殺されたとゲッベルスは書き、「この汚れた民族を排除すればするほど、我がドイツ帝国は安泰になる」とつけ加えた。二日後、一〇〇〇人のユダヤ人がウィーンから列車でミンスクへと送られたが、おそらくそのほとんどは直ちにマリ・トロステネツへ連れて行かれて殺されたものと思われる。六月三日、ワルシャワではユダヤ人一一〇人が一斉検挙され、ゲットーのはずれの刑務所に連行されて銃殺された。その中には数人の女性も含まれていたが、うち二人は妊婦だった。三日後、コブレンツ地区からユダヤ人四五〇人の強制移送を命じたアドルフ・アイヒマンは、隣村の精神病院に入院中の患者もその中に含めるよう指示した。秘密保持に加えて周囲を欺くため、当局はこうした移送に際しては〝東方への強制移送〟の代わりに〝遠方へ移住する人々〟という用語を用いるよう主張した。（同前、429～430頁）

欺瞞と隠蔽　ユダヤ人政策の根幹。

一九四二年内にソ連を敗北させるとヒトラーは自信満々であったが、彼の部下も戦争の硝煙とうち続く勝利の背後でナチスの人種政策が滞りなく遂行されることを信じて疑わなかった。七月七日、ヴォロネジの戦闘が激烈をきわめている頃、ベルリンではハインリヒ・ヒムラーが、ほかに強制収容所首席監察官リヒアルト・グリュックスSS大将、ドイツ軍医長で教授でもあるゲプハルトSS少将、婦人科医の第一人者カール・クラウベルクの三人だけが出席する会議を召集し、討議の結果アウシュヴィッツのユダヤ人女性に「きわめて重大な医学的実験を施すことを決定した。会議の記録によれば、被験者の女性には自分の身に何が起こるのか知らせないで実験を行うとあり、さらに放射線の照射によって男性機能を不能にすることが可能かをX線の第一級の専門家ホールフェルダー教授に問うことも決定した。

ヒムラーはここで諮られたことは「最高機密事項」であると警告し、関係者には秘密厳守を誓わせるよう命じた。三日後アウシュヴィッツでは、不妊手術またその他の実験を施すために一〇〇人のユダヤ人女性が住居棟から病院棟へと連行された。

欺瞞と隠蔽がナチスの対ユダヤ人政策の根幹だった。七月一一日、ナチ党官房の責任者マルチン・ボルマンはSSの将校にこう伝えた。「総統閣下の命により、今後ユダヤ人問題を公の席上で議論するに際しては、将来の完全な解決に関するいかなる言及も避けねばならない。しかし、すべてのユダヤ人が収容所に拘留されて、意義ある義務的労働に就かされている事実は明言してよい」。（同前、447頁）

一九四三年十月四日にヒムラーがポズナニのSS上級幹部に演説したとき頭にあったのは、この方法〔編注：特別行動隊による銃殺〕で「最終的解決」をすることだった。

……わたしはきわめて重大な問題につき率直に話したいと思う。それはわれわれのあいだでは率直に語るべきであるが、人前ではけっして口にしてはならない。……

わたしが口にしているのは……ユダヤ人種の絶滅ということである。……諸君のほとんどは、百の死体が、いや五百の、千の死体が転がっていると言えばおわかりであろう。その光景を目にして耐えつづける一方で――人間生来の弱点から生じる例外は別として――人間としての品位を保つのは並大抵のことではない。これはかつて書かれたことのないわが歴史の栄光の一ページであり、書いてはならない一ページである。（前掲『第三帝国の興亡 5』、66頁）

総統のカネでぜいたくに暮らしていた証拠は注意深く隠滅された。

世間知らずながらも、それなりに実務的なエーファ・ブラウンは、つづいて実務的な用件に話題を変え、私的な書信をすべて破棄するようグレートル〔編注：エーファの妹〕に依頼した。「ハイゼの請求書など、絶対に人目に触れぬように」と。ハイゼは御用達のドレスメーカーで、総統のカネでぜいたくに暮らしていたことを公衆に知られたくないと思ったのだ。そして、またしても宝石類の処分の件を心配した。「私のダイヤ入り時計は、残念なことに修理に出してあります」と書いたうえで、シュテーゲマンSS伍長を探し出すようグレートルに指図した。（前掲『ベルリン陥落　１９４５』、437頁）

証拠の隠滅にかけては日本軍国主義はナチス・ドイツに引けを取らなかった。戦争犯罪にまつわる証拠のみならず、訴追されるおそれのある全ての書類・記録は処分（焼却など）された。

そして、昭和二〇（一九四五）年八月一五日が来た。終戦だ。玉音放送を聴いて、泣いてるやつなんかもいたけれど、俺は、「ああ、やっと終わったか」って思っただけだよ。横鎮［編注：横浜鎮守府のこと］から、すべての文書・伝票を消却せよ、といってきた。上宮田の国民学校の校庭に書類を積み上げて、ガソリンぶっかけて、全部ボンボン焼いた。

まだ資材はいっぱいあったよ。漁師や百姓がやってきて、うちに預かってある材木どうしましょうか、うちの納屋の石油どうしましょうかっていってきた。

「みんな、あんたたちにあげるよ。書類は、みんな焼いちゃったからね。もう海軍のものでも、だれのものでもないんだ。自由に使っていいよ。みんなで分けな。長いこと、ありがとうな」

ていって、全部やっちゃったよ。もちろん、連中は喜んだよ。物のねえころだからな。（『まっ直ぐ』大窪敏三、南風社、一九九九年、135頁）

敗戦と証拠類の焼却はひとつの出来事としてとらえられている。

終戦の日の京城の夜は不気味だった。

昼の玉音放送を聞いて一瞬、静まりかえっていた街全体は、夜になるにつれてワーッという喚声や怒号が絶叫の塊のように唸《うな》り出し、高台にある住宅街にも、打ち寄せる怒涛のように夜もすがら轟いていた。

すぐ眼下にある兵舎から火の手が上がった。あれは重要書類を燃やす火だと姉が言った。私達は蒼ざめながら、この先どうなるのだろうと身を震わせた。

その煙は連日立ち昇った。ベランダには書類の燃えかすが舞い散り、戦争に負けたという実感が胸をしめつけた。(……)

夜はもっと怖かった。女漁《あさ》りに来るMPから身を守るため荷物をバリケードにして、若い娘達は風呂敷をかぶり、身動きもしないで身を伏せていた。苛立ったMPはピーッと口笛を吹き、ヒューッと鞭を鳴らす。アメリカ兵は乱暴をしないというのは嘘で、この間も美しい人妻が連れ去られたばかりだからくれぐれも用心せよと、班長から言われていた。(田口静江　大正一三年二月生)(『私の昭和史』週刊文春編、文藝春秋、一九八九年、180〜182頁)

四五年八月一六日朝、東京・市ヶ谷台の陸軍省構内のあちこちで「異様な黒い煙」が上がっていた。それが「機密書類を焼く煙」であることは、陸軍士官学校の区隊長として生徒を指導していた村上兵衛にはすぐにわかった。「それは……陸軍の『屍』を焼く煙であった」と戦後、評論家となった村上は著書『桜と剣』に記している。東京裁判(極東国際軍事裁判)に提出された第一復員局文書課長、美山要蔵の証言によると、陸相の命令で全陸軍部隊に機密書類の焼却が指令されたのは八月一四日だった。内務省官房文書課にいた大山正は『続内務省外史』で回想する。「(終戦時)内務省の文書を全部焼くようにという命令が出まして、後になってどういう人にどういう迷惑がかかるか分からないから、選択なしに全部燃やせということで、内務省の裏庭で、三日三晩、炎々と夜空を焦がして燃やしました」海軍、外務省、大蔵省でも文書が焼かれた(吉田裕「公文書の焼却と隠匿」)。

終戦時の蔵相広瀬豊作は、文書の焼却は「閣議で決めた」と証言する。「中国が来たら相当の仕返しをするだろうということを一番懸念していた」(『聞書戦時財政金融史』)。新聞社も写真や文書を処分した。歴史の証言者たるべき新聞社が、歴史の隠蔽に加担した。連合国軍最高司令官マッカーサーの日本への到着が近づいた八月下旬、朝日新聞東京本社の写真部は、保存していたフィルムと、写真を焼き付けるガラス乾板の処分を始めた。

当時三一歳の写真部員だった小島正治（九三）は、本社三階のベランダで、定着液をつくる樽の中にフィルムを入れ、水をかけてバットで突き、めちゃめちゃにした。別の樽にはガラス乾板を入れて砕いた。なかには観兵式で閲兵する天皇の写真もあった。占領軍に押収されれば、天皇の戦争責任を問う材料とされかねない、とみたのだろうか。別の部員と交代で、三、四日間作業した。上司の指示があったはずだが、誰の指示か定かではない。紙焼きの写真については写真部員が処分することはなかったという。一四歳で入社。先輩のわきで、マグネシウムのフラッシュをたく「ボンたき」修業に始まり、日中戦争、ジャワ上陸作戦、北千島を取材してきた。先輩や同僚が長年にわたり、ときに命がけで撮ってきた写真を壊す。「本当に情けなくて、悲しくて……」小島は、暗室で顔を洗ったことをおぼえている。（「朝日新聞」新聞と戦争　写真を処分せよ①〜⑨　二〇〇七年六月一五〜一七日、六月一五日付同①）

当時はどこにでも保管されていた資料であるが、これを持ち出して保存した兵事係の勇気は特筆に値する。発覚すれば本人とその身内の安全は保障されなかったかもしれない。

兵事書類九〇〇点保管／軍焼却命令の動員日誌、徴兵検査記録…／長浜・元役場兵事係の西邑さん／公開始まる「戦争愚かさ知って」

戦後、旧日本軍の焼却命令により全国の自治体で処分された動員日誌や徴兵検査の書類など約九百点余りの兵事関係資料が、長浜市内に残っていたことが分かった。東浅井郡大郷村（現長浜市）役場の元兵事係西邑仁平さん（一〇二）＝同市新居町＝が六十三年間、自宅に保管していた。資料の一部は二十五日、同市大依町の浅井歴史民俗資料館で展示、公開が始まった。西邑さんは満州事変の前年の一九三〇年から終戦の四五年まで、徴兵事務を担当していた。軍司令部から届く召集令状（赤紙）の伝達や戦死公報の通知のほか、入隊先への慰問や銃後活動の事務なども行った。保管資料は、赤紙の交付事務を記した明治から昭和初期にかけての「動員手簿（日誌）」や「在郷軍人名簿」、徴兵検査の記録簿「壮丁連名簿」などで、村人が戦地に送られていく動員の実態が詳細にうかがえる。

　西邑さんが初めて動員命令を受けた三一年七月三日の動員日誌には、「午前二時二十分　充員召集令状受領」「午前三時十分　使者三名出発セシム」などと、兵事事務の内容を分刻みで記している。終戦後、軍関連の書類はすべて焼却処分を命じられたが、西邑さんは、戦争の犠牲になった三百人近い村民や遺族の無念さを思い、保存を決意。「深夜にリヤカーに積んでこっそり持ち帰った」と言う。

　独断で保管した資料が後世に残るよう、公開を決めた西邑さんは「戦争がいかに愚かな行為か。その証しになれば」と平和への願いを込めている。資料は、九月二日までの展示後、長浜市に返還したいとしている。（「京都新聞」二〇〇七年七月二六日）

「敗戦時の軍内部の焼却命令は、痕跡を残さないよう、ひそかに出され、命令を伝える文書自体が焼却の対象だった」。

軍の焼却命令メモ発見／応召者ノ名簿丈ケヲ残し至急…／鳥取・旧二部村兵事動員日誌に

　敗戦の際、旧日本軍が全国の自治体に出した徴兵関係書類の焼却命令を記録したメモが、鳥取市の鳥取県立公文書館で確認された。燃やされなかった同県日野郡二部村（現・西伯郡伯耆町）の「兵事動員ニ関スル日誌」の一九四五（昭和二〇）年八月一五日の項にはさまっていた。研究者によると、軍の焼却命令を伝える文書が残っているのは極めて珍しく、軍部による指示の具体的内容を知る貴重な資料という。

　メモは、はがき大の紙にインクの手書きで、「連隊区司令部ヨリノ通知」として、「現在入営並ニ応召者ノ名簿丈ケヲ残シ其他ノ兵事関係書類ヲ全部至急焼去スル事」などと書かれていた。末尾に赤字で「二部駐在所津島巡査」とあり、当時、村の駐在所に勤務していた津島亀吉巡査（故人）が軍部からの命令を書き取り、村役場に渡したものとみられる。敗戦によって不要になった召集令状の回収・焼却なども指示されており、その内容は日誌にも転記されていた。日誌の翌一六日午前の項には、「関係一切ノ焼去ヲ実施ス」との記述があり、命令通り焼却が行なわれたとみられる。防衛省防衛研究所戦史部の柴田武彦・主任研究官によると、敗戦時の軍内部の焼却命令は、痕跡を残さないよう、ひそかに出され、命令を伝える文書自体が焼却の対象だったという。軍から自治体にたいする命令も同様の扱いだったとみられる。

［焼却命令メモ全文］

連隊区司令部ヨリノ通知ニ依レバ　現在入営並ニ応召者ノ名簿丈ケヲ残シ其他ノ兵事関係書類ヲ全部至急焼去スル事　但シ海軍ハ通知ナキヲ以テ焼去スル事ヲ待ツ事　明日十六日以降入営並ニ召集者ハ入隊延期ニ付キ召集令状ヲ役場ニ引揚ゲ焼去スル事　現在現役トカ召集者トカノ帳簿丈ケヲ残シテ全部後ハ焼ク事　但シ海軍ヲ除ク　二部駐在所　津島巡査

記録文書　珍しい

戦時下の動員システムに詳しい山本和重・東海大文学部教授（日本近現代史）の話

「軍部の焼却命令を記録した文書は珍しく、二部村のほか、東京都東村山町（現・東村山市）、富山県庄下村（現・砺波市）、新潟県和田村（現・上越市）の三カ所でしか確認されていない。文書焼却は地域社会の歴史解明を困難にしている。見つかったメモは、動員された人の記録が組織的に消滅させられたことを明らかにするものだ」（「朝日新聞」二〇〇七年七月六日）

戦場の様子ありあり／第二次大戦伝える写真ニュース／同盟通信撮影　戦争宣伝に加担

同盟通信は終戦直後、連合軍から戦争加担の責任を追及されることを恐れ、証拠隠滅のため自社にあった戦時中の写真やフィルムのほとんどを焼却処分していた。（「京都新聞」二〇〇七年八月一四日）

天皇の写真など焼却命令／敗戦受け入れ決定後、旧海軍／戦争責任を意識か／英公文書で判明

一九四五年に日本が敗戦受け入れを決定した後、旧海軍が天皇の「御真影」などを含む重要文書類の焼却を命じた通達内容が四日までに、連合国側が当時、日本の暗号を解読して作成された英公文書で判明した。戦犯訴追に言及したポツダム宣言を念頭に、昭和天皇の責任回避を敗戦決定直後から意識していた可能性をうかがわせる希少な史料という。

関東学院大の林博史教授（現代史）が英国立公文書館で見つけた。研究者によると、当時の日本軍が出した文書類の焼却命令は現在、旧陸軍関係の原文が防衛省防衛研究所にわずかに残っているほか、米国立公文書館で旧陸軍による命令の要約史料として若干見つかっている。旧海軍関係の個別命令が原文に近い形でまとまって確認されたのは、今回が初めてとみられる。発見されたのは、四五年八月十六日から二十二日までの間に、東南アジアや中国などで連合国側に傍受された通達で、計三十五の関連文書のうち天皇関係は四文書。同十七日の第二三特別根拠地隊司令官名の命令は「すべての兵器などから（菊花）紋章を外せ」と指示。第一〇方面艦隊司令長官は翌十八日に御真影、紋章などを神聖なものとして「最大限の敬意を払い、箱に安置」するよう指示し、敵に渡る恐れがある場合は処分を命じた。二十一日にはスラバヤの第二一通信隊から「御真影は敵の手に渡らないように扱うべし。必要ならば、その場で厳粛に火にささげ、海相に報告せよ」と具体的な命令が出ていた。

ほかの焼却命令は、暗号帳や軍艦に関する文書、個人の日記などを細かく指定し、今後の「外交関係に不利となる恐れ」のある文書はすべて焼却するよう繰り返し指示。通達自体の焼却を命じたものもあった。重要文書類の焼却は、四五年八月の閣議決定などを受け、連合国軍進駐までの約二週間に、政府や旧軍が組織的に実施。（『京都新聞』二〇〇八年四月五日）

終戦後六八年経って発掘された「隠蔽した証拠」。

機密焼却、旧宮内省も指示／敗戦直後の文書発見

敗戦直後、当時の宮内省が機密書類の焼却を省内に指示した文書が、宮内庁の宮内公文書館に残っていた。

朝日新聞記者が閲覧して見つけ、承諾を得て撮影した。陸海軍が戦争犯罪の追及を恐れて機密書類を焼いたことは知られているが、政府機関の中枢が焼却を指示した公文書が見つかるのは極めて珍しい。

一九四五年八月一八日付の「機密書類ノ焼却ノ件」と題する文書で、宮内省の大臣官房から省内の各部局長あてに出された。「侍従職　昭和二十年重要雑録」という簿冊にとじられていた。各部局が保管する文書類や、陸海軍などから同省に送られてきた文書類のうち、「機密ニ属シ破棄相当ト認ムベキモノ」を「原簿ト共ニ之ノ際全部焼却スルコト」と指示し、八月一八日～二二日の午前九時～午後三時に「宮城内　三重櫓下（自動車課前　蓮池寄　石垣下）」で焼くよう指示している。

昭和天皇の侍従長を務めた徳川義寛氏の「徳川義寛終戦日記」八月二一日の項に「重要書類の焼却をなす。（保管書類のために、罪になる人が出てはとの御注意から焼却、但し最小限にとどめた。）」とあり、指示文書と符合する。（「朝日新聞」二〇一三年八月二三日夕刊）

第四章　民主主義の虚実

1　民主主義の意味

民主主義も結局は現代社会を土壌とする。社会が構成員の規範意識の上に成り立っている以上、最低限度の法の順守は民主主義が存在するための不可欠の条件だろう。ここでは関連する記事のいくつかを引用した。もともとイタリア・ファシズムの支配は無法を排除できなかったことから始まったのではなかったか。

「無差別殺傷事件」（二〇〇五年二月二二日付「朝日新聞」）に関する姫野カオルコの思いに共感する。特に加害者が「誰でもよかった」と言ったと報道される度に「本当に誰でもよかったのか」と思った。どう考えても不合理な加害者の発言がそのまま電波に乗って全国に発信されることは納得できなかった。加害者は自分より強いと分かっている市民を襲うことはまずない。「誰でもよかった」と報じられても被害者が反論する機会があるわけではない。ヨーロッパ政治史においては、つねに「民主主義」が問われてきた。私の見聞を広げてくれた挿話を引用・収録した。

ロシアのツアーですら大学の学長の決定を教授会にまかせた（『概説西洋史』、411頁）。また、東京裁判のパル判事の思想にイギリス帝国主義の露骨な施策は大きな影響を与えたことが推察される（同前、434頁）。さらに、プロイセンのビスマルクの足跡を、のちのヒトラー・ナチスと比較したときの視点は強い印象を残した（『ヨーロッパ　Ⅲ』、301頁）。

「民主主義」をめぐる自問自答。

民の好む所は之を好み、民の悪む所は之を悪む（前掲『成語林』、686頁）

政治宣伝の土壌であり素材である記録や証言について見てきたが、結局「民主主義とはなにか」という問いに戻ってしまう。ここでは記録と証言からいくつかの話題を紹介する。

以下の記事を読んだ時、筆者は一万円札を投げつけられた店員の気持ちがどれほどであったかを想像して胸が痛んだ。頭に血が逆流して普通である。中学生の遵法精神の欠如が問題ではない。その親自身が問題である。

一万円を放り投げた親／善悪の判断なく…／水谷修（高校教諭）

（……）先日私は、化粧品を盗んだ二人の中学生を保護しました。彼女たちが最初に発したのは「ちぇ、運が悪いや。みんなやってるのになぜ私たちだけ捕まえるんだよ。返せばいいんだろ」という言葉でした。彼女たちは、自分たちの行為が「窃盗」という犯罪であることを、ほとんど理解していませんでした。私は親と警察を呼びましたが、今でもその時の親のひと言が忘れられません。母親の一人は警察官を見るなり「たかがこんなことで警察まで呼んで…、お金を払えばいいんでしょ」とどなり、一万円札を店員に放り投げたのです。（「京都新聞」少年の闇を見つめて6　二〇〇三年三月七日）

以下の事件も単なる社会犯罪であるとは思えない。政治の誤りを公務員のせいにする現代の風潮のもとで起こされたテロではないか、そう思えてならない。

元次官襲撃／被告、無罪主張「邪悪な魔物を殺した」

（……）小泉被告は「起訴内容を大筋で認めるが、無罪を主張する。私が殺したのは心の邪悪な魔物で、人間ではない」と述べた。小泉被告は罪状認否で、「私がした仇討ちを批判する前に、人の命だけが大事なわけを説明しなさい。毎日、千頭以上の犬が殺されているわけを説明しなさい」とも話した。（「朝日新聞」二〇〇九年一一月二六日）

元次官襲撃／「五〇歳で死刑に」被告、別の殺人計画も

昨年一一月の元厚生事務次官宅連続襲撃事件で殺人などの罪に問われた無職小泉毅被告（四七）について、検察側は二六日のさいたま地裁（伝田喜久裁判長）での初公判で、「九八年ごろから、五〇歳になったら厚生事務次官経験者を殺し、死刑になろうと考えていた」と説明した。（……）横尾さんに対しては、社会保険庁長官時代の措置などに怒り、襲撃対象に加えた。（「朝日新聞」二〇〇九年一一月二七日）

犯罪被害者、遺族の無念さ、憤り。加害者の言い分の安易な報道はこれらの関係者をさらに傷つけないか？「どこが『無差別』か」と題する姫野カオルコの一文。

他人を、ナイフなどで、いきなり切ったり刺したりする人がいる。切られたり刺されたりした人は死ぬか、死ななくても重い後遺症や傷跡が残る。

切ったり刺したりしたほうの人は、逮捕されると、そういうことをしたのは「イライラしていた」「人を殺してみたかった」などと供述したと報道される。こうした事件は「無差別殺人」「無差別殺傷事件」と表現される。

しかし無差別だろうか？

こうした事件があったとき、ニュース画面や誌面に「殺された（刺された）××さん」として出てくる被害者の写真が、ボブ・サップや蝶野正洋（格闘技家）や八名信夫や安岡力也（俳優）のような風貌であったためしがない。また、「（行為を実行するのは）どこでもよかった」と供述しながら、事件を起こした人が、いきなり暴力団事務所

に入っていったようなためしもない。

こうした事件を日本で起こす人が、事件行為を加える相手は必ず、幼児や老人や、あとは身長一八〇センチの金髪碧眼の女性ではなく、小柄な黒髪の女性である。

こうした事件が報道されるたび、私ははらわたが煮えたぎる怒りをおぼえる。もうこのさい、私に共感してくれとは言わない。個人的に憤る。

犯人たちは、なんだかんだ言いながら、ちゃっかり選別しているではないか。卑怯きわまりない「ちゃっかり選別」により、いきなり殺されたり刺されたりした被害者やその家族および友人は、いったいなにをどう納得……というより、どうあきらめればいいのだ？　犯人にも人権がある、犯人にも犯行に至る経緯があった、犯人は心神喪失状態だったのだというようなことを言われたとしても、なにをどうわかればいいのだ？　かりに被害者本人やその家族・友人が、涙の果てにわかろうとし、涙を乾かさんとする果てになにかの思いにたどりついたとしても、当の犯人には、そうした思いが、なにひとつつたわらず、理解もできず、反省すらできないのだとしたら、彼らの絶望はどれほどのものか。

いったいだれが、いったいいなにが軽減できるというのか。犯人が死刑になったところで、愛する人はかえらないのである。「かえして！」という叫びも暗闇に消えざるをえない悲痛だけがあるのである。

私はこうした事件のたびに、はらわたが煮えたぎる。（「朝日新聞」よつ葉びより　二〇〇五年二月二二日）

以下は、報道機関としての矜持を感じさせられる記事。

国旗・国歌／「強制は違憲」の重み

（……）通達と職務命令で教師をがんじがらめにする。いわば教師を人質にして、生徒もむりやり従わせる。そんなやり方は、今回の判決で指摘されるまでもなく、学校にふさわしいものではない。「不当な支配」と指摘された都教委は率直に反省しなければならない。国旗や国歌に関する通達を撤回すべきだ。これまでの処分

も見直す必要がある。（「朝日新聞」社説　二〇〇六年九月二二日）

ドイツ軍のなかにも勇気ある青年将校はいた。ミヒャエル・キッツェルマン。この名は語り継がれなければならない。

　ドイツ軍内部では、歩兵中隊長としての武功から二等鉄十字章を授与されたこともある二五歳の青年将校ミヒャエル・キッツェルマンが、東部戦線での残虐行為に反対の意を表明した。彼は将校仲間に「もしこうした犯罪行為が許されるなら、私はこれ以上命を長らえたいとは思わない」と語った。彼は逮捕され、軍事裁判にかけられた後、六月一一日［編注：一九四二年］、オリョルで銃殺された。（前掲『第二次世界大戦　上巻』、436頁）

民主主義の多義性――世界史からみてみよう。

「文化的勾配」は、ドイツ・ナショナリズムのイデオロギーに暗に含まれていた概念で、西ヨーロッパの文化的優越には反対しておきながら、東ヨーロッパへの支配権を主張する。ベルギーやドイツに対するフランス人の態度、スラブ民族に対するドイツ人の態度、ロシアやウクライナに対するポーランド人の態度、中央アジアの民族に対するロシア人の態度の中に、これが見られる。自分は文化の先進地に住んでいて、隣人は三途の川のほとりに住んでいると考えたがるのが人間の本性である。（『ヨーロッパ　I　古代』ノーマン・デイヴィス、別宮貞徳訳、共同通信社、二〇〇〇年、116頁）

最近話題になっているイングランドの優位とは何か。

　名誉革命はプロテスタントの優位をうちたてただけでなく、グレートブリテンにおけるイングランドの優位をも必然的にうちたてた。議会でイングランドの議員は、イングランド以外の議員に対しいつも多数派になるようにできていたからである。それ以後数世紀のあいだにどんな変化が起きようと、その仕組みは生き延びる

ように決まっていた。（『ヨーロッパ　Ⅲ　近世』ノーマン・ディヴィス、別宮貞徳訳、共同通信社、二〇〇〇年、95頁）

ギリシャの民主制が現代の民主制の観念からして拭うことのできない汚点は、婦人を参政権から除外していたことともに、奴隷を市民共同体のあらゆる権利から除外したことである。（『概説西洋史』衣笠茂・田村満穂・中村賢一郎・廣實源太郎、東京創元社、一九六八年、41頁）

国民的な偏見をなくすには、歴史家や教師が歴史を国政の伝達手段とみなすのをやめる以外に道はない。千八百年以上も昔、ギリシャの作家ルキアノス（紀元一二〇～一八〇）は、「執筆中の歴史家は自分の国籍を忘れるべきである」という忠告を残した。理にかなった忠告である。（前掲『ヨーロッパ　Ⅰ』、86頁）

イギリスの政治制度について。

イギリスの産業革命は世界で最初におこったというだけでなく、徹底していた（……）石炭などは北・中部に豊かであったから、早く開けていた南部から北部へ人口が移動していくことになり、一九世紀に入ると、人口分布が北部と南部で逆転した。このため、急速に人口増加をみながら、ほとんど代議士を出さない地域がある一方で、人口が減少して、有権者が基準に達しないのに代議士を出す、いわゆる腐敗選挙区が二〇〇以上もでき、五〇人の有権者で二名の代議士を選出するところが四五区も存在した。中にはダニッチの如く、選挙区が海没してしまい、舟上で投票するところさえ生じた。これは一五世紀当時の人口に基づいた選挙区が使用されたため、言葉を変えれば、地主貴族が支配的であった時代のものを用いたためで、地主が選挙を左右し、買収が公然と行われたことも珍しくなかった。腐敗選挙区は一度、クロンウェルにより廃止されたが、王政復古とともに復活していたのである。（前掲『概説西洋史』、335～337頁）

第一回選挙法改正〔編注：一八三二年六月〕により、五六の腐敗選挙区が廃止され、それより生じた一四四の空席を新興都市を中心に配分して、地区的不公平をのぞき、五〇ポンド以上の年収ある者、年一〇ポンド以上の家賃を収める者、および年一〇ポンド以上の賃貸料を支払う借地人に選挙権を与えたので、有権者は二〇万足らずから、百万人近くまで拡大されることになった。

しかし、この恩恵にあずかったのは中産市民までであり、労働者には大きな不満が残った。（同前、339頁）

一八三八年、ロベットが起案したといわれる人民憲章の実現を目指したチャーティスト運動は、こうした立場の労働者が、ラヴェット、オブライエン、カーペンターなどを指導者としておこった。人民憲章は、（一）成年男子の普通選挙、（二）無記名投票、（三）選挙区の改正、（四）一年ごとの議員改選、（五）議員の財産資格廃止、（六）議員の俸給支払い、の六つの要求をかかげ（……）（同前、340頁）

アメリカの歴史をみてみよう。

アメリカ独立が可能であったのは、アメリカ自身の力というよりも、ヨーロッパの勢力均衡によるところが大きかった。言葉をかえていうならば、独立革命以来、アメリカにとっては、対外政策が第一義であらねばならなかった。外交を担当する国務長官が首相であるという、アメリカの政治組織はこのような事情の反映であった。（同前、368頁）

アヘン戦争は中国をヨーロッパ列強の植民地的対象とさせた合図であるが、開戦の動機、戦争の方法など、弁明の余地がないイギリスの罪悪戦争である。（同前、385頁）

ビスマルクの手玉にのせられたナポレオン三世に残された道は、国内諸階級との妥協以外にない。（……）集会や言論の自由を認め、議会権限の拡大を認可したのがそれであり、七〇年五月の、帝政維持の可否を問うた国民投票では、七三五万票対一五七万票で勝利をえたが、前二回の国民投票に比べて、パリを中心とした都市での否定票は、明らかに増加していた。（同前、389頁）

開戦［編注：普墺戦争一八六六年六月］と同時に、プロイセン軍の主力はザクセンを討ち、（……）七月三日のサドヴァの戦いで大勢を決した。（……）なお、軍部などの強硬な意見を抑え、首都ウィーンの陥落を回避し、屈辱的な城下の誓いをさけ、講和条件においても、領土の割譲を求めず、償金を最小限度にしたのは、すでに、統一完成のためにはフランスと戦わねばならず、東南方に隣接する同民族国家の重要性を予見していたからである。（……）ビスマルクは、六七年、ドイツ連邦を解体し、バイエルンなどの南ドイツ四国をのぞいて、北ドイツ連邦を組織した。（……）そのうえ、南ドイツ諸国との間に、用心深く、攻守秘密同盟も結んでいた。

ついで予定通り、対フランス政策を開始した。（……）国内政治において、軍備拡張問題以来、喧嘩別れしていた議会に和解を求め、議会無視を謝した点にもあらわれた。（……）統一の達成と妨害をめぐり、戦機は刻々と近づいていたのである。ビスマルクはフランスから攻撃をしかけるのを待っていた。（……）ヴィルヘルムは将来の保証［編注：スペイン王の件］を拒否し、［編注：七〇年］七月一三日、参事官アベケンが命をうけ、ビスマルクに経過をつげる電報を送ったのである。電報を受けとったビスマルクは部分的に筆を加え、また削除し、妥協につとめるプロイセン王を、フランスが強迫しているような印象を与える文として公表した。エムス電報事件とよばれるのがこれで、「改作された電文」は、南ドイツも加えた全ドイツ人を激昂させ（……）（同前、398〜399頁）

一〇月末、メッツが抜かれ、食糧、燃料もつき、七一年一月、降伏し、戦争［編注：普仏戦争］が終わった。（……）ビスマルクもその完全な実施は期待できぬし、鉄と石炭の主産地であり、近代工業の原動力になってい

ビスマルク時代の帝国議会議員数（主要政党のみ）（前掲『概説西洋史』、402頁）

政党／選挙年次	1871	1874	1877	1878	1881	1884	1887	1890
国民自由党	125	155	128	99	47	51	99	42
中央党	63	91	93	94	100	99	98	106
保守党	57	22	40	59	50	78	80	73
進歩党	46	49	35	26	60	67	32	66
社会民主党	2	9	12	9	12	24	11	35
帝国党	38	33	38	57	28	28	41	20
総計	382	397	397	397	397	397	397	397

るアルサス、ロレーヌをとられたうえに、多額の賠償金を背負ったフランスは二流国家に没落するであろうと予想したのであるが、敵愾心を燃したフランス人は条約を履行し、ビスマルクの心胆を寒からしめたのである。（同前、400頁）

ボナパルティズムをとるビスマルクにとって、労働者は、鎮圧するだけのものではなかった。資本主義発展に、労働者は不可欠であり、労働者階級を手なずけることも、ボナパルティズムに求められる要素であることはナポレオン三世の場合と同様である。一時、「良き労働者の友」として、ラッサールを懐柔しようとしたのも、その一つのあらわれであったが、八三年以後、つぎつぎと疾病保険、傷害保険、廃疾養老保険の社会保障制度を採用して、良き労働者の保護にもつとめた。片手で撲りながら、片手でなでるところに、彼の労働者政策の神髄がのぞかれ、社会主義者メーリンクはこれを「鞭と飴」の政策とよんでいる。（同前、404頁）

ロシアのツアーと思想の自由。

クリミア戦争の敗北はロシアに大きな教訓を与え、自由化への方向に改革がつづけられるようになった。（……）

国内の改革は、六三年の大学令により、思想の自由と学長決定を教授にまかせたのを皮切りに、六四年一月の法律によって地方議会（ゼムストヴォ）の設立へとつづいた。（同前、409〜411頁）

イギリス帝国主義の一つの実態を示す。

セポイの反乱〔編注：一八五七年～〕は農民の反英闘争にひろがったが、イギリスは一八五七年、ムガール帝国を滅し、反乱を鎮圧した（……）

イギリスは藩王国の秩序を維持することでインドの後進性を維持させ、部族、宗教のちがいを利用して、相互の不信と対立をかりたて、カースト制を温存した。後進性を活用して、反植民地運動がおこるのを抑え、イギリスに忠実な植民地に育てるのである。そのうえ、インド防衛を口実に、一八六〇年からはビルマに侵入し、六六年にはブータンを保護国とし、七八年以後、アフガニスタン戦争を行なっている。これはディスレリー内閣の露骨な帝国主義政治であった。（同前、434頁）

一九〇五年、カーゾンがヒンズー教徒の力を二分し、地租を増すためにとったベンゴール州分割案（……）（同前、434頁）

プロイセンの台頭は、きわめて有能な行政機関の創設がその要因だった。それがあって初めて支配者は、国力に不相応な大きさの常備軍を維持できた（給料を支払われている兵士の人口に占める割合を比べると、プロイセンは隣国ポーランド＝リトアニアの三〇倍になる）。一六八〇年にプロイセン税務局が設置され、これが軍隊の維持を可能にした。（前掲『ヨーロッパ　Ⅲ』、124頁）

このままの状況が続いていたらドイツと中央ヨーロッパの歴史がどうなっていったか、思い描くのさえむずかしい。ところが実際は、古いプロイセン王国はナポレオンによって打ち倒されることになり、一八一五年に誕生した新生プロイセンはまったく別の、手に負えない存在になっていた。（同前、126頁）

鉄血宰相はドイツを一大勢力たらしめたが世界を脅かすまでにはいたっていない。例の「鉄と血」(一八四九)、あるいは「血と鉄」(一八八六)という有名な言葉は、予算や社会問題に関して出てきたものであって、戦争にかかわる発言ではなかった。十九世紀最大の政治家だったビスマルクは、政治家というものがはたす役割の限界すら心得ていたのである。(……)ゲーテの警句に「大人たることはなによりも抑制に現われる」というのがある。ビスマルクの後継者たちはこのような自己規制をしなかった。(同前、301頁)

ナポリ、マドリード、トリノなど一群の旧弊依然たる君主国はふたたび君主制を取り戻した――しかし従来の共和国で共和制を維持できた国はほとんどない。アレクサンドル皇帝の言によれば「共和国ははやらない」のだった。[編注：一八一五年頃](同前、305頁)

最後に登場するのは、十九世紀後期の帝国主義が育んだ心理である。帝国主義のもと、にわかに豊かになったヨーロッパ列強の国民は、ゆったりと安定した社会ならとうてい受け入れられないような態度で自分たち以外の民族や文化を軽蔑するように、国をあげて教え込まれた。(同前、330頁)

(……)アメリカ政府も、雑多な移民の民族文化に代わる公式の国民文化を採択しなければならなかった。南北戦争の最中に合衆国議会は採決を行ない、たった一票の差で英語がドイツ語を蹴落として、国民に強制される言語となった。(同前、391頁)

ビスマルクの成功のカギは、強さと抑制の驚くべき結合にある。巨大な権力の座を築きながら、敵対者に少しずつ注意深く譲歩して、ほっと安心させその敵意をやわらげてしまう。ある時ビスマルクは言った。「銃剣

を使えばなんだってできる。その上に座るのだけは無理だが」（同前、446頁）

一九〇七年一月六日、ローマ近郊のスラム街、サンロレンツォに一部屋しかない保育学校が開設される。（……）

この学校の創設者、マリア・モンテッソーリ博士（一八七〇〜一九五二）は時代の先端を行く女性だった。（……）

しかしモンテッソーリの思想の中核をなす信念——子どもが必要とするものこそ、最も尊重されなければならない——は現代の進歩的な先生たちの原点となっている。ヨーロッパ中に、そしてアメリカにも何百というモンテッソーリ・メソッドの学校が開設される。ファシストのイタリアとナチスのドイツでは閉鎖された。（同前、480〜481頁）

一八七〇年から七一年にかけての普仏戦争——（……）ほとんど敗北が確定した夜、バゼーヌ将軍は不朽の名言を口にする。「今やわれわれはおまるの中にいる。そして明日は糞まみれになるだろう」。（同前、488〜489頁）

（……）平和主義に対して、大国の政府や国民の一般的支持はなかった。国家の軍事力に制限をもうける必要はないという考え方が深く根をおろしていたのである。ドイツ軍参謀総長モルトケ（一八四八〜一九一六）はブルンチュリへの返信にこう記している。

　恒久平和は夢であり、しかも決して美しい夢とはいえません。戦争は神の命じたものです。戦争がなければこの世界はよどんだものになり、実利主義の中に己の姿を見失うでしょう。戦の中でこそ、人間の最も高貴な美徳が示されるのです——勇気と自己否定、義務への献身、喜んで自己を犠牲にして、命すらも賭けることが。

（……）ジョーレスは平和主義は裏切りだという理由で一九一四年七月三十一日に暗殺された。（同前、503〜504頁）

スペインの社会哲学者ホセ・オルテガ・イ・ガセットは、全体主義を大衆文化から発する脅威のしるしと見て、『大衆の反逆』（一九三〇）で、民主主義は多数派による専制政治のたねを蔵していると警告した。（前掲『ヨーロッパ Ⅳ』、94頁）

まちがいなくスターリン主義はレーニン主義の申し子だが、反面、レーニンの存命中には重要とされていなかった多くの特徴を帯びていた。（……）したがって、ソ連のシステムに一般的な評価を下そうとするときにはいつも、レーニン式共産主義ではなくスターリン式共産主義を対象としなければならない。（同前、113頁）

2 民主主義とその脆弱性

ヒトラー・ナチスのいくつかの挿話は、今日でもおどろくほどよく似た言動をする政治家の本性に一つの洞察を与えている。

ナポレオン・ボナパルトもその甥のルイ・ナポレオンもいずれも国民投票、人民投票によって皇帝になった。単にクーデターによって絶対的な権力を握ったのではなかった。のちのヒトラーの手法につながる歴史の教訓だろう（『概説西洋史』306頁）。

ヒトラーは「チェコスロヴァキアは、先に動員をかけやがった」と言った。政治権力を委ねる政治家に倫理性が少しでも欠落していたならどのようなことになるのか、この例が示唆している（『第三帝国の興亡 2』325頁）。

ヒトラーの側近ゲッベルスは「選挙だ！　国民の意見を直接聞くのだ！　われわれみんな、ご機嫌だ」と日記にしるした。民主制度を踏み台に民主主義を根こそぎにしたナチスの経験。

＊＊＊

ルイ・ナポレオンは国民投票でクーデターを承認させ、再び国民投票で皇帝になった。

一八四八年末の、新憲法による大統領選挙に出馬したルイ・ナポレオンはライバイユ、ロラン、ラマヌティーヌ、カヴェニャックと争い、二位カヴェニャックの一四五万票に対して、五四三万票をえ、一二月に大統領に就任した。（前掲『概説西洋史』、386頁）

その人気を利用し、彼は自分の独裁権をかためようと決心した。四八年憲法によれば、大統領の任期は四年で、再選を禁じている。その修正をはかった案が、議会で否決されたとき、ルイ・ナポレオンは五一年一二月のクーデターを行った。まず、議会を解散し、大統領任期を一〇年に延長、二万六〇〇〇人の逮捕や追放をみたが、その反面で、普通選挙を復活させ、国民の意をつなぐことも忘れていなかった。労働者の恐怖よりもボナパルト独裁をえらんだブルジョアジー、大ナポレオン時代の復活を期待した軍隊と農民、比較的好景気であったため革命性を失った労働者、といった条件がクーデターを容易にさせ、一二月二一日の国民投票では七四三万票対六四万票という圧倒的多数で、クーデターの承認をうけ、翌年一月、大統領権限を拡大した憲法の修正を行った。（同前、387頁）

クーデター時からの計画にそって、一八五二年一一月、再び国民投票を行ない、七八二万票対二五万票の差をもって、ルイ・ナポレオンは皇帝ナポレオン三世となり、伯父につづいて、第二帝政を開始することになった。（同前、387頁）

ナポレオンは一八〇二年、人民投票に訴えて終身執政となり、さらに〇四年、再び人民投票に訴えて皇帝の

位についた。(……)(同前、306頁)

戦間期のドイツを理解する上で第一次世界大戦の概略を確認することは有用。

ドイツ作戦の基本はシュリーフェン計画であった。これは二正面作戦で、ロシアの軍事行動開始が鉄道の不備などで緩慢であろうと予想し、まず主力を西部に向け、フランスを打倒したのち、東部ロシア戦線に向かおうとするものである。(同前、457頁)

しかし、戦争が長期化し、もっと打撃を与える戦術をとる必要が生まれたのと、イギリス艦隊の警戒が厳しくなり、エムデン号が撃沈されたことなどから、生活必需品の大部分を海外にたよるイギリスの食道を断つため、優秀な科学の枠を集めてつくった多くの潜水艦をこの目的にふりむけ、敵国たると中立国たるとを問わず、軍需物資を積んだ船はことごとく撃沈する作戦にでた。このため、アメリカ人が多数に乗り組んでいたルシタニア号を無警告で沈め、アメリカの抗議をうけたりしたので、一時その戦術をひかえていたのであるが、戦局が急迫するにつれて、無制限無警告潜水艦戦は、ドイツにとって必至のものとなり、一七年一月三一日、ヒンデンブルクやルーデンドルフの要求を容れて、その実施が宣言された。(……)かくして、ドイツの無制限潜水艦宣言をとらえ、一七年四月、アメリカは参戦にふみきった。(同前、462〜463頁)

大戦〔編注:第一次〕の問題に関して、もう一つふれておかなければならないのが、ユダヤ人問題である。大戦が進むにつれて、小国や諸民族の力が必要とされるようになってきたが、ユダヤ人は各国の財界に深く根をおろし、その動向は注目の的であった。ユダヤ人を引きつけるには、彼らの民族運動の最終目標である建国運動、すなわち、シオニズムに理解ある態度をとる必要があった。このことに関していえば、ユダヤ人は帝政ロシアのユダヤ人圧迫とイギリス、フランスがパレスティナを共同管理しようとする動きがあったため、ドイツ、オーストリア側に近づく傾向にあった。大戦が持久戦に移ると、イギリスはアメリカ在住のユダヤ系財閥の支持をうける必要から、シオニズムをとりあげ、一七年一一月、ユダヤ民族の故郷としてのパレスティナを約束した「バルフォア宣言」を発した。ここに、ユダヤ人は、多年の願いであったパレスティナ建国の具体案をえたのであるが、他方、イギリスは、戦争遂行上、アラビア人の独立も承認していたので、ユダヤ、アラビア両民族の間でパレスティナ獲得問題が生じ、イスラエル独立は第二次世界大戦後にもちこされ、一九六七年の近東戦争の原因をつくることにもなり、アラブ民族主義をかきたて、両民族の対立という現代史の課題の種子をまいたのである。

なお、日本は一四年八月二三日、ドイツに宣戦し、九月に山東半島に上陸して、一一月、青島を攻略し、一〇月にはドイツ領南洋諸島を占領したほか、ドイツ東洋艦隊を追い出したにとどまり、戦争国に輸出して経済的利益をあげ、資本主義的成長をとげたが、一五年一月一八日、袁世凱中国大統領に対し、山東省の全ドイツ領の割譲、旅順、大連の租借、要地警察権の日華共同管理などを内容とする「二一ヵ条要求」をつきつけ、これを実現した。この条約の廃棄は、それ以後の中国民族の悲願となり、反面、日本の対中国政策の基調となったのである。（同前、463～464頁）

しかし、なにはともあれ九〇〇万人近い人命を失い、三三〇〇億ドルの戦費を消えさせた大戦争は終わったのである。（同前、466頁）

●イタリア・ファシズムの成立の過程で

イタリアでファシズムが権力を獲得する過程とエチオピア侵略戦争について。

社会党は、社会主義革命を唱える指導部の最大限綱領主義派と議会グループ・労働総連合を握る改良主義派との年来の対立が続いていたが、一九二一年一月の第一七回大会で最左派のボルディーやグラムシらが分離して共産党を結成した。社会党内では、その後も最大限綱領派が多数を占め、ジョリッティ政府との対決姿勢を強めたのにたいし、トゥラーティら改良派は社会党から分離して二二年十月に統一社会党を結成した。一方、カトリック勢力を糾合する人民党内も複雑で、最大の基盤である北・中部の農民層を代表する社会派、商工業・金融業を代表する保守派、その中間の調停派などの諸潮流があり、これに加えて教皇庁のたびたびの介入があった。また、有価証券の記名義務によって聖職者財産が打撃を受けたことで、人民党の内部にはジョリッティにたいする反発があった。

ジョリッティは、こうした社会党と人民党のどちらにも依拠できず、このため自由主義諸派を結集したナショナル・ブロックに、おりしも大衆運動として登場してきた戦闘ファッショを引き入れた。戦後の領土拡大で議席数が五〇八から五三五にふえた選挙〔編注：二一年五月〕の結果は、社会党一二四、共産党一五、人民党一〇八、ナショナル・ブロック二七五となり、ナショナル・ブロックのうちファシストはムッソリーニを含めて三五人が当選し、ほかにナショナリストが一〇議席をえた。（……）

ファシストの行動は一九二二年にはいってさらに強まり、五月から七月にかけてフェッラーラ、ボローニャをはじめ地方都市を大衆動員によって占拠した。ファシストの攻勢にたいして、労働諸団体で構成する「労働同盟」が、七月末に合法的ストライキとしてゼネストに突入したが、ファシスト側の反撃にあって敗北に終わった。ファシストはこのときにミラーノ、ジェノヴァ、アンコーナなど主要都市をあらたに占拠し、支配都市を拡大した。（前掲『新版　世界各国史　15　イタリア史』、482〜485頁）

十月になってローマ進軍が日程にのぼる。ムッソリーニは連立内閣から出発した。

時の首相ファクタは国王に戒厳令の発布を要請したが、国王がこれを拒絶したため首都防衛の態勢はあいまいとなった。さまざまな政治折衝が繰り返されたあと、ファシストの部隊がローマ市内にはいる前に、国王からムッソリーニに組閣令がだされ、これを受けたムッソリーニが三十日にミラーノから汽車でローマに到着して、諸党派からなる連立内閣を形成した。（同前、486頁）

一九二五年から二九年のあいだに多くの法規が制定され、国家機構の整備と強化がはかられた。まずファシズム批判者にたいする抑圧装置が導入され、出版・言論の統制、集会・結社の規制が強まり、ファシスト党以外の政党は非合法化された。（……）このほか国家防衛のための諸措置が講じられ、政治犯に死刑が導入されるとともに特別裁判所が設置され、共産党の指導者グラムシはこの特別裁判所で二〇年四カ月の刑を宣告された。（……）

一九二五年十月、ファシストの全国労働組合連合と経営者の全国団体である工業総連盟《コンフィンドゥストリア》とのあいだでヴィドーニ館協定が結ばれ、ファシストの労働組合だけが経営者との交渉権をもつことが決められた。（同前、492～493頁）

「ヴ、ナロード」はロシア・ナロードニキの専売特許ではなかった。

一九二九年、ムッソリーニは「党の任務は権威の行使でなく、献身的な伝道である」と党の役割の変化を指摘し、「党は体制の毛細管組織」として「どこにでも浸透し」て活動することを呼びかけた。そして三一年に「人民のなかへ」のスローガンを発し、（……）（同前、497頁）

エチオピアへの侵略。

エチオピア戦争は、当初、植民地戦争の性格を帯びて開始されたが、国際連盟の経済制裁により、手段を選ばぬ殺戮戦争へと転じていく。民間人に対する毒ガスの使用、集中的な無差別爆撃など、（……）（『ファシストの戦争　世界史的文脈で読むエチオピア戦争』石田憲、千倉書房、二〇一一年、7頁）

通常の帝国主義が資源と市場といった経済的動機から海外侵出へ向かったのに対し、イタリアでは内政上の矛盾を国外へ転嫁する性格が当初より濃厚であった。(……)しかし、総計四〇万人以上のエチオピア人犠牲者を出しながら、イタリアは限られた地域の実効支配しか達成できず(……)(同前、10頁)

世界史的文脈の中で、日露戦争がアジア人の白人に対する初めての大規模な勝利と考えられたように、イタリア軍へ約五〇〇〇人の被害を与えたアドゥアの戦いはアフリカ人の帝国主義勢力に対する初めての大規模な勝利と見なされた。イタリア側がこれを欧米諸列強からの転落と捉えたのは当然であった。ファシストたちがエチオピアへの報復を主張し続けたのには、「国民的屈辱」をはらす目的意識が働いていたのである。(同前、11頁)

ここで重要なのは、ファシストたちが「生命線」や「生存圏」といった目標へのこだわりより、イデオロギー的自己表現を図るイベントとして戦争を捉えていた点である。いってみれば、エチオピア戦争では、軍人でもないファシストたちが、正規軍を等閑視《とうかんし》して意味のない武闘に興じていた。(同前、13頁)

一九三五年一〇月の段階でイタリア派遣軍は総兵力二〇万人以上、そのうち約六分の一がファシスト義勇兵であった。(同前、43頁)

実際、二人〔編注:ムッソリーニの二人の息子〕の所属した通称「僕はライオン(Quia sum leo)」(第一四)飛行中隊は、赤十字に対する爆撃を敢行し、国際的非難にもさらされている。しかし、あらゆる行為は英雄的行動として宣伝に供され、彼らとチァーノのエチオピア戦争を描いたラテン語の詩は、学校の教材にまでなった。

またヴィットーリオ・ムッソリーニ〔編注:ムッソリーニの息子の一人〕はエチオピア戦争後、『高地上空の飛行隊』を著して「戦争は人を教育し、鍛える」というファシズム・イデオロギーの啓蒙に努めた。彼は戦争を「もっ

とも美しく完全なスポーツ」と評し、その「美しさ」を全編にわたって綴った。（同前、54頁）

単なる植民地の獲得でなく復仇が正規軍にも意識された戦争は、手段を選ばない作戦行動に結びつきやすくなった。当初、国際社会に向けて主張されたエチオピアにおける奴隷制の「野蛮」をイタリアの「文明」が正すといった論理も、連盟制裁の実施から早急な戦争終結を迫られれば、一挙に「文明の利器」を駆使した無差別攻撃へと転じることになる。（同前、58頁）

一九二九年一月にバドリオがトリポリタニア・キレナイカ総督として赴任すると、グラツィアーニも副総督として長年にわたり弾圧し切れなかった抵抗運動の一掃に乗り出した。すでにグラツィアーニは、抵抗を続ける首長たちの手足を縛ったうえ、飛行機からその居住地域に突き落としており、「現地人の破砕者」という異名を得ていた。（同前、64頁）

しかし、グラツィアーニはハラルのコプト（Copto）教会にあった穴へ落ちて以降、エチオピア人に対する疑心暗鬼を深め、若いインテリを組織的に抹殺することで統治がしやすくなると考え、恐怖政治を断行する。そのうえ、一九三七年二月一九日の自らに対する暗殺未遂事件を受けてグラツィアーニは、黒シャツ隊に三日間好きなだけエチオピア人を殺してもよいという命令を下した。ファシストたちは「ドゥーチェ、ドゥーチエ」、「イタリア文明」と叫びつつ虐殺を展開し、殺戮の後には記念撮影まで行なった。（同前、66〜67頁）

第二次世界大戦後、グラツィアーニは裁判にかけられるが、あくまで彼のサロ共和国時代が問題にされただけであり、アフリカでの残虐行為は不問にふされたまま、判決の四カ月後には放免された。（同前、67頁）

しかし、エチオピア戦争が従来の植民地戦争と異なる性格を有したのは、兵士、市民双方に対する毒ガスの集中使用と非軍事施設への無差別爆撃を実施した点にあった。ムッソリーニは、早くも一九三五年一〇月にグラツィアーニへ毒ガス使用を認めたのを皮切りに、一二月にはバドリオへ毒ガスの大規模使用を命じている。バドリオは、国際連盟が開かれた一九三六年一月に一時使用を中止した以外は毒ガスの利用に何の躊躇《ちゅうちょ》も示さなかった。（同前、71～72頁）

バドリオの保身を企図した虚言は戦後も続き、エチオピア戦争での毒ガス使用はたった一回のみで有効性も見られなかったとインタビューに答えている。グランディを上回る陰謀家の資質があったことに加え、バドリオはイギリスを始めとする帝国主義諸国に守られ、アフリカにおける一連の虐殺行為を咎められることもなかった。（同前、74頁）

歴史的にもイタリアでは、ガリバルディ以来の伝統から、義勇兵に特別な価値が与えられており、またスペイン内戦に対する不干渉政策の国際的建前から、ファシスト派遣軍も国際義勇兵として扱われていた。そして、一九三七年三月のグアダラハラ（Guadalajara）の戦いにおいては、両イタリア人兵士が対決し、ファシスト派遣部隊が大損害を喫するというファシズム体制の不名誉な打撃となっている。（同前、85～86頁）

一九四一年四月のバルカン危機は、ムッソリーニの大失敗に根ざしている。（……）ユーゴスラヴィア政府はロンドンに亡命し、クロアチアは独立共和国を宣言する。ハンガリー、ブルガリア、イタリアが残骸をむさぼり取った。地下秘密軍が急激に増えた。恐ろしいウスタシャ、すなわちクロアチア人「蜂起者」が少数派セルビア人の民族浄化に取りかかり、死の収容所や大量虐殺にファシスト的な手法を存分に発揮した。（前掲『ヨーロッパ Ⅳ』、187頁）

ヒトラーは何を考えていたか――その「言葉」をみてみよう。

わたしの教師だったひとたちのことを考えると、彼らのほとんどはすこし頭がおかしかったのだと思われる。（……）――一九四二年三月二日（前掲『第三帝国の興亡　1』、34頁）

教わった教師たちについては、不愉快きわまりない思い出がいろいろある。彼らは外観からして不潔で、襟元もだらしがない。……彼らは思考の自立を奪われたプロレタリアートの産物で、無知このうえなく、老朽化した政府の制度の中心たるにふさわしい。（……）――一九四二年四月十二日（同前、34～35頁）

わたしの学校の教師だったひとたちのことを思い返すと、その半数は異常であったことに気づく。（……）しかし先生にたいしては、何の情も感じない。彼らは生まれついての敵なのだ。その大部分はどこか精神的に狂っていて、すくなからぬ者たちが生涯を正真正銘の狂人として終える！（……）――一九四二年八月二十九日（同前、35頁）

教師たちは、まさに暴君だった。若者には何の共感をも持たず、ただひとつの目的は、わたしたちの頭に知識を詰め込んで、彼らのような物知りの猿をつくることだった。（……）――一九四二年九月七日（同前、35頁）

国家社会主義運動がこの闘いで勝利をおさめたそのときには〔とヒトラーは答えた〕、国家社会主義法廷ができるでしょう。そのときには、一九一八年十一月革命の復讐が果たされ、生首が転がるでしょう。（……）［編注：一九三〇年十月］（同前、285頁）

チェコスロヴァキアは、先に動員をかけやがった〔ヒトラーは言った〕。（……）〔編注：一九三八年九月〕（前掲『第三帝国の興亡 2』、325頁）

ゲッベルスの日記より。

共和制の誕生以来そうだったが、ドイツの政治権力はもはや国民にも、国民の意思を代弁する議会にも存在しなくなった。いまあるとすれば耄碌《もうろく》した八十五歳の老大統領と、疲れ果てて定見のない大統領の心をあやつる浅薄な野心家の取り巻き連中の手中だ。ヒトラーははっきりと事態を見据えていた。彼の目的のためにはぴったりだ。彼が議会で過半数を制するとはとても思えなかった。ヒンデンブルクの新路線がわずかに権力獲得の可能性を提供していた。たしかにいまではない、が、もうすぐだ。

（……）新内閣をヒトラーは支持してくれるか？　ヒンデンブルクは尋ねた。ヒトラーは支持すると答えた。その日、五月三十日のゲッベルスの日記は書けるかぎりの最新情報を記録している。「ヒトラーと大統領との会談はうまくいった。……首相に、V・パーペンの名が出ている。が、われわれの関心は薄い。肝心なのは議会の解散だ。選挙だ！　選挙だ！　国民の意見を直接聞くのだ！　われわれみんな、ご機嫌だ」。（前掲『第三帝国の興亡 1』、329～330頁）

「いったん政権を取ったら、われわれはけっして手放さない」。ゲッベルスは書いた。

ヒトラーは計画どおりにシュライヒャーに勝ったことを確信して会談を終え、上機嫌で南のオーバーザルツベルクの山荘に行った。反対派についてはいつもシニカルで、とくに政治的なシュライヒャー将軍を信用していなかったゲッベルスは、確信が持てなかった。「今後の成り行きについては、疑ってかかるほうがいいと思う」。シュライヒャーとの会見のあとで楽観的な報告を聞いたゲッベルスは、八月六日の日記に正直に書いている。ゲッベルスもひとつの点だけは確信していた。「いったん政権を取ったら、われわれはけっして手放さ

ない。どうしても辞めさせたかったら、われわれの死体を運び出してからにするしかないだろう」。（同前、335〜336頁）

「多数決はあってはならない」。次の言葉はヒトラーがどれほど「民主主義」を憎んでいたかを示している。

多数決はあってはならない。責任を任されたひとが何人かいるだけで良い……各人の脇に助言者がいてしかるべきだが、決定は一人によってなされるべきである（傍点はヒトラーによる）。……そのひとだけが権威を持ち、命令権を持つ。……議会はないというわけにはいかぬ。が、議員《カウンシラー》は文字どおり助言《カウンセル》するにとどめる。……議場では投票はおこなわれない。議会は実行組織であり、投票機関ではないからである。この原則――絶対的権威と無条件に結びついた絶対的責任――があるかぎり、無責任な議会主義のまかりとおる現状からは想像もできないほどのエリート指導者がしだいに育つであろう。（同前、187頁）

ヒトラーの勝利。

ひと月もたたないうちに、そして次の選挙まで一週間というときに、不審火が国会議事堂を焼き尽くした［編注：一九三三年］。ナチスは赤の陰謀と公言して共産主義指導者を逮捕する。反共主義の機運が高まるなか、ナチスは一般投票の四四パーセントを獲得し、四年間にわたって首相の独裁を保証する全権委任法を平穏のうちに通過させた。十月にヒトラーは国際連盟と軍縮会議からドイツの脱退を認める国民投票を実施し、九六・三パーセントの支持を得た。一九三四年八月に大統領が死去すると、ヒトラーはまたも国民投票を行ない、緊急時に全権を掌握する「総統兼ドイツ首相」という党＝国家の新しい地位にみずからつくことの承認を得ようとした。このときには九〇パーセントの支持を得た。ヒトラーは枠を超えない。頂点にたどり着く最後の道のりで、一度も憲法の規定を破らなかった。（……）

ヒトラーの民主的勝利は民主主義の本質を暴露した。民主主義そのものにはほとんど価値がない。それをあやつる人々の主義次第でよくもなれば悪くもなる。自由で寛容な人々が手にすれば民主主義は自由で寛容な政府を生むが、食人者が手にすれば食人者の政府となる。ドイツで一九三三年から三四年にかけてナチス政府が生まれたのは、ドイツの有権者を支配していた文化がギャングの排除を優先しなかったからである。（前掲『ヨーロッパ Ⅳ』、120頁）

民衆の「こころ」をつかむ術。

ヒトラーの戦後の政治家としての経歴は、若い頃の失敗の虚しさを埋めるものだった。かれの率いた政党、国家社会主義ドイツ労働者党（ＮＳＤＡＰ）はありきたりの人種主義とドイツ・ナショナリズム、それに低俗な社会主義をとりまぜて採用し、まずヒトラー自身と同じような放浪者を、やがては数百万の有権者をひきつけた。ヒトラーは敗戦国ドイツの街角で街頭演説用の台に立つうちに、自分の雄弁と民衆扇動の才能に気づき、それがみずからを高い地位へ押し上げてくれることになる。声の高さやテンポを調整し、大げさな身振りをまじえ、勝ち誇った笑みと燃えるような怒りを顔に浮かべて、聴衆が演説の内容など気にかけないほど、その心をとらえるすべを学んだ。その技術はすぐさまサーチライトやスピーカー、コーラスによって一段と強調されるようになる。それになぞらえられるのは信仰復興論者の牧師か、催眠術まがいのことをして集団ヒステリーを引き起こす、後世のポップスターぐらいのものだろう。かれの情緒の激しさは、誇りを傷つけられた国民感情に気味の悪いほどかなうものだった。ヒトラーは「ユダヤとボルシェヴィキの共謀」と連合国軍の「裏切り」に反対するとがなりたてて人々の不安につけ込んだ。一度だけ権力掌握をこころみたが、それは大失敗に終わる。一九二三年十一月の「ビヤホール一揆」は、かれに「法的手段」を守るべきことを教えた。大集会、選挙手続き、政治的恐喝である。（同前、121頁）

いったん権力を握るとどうしたか。

いったん権力を握ると、ヒトラーはさっそくライバルや敵の排除に取りかかった。ナチ党の社会主義派はかなり人気があり、ヒトラー自身の成功に続いて「第二の社会主義革命」をもとめていたために、まずこれをつぶさなければならなかった。一九三四年六月三十日の「長いナイフの夜」、かれは政党の古い突撃隊（ＳＡ）「茶シャツ」を壊滅させるために、新しい親衛隊（ＳＳ）「黒シャツ」を召集する。総統の当面のライバルたち――ＳＡの長官エルンスト・レーム、党のすぐれた社会主義者グレゴール・シュトラッサー、議会でのナチスの盟友フォン・シュライヒャー将軍――が一挙に殺害された。つづいてヒトラーはドイツ共産党の活動を禁止したのち、他の全政党も解散させた。さらにヒンデンブルクの最高司令官職を引き継ぎ、軍を味方につけて信頼のおけない集団の排除に着手した。

ヒトラーは大きな経済構想を持ち合わせてはいなかった。結局、ドイツはロシアのような近代化を必要としなかったからである。しかしすぐに集産主義経済に手ごたえを感じ、国立銀行総裁のヒャルマール・シャハト博士がつくりあげた計画を提示させた。当初、うしろだてだった産業界はヒトラーに行動をもとめていたし、自分自身も行動が信用と雇用を生むだろうと考えた。シャハトの計画は、ケインズ流の財政管理と国家による工業および農業の完全管理を結びつけたものだった。産業別労働組合はナチスの労働戦線におき換えられ、ストライキは禁止される。アメリカのニューディールと同じ方式で、国家資金を投入して仕事を創出し、フル生産と完全雇用の達成をはかる。最重要プロジェクトは、アウトバーンの建設（一九三三〜）、フォルクスワーゲンの操業開始（一九三八）、そしてなにより再軍備だった。（同前、124〜125頁）

レーム事件と「ヒトラー神話」の誕生。

三四年六月末、軍の支援を受けた親衛隊によってレームら突撃隊幹部を急襲し、射殺させた。同時にベルリンをはじめ全国で、保守的反対派、ヴァイマル共和国時代の旧敵など八〇名以上が殺害され、そのなかには前首相シュライヒャー夫妻もいた。

諸外国を驚かせたこの行動は、特別立法によって合法化された。軍はこれを歓迎したが、真の勝利者はヒトラーと親衛隊であった。ナチスの暴力装置の代名詞であった突撃隊の統制は国民の不安感を取り去り、その行動を「決断」したヒトラーは国民から圧倒的な支持を受けた。ヒトラーをナチ党すらこえた特別の存在とみる「ヒトラー神話」の誕生に、レーム事件は決定的役割をはたした。（『新版　世界各国史　13　ドイツ史』木村靖二編、山川出版社、二〇〇一年、314頁）

政権獲得直後、ナチスがもっていた政治的資産は、民主主義から軍事独裁までの多くの選択肢が失敗し、ヒトラー政府以外の方向が容易にみつからないという状況それ自体にあった。また経済面でヒトラー新政府に有利であったのは、恐慌がすでに底を打ち上向きになっていたこと、ナチスが特定の経済政策を約束しなかったため、役に立つどのような政策も採用できたことである。（同前、316頁）

体制支持への流れは、失業が解消に向かうと顕著になった。労働者の賃金は三三年の水準で凍結されていたが、完全雇用状態に達すると企業は労働者の移動を防止するために、さまざまな手当てで実質賃金を上げるようになった。労働者はこれによって一〇年以上続いた雇用不安状態から解放され、将来の生活設計や日常的な娯楽や余暇に目を向けることができた。ナチ組織はここに注目し、余暇活動や娯楽を通じて、国民大衆を間接的に体制支持に取り込もうとした。（同前、321頁）

ヒトラーが積極外交に転じたのは、三五年一月、ザール地方が住民投票の結果ドイツへの帰属を決定したあとであった。住民投票はヴェルサイユ条約で規定されていたもので、ヒトラーは投票が予定どおりおこなわれるよう、それ以前の外交攻勢をひかえたのである。住民投票が終わった三月に、彼は徴兵制導入（再軍備）を宣言した。ヴェルサイユ条約への挑戦にたいし、イギリス、フランス、イタリアは非難声明をだす以上の行動はとらなかった。それどころかイギリスは、海軍力をイギリスの三五％以下にとどめるというドイツの申し出を受け入れて、六月にドイツと海軍協定を結び、事実上ドイツの再軍備を追認した。（同前、323頁）

イタリアはエチオピアを併合したが、国際連盟の制裁を受けて国際的に孤立し、ドイツに接近した。両国はスペイン内戦でもフランコ側を支援して軍を派遣し、これを契機に「枢軸」としての結びつきを深めた。三六年末に結ばれた日独防共協定には、翌年イタリアも参加した。ドイツは孤立状態を脱したばかりか、イタリアにかわってヨーロッパの現状打破外交の推進役になった。（同前、324頁）

ヒトラーの武力恫喝《どうかつ》に戦争の危険をみたイギリス・フランス・イタリアはヒトラーを説得し、チェコスロヴァキアを参加させないまま、十月［編注：一九三八年］初めのミュンヒェン会談でズデーテンのドイツへの割譲を認め、チェコスロヴァキアに受諾させた。ヒトラーは半年で一〇〇〇万人の新国民と領土、資源、工業施設と大量の兵器・軍需品を獲得したのである。イギリスの宥和《ゆうわ》政策は、中小諸国を失望させてドイツとの協調に向かわせ、さらにドイツ陸軍内のヒトラー反対派の動きを封じこめた。（同前、326頁）

フランコ独裁の成立。

フランコはボルシェヴィズムを未然に防ぐために戦っていると語り、おそらくそう信じてもいただろう。そのスローガンは「すべては祖国のために」だった。共産主義の脅威が非常に誇張されていたのは事実だが、それは重要ではない。肝心な点は、多くのスペイン人がそれを信じたことである。（前掲『ヨーロッパ　Ⅳ』、140頁）

フランコ将軍の広大壮麗な墓は、マドリード近くの戦没者の谷クエル・デ・モロスに、勝利後の一九三九年に建てられた。（……）外側には「これまで建立されたキリスト教のシンボルとしては最大の」高さ一五〇メートル、重さ一八万一七四〇トンの石の十字架が載せられている。（……）「労働者」を意味する「T」の字の焼き印を押された元捕虜を、奴隷のように働かせて造られたもので、かれらは二十年間にわたって仕事場である採石場での作業と、エスコリアル近くでの強制的な教会への奉仕に明け暮れた。（……）一九四〇年に現地を訪れたナチの将校は「フランコは自分を何様だと思っているのか、新しいファラオか」と言ったとか。（同前、147頁）

ナチス、東方へ。

一九三四年七月、ナチスはオーストリアで事実上の政権転覆をやってのけ、首相のエンゲルベルト・ドルフス博士を殺害した。（同前、148頁）

のちにミュンヘン危機と呼ばれるようになったできごとは、一九三八年九月に始まる。（……）交渉はドイツの東方への拡大に枠をはめるのが目的だったが、論議は最も利害関係のあるふたつの国、ポーランドとソ連が参加しないまま進められた。両国が参加すれば、ヒトラーに対し、かれが遂行しようとしていることがどれほど危険であるかを強く印象づけられたにちがいない。ところが西側の交渉者はこの最強のカードを持ち出さない。自分が奥底に秘めたねらいは見破られないだろうという、ヒトラーの直感はあたっていた。さらにチェンバレンが底抜けのお人よしだったことで勝負はついた。「表情はきびしく容赦ないようにみえるが、これこそ信頼に足る人物という印象を受けた」というのがチェンバレンのヒトラー評である。（同前、151頁）

チェンバレンがやってのけたのは、広い国境要塞を奪われた残りのチェコスロヴァキアとの同盟を保証し、英独友好宣言を起草したことくらいである。そして、飛行機から降り立つなり一枚の文書を振りかざし、これが「われわれの時代の平和」をもたらすと吹聴した。（同前、152頁）

一九三九年九月一日、ドイツ軍はポーランドに侵攻した。（……）ドイツはイギリスの機先を制して、四〇年四月デンマーク、ノルウェーに軍を進めて占領した。ついで五月、西部戦線で攻撃を開始し、オランダ、ベルギー、ルクセンブルクを占領、フランスに侵攻して、パリを占領した。（……）短期戦の連続による圧勝は「電撃戦」と宣伝されてドイツ国民に強い印象を与え、ベルリンに凱旋したヒトラーは大歓迎を受けた。軍指導者もこれ以降ヒトラーの権威に屈服するようになった。九月には三国同盟［編注：日・独・伊］が調印され、（……）（前掲『新版　世界各国史　13　ドイツ史』、327頁）

ドイツと国境を接する国のなかで、長い目で見ればポーランドほどドイツを恐れる理由のあった国はない。また、ドイツのおそろしさにポーランドほど盲目であった国もない。（……）〈回廊〉を形づくっているポーゼン（ポズナニ）、ポーランド・ポンメルン（ポモルジェ）地方を含む、ヴェルサイユ条約でポーランドに褒賞として与えられたドイツの領土のほとんどすべては、かつてプロイセン、ロシア、オーストリアがポーランド国家を滅ぼし、分割したときプロイセンが強奪したものだということを、ドイツ人は忘れていた――おそらくは思い出したくなかったのだろう。千年以上にわたってこの土地にはポーランド人が住んでいたし――いまも大部分はそうだというのに。（前掲『第三帝国の興亡　3』、12～13頁）

四一年六月、ドイツは不可侵条約を無視して、イタリア、ルーマニアなどの同盟軍とともに、三〇〇万人の兵力でソ連を奇襲した。ヒトラーは対ソ連戦がこれまでの戦争と質的にちがい、戦時国際法の枠外にある「世界観戦争、絶滅戦争」であると強調し、ソ連軍政治将校の殺害、ドイツ軍兵士の住民にたいする犯罪行為の免責などを事前に指示した。（前掲『新版　世界各国史　13　ドイツ史』、328頁）

ポーランド人にたいしては民族的再興を阻止し、労働力としてのみ利用するため、教師・政治家などの指導層の大量殺害、文化施設の破壊がおこなわれた。しかし、もっとも悲惨であったのはいうまでもなく民族序列最下位におかれたユダヤ人であった。（……）大戦終結までに犠牲になったユダヤ人は六〇〇万人をこえた。

しかし、ドイツが支配地域に与えた被害は、テロや蛮行による犠牲だけではない。ドイツはたとえば対ソ戦開始前に、数百万の現地住民が餓死することを承知で、ソ連から膨大な量の食糧調達を予定していた。そして実際、各地からの農産物や軍需産業用の工業原料の収奪、資産押収は巨額にのぼった。（同前、330～331頁）

3　民主主義破壊の代償

英仏とソ連との対ナチスドイツの軍事協約が成立しなかった原因は単に英仏の消極的な姿勢にあったのではないことが明かされていて興味深い（『第三帝国の興亡　3』171頁）。二〇世紀の独裁者が、はるか昔の部族社会においてすらなかった「暴君的な権力」を自らに与えた、という記述は実に教訓的だ（『第三帝国の興亡　4』319頁）。

ポーランド侵攻開始前のヒトラーの演説はナチスの本音を語っている。

午後〔編注：一九三九年八月二二日〕のヒトラーの講演は、主として軍の幹部を鼓舞し、前途に待ち受ける任務にたいして不屈の意思を植えつけるために費やされた。走り書きの三種類の記録は、演説のそうした性格を示している。（……）

宣伝用の開戦の理由はわたしが考えよう――もっともな理由であるかどうかは心配しなくてよい。勝者は、真実を語っていたかどうかをあとで問われることはないのだ。開戦し、戦争を遂行するために重要なのは正邪ではない、勝利することなのである。

憐憫《れんびん》から心を閉ざせ！　野獣のように行動せよ！　……八千万国民はみずからにとって正しきものをつかみ取れ。過酷に、非情であれ！　同情のきざしがあらわれたら、ならなくてはならない。……強い者が正しいのだ。……世界の秩序について考えたことのある者なら知っている、最高の者が力で勝ち取った成功のなかにこそ意味は存するということを。（前掲『第三帝国の興亡　3』、163〜164頁）

八月半ば、モスクワにおける西欧民主主義諸国とソ連の軍事交渉は事実上、暗礁に乗り上げた――（……）いま急いで仕上げなければならないのは、いかにして、どこで、何をもって、ナチの軍勢と対戦するかの細目を定めた軍事協約であった。しかし、軍事交渉の日々の進展を記したイギリスの秘密議事録と、交渉にあたったイギリス人の報告書が明かしているのは、英仏軍事使節のモスクワ派遣は、細部よりは「一般的原則」について討論するためのようだったということである。それにたいしてソ連側は、困難な、特定の――連合国側からすると――扱いにくい問題をただちに取り決めることに固執した。第一回会談でドゥーマンク将軍が宣言した連合国側の原則にたいして、ヴォロシーロフは「あまりに抽象的で実体がなく、何かをする責任を誰にも負わせないものだ。……われわれがここに集ったのは抽象的な宣言をするためではなく、完璧な軍事協約をつくるためだ」と冷ややかに批判した。（同前、165〜166頁）

当時モスクワや西欧諸国の首都で広く信じられた定説では、英仏政府はポーランドを説得するうえで何もしなかったということになっていた。が、最近公表された資料によると英仏は――十分とはいえないが――かなりのことをしていた、それにたいしてポーランドは信じられないほど愚かな反応を示したことがあきらかになった。

八月十八日、ポーランドの蒙をひらくための英仏共同の説得がワルシャワでおこなわれたが、ポーランドのベック外相はフランス大使レオン・ノエルにソ連は「軍事的に無力」であると言い、参謀総長のスタヒェヴィッチ将軍は「赤軍がポーランド国内で作戦行動をしても何の益もないと思う」と同調した。（同前、171頁）

八月二十日の午前中、ポーランド軍参謀総長はイギリスのワルシャワ駐在武官を呼び、「いかなる場合もソ連軍がポーランド領土内に入ることは認められない」と伝えた。そして、その日の夕刻、ベック外相は正式に英仏の要請を拒否した。おなじ日の夕刻ハリファックスは、ワルシャワ駐在大使を通じてポーランド外相に再考をうながし、ポーランドの態度がモスクワでの軍事会談を「ぶち壊そう」としていると強い言葉で伝えた。しかし、ベックは強情だった。「たとえ一部でも、わが国の領土を外国軍隊の使用に供するなどというのは論外である」ベックはフランス大使にそう言った。「われわれはソ連と軍事協定を結んでいない。結ぼうとも思わない」。（同前、173頁）

一九三九年七月の終わり、スターリンは、英仏が同盟というかたちで縛られることを望まないだけでなく、ヒトラーに東欧で戦争を起こさせるよう誘導することにチェンバレン政府の目的があると確信するにいたった。（……）

ひとつのことがはっきりしていた──チェンバレン以外のほとんどのひとにとってだが。それはヒトラーの一挙手一投足によって弱まり、よろめいていた英仏外交が、いまや完全に破綻したことであった。*

＊ポーランド外交も同様であった。ノエル・フランス大使はパリに電報を打って、ナチ・ソ連不可侵条約締結を聞いたときのベック・ポーランド外相の反応について報告している。「ベックは泰然自若として、いささかの動じるふうもなし。実質的には、きわめてわずかの変化しかないと信じている模様」。（……）

国際連盟加盟以来、ソヴィエト連邦は平和の旗手、ファシストの侵略にたいする指導的な反対勢力としてある種の道徳力を築き上げてきた。いまや、その道徳的資産を使い果たしたのである。なかんずく、ナチス・ドイツとの見下げ果てた取引に応じたことで、スターリンは世界的衝突に発展することがほぼ確実な戦争の開始にゴー・サインを出したのだ。彼はたしかに知っていた[*]。いまにして思えば、生涯最大の失敗であった。

＊何年も前、アドルフ・ヒトラー（Adolf Hitler）は Mein Kampf（『わが闘争』平野一郎・将積茂訳、角川文庫、一九七三年）のなかで予言的にこう記している。「ソ連と同盟を結ぶこと自体、つぎなる戦争の計画を内包している。そしてその結果はドイツの終焉となろう」（一九四三年刊行のホートン・ミフリン版、六六〇ページ参照）。（同前、184〜187頁）

数日前の八月二十三日、ベルギー国王は〈オスロ・グループ〉と呼ばれる国々（ベルギー、オランダ、ルクセンブルク、フィンランドおよびスカンディナヴィア三国）の名で、やはりラジオ放送で感動的な平和の呼びかけをし、「事態の推移に責任あるひとびとはその議論も主張も公明正大な交渉にゆだねるよう」求めた。八月二十八日、ベルギー国王とオランダ女王は連名で、「戦争を避けるという希望を抱いて」斡旋を申し出た。

こうした中立の立場での呼びかけは表現も意図もみな立派だったけれど、いま読み返してみるとどこか非現実的で、悲痛である。合衆国大統領も教皇も北欧の民主主義小国の支配者たちもまるで第三帝国とは別の惑星に住んでいて、ベルリンで起こりつつあることについては火星で何が起こっているかが理解できないのと同じだったようである。アドルフ・ヒトラーの精神、性格、意図についての無知が、そして少数の例外は別にして、どのようにしてどこへ連れていかれようと、モラルも人倫も名誉もキリスト教的人間観も関係なく盲目的に彼についていこうとしていたドイツ人についての無知が、数カ月後、ローズヴェルトやベルギー、オランダ、ルクセンブルク、ノルウェー、デンマークの君主に率いられる民衆にとってはずいぶん高くつくのである。（同前、226頁）

全面的世界大戦の出発点は何であったか。

ここで議場の議員たちは立ち上がって喝采を送り、総統の言葉は喧噪に呑み込まれた。

しばらくたって午後二時三十分［編注：一九四一年一二月一一日］、リッベントロップはいつもの冷ややかな態度でベルリン駐在アメリカ代理大使のリーランド・モリスを引見し、彼を立たせたままドイツの宣戦布告を読み上げ、それを手交してから冷たく退出させた。（……）

その日のドラマの最終幕は、ドイツ、イタリア、日本が「アメリカ、イギリスにたいする共同の戦争が成功をもって終結するまでは武器を置かない」、そして単独講和は結ばないとする「揺るがぬ決意」を宣言する三国協定に署名したことだった。（前掲『第三帝国の興亡 4』、385～386頁）

「法」になった権力者。

プロイセンの将校団にたいするヒトラーの勝利はここに完成された。かつてはウィーンの宿なしであり、元伍長にすぎなかった男が、いまでは国家元首、陸軍大臣、国防軍最高司令官、そして陸軍総司令官なのだ。ハルダーが――日記のなかで――ぐちを言ったように、将軍たちは奇矯な戦略観に基づくヒトラーの命令を届けるだけの郵便配達夫にすぎなかった。

（……）一九四二年四月二十六日、ゴム印を押すだけが仕事の議会は、彼にすべてのドイツ国民にたいする正殺与奪の絶対権力を与え、その邪魔になる法律はすべて停止する法案を成立させた。それを信じるには、その文言を一読する必要がある。


……生存か絶滅かの闘争にドイツ国民が直面している今次の戦争においては、総統は勝利を促進、達成するために役立つあらゆる権利を当然のものとして掌握せねばならない。それゆえ――既存の法規に拘束されることなく――国民の指導者、軍の最高司令官、政府首班かつ最高行政長官、最高司法長官かつ党指導者の資格において――総統は、必要とあらば兵卒であると将校であるとを問わず、官吏あるいは司法官の下級、上級を問わず、党員として指導的あるいは従属的であるかどうかの立場を問わず、労働者であるか雇用者であるかを問わず――すべてのドイツ人が義務を全うすることを、可能なあらゆる手段を用いて強制しうる立場にいなければならない。これらの義務に背いた場合、総統は慎重な審査のあと、当然受けるに値する権利を顧みることなく、規定された手続きに従うことなく、しかるべき刑罰を科し、違反者をその職、階級、地位から追放する権限を付与される。

じつにアドルフ・ヒトラーは「ドイツの指導者」になっただけでなく、「法」になったのだ。中世は言うに及ばずはるか昔の野蛮な部族社会においてすら、このような暴君的な権力を名目上も法的にも、そして実際にも自らに与えたドイツ人はいなかった。（同前、319～320頁）

当時の各帝国の版図の概略について。
大英帝国は本国の一二五倍の領土を支配していた。（前掲『ヨーロッパ　Ⅳ』、277頁）
オランダ帝国は本国の五五倍の大きさだった。（同前、278頁）
フランス帝国は本国の一九倍だった。（同前、278頁）
ベルギー帝国は本国の七八倍の大きさだった。（同前、278頁）
一番長く生き延びたのはポルトガル帝国である。本国の二三倍もあるアンゴラは、モザンビークやゴアとともに一九七五年に独立した。（同前、278頁）

暗殺計画への復讐。

血塗られた復讐

このときも、ヒトラーは言を違《たが》えなかった。

同胞ドイツ人にたいするナチの蛮行は頂点に達していた。逮捕の荒波が打ち寄せ、そのあとに陰惨な拷問、即決裁判、死刑判決がつづいた。処刑は多くの場合肉鉤《かぎ》にかけたピアノ線で犠牲者を吊るし、ゆっくり絞め殺す方法がとられた。容疑者の親族、友人が何千人と狩り集められて強制収容所に送られ、そこで多くが死んだ。身を隠している者をかくまった勇気ある少数のひとは、その場で始末された。（……）

民族裁判所における七月二十日［編注：一九四四年］の陰謀荷担者にたいする第一回公判は，八月七、八の両日、ベルリンで開かれた。（……）ゲッベルスは裁判の一部始終を撮影して軍人と一般大衆に見せしめとして――警告として――見せられるようにしろと命じていたので、被告人ができるだけみすぼらしく見えるように工夫が凝らされていた。彼らはくたびれた上着にセーターという、何ということもない普段着を着せられ、髭《ひげ》も剃らず、カラーもネクタイもつけず、ズボンをいつも引き上げていなければならないようにサスペンダーとベルトを取り上げられていた。以前は誇り高かった元帥［編注：ヴィッツレーベン元帥］はとりわけ参っているように見えた。いま彼は歯の抜けた、ひとりの老人にすぎなかった。入れ歯をはずさせられ、被告人席で首席検事の容赦ない毒舌にさらされているとき、彼はズボンがずり落ちないようにウエストのあたりをつかんでいなければならなかった。（前掲『第三帝国の興亡 5』、271〜273頁）

敗軍となった部隊の選択。

一日半たった二十八日［編注：一九四五年四月］、ヒトラーの希望――あるいは幻想――はふたたび燃え上がった。彼はカイテルに無電で連絡をとった。

「ベルリン救援を期待している。ハインリーチの部隊は何をしている？　ヴェンクはどこにいる？　第九軍はどうなった？　ヴェンクと第九軍が合流するのはいつだ？」

ライチュが描写するその日の最高大将軍は、大股で――

……退避壕のなかを歩きまわり、振りまわす道路地図を手の汗でぐしょぐしょにしながら、相手かまわずヴェンクの作戦計画について論じ立てていた。

しかしヴェンクの「作戦」なるものは、一週間前のシュタイナーの「攻撃」とおなじで、総統の想像のなかにしか存在しなかった。ヴェンク軍も第九軍もすでに解体して、存在しなくなっていた。ベルリン北方にいたハインリーチ軍はソ連軍にではなく西方連合軍につかまるようにと、急いでベルリン西方に退却中だった。（同前、378頁）

その日、五月五日、海軍新総司令官のハンス・フォン・フリーデブルク提督が、ランスのアイゼンハワー将軍の司令部に休戦交渉のために訪れた。ドイツ側の目的は最後のＯＫＷ文書にあきらかなように、できるだけ多くのドイツの軍隊と難民をソ連軍の進路から移動させて西方連合軍に降伏できるように、時間かせぎをすることだった。翌日、ヨードル将軍がランスに到着した。海軍の同僚を手伝って降伏手続きの書類を作成するためだった。しかし、それは無駄だった。アイゼンハワーは手の内を見抜いていた。（……）

アイゼンハワーが司令部を置いていたランスの小学校の小さな赤い建物で、一九四五年五月七日午前二時四十一分、ドイツは無条件降伏した。

（……）アドルフ・ヒトラーの愚行――そして盲目的、熱狂的に彼についていった国民自身の愚行――がもたらしたのがこれだった。ところが筆者がその秋ドイツに戻ってみると、ヒトラーにたいする国民の批判はそれほど厳しくはなかった。（同前、414～417頁）

本書〔編注：『ベルリン陥落　1945』〕によると、ドイツの捕虜収容所を解放したソ連兵は、ソ連軍捕虜の扱いと西側連合軍捕虜の扱いが大きく違っていたことに衝撃を受けたという。それもそのはずである。ドイツはソ連との戦いで国際法を遵守する意思はなく、西側連合国との戦いとは明確に異なるダブルスタンダードをもって臨んだ。一九四一年三月、ヒトラーは軍首脳を前に「（ソ連との）戦いは西部戦線とはまったく異なるものとなろう。東部戦線では過酷さが将来の慈悲となる」と述べている。この言葉のとおり、ドイツ軍の手に落ちたソ連軍捕虜の死亡率は五八パーセントに達し、イギリス軍捕虜の死亡率五パーセントを圧倒した。ソ連人捕虜にろくな食糧を与えず、死滅するにまかせたドイツ軍の「飢餓政策」はヒトラーの意図を反映したものであった。（前掲『ベルリン陥落　1945』、638頁、解説者石田勇治）

悲劇の大戦は終わった。

西ヨーロッパの生活文化は、さまざまなものに左右されている。自由主義的な政治風土、技術やマスメディア、特にテレビの急速な進歩、津波のようなアメリカ文化の流入などがそれである。（……）

アメリカの影響はほとんどすべての分野におよんでいるが、とりわけ、ハリウッド映画、ダンス音楽、流行の服装などに著しい。若者が男も女もジーンズをはき、映画のアイドルや、ロック・スターをまねて気取る。そういった若者ファッションやポップ・カルチャーが、ヨーロッパものみこんで完全に世界的な風潮になった。とどまることを知らない広告の波に曝《さら》され、それに操作される世界——その恐ろしさが「メディアはメッセージだ」ということばで表現され始めた。言い換えれば、大衆にはやり方次第でなんでも信じさせることができるということである。（前掲『ヨーロッパ　Ⅳ』、288～290頁）

ヨーロッパ戦線の概要。

一九四五年二月のヤルタ会談開幕の時点で、ナチスの計六八個師団が独仏国境で英米両軍と戦っていた。別のドイツ軍二七個師団がイタリアに配置されていた。これに対し、東部戦線に投入されたドイツ軍師団は一七三である。別の言い方をすれば、「英米軍が戦っている前線の長さ、そして西部に配備されているドイツ兵の数が、東部ではその三～四倍になった」のだ。

死傷者数が一段と劇的な不均衡を示していた。戦後の徹底的な調査の結果、一九四四年末までに東部戦線でドイツ兵二七四万二九〇九人が死亡したことが明らかになる。これはフランスとイタリア、アフリカを合わせたドイツ兵死傷者数の五倍以上である。終戦までにソ連兵約八〇〇万人が戦闘中に戦死ないし行方不明になったと報告されることになるが、これに対し米兵は四一万六〇〇〇人、英兵は三八万三〇〇〇人である。チャーチルが「ドイツ軍のはらわたを抜き取る主たる仕事をした」のは米国でも英国でもなく、ロシアだと結論したのは正しかった。（『ヤルタからヒロシマへ　終戦と冷戦の覇権争い』マイケル・ドブズ、三浦元博訳、白水社、二〇一三年、32頁）

ルーズベルト大統領の意思。

大統領は些細なことで議論する気はなかった。彼の最大の眼目は、米兵の死傷者を減らすことだった。極東での戦争を金輪際終わらせる「奇跡の兵器」――ニューメキシコ州の少数の物理学者たちの夢――は、未完成で実験も済んでいない。統合参謀本部は日本に対し、島を渡る長期の飛び石作戦を立案しているが、これはドイツの敗北後、一八カ月かかる可能性があると考えられている。日本本土への陸海空からの攻撃に先立ち、ロシアがアジアの戦争に加われば、米兵二〇万人の生命が救われるかもしれない。ボーレンはのちに「もし大統領が宿題をやっているか、あるいはわれわれの誰かが極東の歴史にもっと通じていたなら」、合衆国はクリール諸島〔編注：千島列島〕をスターリンに渡さなかっただろう、と認めている。だが、ロシアの参戦がもたらす利益とを秤にかければ、そうした考慮はどうでもよく思われたのである。（同前、97〜98頁）

大戦によるソ連の損害。

喫緊の課題は戦争被害を修復することだが、それは公式に認められている以上に甚大であった。不承不承ながらスターリンは、七五〇〇万人の戦死者数、および同数の民間人死者をとうとう認めた。実際は、すべての死因を含めたソ連の人命損失総数はおそらく二六〇〇万〜二七〇〇万人の間であり、このうち一〇〇〇万人は戦場ないし、捕虜収容所で死亡していた。ソ連は戦前の人口の約一四パーセント、有形資産の四分の一、そして国富のほぼ三分の一を失っていた。破壊の目録には一七〇〇以上の町、七万の村落、四万マイルの鉄道線路、それに十万の集団農場が含まれている。多くの都市が瓦礫と化していた。スターリングラードでは、無傷で残った建物は一棟だけだった。鉄鋼生産は三三パーセント、石油生産は三八パーセント、トラクター生産は七六パーセント、いずれも減少した。ロシアは事実上、強制的工業化をすべて一から再び始めなければならなかった。三〇年代に巨大な犠牲を払って達成した成果が、灰燼に帰してしまったのである。（同前、296頁）

軍事方程式を変えた原爆。

「まさに私が望んだとおりだ」と大統領は興奮した。

二人〔編注：ヘンリー・スティムソン陸軍長官とハリー・トルーマン大統領〕とも、極東における軍事方程式は原爆によって変化したと考えた。ソ連の対日参戦は、以前は数十万の米兵の犠牲を避ける唯一の道と思われたのだが、それがもはや重要でも、望ましくもなくなった。原爆は日本に降伏を強いて、ロシアが「殺戮に」加わり、見境のない領土割譲を要求するのを防ぐことになる。大統領と顧問たちはそう期待した。「ロシアが介入する前に、日本問題を片付けなければなりませんな」とはバーンズの言だった。「いったんロシアが介入すると、追い出すのは容易じゃない」。バーンズから最新情勢の説明を受け、チャーチルは「米国は当面、ロシアの対日参戦を望んでいない」と結論した。日本の最終降伏を目指す努力は、米国の空軍力および技術的能力と、中国国境に集結した赤軍陸軍兵力の競争になった。

スティムソンは、日本の古都である京都、比類ない歴史的重要性を持つ都市にその爆弾を落としてはならない、とトルーマンを説得した。大統領は、その兵器は「女子供」より「陸兵と水兵」に対して使われるだろう、と日記に書いた。米国は敵のレベルにまで堕すことはない。「ジャップが野蛮人で、非情・無慈悲で、狂信的であったとしても、われわれは公共の安寧福祉を求める世界のリーダーとして、旧都にも新都にもこの恐るべき爆弾を投下することはできない。」（同前、424〜425頁）

目標としての広島。

広島はトルーマンが言うほど「純粋に軍事的な」目標ではなかった。重要な海軍基地ではあったが、米国の爆撃手が軍需工場と民家を区別するのは不可能だ。目標指示は「日本に対する最大の心理的効果を獲得する」目的で、「都市の工業地域」を攻撃するよう明記していた。その爆弾は「直径三マイルの範囲をほぼ完全に破壊する」ことが見込まれていた。「ヒロシマは市の大きな部分に広範囲に損傷を与え得る大きさ」であるため、とりわけ魅力的な標的だった。近隣の丘は「爆発の損傷を大幅に高める集束効果」を生みそうであった。（同前、425〜426頁）

戦争の結果が截然としたものであったなら、第二次世界大戦の戦利品分配で友好的な妥協に達することができたかもしれないのだが、事情は違っていた。米露の利害は世界の多くの地域で重なり合っていた。スターリンは日本の戦後処理で、一切の発言を封じられたことを恨んでいた。トルーマンはハンガリー、ルーマニア、ブルガリアにおけるソ連支配下の体制を承認する気はなかった。スターリンはリビアでの「信託統治」――植民地を指す国際的隠語――の権利を要求した。トルーマンはベルリンでの米国の足場を手放さない覚悟だった。外交交渉では双方がこの格言に従った――「自分の物は自分の物。他人の物は取った者勝ち」。朝鮮半島、北部イラン、バルカン、消滅した第三帝国の中心部と、潜在的な火種はいたる所にあった。（同前、469頁）

以下は、ドイツの原発政策に関する最近の情報である。日本人にとっては今日的な関心事である。

他方、はじめて連立政権に加わった緑の党が、シュレーダー政権の政策に、コール政権には期待しえなかった新しい要素をもたらした。まずは環境税が導入され、企業の年金保険料負担を一部代替することになった。続いて緑の党は、原発の即時停止を求める党内強硬派をおさえ、原発の平均寿命を三二年とする政府と電力会社間に結ばれた妥協を受け入れた。その結果、エネルギー政策は、電力供給の三割を占める原発を全廃する方向へと転換された。（前掲『新版　世界各国史　13　ドイツ史』、406頁）

第五章　戦後七〇年の「いま」に語りかけるもの

1　瀕死の民主主義

むのたけじ氏の発言は「君が代」問題を考える際のひとつの示唆を与えている。ここでも大切なことは戦前の日本の歴史と戦争体験が受け継がれているかどうか、そうでなければ国民大多数の共感は得られないことを示している。

その他、この節で引用した証言、記録は、自らの戦争体験にもとづいて戦後の民主主義を支えてこられた多くの方々だ。

戦争への反省　歴史も知って

そもそもなぜ、君が代斉唱で起立しない教員がいるのか。大正生まれのジャーナリスト、むのたけじさん（九六）に聞いた。――

私が子どもだった頃、君が代が国歌だという意識はなかった。小学校で唱歌として習って、運動会で歌っていた。ちょうど今、スポーツの大会で歌うみたいにね。それが、満州事変の頃から性格が変わった。祭日ごとに学校に日の丸を掲げて、みんなで君が代を歌うようになった。歌うことで「天皇陛下の御代が永遠に続きますように」という気持ちが高まる。天皇陛下のために、みんなで戦争を戦った。君が代はまさに、学校教育の一部として、軍国主義とともに広まった歌だった。当時教員だった人たちには、そうやって教え子を戦場に送ってしまったという痛切な反省がある。そういう思いで戦後、君が代の斉唱を拒む運動が広がったんです。そういう歴史があることは、いまの若い人にも知っていてほしい。今、君が代斉唱で起立を拒んでいる教員たちは、その時代を直接知っているわけではないだろう。でも、その思いを先輩たちから引き継いでいるんだと思う。不起立を貫いている教員はごく少数だという。でも、違和感を感じながら起立している教員もいるはず。たとえ少数だとしても、一人ひとりの意見を大事にしなきゃダメだ。一人ひとりを粗末にしてしまったことが、先の戦争につながった。私はそう思う。（「朝日新聞」二〇一一年五月二六日）

「公務員は多すぎる」は本当だろうか？

実は少ない日本のお役人

「お役人が多すぎて困る」と大抵の人は思っている。小泉首相はこの国民感情をよく知っていた。郵政民営化で〈正規の国家公務員約二六万人〉を削減できると呼びかけ、先の総選挙で圧勝した。ところで今の日本、公務員は何人いるのか。国家公務員が九七万人、地方公務員が三〇八万人。合計四〇五万人（行革推進事務局）というのが、日本の正規公務員の総数らしい。だから郵政を民営化すると、国家公務員の四分の一が一挙に減る。（……）現在、日本の人口一〇〇人あたり公務員数は三・三人。外国はどうか。アメリカは八・一人、イギリスは七・三人、フランスが九・六人でドイツは五・八人（〇一年、総務省調べ）。意外にも、日本は公務員が少ない国に類する。（茨城大助教授・磯田道史）（「朝日新聞」昔も今も／政府の大きさ①　二〇〇五年一〇月八日）

遠くなる戦争体験（民主主義の劣化）。

「非国民！」絶望感かみしめた／福祉財団理事長・元検事　堀田力（七七）

――何になりたかったですか

小説家です。国民学校五年のとき、継母の実家（兵庫県）に疎開し、そこで、いじめ、飢え、つらい日々でした。ただ、勉強は乾国民学校の方が進んでいたので、学校の成績は「優」ばかりでしたが、体操ができないので、そのたびに「非国民！」と言われ、天皇陛下の写真が収めてある奉安殿の前で、兵隊からめちゃくちゃに殴られました。「戦争を終わらせてくれる神風はいつ吹くのか」と絶望感をかみしめました。教師が「何になりたいか」と問い、全員が「軍人！」と答えたのに、私だけが「小説家！」と答えました。すると、「非国民！」と言われ、また教師に叩かれました。軍靴一色のこんな世の中、抜け出したい一心でした。(「朝日新聞」人生の贈りもの　二〇一一年六月一四日)

正義感の喚起を　反戦・平和主義の原点／京都産業大教授　益川敏英

ノーベル物理学賞を受賞した京都産業大教授の益川敏英さん(六九)といえば、受賞の記者会見で「大してうれしくない」と第一声を発するなどちゃめっ気のある学者との印象を国民に与えている。しかし、「国が引き起こす戦争を絶対に許せない。子どもに戦争を体験させたくない」と訴える平和主義の学者でもある。反戦・平和主義の原点、憲法九条への思いなどを、六二回目の憲法記念日(五月三日)を迎えるのを前に聞いた。(……)

――ノーベル賞受賞記念講演で、「父親が営む小さな家具工場を自国が引き起こした悲惨で無謀な戦争で無に帰した」と触れた理由は。

言うべきだと決めたのは自分の物理屋としてのスタンスです。坂田先生の流れからすれば言わなきゃいかんだろうなと。(……)

――作家の大江健三郎さんらが作った「九条の会」に連動し、〇五年三月に発足した「『九条の会』のアピールを広げる科学者・研究者の会」の呼び掛け人の一人ですね。

今の憲法九条で自衛隊はソマリア沖まで行く。九条でできないことは交戦権だけ。僕はなんでもかんでも(反対)じゃなくて、抵抗権みたいなものはあると思う。でも、それ(交戦権)はないだろう。憲法改正を言う人はそれが欲しいんだと思う。(……)国と国の利害関係の衝突があって、思うようにいかないから、言うことを聞かせようと戦争を始めるわけね。だから戦争をしなくても解決の方法は絶対あるはずだと思う。交渉だから多少は譲歩しなきゃいかんことが出てくるかもしれないけど、戦争をして大きな災禍を被ることを思えば、譲歩ぐらい簡単なことだと思う。（「毎日新聞」聞きたい　二〇〇九年四月二七日）

日本の戦争の結果――戦後史の正体。

このように日本の軍部は、開戦時に甘い見通しを立てて苦い経験をしていながら、敗戦時もまた、自分の都合のいいように情勢を判断していたのです。それで苦しむのは国民のほうですから、まったくたまったものではありません。

そしていよいよ戦況がどうしようもなくなると、最後は「玉砕《ぎょくさい》する」「自害する」。それが責任のとり方でした。阿南陸相は八月一五日、陸相官邸で自刃します。「一死をもって大罪を謝し奉る」が遺書の文句です。しかし申し訳ないが、「一死」では「大罪」をつぐなえないのです。（『戦後史の正体　1945-2012』孫崎享、創元社、二〇一二年、25頁）

元CIA長官がイタリアへの裏工作の手口を本に書きました。

同じような裏工作は、当然、日本にも行われていたと考えられます。

米国の対外工作の中心は、みなさんもよくご存じのCIAです。その元長官であるW・E・コルビーが著書のなかで、第二次大戦後、CIAがイタリアで行なった裏工作について次のようにのべています。少し直訳調で少しわかりにくい文章ですが、日本の戦後史を知るうえで非常に重要な証言ですので、がまんして読んでください。

「秘密チャネルによる直接的な政治的、準軍事的援助によって『干渉』することは、数世紀にわたって国家関係の特徴となってきた。（略）各国は自衛のために武力を行使する道徳的権利をもち、その目的に必要な程度の武力行使を許されている。もしもそのような軍事的干渉が許されるなら、同じ状況下でそれ以下の形での干渉は正当化されよう」（『栄光の男たち――コルビー元ＣＩＡ長官回顧録』政治広報センター）（同前、12頁）

「これらの活動で根本的に重要なことは秘密保持である。米国政府が支援しているとの証拠がでては絶対にいけない。そのため、金にせよ、（略）たんなるアドバイスにせよ、援助はＣＩＡと何の関係もなく、米国大使館とも関係のない第三者を通じて渡された」（同前）

これが原則です。だから基本は、証拠は絶対に表に出ないのです。しかし現実には裏工作は存在する。「証拠がないからそれは陰謀論だ」などといっていては、話にならないのです。

スパイは謎が多い人生を送ります。なにげなくコルビーをインターネットで調べてみました。水死しています。作家Ｚ・グラントは、コルビーは殺されたといっています。（同前、13頁）

それでは日本と戦った米国、英国、中国、ソ連は、どの時点を日本との戦いの終わりとみているでしょうか。私は米国や英国の外交官に友人がたくさんいます。彼らに「日本と連合国の戦争がいつ終わったか」と聞くと、だれも八月一五日とはいいません。かならず九月二日という答えが返ってくるのです。

米国のトルーマン大統領は、九月二日の降伏調印式の直後、ラジオ放送を行ない、その日を「対日戦争勝利の日」と宣言しました。そして、

「われわれは真珠湾攻撃の日を記憶するように、この日を『報復の日』として記憶するだろう。この日からわれわれは安全な日をむかえる」

「日本の軍閥《ぐんばつ》によって犯された罪悪は、けっして償《つぐな》われもせず、忘れられることもないだろう」とのべています。（同前、19～20頁）

一九四五年九月二日、東京湾に停泊していた米国戦艦ミズーリ号で降伏文書への調印式が行われました。ミズーリ号を調印の場にするというのは、トルーマン大統領自身が決めていた計画です。いったいなぜか。答えは、「日本の首都から見えるところで、日本人に敗北の印象を印象づけるために、（略）米艦隊のなかでもっとも強力な軍艦の上で行う」（『トルーマン回顧録』）

というのが、戦艦ミズーリ号が選ばれた理由でした。（同前、28頁）

思えば吉田首相は、占領下の首相に実にふさわしい人物でした。ある意味で占領中の彼の「対米追随路線」は、しかたなかった面もあるでしょう。問題は彼が一九五一年の講和条約以降も首相の座に居すわりつづけたことです。その結果、占領中の対米追随路線が独立後もまったく変わらず継続され、むしろ美化されて、ついには戦後六〇年以上もつづくことになってしまった。ここが日本の最大の悲劇なのです。（同前、56頁）

占領の初期、昭和天皇をめぐってさまざまな議論がありました。当時の米国の国内世論を見ると、天皇に対する評価はかなりきびしいものがあります。一九四五年六月にギャロップ社が行なった天皇のあつかいに関する世論調査は次のようなものでした。

処刑：三三％
戦争犯罪人としての裁判：一七％
収監：一一％
国外追放：九％
無実（たんなる飾りだった）：三％
（"How wars end" Gideon Rose）（同前、56〜57頁）

占領時代、日本は米軍駐留経費として大変な額を支払っています。このとき米国に減額を求めて追放されたのが石橋湛山で、米国のいうとおりにしたのが吉田茂でした。

占領時代を象徴するのは、日本政府が負担した米軍駐留経費です。予算上は「終戦処理費」という名目になっています。日本政府は一体どれくらいの経費を負担していたでしょうか。

	金額	一般会計の歳出にしめる割合
一九四六年	三七九億円	三二%
一九四七年	六四一億円	三一%
一九四八年	一〇六一億円	二三%
一九四九年	九九七億円	一四%
一九五〇年	九八四億円	一六%
一九五一年	九三一億円	一二%

（『国史大辞典』吉川弘文館）

日本は敗戦後、大変な経済困難にあります。このなかで、六年間で約五〇〇〇億円、国家予算の二割から三割を米軍の経費にあてているのです。ちょっと信じられないような金額です。（……）

こうして抵抗した石橋湛山は、GHQによって一九四七年五月一六日、公職追放されてしまいます。石橋の側近だった石田博英は次のように書いています。

「石橋蔵相が力を入れた問題に終戦処理費の削減がある。

当時は国民のなかに餓死者が出るという窮乏の時代にもかかわらず、進駐軍の請求のなかに、ゴルフ場、特別列車の運転、はては花や金魚の注文書まで含まれていた。総額は六〇億ドルになると記憶しているが、石橋蔵相はあらゆる手をつくして、それを削減した。

『私が終戦処理費の削減を強力に主張したので、それが司令部の憎むところになり、追放をうけたと風説するものがある。しかしそれは誤りだ』

石橋先生はこう否定しているが、〔私は〕この終戦処理費削減問題こそ、石橋追放の原因と信じている。（略）終戦処理費削減などの問題で、日本の立場を堂々と主張してGHQの反感をかったこと、そしてそのようにGHQに反抗する石橋蔵相に国民的人気が集まり、自由党内で重きをなすにいたったことにGHQが危惧を抱いた点にあると私は考えている」（『石橋政権・七十一日』行政問題研究所出版局）（同前、63〜65頁）

一世紀前のウェーバーの言葉をみてみよう。

ドイツでは、政治機構の長である大臣だけが、このような近代的専門官吏制度に特有のメルクマールを必要としない。すでに旧制度下のプロイセンでも、文部大臣には大学教育をまったくうけなくてもなれたが、本省の首席参事官には原則として所定の試験に合格していることが必要であった。もちろん専門訓練をうけた局長や参事官の方が――たとえばアルトホフ時代のプロイセン文部省のように――自分の専門に関する本来の技術的問題にかけては、大臣など比べものにならぬくらい精通していた。その点イギリスでも変わりなかった。だから、彼らの方が日常的な問題については大臣より実権をもっていたし、このこと自体、決して理屈に合わぬことではなかった。（『職業としての政治』マックス・ヴェーバー、脇圭平訳、岩波書店、一九八〇年、33〜34頁）

政治の責任を官吏つまり公務員に負わせて平然としている政治家が続出している。しかしすでに一〇〇年前にウェーバーは語っている。

党派性、闘争、激情――つまり憤りと偏見――は政治家の、そしてとりわけ政治指導者の本領《エレメント》だからである。政治指導者の行為は官吏とはまったく別の、それこそ正反対の責任の原則の下に立っている。官吏にとっては、自分の上級官庁が、――自分の意見具申にもかかわらず――自分には間違っていると思われる命令に固執する場合、それを、命令者の責任において誠実かつ正確に――あたかもそれが彼自身の信念に合致しているかのように――執行できることが名誉である。このような最高の意味における倫理的規律と自己否定がなければ、全機構が崩壊してしまうであろう。これに反して、政治指導者、したがって国政指導者の名誉は、自分の行為の責任を自分一人で負うところにあり、この責任を拒否したり転嫁したりすることはできないし、また許されない。（同前、41頁）

一九世紀イタリアで――カヴールの努力。

中道右派に位置したカヴールは、一八五二年に中道左派のウルバーノ・ラッタッツィと提携して議会の多数派を形成し、首相に任命された。中道右派と中道左派の提携は、保守派から「結婚《コンヌービオ》」と揶揄《やゆ》されたが、一方で守旧派の抵抗を排し、他方で民主派の活動を封じ込めながら自由主義的改革を進めるうえで、カヴールは議会を中心とする政治の展開を重視し、議会運営での多数派の確保に執着した。（前掲『新版　世界各国史　15　イタリア史』、387頁）

ドイツ軍将校の最後の良心。

青森で米兵が女性抱きつき　容疑で逮捕

青森県警八戸署は二日、同県八戸市で未成年の女性に後ろから抱きつくなどしたとして、強制わいせつ容疑で、在日米軍三沢基地所属の米兵（二二）を逮捕した。調べによると、米兵は二日午前三時四十五分ごろ、八戸市の道路上で女性に抱きつき、尻を触るなどした疑い。目撃者がおり警察が緊急配備をしていた。（「京都新聞」二〇〇八年五月二日付）

これは米軍基地のあるところでは珍しくない話。ところが、この記事の下に次の死亡記事が載っていた。

ヒトラー暗殺未遂　フィリップ・フライヘル・フォン・ベーゼラガー氏　**（ヒトラー暗殺未遂事件に参加した最後の生き残り）**

DPA通信によると、家族が一日に死去したことを明らかにした。九〇歳。将校としてナチスによるホロコースト（ユダヤ人大虐殺）への反発から、シュタウフェンベルク大佐を首謀者とする一九四四年七月二〇日のヒトラー暗殺未遂事件に加わった。暗殺失敗により処刑、殺害された関係者は一六〇人に上るとも言われるが、供述から名前が漏れず追及を免れた。（ベルリン時事）（同前）

一九四四年七月二十日のクーデター

（……）七月十六日、日曜日の晩、シュタウフェンベルクはヴァンゼーの自宅に、わずかばかりのごく親しい友人と近親を招いた。（……）西部ではいまにもドイツ軍が崩壊しそうなこと、それより重要なのはロンメルが、ヒトラー暗殺にはいまも反対ながら、クルーゲの態度がどう転ぼうとも彼自身は陰謀を支持していることを報告した。長時間の討論のあとで若い陰謀者たちは、いまやヒトラーを亡き者にするのが唯一の脱出口であると結論した。この時期になると、自分たちの必死の行為がドイツを無条件降伏から救うなどという幻想は抱いていなかった。西方民主主義国家にたいしてだけでなく、ソ連にたいしても無条件降伏を受け入れざるをえまいという意見が大勢を占めてすらいた。重要なのは外国の征服者によってでなく、ドイツ人の手でドイツをヒトラーの圧政から解放することだった。（前掲『第三帝国の興亡 5』、224〜229頁）

一九四四年七月二十日午後、両ファシスト独裁者の最後の会見にはどこか奇妙で異様な趣があった。（……）しかし、失墜したイタリアの暴君に寄せる総統の友情と敬意はいっこうに変わらず、健康状態の許すかぎり温かくもてなし、数時間前には自分の命が奪われるところだった、まだくすぶっている戦況会議棟《ラーゲバラッケ》の残骸を案内し、自分たち共通の大目的はかずかずの挫折にもかかわらず成就するだろうと予言した。（同前、244頁）

午前一時直前［編注：一九四四年七月二十一日］、アドルフ・ヒトラーの嗄れ声が夏の夜空で炸裂した。

親愛なるドイツの同志諸君

今日ここで諸君に語りかけるのは、第一にわたしの声を聞いてわたしが無事であることを知ってもらいたいからであり、第二にドイツの史上でも類のない犯罪について知ってほしいからである。

無責任かつ無分別で愚かな将校の小集団が、わたしとOKWの参謀を抹殺する陰謀を企てた。(……)これら簒奪者《さんだつしゃ》一味はきわめて少数で、ドイツ国防軍の精神とも、ましていわんや国民一般とも共通のものはまったくない。(同前、270～271頁)

裁判のフィルムは連合国側に発見された(筆者はニュルンベルクで上映されたときにはじめて見た)が、処刑の情景を写したものはついに見つからなかった。おそらくは敵の手に落ちるのを恐れて、ヒトラーの命令で処分されたのだろう。アレン・ダレスによれば、二本のフィルム――もとは一六万フィートあったが、四万二〇〇〇フィートに縮められた――はゲッベルスによって一本にまとめられて、陸軍の一部の観客に教訓と見せしめとして上映された。しかし軍人たちはそれを見ることを拒み――リヒターフェルデの士官学校では上映がはじまると生徒たちは出ていったという――まもなく配給されなくなった。(……)

死亡者名簿は長大なものである。ある資料によれば、死者は四千九百八十名にのぼる。ゲシュタポの記録では逮捕者七千名である。(同前、275～277頁)

誇り高きドイツ陸軍将校団の屈辱は如何ばかりであったろう。ヴィッツレーベン、クルーゲ、ロンメルと光り輝く元帥の三人までが最高大将軍を打倒する陰謀に荷担し、ひとりは縛り首となり、ふたりは自殺に追い込まれた。

(……)七月二十四日、従来の軍隊式敬礼に替えてナチ式敬礼が国防軍に強制されることになった。「陸軍の総統への不動の忠誠と、陸軍と党との緊密な団結のしるし」としてである。(……)

知られているかぎりでは、ひとりも辞任を申し出なかった。

これをもって「自主的存在としての参謀本部の歴史は終わりを告げたと言えよう」と、あるドイツの軍事史

家は言った。（同前、291〜294頁）

ナチスに皆が従っていた訳ではなかった。

肝っ玉母さんの自慢話は、まだつづく。

　戦時中、わたしたちはロシアの放送を聴きました。外国放送の傍受はきびしく禁止されていました。主人はびくびくしていました。……ドイツの飛行機が、上空から監視していて、だれが傍受しているか見つけだすことができるといわれていたからです。でも、わたしは平気でした。……夜中の十二時ごろ、ロシアの放送がはじまります。わたしはおきて、それを聴きました。つぎの日の朝、父に〔放送の内容を〕話しました。父は戦局がどうなっているかを知って、喜びました。わたしは、性格が父に似てくるように思いました。わたしは、いまでも政治に興味があります。

彼女の父親は、たぶん共産党員だったのであろう。ソ連の放送の傍受が、たんに戦局がどうなっているか知ること以上の政治的行為として、ここでは語られている。外国放送を聴くことは、一九三九年九月一日の「ラジオの非常措置にかんする命令」により、意識的な戦線離脱行為とされた。（前掲『ナチズムの記憶』、280頁）

ケルレ村でも外国放送が傍受されていた。

　どんな言葉でも、口にするときには、用心しなければならなかった。まただれにたいしてでも、用心しなければならなかった。さもないと引っぱられていった。それが一九三三年から三九年までの時代になって、いちばんかわったことだった。……しかし、多くの人びとがしていたのは、外国放送をひそかに聴くことだった。わたしの母は、はじめからそれをやっていた。夕方、仕事をおえてカッセルから帰ってくると、わたしは、口をすっぱくして母に、放送を聴いたら、ダイヤルを元にもどしておくようにいわなければならなかった。もし、だれかがそれを知ったら、強制収容所送りになっただろうからだ。

こう語るのは、熱狂的なヒトラー少年だった牛農家の息子である。彼は、ナチ党員なのに、母親は敵国放送を傍受しており、息子は密告をおそれてそれを隠している。（同前、280～281頁）

ナチスのイデオロギーがハンザの伝統を自分のものにしようと大変な努力を払ったのは、当然のことだった。（……）しかし、これははなはだしく事実を歪めている。ドイツ史では、ハンザの伝統はその後現れたプロイセン主義、民族主義、帝国主義とは明確な対照をなし、ヨーロッパ史においては、健全な地方自治、国際協力、そして相互繁栄にもとづく未来をもとめるすべての国にとって、目標となる明かりのごとき存在である。（『ヨーロッパ　Ⅱ　中世』ノーマン・ディヴィス、別宮貞徳訳、共同通信社、二〇〇〇年、90頁）

政治家の見識、矜持――後藤田正晴と野中広務。

防衛問題を考える時忘れてならないのは、絶えず足許をみつめることである。外国の不法侵略に対しては国家、国民があくまでも闘い、自衛隊にはその先頭に立つという気概と態勢が前提になければならない。「シーレーン防衛」にしても、旧帝国海軍にして見果てぬ夢に終わった考え方であったのではあるまいか。自衛隊はそれをどのように実現しようとするのか。

私は、国連軍に対する自衛隊の派遣にも賛成できない。国際紛争の際に、国連の活動として国連が第三国に武装部隊の派遣を求め、平和維持に当たるのが国連軍だ。だから、それに派遣するのは構わないではないかという考えはわからないではないけれども、私は次の二つの点を強く危惧しているからである。

第一点は、紛争地帯では、どのような事態が起こるか予測が困難で、自衛隊の諸君が何百名も攻撃を受けて殺されるという最悪の事態もありうるということだ。

国内では、攻撃した側に対する反感から、国連軍の自衛隊を増強せよ、という世論が高まるのは間違いない。その場合、政府が「国連の指揮下に入っているのだから関知しない」という態度を貫くのは極めて難しいと思う。政府が世論に迫られて国連軍の自衛隊を増強する事態になれば、それが海外派兵の端緒になりかねない。

もちろん、武装部隊の派遣以外の民生関係や選挙監視などに協力するのは当然だ。この私の考え方は、国際社会では通用しないという人がいるが、自衛隊を派遣した時に攻撃を受けないという保証は一つもないのだから、いかに苦しい立場に立たされても、武装部隊は海外には派遣しないという原則は守り通してもらわなければならないと思う。

第二の点は、国連軍も長い間には、当初の姿とは違ったものに変わることもあるということだ。例えば、韓国の国連軍には、最初の頃は他の国も加わっていたはずなのに、現在では米軍だけになっている。私は寡聞にして、何故そうなったかを知らない。

これはあくまでも一例であって、激しく変動する国際情勢の中では、国連軍といえども、よほど慎重に考えておかなければならないのである。（……）

いずれにしても、私たちのように戦争を体験した世代が国の指導者である限り、再び戦争に巻き込まれるようなことは絶対にさせない。また、それと同時に、戦争を知らない次の世代が誤ることのないように、平和外交に徹しうる国家の体制を築くのが、私たちの責任だと痛感する。（『政治とは何か』後藤田正晴、講談社、一九八八年、100〜102頁）

ところで、この種の話にも行き過ぎはある。米の輸入も自由化せよという要求が出ているが、これは別ものとして考えなければなるまい。

日本は穀物の自給率が三〇パーセントくらいしかなく、世界一の食糧輸入国である。食料品の輸入が止まったら、たちまち手をあげざるをえない。にもかかわらず、国民が安心して生活しているのは、主食である米が自給自足できるからではないか。

米の自給自足体制を維持するのは国の存立にかかわる国益であって、これだけは譲るわけにはいかないのである。

フランスを中心とするＥＣだけでなく、多くの国で農産物の保護政策がとられているのは、それだけ農業の比較生産性が低いからである。日本の農業はより劣悪な生産条件の下に置かれているのだから、一定限度の保護政策は国際的にみても許されるのではないだろうか。（同前、152〜153頁）

長い間、日本では〝官尊民卑〟の考え方が続いてきた。しかし、最近ではその裏返しとして、役人の悪口さえいえば世間が拍手喝采をするような風潮がある。私はこの風潮と行政改革が結びつくことを特に恐れてきた。それは、日本は、役人が高い志気を維持し、公務に精励するようでなければ、とても成り立って行けないと考えているからである。（同前、157頁）

以下、野中の小沢、新進党に対する見方に必ずしも同意するわけではないが。

平成八年三月に行われた参院岐阜補欠選挙で小沢さんが率いる新進党は防衛大学出身の制服組幹部を候補者として擁立した。自衛隊出身者が立候補してはいけない理由は憲法上の規定からいってもどこにも見当たらない。しかし、これまで、制服組幹部が直接政治に出るというコースは自民党の中にはなかった。それは、シビリアンコントロールにたいする暗黙の合意があったからだ。

日本国憲法を貫く基本的な理念は恒久平和であり、自衛隊に対してはシビリアンコントロールが大原則だ。新進党が制服組の利益代表みたいな印象を与えることは日本の民主政治にとっても、自衛隊にとっても必ずしもプラスではない。

小沢さんの防衛庁の制服組に対する際立った思い入れに危惧を抱くのは私一人ではないと思う。（前掲『私は闘う』、99頁）

あれだけの騒ぎを経て決まったんだから変えるにしても一回やってみてからという人もいる。しかし、私はこの制度というのは一回やってしまったら、もうそれで決まりということになるのではないかと恐れている。選挙の結果、自民党が社会党とあわせて政権をとればいいが、問題は新進党が政権をとった場合である。これは自民党の中にも手を入れてくる。次の選挙ではおまえの選挙区には対抗馬を出さない。だから、こっちへ来いと言ったら、私みたいな頑固な者は別として若い連中は皆、怖くて向こう側に行ってしまうと思う。そうなった時、二大政党ではなく巨大な一党が独裁するという事態になる。しかも小選挙区という制度がこれを不可逆的なものにする。

私はこの制度をいまからでも遅くはない、大胆に見直すべきだと思っている。すでに、平成七年秋の臨時国会で投票方式を「記号式」から「自書式」に変えることを決めたが、中選挙区制度への復帰も含めて検討すべきだ。（同前、104～105頁）

戦前の私たちは知らないうちに、教育をされ、戦争に突入していった。私はこうした民族性に恐怖を感じる。私たちの世代は、暗い時代の思い出ひとつずつが、現在のＰＫＯ（国連平和維持活動）の派遣だとか、常任理事国にどうしても入ろうとして無理をする動きだとか、「普通の国」といって世界の列強と同じようなつきあいを求めようとするやり方だとかにダブって見えてくる。（同前、198頁）

私もこの青年団運動で、荒れ果てた故郷の町を再び興すことができれば、と考えた。

私たち青年団が力を入れたのは、まず民主主義を勉強しようということだった。そのために「模擬議会」というものをやった。青年団の若者が集まって、それぞれ町長、議長など配役と議題を決めて、与野党にわかれて論陣をはるのである。それを沢山の町民が見にきた。民主主義の風は京都の片田舎の町にも吹いてきたのである。（同前、201～202頁）

町議になった翌年の昭和二七年、私は勤めをやめている。ただ、政治を目指すならば、自分たち家族が食える程度の収入がないと卑しくなると思ったので、会社に席をおいて、政治と家業を分けて今日に至っているわけだ。（同前、204頁）

欲があるから、好きなこと、正しいことが言えなくなるのである。他の議員が小沢さんを怖がるのも報復が怖いからだ。しかし、報復といっても、政治家ではなくなるぐらいである。そこのところの覚悟を決めてしまえば、少なくとも差し違えるぐらいの勝負はできるだろう。

また、せっかく国政を担う政治家になったのであれば、自分の保身のために、言いたいことも言わない、したいこともしないというのは馬鹿げている。政治家は票を入れてくれた選挙民の負託を受けてきているのである。自分の保身や野心のために働いてはいけない。己を虚しくして、公共のために奉じなければならない。（同前、219～220頁）

政治家の覚悟――敗北を予期したとき。

そして天下分け目の参議院議員選挙。

私が言うのもなんですが、ほぼ自民党は負けるでしょう。勝てる要素がありません。まず、「振り子の原則」からすると、郵政解散総選挙で自民党が勝ちすぎたので、今度は負ける。日本人はバランス感覚があるからです。もう一つは小泉改革で伝統的自民支持層が崩れてしまった。地方で負ける。（二〇〇六年一〇月二日　舛添要一参議院議員「日本政策アカデミー」第三回講演）（前掲『自民党の底力』、89頁）

今日、こうして、**私はもう総理を辞めたんですよ。辞めたにもかかわらず、なんですか、この大勢の人は！**

（……）この選挙は自民党に厳しい。自民党は、仮に政権交代の嵐に呑み込まれて、野党になっても、国会議員、中川泰宏は必要なんです。（小泉元総理の演説、二〇〇九年八月、京都市にて）（前掲『選挙演説の言語学』、140頁）


（ジョージ・）ブッシュ政権というのは、クリントンのやったことは全部否定するという考えを持っております。クリントン政権時の合意に従いまして、KEDO（朝鮮半島エネルギー開発機構）という国際機関が北朝鮮の軽水炉を建設中だったんですが、これが中止になったんですね。

そして二〇〇二年一〇月、北朝鮮が濃縮ウラン開発に着手したと発表した。私は、これは疑わしいと思うんです。構想はあっても着手はしていないと。

いずれにしてもそんなことを言ったものですから、枠組み合意違反ということでKEDOを解散してしまった。これに対し北朝鮮は反発しまして、改めて核開発をするということで核危機が起こったわけでございます。

（……）

要するに人類の平和と安全のためにブッシュ政権は何をしたのかと言うと、逆噴射させただけだと。（……）ユダヤ人というのは非常に優秀な民族でございまして、二〇世紀の文明はすべてユダヤ人が関わった。自然科学のアルベルト・アインシュタイン、人文科学のジークムント・フロイト、社会科学のカール・マルクス、全部ユダヤ人であります。それくらい優秀な民族なわけです。（二〇〇七年三月一二日　山崎拓前自民党副総裁「日本政策アカデミー」第一二回講演）（前掲『自民党の智慧』、50〜53頁）

過去において、君主、征服者、成功した党首がその部下に与えた報酬といえば、封邑《レーニン》・土地の贈与・各種の俸禄《プフリュンデ》であり、貨幣経済の発達につれてとくに役得《シュポルテル》プフリュンデが典型的なものとなっていったが、今日、政党指導者が忠実な奉仕に対して与える報酬は、政党・新聞社・協同組合・健康保険組合・地方団体・国家における各種の役職である。政党間のすべての争いは本質的《ザッハリッヒ》な目標をめぐる争いだけでなく、とりわけまた、官職任命権をめぐる争いでもある。

（……）ところがこういう傾向に対立しているのが、近代的な官吏制度の発達である。長期間にわたる準備教育によってエキスパートとして専門的に鍛えられ、高度の精神労働者になった近代的な官吏は、他方で、みずからの廉直の証しとして培われた高い身分的な誇りをもっている。もし彼らにこの誇りがなかったら、恐るべき腐敗と鼻もちならぬ俗物根性という危険が、運命としてわれわれの頭上にのしかかり、それによって、国家機構の純技術的な能率性（経済に対するこのような国家機構の重要性は、とくに社会化の進展につれて絶えず高まり、今後もますます高まっていくであろう）までが脅かされることになろう。（前掲『職業としての政治』、26～28頁）

米国司法の良識。

なお、二〇〇六年六月二九日には、米連邦最高裁が、議会の承認を得ずにグアンタナモの特別軍事法廷でテロ容疑者を裁くのは行政府の越権であり、米国軍事裁判法と戦争捕虜の取り扱いを定めたジュネーブ条約を侵害するものであるとして、違法判決を下している（二〇〇六年六月三〇日付USAトゥデイ電子版記事）。（前掲『諜報機関に騙されるな！』、111頁）

悪用される民主主義。

ヒトラーには、権力掌握にいたるまでの見取り図などというものはなかった。ただ、袋小路に追い詰められたら、どうすれば伝統的支配層による包囲網を爆砕できるかという方法を知っていたに過ぎない。総選挙という奥の手である。（前掲『ヒトラー独裁への道』、383頁）

2　戦争は語り継がれるか

本節は勝海舟『氷川清話』からはじまる。

日清戦争に勝ったことが日本にとって不利益となったと海舟は見ているが、興味深い記述。明治維新後、大陸に侵攻することが一致した国論であったかのような議論がまかり通っているが、長州征伐の際の流血をさけた動きや江戸城の無血開城に奔走した海舟ならではの思想が語られている。当時の「支那」にけっして幻想は抱いていなかったこと、その上で日清韓の連携を目指したことは高く評価すべきではないかと思う。ちなみに海舟は「足尾鉱毒事件を手厳しく批判し田中正造を支援」（『日本歴史人物事典』朝日新聞社）した。記憶されるべきだろう。

伊藤博文「わが国憲法の機軸」。天皇が無制限の国の支配権を握るという明治憲法の説明として特徴的な文章ではないかと思う。「徒に濫用を恐れて君権の区域を狭縮せんとするが如きは、道理なきの説と云はざるべからず」とあるが、この考えにこそ「道理」があったとは言えないだろう。

『私の昭和史』からいくつか引いた。そのうちの「面会」――この手記も涙なしには読めなかった。五年前、戦時徴用年金手当が九九円、元朝鮮挺身隊女性に支払われたという報道があった。七〇年前の九九円がどれくらいの値打ちがあったのかに関してこの手記に参考になる記述があった。年代は少しずれるが「夫婦と子供一人で十円もあれば一カ月の生活は出来た」とある。

「湖北の禅僧」――この短い手記には当時の日本の兵士たちが中国で何を考え何をしていたのか、つまりは日本軍が何をしたのかがあざやかに語られている。略奪、強姦になんのためらいもない姿が浮き彫りである。

まず、勝海舟による『氷川清話』の一部。一八九五（明治二八）年頃、戦争の真っ最中に海舟は日清戦争反対論を主張している。

日清戦争論と中国観／おれは大反対だったよ

日清戦争はおれは大反対だったよ。なぜかって、兄弟喧嘩だもの犬も喰わないヂやないか。たとへ日本が勝ってもドーなる。支那はやはりスフィンクスとして外国の奴らが分からぬに限る。支那の実力が分かったら最後、欧米からドシドシ押し掛けて来る。ツマリ欧米人が分からないうちに、日本は支那と組んで商業なり工業なり鉄道なりやるに限るよ。（……）

おれなどは維新前から日清韓三国合縦《がっしょう》の策を主唱して、支那朝鮮の海軍は日本で引き受くる事を計画したものサ。今日になって兄弟喧嘩をして、支那の内輪をサラケ出して、欧米の乗ずるところとなるくらゐのものサ。

日清戦争の時、コウいふ詩を作った。

隣国交兵日《りんこくへいをまじうるのひ》　其軍更無名《そのいくささらになななし》
可憐鶏林肉《あわれむべしけいりんのにく》　割以与魯英《さきてもってろえいにあとう》

黄村〔編注：向山黄村。幕末、外国奉行など歴任〕などは、「〝其軍更無名〟とはあまりにひどい、すでに勅語《ちょくご》も出て居ますことだから」と言って大層忠告した。それでも『これは別の事だ』と言って人にも見せた。○○サンにも書いてあげた筈《はず》だ。（……）

いま悟ったのか

支那を懲《こ》らすのは、日本のために不利益であった、といふ事を世間の人はいま悟ったのか。それは最初から分って居た事だ。戦争の時分に、おれは既にかういつておいた。

昨傷魯太子《さくにはろのたいしをきずつけ》　今撃清大使《いましんのたいしをうつ》
狂浪恣徘徊《きょうろうはいかいをほしいままにし》　歎息招国恥《こくちをまねかんをたんそくす》
隣邦牽悪感《りんぽうあつかんをひくは》　豈唯頑強訾《あにただがんきょうのそしり》

順運漸向逆《じゅんうんようやくぎゃくにむかわば》　忽漫殊誤是《こつまんことにぜをあやまらん》
春風積雪融《しゅんぷうにせきせつとくれば》　陽和軍機弛《ひやわらぎぐんきゆるまん》
疾病生兵営《しっぺいへいえいにしょうじ》　恐到大事已《おそらくはだいじにいたりてやまん》
廟謨誰所劃《びょうぼだれのかくするところぞ》　切希能終始《しきりにしゅうしをよくせんことをこいねがう》

ちょうどこの通りになって来たではないか。

注　詩に言う「傷魯太子《ろのたいしをきずつけ》」は、明治二四年の大津事件。「撃清大使《しんのたいしをうつ》」は、下関講和会議のときに李鴻章を撃った事件。

（……）支那もすぐに降伏すべしと思ひたらんが、案外長く抗抵《こうてい》する。わが国の軍事にも或は不完のところあるにや。商人にも軍糧の運送などに従事して、不理の利を貪《むさぼ》るものもあるさうだ。朝鮮も後には追々苦情を申立て我《われ》に背くに至らん。今はたゞ官吏の圧制に恐れて黙って居るのだ。自分ばかり正しい、強いと言うのは、日本のみだ。世界はさう言わぬ。（『氷川清話』勝海舟、江藤淳・松浦玲編、講談社、二〇〇〇年、269〜272頁）

痛快な古参兵の思い出。夢みたいな話だが本当にあった稀な例か？

同年兵が士官や准士官に成ったりしてるんだよ。戦争末期の内地じゃあ、けっこうそういうやつらがいたよ。海軍は、陸軍に比べて、兵隊から士官にはなりにくかったんだけど、なってるやつらが、そのころはけっこういたんだ。なにしろ、みんな、もう一〇年になんなんとする古参兵だからね。そいつらぁ、俺は、呼び捨てだからね。軍隊じゃ、同年兵は呼び捨てでいいんだからね。士官に対してはいけねえんだけど、士官や准士官になってたって、知ったことか。「おいっ、渡辺！」なんて、呼び捨てだよ。伝令が、「整列お願いします」なんていってくる。「整列」っていうのは、制裁だよ。俺んとこの兵隊が、なんかしたっていうんで、みんなそろえて、並べて、バッタ［編注：制裁用の木の棒］でぶん殴るってぇ話だよ。なんかしたっていったって、つまんないことなんだよ。

「俺んとこは、出さないよ」っていうと、伝令が困ってる。よくわけがわかってねえ先任下士官やなんかが、

軍規をたてに文句をいってきたりするわけだよ。そうすると、

「おいっ、おまえじゃ、話がわかんねえ。○○を呼んでこい」

ていって、同年兵の士官をよびつけるわけだ。

そいつがやってきて、

「大窪ぉ、勘弁してくれよぉ。部下にしめしがつかねえじゃねえか」

なんて、泣きを入れるんだが、こっちは知ったこっちゃねえ。

この戦さは、負けると決まったと見てるから、よけいだよ。そりゃ、軍隊にいるかぎり、最後まで戦うけど、軍規だか蜂の頭だかしらねえが、つまんねえことで、俺んとこの兵隊を痛めつけるのは許さねえ。

「わかった、わかった。よくいっとくよ」

それで、終わりだよ。（前掲『まっ直ぐ』、128～129頁）

一歩前進、一歩後退

（……）私は特に音楽が好きというわけではなかったが、音楽の先生には何となく親しみを持っていた。先生は生徒を時々、横浜に連れて行き、外人墓地に眠っている人たちの話をしてくれたりした。

音楽教室は芋畑の中にあり、校舎からは離れていた。先生は授業を始める前、ちょっと窓をあけ、人がいないのを確かめる風だった。

昨日、ラジオで聞いた諏訪根自子さんのバイオリンがすばらしかった、というような話から始めて、一段と声を落すと次のようなことを話してくれた。

「付和雷同という言葉を知っているかね。一人が何かを言うとみんな一斉にその方向に走りだすことだ。小豆をお盆にばらまいて傾けると、一粒残らずザーッと一方に集まるだろう。そんな感じだな。付和雷同なら誰にでもできる。そんなのは勇気でも何でもない。本当の勇気というのはだな、あいつは臆病者だとうしろ指をさ

されても気にしない、平気でそれに耐えていく奴、そいつが本当の勇者なんだ」
先生が言わんとすることはよく分かった。私は今でもこの言葉を肝に銘じている。（その後、私は家を空襲で焼かれ東京を去ったが、先生が何度か憲兵隊に拘引されたということを風の便りに聞いた。）（関山貞三　昭和五年五月生　埼玉県飯能市・通訳案内業）（前掲『私の昭和史』、291～292頁）

機軸なくして政治を人民の妄議に任す時は、政其統紀を失ひ国家亦た随て廃亡す。苟も国家が国家として生存し人民を統治せんとせば、宜く深く慮りて統治の効用を失はざらん事を期すべきなり。（……）仏教は一たび隆盛の勢を張り、上下の人心を繋ぎたるも、今日に至ては已に衰替に傾きたり。神道は祖宗の遺訓に基き之を祖述すと雖も、宗教として人心を帰向せしむるの力に乏し。我国に在て機軸とすべきは独り皇室あるのみ。是を以て此憲法草案に於ては専ら意を此点に用ひ、君権を尊重して成るべく之を束縛せざらん事を勉めたり。或は君権甚だ強大なるときは濫用の虞なきにあらずと云うものあり。一応其理なきにあらずと雖も、若し果して之あるときは宰相其責に任ずべし。或は其他濫用を防ぐの道なきにあらず。徒に濫用を恐れて君権の区域を狭縮せんとするが如きは、道理なきの説と云はざるべからず。（一〇〇　伊藤博文演説「わが国憲法の機軸」一八八八年六月一八日）（『史料　日本近現代史Ⅰ　近代日本の形成――開国～大逆事件』歴史科学協議会　中村尚美・君島和彦・平田哲男編、三省堂、一九八五年、143～144頁）

（……）故ニ教員タル者ハ殊ニ道徳ノ教育ニ力ヲ用ヒ生徒ヲシテ　皇室ニ忠ニシテ国家ヲ愛シ父母ニ孝ニシテ長上ヲ敬シ朋友ニ信ニシテ卑幼ヲ慈シ（……）（一〇二　小学校教員心得　一八八一年六月一八日）（同前、146頁）

朝鮮ノ事ハ将来東洋交際政略ノ一大問題となりて、二三大国ノ間ニ或ハ此国ノ為メニ戦争を開くニ至るべし、朝鮮ノ実際を察スルニ政府之人の庸弱なると人民の愚昧なるにより今数十年間ハ一個ノ独立国となること難かるべし、（……）故ニ三国同盟の説ハ一の夢想ニ過きざるなり（一〇九　井上毅の朝鮮政略意見　一八八二年九月一七日）（同前、158頁）

我邦ガ海外着手ノ挙動ハ果シテ亜州ノ衰運ヲ救ヒ得ルノ方法タルコト此クノ如シトセバ、縦ヒ其形跡ノ偶マ併呑蚕食ニ類スルアルモ復タ何ゾ之ヲ意トスルニ足ランヤ（……）去レバ苟クモ愛国ノ人タルモノハ我邦ノ危害ヲ未発ニ防ギテ、国権ノ大ニ海外ニ拡張センコトヲ計画セズンバアルベカラズ、（……）想フニ彼ノ壮年有志等ノ熱心ヲシテ内事ヨリ転ジテ外事ニ向ハシメ、政府ハ則チ之ヲ利用シテ大ニ国権拡張ノ方法ヲ計画スルヲ得バ、内ハ以テ社会ノ安寧ヲ固ウシ外ハ以テ国利ヲ海外ニ博スルニ足ルニ非ズヤ、（一一〇　『自由新聞』社説「国権拡張論」一八八四年一〇月五日）（同前、160頁）

福沢諭吉の次の論は「脱亜入欧」論の当然の帰結か？

朝鮮海豊島の附近に於て日清両国の間に海戦を開き我軍大勝利を得たるは、昨日の号外を以て読者に報道したる所なり。抑も今回の葛籐に付き日本政府が注意の上にも注意を加え只管平和の終結を望みたるは隠れもなき事実なるに、世の中に自から身の分限を知らず物の道理を解せざるほど怖ろしきものはある可らず。彼の支那人は自から力の強弱を量らず無法にも非理を推通さんとしても毫も悛むる所なきより、止むを得ず今日の場合に立至りて、開戦第一に我軍をして勝利の名誉を得せしめたり。（……）本来日本国人は支那人に対して私怨あるに非ず、敵意あるに非ず。之を世界の一国民として人間社会に普通の交際を欲するものなれども、如何せん、彼等は頑迷不霊にして普通の道理を解せず、文明開化の進歩を見て之を悦ばざるのみか、反対に其進歩を妨げんとして無法にも我に反抗の意を表したるが故に、止むを得ずして事の茲に及びたるのみ。即ち日本人の眼中には支那人なく支那国なし。只世界文明の進歩を目的として、其目的に反対して之を防ぐるものを打倒したるまでのことなれば、（……）世界の文明進歩の為めに其妨害物を排除せんとするに多少の殺風景を演ずるは到底免れざるの数なれば、彼等も不幸にして清国の如き腐敗政府の下に生れたる其運命の拙なきを自から諦むるの外なかる可し。（一一九　福沢諭吉「日清の戦争は文野の戦争」一八九四年七月二九日）（同前、174頁）

帝国主義的膨張政策の本質を語っている。

思フニ我カ国ハ今回ノ戦争ニヨリテ新領地ヲ海外ニ収得スルナルヘシ、果シテ然ラハ之ヲ守備スルカ為メニ己ニ兵備ノ拡張ヲ要スルモノアリ、況ンヤ連捷ノ勢ニ乗シ機ニ投シテ径チニ東洋ノ盟主ト為ラント欲スルニ於テヲヤ、且ツ夫レ今後清国カ復讐ノ念ヲ養ヒ奮フテ軍備ノ整頓ヲ企ツルハ必然ノ勢ニシテ、露英仏ハ勿論、其ノ他ノ強国ト雖トモ苟クモ利害ヲ東洋ニ有スル者は亦悉ク其ノ政策ヲ一変シ、其ノ東洋ニ於ケルノ兵力ヲ増加スヘキヤ必セリ、（……）抑モ従来ノ軍備ハ専ラ主権線ノ維持ヲ以テ本トシタルモノナリ、然レトモ今回ノ戦勝ヲシテ其ノ効ヲ空フセシメス、進ンテ東洋ノ盟主トナラント欲セハ、必スヤ又利益線ノ開張ヲ計ラサル可カラサルナリ、（一二二　山県有朋の軍備拡充意見書　一八九五年四月一五日）（同前、182頁）

日清交渉ノ結果我国威大ニ宣揚シ宇内各国ノ嫉妬心ヲ増シタルヲ以テ、之ニ応スルノ兵力ナカルヘカラス、朝鮮独立ヲ将来永遠ニ保持スルノ兵力ナカルヘカラス、新領地ノ防備ニ充ツルノ兵力ナカルヘカラス～、（一二三　松方正義の戦後財政方針　一八九五年八月一五日）（同前、183頁）

「鉄道建設は日本の貢献」との主張があるが、この資料をみればそうではない。

要スルニ朝鮮及満州ニ於ケル鉄道ノ経営ハ一ニ軍事上ノ要求ヲ主眼トシ、須ラク帝国永遠ノ利益ニ鑑ミ徒ニ眼前ノ小利害ヲ打算シテ国家将来ノ大方針ヲ閑却スルコトナク着々計画実行シ、以テ有事ノ日迅速機敏ニ最大輸送効程ヲ顕ハシ常ニ敵ニ勝ル兵力ヲ集中スル為メ違算ナキヲ期セサル可カラス、是レ大陸ニ扶植シタル我帝国ノ主権擁護上最モ緊要ナル事ナリト信ス（一八四　山県有朋の朝鮮満州鉄道経営方針　一九一一年六月）（同前、276頁）

関東大震災の際の朝鮮人虐殺についての極秘取り決め。全貌は不明なるも、重要な記録では。

〈参考〉朝鮮問題に関する協定　極秘

警備部

鮮人問題に関する協定

一、鮮人問題に関し外部に対する官憲の採るべき態度に付、九月五日関係各方面主任者事務局警備部に集合取敢えず左の打合を為したり。

第一、内外に対し各方面官憲は鮮人問題に対しては、左記事項を事実の真相として宣伝に努め将来これを事実の真相とすること。

従て、（イ）一般関係官憲にも事実の真相としてこの趣旨を通達し、外部へ対してもこの態度を採らしめ、

（ロ）新聞紙等に対して、調査の結果事実の真相としてかくの如しと伝うること。

左　記

朝鮮人の暴行又は暴行せむとしたる事例は多少ありたるも、今日は全然危険なし、而して一般鮮人は皆極めて平穏順良なり。

朝鮮人にして混雑の際危害を受けたるもの少数あるべきも、内地人も同様の危害を蒙りたるもの多数あり。皆混乱の際に生じたるものにして、鮮人に対しことさらに大なる迫害を加えたる事実なし。

第二、朝鮮人の暴行又は暴行せむとしたる事実を極力捜査し、肯定に努むること。

なお、左記事項に努むること。

イ、風説を徹底的に取調べ、これを事実として出来得る限り肯定することに努むること。

ロ、風説宣伝の根拠を充分に取調ぶること。

第三、（ママ）、、、、、

第四、（ママ）、、、、、
第五、（ママ）、、、、、
第六、朝鮮人等にして、朝鮮、満州方面に悪宣伝を為すものはこれを内地又は上陸地において適宜、確実阻止の方法を講ずること。
第七、海外宣伝は特に赤化日本人及赤化鮮人が背後に暴行を扇動したる事実ありたることを宣伝するに努むること。（三七　自警団と朝鮮人虐殺事件への政府の対策　一九二三年九月五日）（『史料　日本近現代史Ⅱ　大日本帝国の軌跡——大正デモクラシー〜敗戦』歴史科学協議会　中村尚美・君島和彦・平田哲男編、三省堂、一九八五年、55〜56頁）

戦前戦中の日本はどんな国だったのか？　一つの姿が浮かび上がる。
当時、日本では朝鮮人は同じ人間扱いされていなかったのではないか。

私の昭和の二大事件

（……）私は眼鏡をしているので、ただ一人、陸《おか》の仕事に回された。仕事といっても、朝鮮から強制連行されて着たアンジというおじいさんと、先山《さきやま》に連れられての土方的仕事なのだ。ある夕方、仕事から戻ると、事務所の中からヒーヒーという泣き声と一緒に、ボクボクと丸太でなぐりつける音がした。聞けば、休んだ坑内夫に服部寮長と金子補佐が制裁を加えているのだという。私は北海道の監獄部屋を想像し、震え上がった。それも道理、以前は坑内では囚人を使っていたという。（……）

二、三日すると、散々なぐられた男は消えてしまった。彼に刺激されてか、また一人、また一人と四、五人が脱出してしまった。憲兵隊に報告がいったものとみえ、憲兵が長靴《ちょうか》のまま座敷に上がり、寝ている布団を蹴り上げては調べている。まるで地獄の観があった。（……）

一片の紙切れで召集された二人の弟は、餓死したのか砲弾に倒れたのか、その場所さえも皆目わからない。（……）

強制的に職を奪われたことと、強制的に二人の弟が死に追いやられたこと、これが私の昭和史の二大事件である。（上野貞《てい》　明治四二年一月生　神奈川県川崎市・元自営業）（前掲『私の昭和史』、22〜23頁）

「戦争中の日記」昭和一九年五月六日

今度、王子区役所へ召集令状が目方にして一貫匁も届いたと噂が流れている。最近は第二国民兵にも召集が掛かっているそうで、私にも覚悟のときが来たようである。休憩時間に兵隊逃れの苦心談が話題になった。正《しょう》油《ゆ》を呑んで病気を装い兵役免除になったとか、指を切って免除どころか徴兵忌避で重罪に問われたとか、笑いばなしみたいな話だが誰も笑わなかった。（……）（山本甚市　明治四四年八月生　埼玉県北本市・元商業）（同前、26〜27頁）

面会

米一俵（今は六十キロという）八円。酒一升八十銭。砂糖一斤十一銭。番傘一本四十銭。下駄一足三十五銭。

主人はブリキ職人で日給八十銭。私は和裁で本身一枚四十銭、帯一本十五銭。昭和九年から十二年までの生活水準をいま思い出すと、夫婦と子供一人で十円もあれば一カ月の生活は出来た。

主人は昭和十二年八月十一日、白鳥で初めて召集され、善通寺十一師団安達部隊に入隊、上海敵戦上陸で負傷、善通寺陸軍病院へ帰って来た。

母屋の姑は「さあ、ねえはん、行ってみんか。ひょっとすると逢わしてくれるかもしれん」という。私が「今は隔離病院に二百人もの人が収容されて、マラリア病がうつるから面会はさしてくれんで、面会の通知が来てから行こうで」というと、姑は「ねえはんがそんな薄情な人と知らなんだ。すぐそこに武市がもどっておるのに、お前は行ってみようとは思わんのか」と涙を流して怒った。それをみて私は面会に行くことに決めた。昭和十三年の冬のことであった。

二百人の負傷兵に一切れずつでもあたるようにと、姑は巻きずしを一生懸命、五十本巻いた。酒も二升、私の嫁入りに持って来た銘仙の着物と換えて来た。店の表戸を下ろしたままになっている菓子屋の裏から頼んで、丸帯一本を葛菓子と交換もした。

讃岐白鳥から善通寺までは、まず汽車で高松まで一時間半、さらに高松から一時間半の道のりである。二歳の子供を背中に、酒二升は私たちの飲むお茶ということにして、魔法瓶二本を紐で結んで首から両方の乳の上に垂らして出発した。姑は五十本の巻きずしの入った紙箱と菓子を大きな風呂敷で包んで背中に背負っている。

まだ日の射さない田んぼの細道を、人に会わぬよう駅に急いだ。善通寺は生れて初めて行く町であった。西も東もわからない親子が、尋ね尋ね行くのには骨が折れた。それでもようやく善通寺の駅にたどりつき、駅前のうどん屋に入ってまずうどんを食べた。五銭だった。その店に荷物を置かせてもらい、姑には「私が面会出来るかどうか聞いて来ますから、どこにも行かずに待ってて下さい」と言いおいて、一人ででかけていった。

兵営の門の廻りには面会の人が沢山いた。隔離病棟の人は面会は出来ないとのことだった。しかし私は入口に立っている兵隊さんに近づいて、こう申し上げた。

「白鳥の川端武市という者の家族です。武市の母も来ています。母は、いくら廻りの者が今行っても逢わしてもらえないといっても言うことをききません。それで朝暗いうちから白鳥を出てきたのです。どうぞ一目でよいから逢わせてください」

兵隊さんは二人いたが、幸いなことにそのうちの一人が近くの相生から来た人だった。一度は「だめだ」といったが、そのあとで私を手招きして「いますぐ乃木神社に行きまい。そこの板塀が一カ所すき間があいてやぶれている。あんたの背ならそこで顔も見られるはずや。行って待っといたら、すぐ行くようにいうから、今すぐ行きまいよ」といってくれた。

私は夢中でうどん屋に飛んで帰った。姑を夫に遭わせねばならない。巻きずしも酒も渡さねばならない。ところが町には雨が降り始めていた。横なぐりの激しい雨であった。大急ぎで番傘二本と高下駄二足を買ってうどん屋に飛び込むと、姑の姿が見えない。

「おばあさんの阿呆《あほ》、どこへ行ったん。この大事な時に」

町すじを探しに走ると、向こうから番傘二本と高下駄二足を下げて姑がやって来た。

「どこへ行っとったん、早う乃木神社の板塀のところへ行くんや。相生の人が逢わしてくれる」

姑の手をひいて、せきたてせきたて横なぐりの雨の中を走った。私は乃木神社がどこにあるのかも知らないまま、神様、乃木神社への道を教えて下さいと祈りながらやみくもに走り続けた。やがて雨にたたかれている柳のそばにすき間のある塀をみつけた。ちょうど目の高さに指が入るくらいのすき間がある。そこに顔を押しつけるようにして中を見ると、白い病衣の上に外套を引っかけた夫が立っていた。肩のところがびっしょりと黒ずむほど雨に濡れていた。

「長いこと待ったぞ」と夫は言った。

「お母さんも子供も来とる」

私は姑の身体を持ち上げるようにしてすき間に押しつけた。あれほど逢いたがっていた姑は心のなかで泣いているのか、言葉一つ出さない。それから私は巻きずしと菓子の包み、それに魔法瓶を板塀のすき間越しに差し入れた。

「魔法瓶は酒で、みんなで分けて食べまいよ」

それだけ言っただけだった。もう夫の姿は見えなくなっていた。あっけない面会だった。うどん屋に戻った姑は、番傘四本と高下駄四足を持ってぼうっと立っていたが、やがてうどん屋のおばさんに「面会に来て雨で困っている人がいたらあげてくれ」といった。うどん屋のおばさんが「娘さんな」と聞いた。「いいや、息子の嫁で」「まあ、娘さんかと思った」。私は黙ったまま聞き流した。家に着いたら夜になっていた。

私も四人の子供の親として、姑の心は痛いほど分かる。（……）（川畑雪江　大正四年二月生　香川県大川郡・無職）（同前、50〜53頁）

湖北の禅僧

昭和十七年の夏も終りの頃、私達の隊は揚子江上流の湖北省宜昌県《ギショウ》の鴉鵲嶺《アジャクレイ》という古い小さな町に駐屯していました。昔、蜀漢の地であったこの辺りには襄陽《ジョウヨウ》、荊門《ケイモン》、宜昌など三国志になじみ深い名の町々がありました。だが、どの町も鴉鵲嶺もみんな戦火に見舞われて瓦礫が散乱し、住民の姿は殆ど見かけませんでした。

近郷に出没する中国軍の掃討と称して出動した私達の隊が、暑い日差しの中を幾日も歩きつづけていたある日のことです。

「女がいるぞお」

誰かが喚《わめ》く声を聞いて、十人近い兵が一斉にその方にかけよって行きました。「水府廟」、確かそんな名の村落が、低い丘の頂き付近に二、三十軒、向き合ってひっそり並んでいました。

「この中に娘が五、六人いるぞ」

通りの中ほどにある廟堂の前で一人の兵が扉を指さして大きな声で言いました。

この男はどうして娘達のいることを我々に知らせたのか、何故自分だけでそれを手に入れようとしないのだろう。ふとそんな思いが私の頭をかすめましたが、それも先を争う兵達の勢いに消し去られ、どやどやと扉を排《お》してその中になだれこみました。

先刻、丘の町に目をつけた兵達が列を乱して一散に坂道をかけ上っていた頃、野良仕事のために逃げおくれた村の娘達がどうしようかと考える余裕もなく、次々と廟の中にかけ込んだものらしい。

そこには正面拝壇の仏像を背にして、大きな朱塗りの禅榻《ぜんとう》に四十過ぎの壮年の僧が黙然と禅坐していました。娘達はその僧を囲んで土間に跪《ひざまず》き、両の手を組み合わせて深く頭を垂れて、兵隊から逃れようとひたすら念じて動きませんでした。

先程、あの男が私達を呼びよせたのはこのためだったのかと合点しました。なんとも名状しがたいその場の雰囲気に気圧され、加勢を求めていたのでした。私達も予想外の様子にしばらく呆然としていましたが、若い女性の姿を目にし、その香りになぶられ、かすかながらその動きの音を耳にして、刻々と血も狂い、顔をこわばらせてその周りを徘徊しはじめました。

誰かが指一本でも娘の体に触れたなら、忽《たちま》ち堰を切ったようにどっと襲いかかっていったことだろう。だが何時まで経っても誰一人、手を出す者はおりませんでした。時折、何かぶつぶつ言う兵の声は、欲望と恐怖の入りまじったけものの呻《うめ》きに似ていました。

端坐した僧の何処を見ているか分からない半眼の眼は、異様な迫力をもって私達の妄執を圧倒していたのです。武装した集団と対峙していささかの動揺も恐れも見せない僧の姿は、兵達には理解することなど到底不可能で、それだけに一層神秘的な大きな力を感じ、心は萎《な》え、最早女を求める煩悩など消え失せていました。

なんとなく足の気《け》だるくなった私は、唯もうこの恐ろしい和尚の目からどうして逃げ出そうかと、そればかりで胸がいっぱいでした。

「俺は帰るぞ」

誰かがそう言って表に出る気配を見せると、他の者もはっとして目覚めたように我れ先に通りに飛び出し、静まりかえった暑い道を誰一人口をきこうともせず、黙々と歩いて行きました。

「待て」と後ろから和尚に呼び止められそうな不安を感じた私は、駆けるようにして坂を下り、二度と丘陵の町を振り返ってみる気にはなれませんでした。激しい屈辱感と憤りと悔恨が次々とわき起こり、私は索漠としたやりきれない思いにさいなまれました。

今にして思えば、むずかしいことは分かりませんが、多くの人々に大変な悲惨をもたらしたあの大戦はすべて、愚かな人々の愚かな行いの積み重ねに違いありません。何がすぐれた民族なものかと思います。

それにしても恐ろしい〝東洋鬼子《トンヤンクイシ》〟の手から素朴な村娘を救ったあの僧の物語は、今も近郷近在に語り伝えられていることでしょう。

あの禅僧のあの時の境涯など、私にはとてもかいま見ることもできませんが、おそらくは超然としながらも、娘も兵も一つに併せ案じていたのではないでしょうか。今、折にふれて思い出されるあの姿には、そのような茫洋とした大きな温かい気配が感じられて、限りない感銘と何ともいえない懐かしさが、私の心に溢れてくるのです。

あの僧との出会い、あの日、あの湖北の地こそ、大切な私の昭和史なのです。（山内高男　大正六年三月生　千葉県佐倉市・元会社員・現画家）（同前、73〜75頁）

幼なじみ一四人のうち生き残ったのは「私一人」だった。映画「二十四の瞳」に通じる。

ガキ大将師団

（……）年頃になると進学、就職とそれぞれに進路を決め、自立していった。文吉といさばは家業を継いだが、後に二人とも南方で戦死を遂げた。

東助とデブは中学校を中退し海軍を志願していったが、いずれも海の藻屑と消えた。苦学力行の地雷也は高等学校に入学した年に結核で死亡し、河童は列車にはねられて即死した。自殺であった。残った者もすべて総動員され、それぞれ戦死、戦病死した。文吉師団〔編注：ガキ大将師団の名前〕で復員したのはわたし一人である。

（……）忠君愛国に燃えた十三名の戦友の顔が交錯する。（安田玩　大正九年五月生　宮城県塩釜市・元会社員）（同前、110〜111頁）

中曽根康弘〔内閣総理大臣〕

「三千人からの大部隊だ。やがて、原住民の女を襲うものやバクチにふけるものも出てきた。そんなかれらのために、私は苦心して、慰安所をつくってやったこともある。かれらは、ちょうど、たらいのなかにひしめくイモであった」（「終りなき海軍　若い世代へ伝えたい残したい」松浦敬紀編著・文化放送開発センター出版局発行　所収の回想記「二十三歳で三千人の総指揮官」より）（『ニッポンの暴言　国民を惑わす政治家たち』横山渉、三才ブックス、二〇〇六年、43頁）

日本軍国主義は海外ではどのように見られていたのか？

香港上陸を前に、第一次攻撃隊の隊長田中大佐は率いる連隊に捕虜をとるなとの厳命を下した。この命令は守られた。上陸するや義勇兵の対空砲台を撃破した日本兵は、敵の生存者二〇人をロープで縛り、銃剣でとどめを刺した。王室陸軍医療軍団の野戦救護所では日本軍が殺到してきた時いっさいの抵抗を示さなかったが、職員や傷病兵は丘の上に連れて行かれて、カナダ兵八人、王室医療軍団衛生兵四人、セント・ジョン救急旅団隊員三人が銃で撃たれ、銃剣で突かれて殺された。（前掲『第二次世界大戦　上巻』、365〜366頁）

極東でも非情な行為が始まっていた。二月一六日〔編注：一九四二年〕、マレー半島の海岸でオーストラリア陸軍看護婦六五人とイギリス兵二五人が、日本軍に降伏した。イギリス兵は浜辺に連行された後、銃剣で刺されたり撃たれて殺された。生存者は僅か二人だった。看護婦たちは海の中まで行進を命じられ、海の中に入ったところを日本兵の機関銃掃射で殺害された。生き残ったのは、ヴィヴィアン・バルウィンケルただ一人であった。二日後、シンガポール島で五〇〇〇人の中国系市民が一回目の一斉検挙の対象となった。その大半は同島の中国人社会の有力者であった。二週間後、彼らは全員処刑される。多くが、後ろ手に縛り上げられ首を切り落とされた。（同前、395頁）

二月二〇日〔編注：一九四二年〕、アンボン島では中川中尉がさらに一二〇人のオーストラリア兵捕虜の処刑を命じた。捕虜は全員目隠しをされた後にひざまずかされ、軍刀または銃剣で殺された。「処刑は午後六時から九時半までの間に行われた」と中川は後に供述している。「大多数の死体は一つの穴に埋められたが、穴が小さくて入りきらないので、附近の塹壕も墓穴として使った」。（同前、396頁）

八月一七日〔編注：一九四二年〕、ドイツ軍がコーカサスの保養地に到着した頃、真珠湾攻撃三日後に日本軍が攻略していたマキン環礁に勇敢な海兵隊が上陸して、アメリカ軍の士気はあがっていた。この作戦で三〇人の海兵隊員が命を落としたが、アメリカ軍のホランド・M・スミス将軍がのちにこの上陸を〝愚行〟と呼んだのは、奪還行為が予想以上に高いものにつくことを示して日本軍にギルバート諸島の防御を固めさせる結果になったからである。数日後、アメリカ軍は撤退する。環礁にたまたま置き去りにされた九人の海兵隊員は捕虜となってクェゼリン環礁へ連行され、斬首された。（同前、460頁）

捕虜になることを拒んだ日本兵、アメリカ兵は驚いた。

太平洋でも、日本軍の最高機密暗号の注意深い解読によってアメリカ海軍は、一〇月一一日［編注：一九四二年］、ガダルカナルへ増援兵力を輸送途中の日本艦隊をエスペランス岬沖で要撃することができた。航空機ではなく水上艦による夜間戦闘で、日本側は重巡洋艦古鷹と駆逐艦三隻を沈められたが、アメリカ側は駆逐艦一隻を失うにとどまった。しかし日米間の十字砲火に巻き込まれたアメリカの駆逐艦ダンカンの艦上で四八人が死亡し、攻撃目標の日本艦を照らしだすために探照灯を照射した軽巡洋艦ボイスも砲火を浴びてアメリカ軍水兵一〇〇人以上が命を落とした。

アメリカ人が驚いたことには、戦闘が終わっても撃沈された艦の日本人乗組員たちはアメリカ艦に救助されることを拒み、戦場となった水域に群がる鮫の餌食になることを選んだのだった。（同前、481頁）

生死が紙一重だった。梅原猛氏の証言も同様。

大学受験　口頭試問で先生とけんか／元衆議院議員　園田天光光（九四）

（……）――空襲も多くなってきます

工廠に到着すると、まず空襲の時にどこの防空壕に入るか、壕の番号案内をもらうんです。茨城の土浦では、実際に空襲があった。割り当てられた壕に行ったら、もういっぱいだから入れないと言われました。隣の壕へ走ってなんとか転がり込んだ時、大きな音がして、私が入るはずだった壕を爆弾が直撃しました。私はただぼうぜんとしていました。割り当て通りなら、私が死んでいました。「自分の運命に逆らわない」。自然体の生き方を大切にしているのは、こうした経験からかもしれません。（「朝日新聞」人生の贈りもの　二〇一三年二月五日）

敗戦色深まるなか、赤紙届く／哲学者　梅原猛（八八）

（……）――入学は一九四三年。戦争のさなかです

八高［編注：現・名古屋大学］一年の時に文科系学生の徴兵猶予が撤廃になりました。在学中は軍隊に入らなくていいと思っていたので、ショックでした。当時はもう敗色濃厚で、赤紙は死の知らせでした。八高で哲学をやるようになったのは、どうせ死ぬんだったら悟りを開けるような、甘んじて死ねるようなものを求めていたからだと思います。八高で授業を受けられたのは一年三カ月で、あとは勤労奉仕。四四年一二月の空襲で名古屋の三菱重工の工場がB―29の標的になりました。その時、私はたまたま本来入るべき防空壕とは別の壕に避難して助かった。本来入るべき壕は直撃弾を受け、仲間たちはみな死んでいた。負けるにちがいない戦争に、どうして一つしかない命を捧げなければならないのか。そういう矛盾を感じていました。四五年三月の空襲で八高の校舎は全焼。卒業式のないまま京都大学に入学しましたが、入学式を終えて帰省したら、赤紙が来ていた。（「朝日新聞」人生の贈りもの　二〇一三年八月六日）

米軍機が戦艦を攻撃する現場を目撃。少年は国内向けの宣伝がウソであったことを知る。

戦艦「日向」撃沈　凍り付いた

米軍爆撃機の波状攻撃を、一三歳の私は広島で目撃した。四五年七月二四日。呉市情島沖で大破した日本海軍の戦艦「日向」への空襲であった。空襲警報発令で、学校から自宅に戻ると爆音が聞こえる。海沿いの道路

に出ると、爆音は轟音に変わった。横に四、五機、縦に五、六機の碁盤目状の小編隊が次々と目の前を通過。米軍機の編隊は急降下を始めた。応戦する「日向」の対空砲火は、黒い幾つもの線となる。その束を正面に受けながら、突っ込んでいくグラマン戦闘機。私は凍り付いたように、ただ見つめていた。米英兵は臆病だ、烏合の衆だと教えられた国内向けの宣伝が真っ赤なうそであることを、少年の私は思い知らされた。そのうそが戦争被害を拡大させたのだ。情島沖に大破着底した「日向」は無残な姿をさらしていた。乗組員約千人の八割が死傷したという。（無職　N・H（八〇）和歌山県紀の川市）（「朝日新聞」声　語りつぐ戦争　二〇一三年二月一九日）

軍国少年——終戦のときの気持ち。

軍国少年の実体験重ね「帰らざる夏」／作家　加賀乙彦（八四）

（……）広島に原子爆弾が落されたのは新聞で知っていましたが、それでも降伏は考えられなかった。東京にいた父は「日本は負ける」と言いました。軍隊では禁句でしたが、国民は敗戦が分かっていましたね。

——終戦はどのように知らされたのですか

学校［編注：陸軍幼年学校］の大講堂に全生徒が集められ、玉音放送を聞きました。耳が遠かった校長は最初、ソ連への宣戦布告と勘違いした。教頭とともに一度その場を外し、戻ってきたところで敗戦を告げて号泣しました。でも、これで命が助かったというのが私の本音でした。

——終戦後、復員して東京に戻ってきました

復員列車は超満員。やっとの思いで新宿駅にたどりつくと、空襲で駅前は一面焼け野原でした。実家は奇跡的に焼け残っていましたが、飢えがすごかった。食べ盛りなのに毎日いも汁。クヌート・ハムスンの小説「飢え」の中に、腹と背中の皮がくっつくという表現があるけれど、まさにその感覚を実感しました。（「朝日新聞」人生の贈りもの　二〇一三年六月四日）

集団自決の証言。

集団自決　今こそ語る／島は、いつの間にか悪夢に染まった／現代の「気持ち悪さ」止めなければ

（……）一九四五年三月二八日の日中だった。当時一五歳。たくさんの島民が、日本軍の陣地に近い山の中に集められた。その日の朝、島に米軍が上陸していた。事前に、各世帯に手投げ弾が配られていた。米軍の銃弾が頭上を飛び交う中、村長が声を張り上げた。「天皇陛下、バンザーイ！」。バーン、バーンと爆発音が鳴りだした。ちぎれた腕や足が飛んできた。内臓が飛び出した人がいた。小嶺さんも手投げ弾を爆発させようとしたが、雨で湿ったのか、不発だった。周りでは、死にきれなかった人たちが、持ってきたナタやノコギリで家族を斬り殺していた。「人間じゃない」。恐怖の絶頂だった。「急に死にたくないという思いがわき起こった。逃げたいと」。直前まで「皇国臣民として立派に死んでみせる」と覚悟を決めていた。だが、生き残った住民の後について逃げた。（沖縄県渡嘉敷島　小嶺正雄（八三））（「朝日新聞」二〇一三年六月二一日）

戦後七〇年近く経ってもいまだに「ウソだった」と言われる慰安婦問題。体験者自身がその記憶を胸に秘めたまま亡くなっていくという。微妙な問題だけに元兵士の気持ちは分かるような気がする。しかしその被害者の立場を考えればあいまいなままでは済まされない。

慰安所行った　でも話せない／元兵士ら葛籐「妻子にも迷惑」

旧日本軍の慰安婦問題に関心が集まっているが、元兵士たちはその体験を胸に秘したままだ。敗戦から六八年、葛籐に悩みながら亡くなった人も多い。語れない理由とは――。

「家族にも一切明かしたことのない話だ」。関西地方の九〇代の男性は六月中旬、喫茶店で記者にそう切り出した。太平洋戦争が開戦した一九四一年、旧満州（中国・東北部）の国境守備隊に配属された。ソビエト連邦（当時）と川一つ隔てた小さな町に慰安所が四軒あった。うち一軒が下級兵士が利用できる軍指定の施設だったという。「内地には公娼制度があったから不思議には思わなかった」。月一回、外出が許可されると慰安所に通った。いつも若い兵士の行列ができていた。相手にする女性は朝鮮人だった。時間は一〇分程度。心の安らぎもないまま事務的に済ませたという。慰安婦と日本語で会話を交わすこともあった。でも、「なぜ、そこで働いていたかは聞かなかった」。男性自身、死を覚悟する毎日だった。彼女らがかわいそうという感覚はなかった。「ぼくらも消耗品。自由を奪われたかごの鳥同士、同類相哀れむような感覚だった」。心に閉じ込めていた記憶がよみがえったのは、五月中旬、日本維新の会共同代表の橋下徹・大阪市長の発言をきっかけに、「慰安婦」問題が連日報じられるようになってからだ。慰安婦を思い、「残酷な人生や」と胸が痛んだ。(……)だが、そんな葛籐も人前では語れない。「ぼくらが何を言っても世間にたたかれるだけ。それに話せば妻や子、孫にも迷惑がかかる」

大阪府の元兵士の男性(九三)も、橋下発言をきっかけに、慰安所の記憶を細部まで思い出した。日中戦争が始まって三年後の召集で砲兵になった。初年兵のとき先輩に慰安所に連れて行かれ、行列に並んだ。自分の順番が来る直前、小屋を覆うアンペラ《むしろ》から、慰安婦の女性が力なく兵士に組み敷かれる姿が見えた。ショックで逃げ出した。「故郷で待つ恋人を思い出して我に返り、純潔を守らんとと思った。それがなかったら、行っていた」。兵士の強姦を防ぐために慰安婦や風俗が必要――。そう主張する人もいるが、経験から照らして疑問だと思う。「若い兵士には、慰安所で女性を知るとしんぼうたまらなくなり、強姦に走る者もいた」(「朝日新聞」二〇一三年七月一日)

本当の戦争　伝える／九一歳元兵士、証言集をネットに

(……)文集「朝風」の掲載原稿

「ジャングルをさまよい、生き地獄だった。ある時、日本兵の輪を見つけた。虫の息の兵士の爪をはがすという。『生きているではないか』というと、『どうせ死ぬ。せめて遺骨代わりに』と生爪をはがした。兵士の目頭に涙の玉。置き去りにされ野たれ死にした兵の屍に出会うと、何か食べ残した物はないかと背負袋を引っかき

回すほど飢えていた。屍から物を頂いた」（東京都　男性）（「朝日新聞」二〇一三年八月一一日）

性暴力の被害者の言葉、この女性にとって体験を打ち明けること自体が大変な闘いだった。

語る　日本軍の性暴力／八三歳フィリピン女性「正義回復を」／一四歳　拉致され暴行

太平洋戦争中、旧日本軍が占領したフィリピンで性的被害をうけた女性が一四日、大阪市内で記者会見した。一四歳で兵士に連行され、性被害を受けたという女性は「正義の回復のために闘っています。日本のみなさんに活動を支援してほしい」と語る。（……）

ディーさんは来日後、「朝日新聞」の取材に応じ、戦時中の体験を語った。ディーさんによると、一九四三年ごろ日本軍がネグロス島にあるタリサイを占領。学校に行けなくなり、日本軍の飛行場で道路整備をして、報酬としてコメをもらう生活を続けていた。米軍の反撃で、日本軍が劣勢になった四四年秋。母親と鶏や卵を市場で売っていたら、ゲリラと疑われたフィリピン人男性が日本兵に捕まり、銃剣で首を切り落とされるのを見た。市場はパニック状態になり、ディーさんも逃げたが、足がもつれて転倒。兵士が倒れたディーさんの髪をつかみ、トラックに載せた。ほかにも女性約一〇人が連行されたという。連行先は、日本軍が接収していたタリサイ中心部の製糖工場だった。敷地内の建物に監禁され、日本兵に次々とレイプされた。抵抗すると殴られ、気を失った。来る日も来る日もレイプを受けた。当時一四歳。「助けもなく、希望は何ひとつありませんでした」。三週間後、進駐してきた米軍に解放された。母には告白したが、生まれ故郷のタリサイの町にいるとどうしても被害を思い出してしまう。被害を忘れたい一心で、高校への進学もあきらめ、四九年にマニラに出て働いた。結婚して子どもを授かったが、夫には打ち明けられなかった。よみがえる記憶に苦しんだ。転機は九二年。被害者のひとり、ロサ・ヘンソンさんの実名による告白をラジオで聴いた。背中を押され、翌九三年に決心した。ディーさんが体験を語り出すと、夫は去った。近年までカウンセリングを受け続けるほど苦しんだが、告白したことは後悔していない。「私の人生はそこで破壊された。性奴隷の犠牲者の私が被害を伝えなければ、何も

理解してもらえないでしょう」（「朝日新聞」二〇一三年八月一四日）

次に加害者の証言。

強盗、殺人…「軍命でも私は実行犯」／狂気の戦場

広い庭にやせこけた兵士が片ひざをついている。台座に「不戦」の二文字。この像を建てた主、矢野正美さん（愛媛県西条市）は昨年二月、九二歳で亡くなった。戦場で犯した罪を語り、何度も「八月一五日まで生きたい」と言い残した。矢野さんが伝えたかったものとは何なのか。

首都圏を中心に戦争体験者の証言記録に取り組んできた神《じん》直子さん（三五）（……）。神さんの前で矢野さんは二日間、従軍したフィリピンであったことを語り続けた。ルソン島のある村で、ゲリラ潜伏を調べていた時。教会から出て来た老女が怪しいと、上官が銃剣で突くよう命じた。「しょうがない。グスッと胸を突いたら血がばーっと出てね。空をつかんで、その人は倒れました」。別の村では、残っていた子連れの女性を襲った。「強盗、強姦、殺人、放火。軍命であっても、私は実行犯。罪の意識はある。かといって（戦友の）慰霊には何回も行ったが、謝罪のすべを知りません」。こんな恐ろしい告白もあった。飢えに苦しんだ山中で、日本人の逃亡兵を仲間の兵が殺した。その晩、仲間の飯ごうから、久しぶりに肉の臭いがした。「奪い合うように食べました」。次の日には自ら死体の所へ行き、足の肉をはぎ取った。（「朝日新聞」二〇一三年八月二三日夕刊）

ここで証言されていることはおそらく何の証拠も残っていない戦場での出来事のひとつ。これらの証言がなければ永久に闇に埋もれたままであろう。証言はいきなり全てが語られることはない。元兵士の心の葛籐、心の整理抜きに明かされることはないのかもしれない。

刺し　そして死の突撃／「戦場で人は人間ではなくなる。二つの戦場の話をしなければ本当の戦争は伝えられない」

加害者に仕立てられた前線の兵士たちは、最後は国に見捨てられ、死んでいった。

「とんでもないことをしとるんです」。三重県桑名市に住む元日本兵の近藤一さん（九〇）が高校生や教師、市民らを前に静かに語り出した。一五八センチの小さな体。涙鼻水をふきながら言葉をつないだ。

召集されたのは、でっち奉公で入った雑穀商に勤めていた二〇歳の時。一九四〇年一二月、陸軍二等兵の歩兵として中国・山西省に送られた。そこでの初年兵教育。立ち木に縛った中国人の刺殺訓練があった。最初は足が震えた。順番が来て走り出し、銃剣を突き出すと、豆腐にはしをさすようにすっと入った。「人間の体は柔らかいな」。罪悪感は消えていた。一年目の討伐作戦。ある村で三〇歳前後の中国人女性を見つけ、先輩の古年兵たちが輪姦した。いつもなら口封じのために殺すのに、行軍に連れて行った。女性は裸にされ赤ん坊を抱いていた。休憩のとき、古年兵が赤ん坊をがけ下に投じた。女性は後を追い身を投じた。「ひどいことをするな」。だが出発の号令がかかると、忘れて歩き始めた。

「中国人は劣等な民族だと教え込まれ、神国日本の皇軍兵士であることをたたきこまれて、殺人に抵抗のない人間に仕立てられていった」。（……）ただ、沖縄戦での惨めさを語れば語るほど、中国でのことが頭をもたげてきた。「被害だけを語っても理解してもらえないのではないか」。（……）

以来毎年、同校［編注：私立同朋高校・名古屋市］で話す。真剣に聴き入る高校生に背中を押されるように中国の話が増え、九九年に輪姦にかかわったことを吐露。さらに自分の発案で中国人を並べて銃の試し撃ちをしたことも明かした。（……）中国の話は戦友の悪口になる。でも語るのは、「生き残ってしまった」自分の使命であり、戦友の死を無駄にしないためでもある。（「朝日新聞」六五年目の「遺言」⑤　二〇一〇年八月一六日）

次の証言も、証言すること自体がどれほど心の葛藤に打ち勝たなければならなかったかを物語っている。考えさせられる。

「すまんことした」／九七歳父戦場の悔悟／殺戮の光景つづった手紙　息子、病床の告白聞き本に

――父は九七歳になった今年、病床で戦争への悔いをぽつりと漏らした。「すまんことをした」。戦場の苦しさに終わらない話は初めて。愛知県一宮市の仲山峰夫さん（六六）はその言葉を聞き、父が当時戦場から家族に送ってきた手紙を一冊の本にまとめた。「戦争体験の相続」と思っている。

仲山さんが実家の農家で、手紙の束を見つけたのは、四〇年も前。約五〇〇枚のはがき、数百枚の封書だった。（……）戦場の描写は生々しい。《ゴマをいる如く》飛ぶ銃弾、死体を押しのけて炊いたご飯の腐ったにおい……。《娘もポンと撃つ。のたうち廻って死んで行き、母親が泣いてすがる》《上海はすぐそこで毎日毎日燃えている。女も子供もみんな突き殺してしまう。今では慣れて……》《敵の七百人もダイナマイトで爆破さして殺した》《（南京の）道は血まるけだ》という数行後に、《小さなヨーカンが一本三十銭》。その場の思いを率直につづっていくうち、殺戮と日常とが同居していた。（……）南京での虐殺事件を問うたこともある。でも、「あったかもしれん」とはぐらかされるだけだった。その父が一月、倒れた。死を覚悟したのか、病院で仲山さんに言った。「人も殺した。すまんと思っている」。そのまま目を伏せた。問いかけることはできなかった。（「朝日新聞」二〇一〇年八月一四日）

ミッドウェー海戦の大敗が国民から隠されたことは聞いていたが、帰還すべき航空母艦が自軍の手で沈められたことは初めて知った。攻撃から戻ってきた航空機は着艦できずに全機が海中に。その時の飛行士たちの気持ちはいかばかりであったたか。

ミッドウェー海戦　伝えたい

旧海軍の空母「飛龍」の航空整備兵でした。（……）大本営はその発表で国民に大敗（ミッドウェー海戦）を隠しましたが、私は海戦で起きた真実を伝えておきたいです。

加賀、赤城、蒼龍の三空母が先に猛攻を受け、最後に飛龍一艦が残りました。しかし、敵航空機の集中砲火で大火災となり、艦内の爆弾、魚雷が誘爆。私も戦闘機の機銃掃射を受け、弾が体内に残っている状態でした。

艦長による退避命令で我々生存者はボートに乗り移り、救助に来た駆逐艦へ。艦長と第二航空戦隊司令官が艦橋に残られるのを見ました。飛龍はまだ浮いていてそのままにするわけにはいかず、味方駆逐艦が二発の魚雷を発射、命中。艦の中央付近が爆発するのを目撃しました。夜明け前でした。また、攻撃から戻ってきた航空機は着艦できず、全機が海中に突っ込みました。（無職　T・K（九一）大阪府）（「朝日新聞」声　語りつぐ戦争　二〇一三年一〇月二二日）

敗北した海戦から返された兵士たちは本土の土も踏めなかった。

激戦くぐり　富士山に叫んだ

父は空母「赤城」の砲術長でした。四二年初夏。日本海軍が壊滅的敗北をしたミッドウェー海戦に出陣、悲惨の極みの戦場から奇跡的に生還し、小さな巡洋艦で房総沖へと送還されました。同乗の将兵はみな着の身着のまま。はるか雲間に富士山が現れると、甲板の手すりにつかまり、「うぉー、うぉー」と全員が号泣したそうです。「男たちのこれほどの慟哭は見たことがないぞ」と父は嗚咽交じりに語ってくれました。敗北は極秘にされ、父たちは本土の土を踏むこともなく、一カ月ほど軟禁された千葉沖から、南方の激戦地に送られたそうです。大半の兵士はその後、南海の水漬く屍となって果てたのです。（主婦　M・T（七八）東京都）（「朝日新聞」声　語りつぐ戦争　二〇一三年一二月一七日）

3　戦争は語り継がれるか（2）

わずか九歳の時に取り調べで暴行を受ける。

港写生し特高に拘束された

長崎県佐世保市に住んでいた四二年八月。学校で「海か漁港を写生してくるように」と宿題が出た。私は佐世保港を見下ろす丘に上がった。鉄条網がさびて「立ち入り禁止」の札が落ちているのに気づかなかった。眼下に駆逐艦や巡洋艦が見えた。一心に港を描いていると、中年男性が背後にすっと寄ってきて声をかけてきた。連れて行かれた先が庵崎の特別高等警察（特高）の事務所だった。宿題を出した担任の先生の名を答えると、学校に連絡が行った。ところが、先生は「そんな宿題は出していません」と否定されたのだ。私は激しい取り調べを受けた。殴られ、下の左の奥歯が折れて血が流れた。数日間拘束され、家宅捜索された。その時、英語の本が見つかってしまった。母方の叔父が戦前学生時代に学んだ教材で、私は「鬼畜米英はこんな言葉を使っているのか」と興味があり、一冊隠し持っていたのだった。そのため取り調べが余計に厳しくなった。

九歳の時の体験から特定秘密保護法案に恐怖を感じずにはいられない。（無職　Fさん　男性　八〇歳　福岡県）（「朝日新聞」声　語りつぐ戦争　二〇一三年一一月一九日）

兵営と同様、生徒寄宿舎でも暴力が支配した。

ビンタで鼓膜破れた同期生

軍国少年だった私は四三年、少年軍属を志願して住み慣れた長野の親元を離れ、愛知県鳥居松村（現春日井市）にあった名古屋陸軍造兵廠の技能者養成所に入所。軍隊式の教育と訓練に明け暮れた。生徒の唯一の憩いの場は「生徒舎」だったが、一年先輩の部屋長から、常に微に入り細に入り一挙手一投足を監視され、教育の一環と称してほんのちょっとの不具合でもビンタの制裁をくらった。その理由は、廊下を走った、制服のボタンが外れている、動作が鈍い、態度が大きい、言葉遣いが悪い、などで、難癖のようなものも多かった。毎晩のように召集をかけられ、生徒同士対面してビンタさせられ、その力が弱いと部屋長からビンタされた。部屋長のビンタで鼓膜が破れた同期生が一人ならずいた。（無職　Oさん　男性　八五歳　千葉県）（「朝日新聞」声　語りつぐ戦争　二〇一三年一一月一九日）

脳裏に焼き付いた戦争体験を記録／版画家・彫刻家　浜田知明（九五）①

（……）――三年前の大規模な個展では、やはり従軍中に脳裏に焼き付いたイメージを、新作のデッサンで発表しました

日本の軍隊が戦地でいかにひどいことをしたか、記録しておきたい。デッサンの「忘れえぬ顔」は民家の小窓から我々日本兵を見つけ、恐怖に顔をひきつらせた中国の少女を描きました。あの時、同じ隊の男が民家へ入り、少し経ってニヤニヤと服を整えながら戻ってきた。家には少女の母親もいた。母親の前でどんなことをされたか。僕は軍隊にいることが心底いやになった。

描きたいけど、どうにも絵にならない体験もあります。行軍中に宿営した集落で仲間とだべっていると、使用人の中国人が「腹をこわしたので薬が欲しい」と言ってきた。星一つない、真っ暗な夜でした。一人の兵隊が「やるからついてこい」と立った。しばらくしてダーンと銃声が響き、闇の中から兵隊がにやりと笑って戻ってきた。日本ではごく普通の、店のおやじです。そんな人間が何の理由もなく、人を虫けらのように殺せるのが戦争なんです。ただ、どうしても絵にならない。舞台や小説なら効果的では、と考えることもあります。（「朝日新聞」人生の贈りもの　二〇一三年一二月一六日）

伝えたかった異常さ　銅版画で表現／版画家・彫刻家　浜田知明（九五）③

（……）——画家の業でしょうか

そう言えるかもしれません。ただ、軍隊の不条理、愚劣さ、非人間性は僕の思いをはるかに超えるひどいものでした。軍では、入隊が一日でも早い人には絶対服従です。上の者は下の者を容赦なく殴り、殴られた者は新参者をまた殴る。思考などない暴力の連鎖。肉体的な苦痛はまだ耐えられたが、精神的な自由が全くないのはやりきれません。ここから逃れるには自ら命を絶つしかない。毎日そう考えるほど精神的に追いつめられた。兵士が足の指で銃の引き金を引こうとしている銅版画「初年兵哀歌（歩哨）」はそんな僕自身の姿なのです。（「朝日新聞」人生の贈りもの　二〇一三年一二月一八日）

教育勅語がどういう存在であったのかを物語る証言がある新聞に掲載された（二〇〇七年六月）。要旨は次のとおり。筆者自身、文法上はどうなのかを知りたいところである。

「一九四四年末ごろ、警察官がきて、「娘を出せ」と。母が、「疎開で東北にいますが」というと、授業中、不敬の言動があったとのこと。当時、教育勅語の暗唱や筆記をさせられていたが、「一旦緩急《いったんかんきゅう》あれば」の部分が気になり、文語なら、「あらば」ではないかと先生に質問を。ところが先生は、真っ青になり、「何を言うか！　勅語はそのままありがたく棒読みするものだ」と怒鳴りました。「不敬の言動」はこれだったかもしれない。（東京都七四歳）」

伝説の投手沢村栄治。

伝説の父　追いかけて／入試・商談　みんな「沢村」を語った／輝き　母校に託す

豊後水道を春の陽気が包んだ二月の昼下がり、美緒（六三）がそっと聞いてみた。「私が女で父さん、がっかりしたでしょ」。八八歳の母が大きく首を振る。「『ピンクの肌だ、ピンクだあ』って、あの無口な人が大喜びしたのよ」。愛媛県八幡浜市。美緒が育ったこの港町に帰郷してから、母はぽつりぽつりと父のことを口にするようになった。野球のユニホームが美緒の産着になった。もう一度、それを着たかったに違いない父は三度目に召集された一九四四年一二月、生後五カ月の幼子を残し、輸送船とともに台湾沖に沈んだ。二七年の生涯だった。父の名は沢村栄治。（「朝日新聞」九〇回目の夏へ　私の甲子園　女たちの夢①　二〇〇八年三月一七日）

南京事件について。

発生から七〇年　南京事件とは

日中戦争の中で起きた南京事件から七〇年。その南京で、日中両国の研究者らが二四日から事件に関する国際シンポジウムを開く。（……）

＜南京で何が起きたのか＞

◎下関（シアコワン）周辺

一二月一三日、城内から逃げてきた投降兵らを多数殺害

「俘虜続々投降し来たり数千に達す、激昂せる兵は上官の制止をうなずかばこそ片はしより殺戮する」（第一六師団佐々木到一少将の私記）

一二月一七日の入城式後も掃討作戦は続き、捕虜の殺害現場に

「両手を後ろ手に縛られた中国人十数名が、江岸の縁にそって数メートルごとに引き出されて、軍刀や銃剣で惨殺されたのち、揚子江上に投棄されていた」（殺害を目撃した海軍航空隊の奥宮正武大尉の著書）

◎幕府山

一二月一六〜一七日、捕虜が多数殺害される

「捕虜せし支那兵の一部五千名を揚子江の沿岸に連れ出し機関銃をもって射殺す。その後銃剣にて思う存分に

突き刺す。自分も……憎き支那兵を三〇人も突き刺したことであろう」（上海派遣軍支隊の黒須忠信上等兵の日記）
◎国際安全区
一二月一四〜一六日、逃げ込んだ中国人が多数連行、殺害された
「目につくほとんどの若者は狩り出される。……市民と認められる者はすぐかえして、三六名を銃殺する。皆必死に泣いて助命をこうが致し方ない。……哀れな犠牲者が多少含まれているとしても、致し方のないことだろう」（第九師団水谷荘上等兵の日記）
◎中華門外
一二月一三日、捕虜が多数殺害された
「各中隊に等分に分配し、監禁室より五〇名あて連れ出し……刺殺せしむることとせり。……おおむね午後七時三〇分刺殺を終わり、連隊に報告す」（一一四師団六六連隊第一大隊の戦闘詳報）
〈時間順にたどると〉
（……）日本軍は終戦時、部隊の作戦行動を記録した戦闘詳報や陣中日誌などを大量に焼却処分したため、南京戦の全容は判明していない。だが残された日本軍の記録や将兵の日記などによって残虐行為の一定部分は明らかになっている。（「朝日新聞」二〇〇七年一一月二四日）

私へのいじめ絶対に忘れず

私が旧制中学校在学中に「反戦作文を書いた」という理由で学校側からにらまれ、卒業式に参加させてもらえなかった。そして、その翌日から中学生の身分の勤労学徒動員で、兵庫県にある陸軍加古川飛行場へ行かされた。そこは陸軍特攻隊の最終教育地で、学校は「貴様と全く同年の少年兵の決意を勉強してこい」と言われた。そして、学校の記録では一応卒業したことになっているが、卒業証書はもらっていない。（無職　Uさん　男性　七七歳　神戸市須磨区）（「朝日新聞」声　二〇〇七年一月一〇日）

この記事を見たとき、日本は隣国の信頼を本当に得ることができるのか、と感じた。

戦時徴用年金手当九九円／六五年前水準　元朝鮮挺身隊女性に

太平洋戦争中、「朝鮮女子勤労挺身隊」として一〇代で朝鮮半島から日本に徴用され、工場で働かされた韓国人女性たちが一九九八年に請求していた厚生年金の脱退手当金について、社会保険庁が七人の一定期間の加入を認め、各九九円を支払ったことが二一日、分かった。社保庁は請求から一一年かかったことについては「個別の案件には答えられない」としているが、金額は厚生年金保険法に基づいて算定したとしている。女性の一人は「馬鹿にされた思い」と話した。

脱退手当金を請求していたのは、四〇年代に挺身隊として三菱重工業名古屋航空機製作所道徳工場（名古屋市南区）で従事していた八人。支援者らによると、戦争中に亡くなって年金加入期間が短い一人を除く七人は今年九月、四四年一〇月～四五年八月の一一カ月間、年金に加入していたと認定。一二月半ばに脱退手当金として銀行口座などに一人九九円が振り込まれたという。（……）

立法などで最終解決を／戦後補償に詳しい内海愛子・早稲田大学大学院客員教授の話

年金の脱退手当金は本来、戦時に動員された人たちが帰国する際に支払われなくてはならないもの。当時の金額のまま払えば受け取った側が納得しないのは当然だ。（「朝日新聞」二〇〇九年一二月二三日）

軍国主義は反省できないのか——「夜と霧」の一節が思い浮かぶ。

戦争責任巡り　糊塗する日本

敗戦間近い一九四五年初夏のこと、戦闘機関連の工場にされていた女学校の体育館の前に、三〇〇人近い女学生が整列させられた。厳しいことで有名な青年教師が怒鳴った。「おまえたちの働きが悪いからなかなか戦争に勝てんのじゃ」。身を硬くして立つ我々に教師はビンタを浴びせ始めた。ある者は眼鏡を飛ばされ、鼓膜を破られた。鼻血を流した者もいた。二、三年後、大阪の繁華街で彼に出会った。ためらいながらも私は彼に尋ねた。「あの日のビンタを浴びた一人です。あの行為を先生は今どのように考えておられますか」。彼は当時と同じく、青くそり上げた頭を瞬時かしげていたが、「あの時代はあれでよかったと思う」と言った。（無職　Wさん　女性　七五歳　大阪府富田林市）（「朝日新聞」声　二〇〇五年六月二〇日）

戦後六〇年以上経って今なお新しい証言。

大戦末期　比で生体解剖／元海軍衛生兵が証言／三〇人犠牲　償い決意、語り部に

太平洋戦争末期に、旧日本軍がフィリピンのミンダナオ島で行った捕虜の生体解剖を、元海軍衛生兵の牧野明さん（八四）＝大阪府枚方市＝が二五日までに証言した。

戦時中の生体解剖は旧満州（中国東北地方）の七三一部隊や九州大病院のケースが知られているが、フィリピンで行ったという証言はこれまでなかったという。六十一年余り家族にも言えず、夢に見るなど苦しみ続け、「なぜ今更」と証言に反対する戦友もいたが「このまま埋もれさせては亡くなった人が浮かばれない」と決意。戦争体験の語り部として、悲惨な歴史を伝えていくつもりだ。（「京都新聞」二〇〇六年一一月二六日）

それにしても闇に埋もれている日本軍の罪科は底知れない。

旧満州　中国人捕虜の強制労働　賃金渡さず軍が保管　極秘文書発見不払い隠しか

日中戦争で捕虜になった中国人兵士らを旧満州国（中国東北部）に連行して飛行場や鉄道などの建設現場などで働かせるため、旧日本軍が一九四三年に作成した極秘の取扱規定が見つかった。賃金を各部隊が一括保管して本人に支払わないことを明文化するなど、不明な点が多い中国大陸での中国人強制労働の実態解明につながる内容になっている。（「朝日新聞」二〇〇七年一月八日）

空襲体験の証言。

弁当作ったおふくろ思い、「初演技」／タレント　毒蝮三太夫（七六）

（……）――東京で空襲に遭われました。

おやじが学童疎開に出さなかった。戸越でそば屋を一軒借りて住んでて、そこで遭ったの。たくさん死んでる人見てるからね。うちに帰ってきたら、防空壕の中から、人がこっち見てんだよね。「空襲終わったよ」って言ったら、みんな黙って。目開いて、死んでんだよ。五人が窒息してる。拾った靴の中に入ってた、ちぎれた人間のかかとを取り出して履いた覚えもありますよ。だって革靴なんか無いんだもん。いまね、空襲経験があるのってのは貴いですよ。みんな疎開の苦しさは知ってるけれども、空襲は知らないの。戦争に行ってないけど戦争の怖さは知ってますよ。（「朝日新聞」人生の贈りもの　二〇一二年九月四日）

戦後六〇年以上が経って今なお残された課題とは。

ニューギニア戦線玉砕の島／旧日本兵野ざらし六三年／七〇体、遺族「なぜ放置」

太平洋戦争の激戦地となり、一万人以上の旧日本兵が玉砕したニューギニア島北西のビアク島（インドネシア）で今月上旬、約七〇体の遺骨が発見された。民間の慰霊団が確認した。鉄カブトをかぶったままの全身骨格も残り、多くは野ざらしだった。発見した遺族らは「六三年間もなぜ放置されているのか」と唇をかみしめ、「未帰還兵」の捜索を国に訴えている。……岩渕さんは「兵隊さんたちは六三年間も放置されてきた。日本の首相が大騒ぎで靖国神社に参拝しているが、戦没者に追悼をささげるなら、まず放置された兵隊さんを故郷に帰してあげる方が先だろう」と訴えている。（「朝日新聞」二〇〇七年七月二一日）

青春を戦火の中で過ごした体験。

国民投票は改憲阻止にも／日野原重明（聖路加国際病院理事長）

明治生まれの私は、日中戦争から太平洋戦争まで、青春時代のほとんどを戦火の中で過ごしました。大学生の時にかかった結核のため徴兵検査では丙種となり、徴兵は免れました。その後、太平洋戦争の地獄を、医師という立場で体験することになります。東京大空襲下で傷ついたたくさんの被災者が、私が勤務する聖路加国際病院に運ばれてきました。薬品もなく、大やけどを負った人たちが、次々と私の目の前で死んでゆくのです。この時に目にした悲惨な光景は、その後も私の脳裏に焼き付いて離れません。兵士以外に、大人から子どもまで民間人の死者が出る戦争の現実を見せつけられてきた医師として、どうしても、日本が軍隊を持つことに同意できないのです。（「朝日新聞」九五歳・私の証あるがま、行く　二〇〇七年六月九日）

新聞と戦争　南京①～

（……）追撃戦は一気に進んだ。食糧などの補給が追いつかず、前線の兵士はそのほとんどを「徴発」でまかなった。事実上の略奪だった。元同盟記者の前田雄二によると、徴発はこうして行われた（著書『戦争の流れの中に』）。「兵隊はまず（めぼしい家の）扉を破ると、居室の抽出しをひっくり返す。ついで衣裳ダンスや収納櫃をこじあける。そして台所で食糧を探す」「住民居住地域に行って、徴発した支那服や靴などを、米や高粱酒、そして砂糖などと交換した。鶏や卵が手に入れば大成功だった」。陸軍刑法は「戦地または帝国軍の占領地において住民の財物を掠奪したる者は一年以上の有期懲役に処す」と定めていたが、戦場では日常的な行為だった。「（無錫の）城内外を視察す。種々雑多な兵隊でゴッタ返し徴発物件を洋車（人力車）につんで陸続と行くあたりまるで百鬼昼行である」（佐々木到一『ある軍人の自伝』）。そうして得た食糧を、記者たちも食べた。歩兵第三六連隊乙副官、菅原茂俊の一一月二六日の日記。「徴発隊を出す。夕食に豚をスキ焼きにし、記者一同と会食す」（『同資料集Ⅱ』）。朝日記者の斉藤一は、上海西方にある湖「太湖」の南側を通って南京に向かった。「競馬の様に各部隊が毎日抜きつ抜かれつしてゐた」（三八年一月二七日付朝日群馬版）。斉藤が書き残した手記は、兵士たちの「娘狩り」に触れている。⑥

「斉藤さん、話そうか」。中国戦線を取材する「朝日新聞」記者斉藤一に、兵隊が話しかけた。「俺達旅団通信は七人、部隊に遅れたのを幸ひ、交代で昼間娘狩りに出てな」「畑や野ツ原を追ひかけまわして、まるで鶏をつかまえる時の様に骨を折らせやがって……」。日本兵の行状の一端を斉藤は手記につづった。柳川平助中将が率いる兵団（第一〇軍）に従軍した斉藤は一九三七年一一月二〇日、太湖南岸の湖州に入り、南京へと向かった。斉藤よりやや遅れて、柳川兵団の法務部長、小川関治郎らの一行が二九日、湖州に着いた。小川らの陣中日誌に、軍法会議にかかった事件が記録されている（『続・現代史資料6』）。——被告人は泥酔して「支那人ニ対スル強キ敵愾心ニ駆ラレ……所携ノ銃剣ヲ以テ通行中ノ支那人三名ヲ殺害シタルモノナリ」。——徴発した野菜を中国婦人三人に洗わせようとしたところ、ひとりが応じようとしなかったため「被告人ハ……日本軍人ヲ軽侮スルモノナリトシ所携ノ歩兵銃ヲ以テ同女ヲ射殺シタリ」。頻発する略奪、殺人、強姦。憲兵は「僅かに現行犯で目に余る者を取押える程度」だった（上砂勝七『憲兵三十一年』）。「柳川兵団の進撃が速いのは、将兵のあいだに『掠奪・強姦勝手放題』という暗黙の諒解があるからだ」と、同盟通信上海支社長の松本重治は同僚から聞いた。⑦（……）日本軍は南京を包囲し、揚子江上には日本海軍の艦隊があった。そこで何が起きたか。「敗残兵三万の充満する」揚子江を小船で下った陸軍准尉らの体験談が「朝日新聞」に載った（同盟電、三八年一月二五日付長崎版など）。「（一二月一三日午前三時ごろ）江上全部敵です……前後左右、民船、筏、発動船、戸板などに乗った敵が一杯で殆んど水面が見えないほど」「（夜が明けて）敵の数は殖える一方……敗残兵はいづれも寒さに震へながら一生懸命に漕いでゐる、その大部分は鉄砲を捨てたらしく持ってゐない」「翌十四日午前二時半下から（日本の）軍艦が遡って来た……機銃、小銃で猛烈に敗残兵を打ちながら来るので、我々はその敗残兵の中にゐるのでその危険といったらありません、周囲の敵は銃火を浴びると皆ザブンザブンと冷たい河中に飛び込む」。一三日夜、軍報道部は『南京城を完全に占領せり』と発表した。⑨（「朝日新聞」新聞と戦争　南京　二〇〇七年一二月一四、一七、一九日）

次のような記事をみるたびに、戦争当時機密にされていた事件を早急に全て明らかにさせる必要を感じる。

火薬庫無残七〇年後の公開／死傷者六九六人、全半壊八二一戸／大阪・枚方爆発事故／旧陸軍関係者が撮影
市中央図書館あすから展示

大阪府枚方市の市立中央図書館で保管されている二四枚の写真が、同市内の旧陸軍・禁野火薬庫であった爆発事故（一九三九＝昭和一四年三月一日）直後の火薬庫敷地内を撮影したものであることが分かった。図書館によると、軍が機密としていた事故直後の現場写真が確認されたのは初めてという。（「毎日新聞」受け継ぐ〇九夏　二〇〇九年八月一四日）

ヨーロッパでは第二次大戦はけっして済んだことではない。

伊最高裁　独政府に虐殺賠償命令　大戦中の人道犯罪追及

第二次大戦中、ナチス占領下のイタリアで起きた住民虐殺事件をめぐり、イタリアの最高裁に当たる破棄院の刑事第一法廷は二一日、ドイツ政府に、原告の二人の犠牲者の遺族九人に総額一〇〇万ユーロ（約一億二五〇〇万円）の賠償金支払いを命じた。また虐殺に加わった当時のドイツ人将校（八五）＝ドイツ在住＝の終身刑を確定させた。

（……）事件は一九四四年六月、イタリア中部トスカーナ州の町チビテッラで起きた。パルチザンによってドイツ兵三人が殺された報復として、女性や子供、司祭ら二〇三人が暴行の末、銃殺された。当時、ヒトラーはドイツ人一人の死にイタリア人一〇人の処刑で報いるよう命令。イタリアでは四四年までのナチス占領下、市民約一万人が犠牲になった。（「毎日新聞」二〇〇八年一〇月二三日）

徴兵検査について。

実態知っての発言だったか

徴兵検査から話を始めよう。二〇歳になると日本男子は全国一斉に徴兵検査が始まる（学生は卒業まで入営延期）。

紋付き袴、越中ふんどしで出頭、性器の検査までして甲種合格、盛大な歓送を受けて入隊。私は昭和九年兵と呼ばれる。上等兵、古年兵から一年間、夜ごと夜ごとの暴力による「しつけ」教育である。言語を絶するいろいろの暴力、一年が過ぎて先輩が満期除隊すると新兵の後輩が入隊する。先輩に倣って同じような暴力による教育が続いていく。こうした二年間の兵営生活が「あってしかるべき」徴兵制の実情だった。こうした生活の中に、服従はあったが協力も理解もなかった。私の戦友の大半は、後にノモンハン事件で戦死してしまった。

これはごく普通の徴兵制による兵隊生活の一例であるが、東国原宮崎県知事は徴兵制の集団生活の実情をご存じだったのだろうか。自民党の新憲法草案も、さすがに徴兵制には触れていないが、靖国神社の神々と防衛族と称される人たちは、東国原知事の発言（後に撤回）に驚きながら大賛成だっただろう。知事には好意を持っているだけに、もう一度徴兵制について研究し直してほしい。（無職　Iさん　男性　九三歳　長崎市）（「朝日新聞」声二〇〇七年一二月七日）

この記事を見たときは驚きと複雑な気持ちになった。当時の学徒代表が健在だったことは意外だった。

学徒出陣代表沈黙破る／六七年前に壮行会「戦没者思うと語れず」

太平洋戦争の戦況悪化に伴って、徴兵が猶予されていた学生たちが戦地に駆り出された「学徒出陣」の壮行会が東京の明治神宮外苑競技場（現在の国立競技場）で開かれて二一日で六七年になった。「生等《われら》もとより生還を期せず」などと答辞を読んだ学徒代表、江橋慎四郎さん（九〇）＝東京大学名誉教授（体育学）、神奈川県藤沢市在住＝が、戦後ずっと黙してきた心境を記者に語った。（「朝日新聞」二〇一〇年一〇月二一日）

4　戦後日本とナチス・ドイツの経験

私は以前、カナダに赴任していましたが、カナダの外交史上、非常に有名な話として、一九六五年四月三日、ジョンソン米国大統領がピアソン・カナダ首相のコートのえりをつかみ、もう片手を天に向けて振りあげ、約一時間にわたりつるしあげるという驚くべき事件が発生しています。

事件のあらましはこうでした。四月二日、ピアソン首相がベトナム戦争中の米国の大学で、北爆（北ベトナムへの空爆）反対を間接的に表明した演説を行ないます。それを知ったジョンソンは、すぐにピアソンに連絡し、翌日のキャンプ・デービッド（米大統領の別荘）での昼食にまねきます。しかし昼食中、ジョンソン大統領はピアソンに対しひとことも口をききません。たまりかねたピアソンが食後、「私の演説はどうでしたか」と聞くと、すぐにジョンソンはピアソンの腕をつかんでテラスにつれだし、それからえんえんと一時間にわたってつるしあげたのです。

北爆は、ベトナムが米国艦艇を攻撃したというウソの口実（「トンキン湾事件」）によって開始されました。それをピアソンは遠まわしにですが批判し、その結果つるしあげられたのです。

カナダではだれもが知っているエピソードです。しかし、ではこの屈辱をうけたピアソンは、その後カナダでどのようにあつかわれているでしょうか。

情勢判断ができず、米国との関係を悪化させた首相として糾弾されているでしょうか。大男のジョンソンに屈辱をあたえられた、みじめな首相として軽蔑されているでしょうか。逆です。その後もカナダの首相および外務省は、「たとえ弾圧をうけようと、米国に物をいうべきときはいう」という理念を、首相が何人代わっても受けついでいきました。その象徴として、今日、カナダ外務省の建物は「ピアソン・ビル」とよばれているのです。米国の隣国で、ある意味日本よりもその圧力にさらされやすいカナダですが、こうした歴史に支えられ、二〇〇三年のイラク戦争では、最後まで参加を拒否しました。（前掲『戦後史の正体』、66～67頁）

無力化される戦後民主主義。

過去五〇年の自民党の歴史を振り返ると、三つの大きな転換があった。（……）

第二は国鉄（日本国有鉄道）の民有化を断行したことです。これで国鉄労働組合は崩壊し、同時に総評（日本労働組合総評議会）も崩壊した。そして総評が崩壊し、社会党が潰れた。

社会党が社民党に変わった今、国会議員の数は一桁程度。だから国鉄の民有化というのは、単なる合理化として片付けられるものではない。

私は「日本の政治システムの基本的な部分に手を付けてやろう」と思ってやった。（二〇〇六年一一月二〇日　中曽根康弘元首相「日本政策アカデミー」第六回講演）（前掲『自民党の底力』、152～153頁）

歴史の経験から何を学ぶか。

ナチスによる権力掌握は、議会主義体制の空洞化と組織された労働者の排除を前提にしていた。こうしたことは、すでに部分的には、ブルジョア大統領内閣の庇護の下で起きていたのだ。「国民的集中内閣」の成立（三三年一月）とともに始まったファシスト独裁への移行は、議会と政党に対する行政府の優位を確立するために、すでに共和国時代に準備されていた制度を道具として利用することによって行われた。共和国から独裁への決定的な転換がいつなされたのかを決定することは、政治史的視点からしても明らかではない。三三年三月二三日の全権委任法はその分水嶺である。（前掲『ヴァイマール共和国史』、9～10頁）

ロシアの崩壊とボルシェヴィキの弱点は、最高統帥部に、利用できるあらゆる勢力を強力に投入することにより勝利を得ることができる、という幻想を抱かせることになった。ボルシェヴィキは、なお交渉中であったが厳しくなったドイツの講和条約の条件と、それに付随した軍事作戦を――それは帝国議会に対しては警察の措置と説明されたが――受け入れなければならなかった。（……）

文民政治勢力、特に院内連絡評議会の諸政党が、最高統帥部の独断を憂慮を持って眺めていたのに対して、ルーデンドルフは、西部戦線での決定的突破作戦で戦争を終結させることができると考えていた。一八年初頭の用意周到に準備された攻撃とその後の作戦は、戦術的成果をもたらしはしたが、戦略的に、敵対者の戦線を決定的に突破することはできなかった。日ごとに物量と人員を増大させて行く西側諸国の優越性にもかかわらず、ルーデンドルフは、幹部たちには自明となっていた見解を否定していた。その見解は、中欧諸国はせいぜいのところ防衛戦争を行うことができるのみであるというものであった。七月一八日と八月八日のフランスとイギリスの反撃は、戦争状況は協商国側に傾いたということを明らかにした。もっとも、協商国側はドイツ軍の八月八日の敗北、「ドイツ軍の暗黒の日」を戦略的な突破に利用することはできなかったが。それにもかかわらず、最高統帥部は、西部戦線での戦況が劇的に悪化しているということを帝国政府に伝えなかった。（同前、25〜26頁）

ランツベルクの監獄にいたあいだに、ヒトラーは、二三年一一月と異なり、絶対的な政治的権力を獲得するには、国防軍との対立をもたらした武装蜂起という手段を放棄する必要がある、という結論を引き出していた。当時すでに、ドイツ闘争同盟の一揆計画は、彼にはあまり気に入らなかった。彼が半軍事的手段との関係を絶ったことは、待望された早期の保釈と関係があった。ナチ党再建の声明のなかで、突撃隊の再建に関しては、軍事的視点は排除されなければならないとはっきりと指示されていた。エルンスト・レームは釈放後、闘争同盟の残部と国家主義的防衛団体から連隊を組織した。これは武装した闘争団体として構想されたが、ルーデンドルフの軍事的指導性を承認した。ヒトラーが突撃隊の再建をレームに託した時、レームは突撃隊をナチ党から独立した組織とすることを目指した。それは国民的反対派の軍事力となるはずであった。しかしヒトラーは、突撃隊を党の枠内にある民間の政治団体として組織することに固執した。これをめぐって二五年四月に決裂状態が生じた。レームは、突撃隊指導と連隊指導を辞任してボリヴィアに引きこもった。（同前、299頁）

（……）フーゲンベルクとヒトラーは、反ワイマール共和国派の右派・保守勢力を結集した「ヤング案および賠償支払いに反対するドイツ民族の委員会」に参加した。ヒトラーは、フーゲンベルクの帝国を自分の福音伝道に利用することに成功したのである。一九三〇年の総選挙を控えて、ヤング案に反対する国粋的《ショービニスティッシュ》愛国主義の運動に加担するのは、ヒトラーとナチ党を中産階級に有名にする早道だった。ヤング案こそ、ドイツ国民にまた不安、無力感、憤激を思い起こさせ、「ヴェルサイユ」と「賠償」という悪役コンビを結びつける媒介役だったのである。

「ドイツ民族のゴルゴダの丘」を訴えるキャンペーンは失敗した（フーゲンベルク、ヒトラーが指導したヤング案反対の国民請願には、有権者の一三・八パーセントしか賛成せず、運動は完全な失敗に終わった）。だが、ヒトラーは目的を達することが出来た。右翼勢力を糾合した「民族主義的反対派」が初めて結成されたが、これは一九三三年一月のヒトラーの権力奪取につながった。さらに、ヒトラーがこれから選挙戦に提示しようと考えていた基本イメージの効能を事前にテストできたことである。即ち、保守的であると同時に革新的であり、変革志向であると同時に現状維持的であり、反資本主義的であると同時に反プロレタリア的である——ひとことでいうならば「復古主義と変革主義をごった煮にしたような願望」（政治学者カール・ディートリヒ・ブラッハー）に対する狡猾な処方箋だった。（前掲『ヒトラー独裁への道』、173～174頁）

現在の時点で、一九三〇年当時の無力感にとりつかれたドイツのデモクラシーを裁くのは容易なことである。だが、当時のデモクラシーに突然襲いかかってきたショックがどれほど大きかったかを忘れてはなるまい。国家に敵意を持ち、反デモクラシーを叫ぶ大衆政党が投票用紙によって政権の座に近付いてきたということは、歴史上かつてなかった、途方もない事態だったのである。一九一七年にロシアの支配権を手中にしたボルシェヴィキは、ひとにぎりの職業革命家の集団だったし、一九二二年にローマへ進軍して政権を奪ったのは、二万六千人の結社「黒シャツ隊」だった。ところが、このドイツに出現したのは、選挙で正式に認知された合法政党で、得票率は一八・三パーセントにも達し、あすにもひょっとして別の選挙ではもっと高い得票率を得るかもしれない政党なのだ。（同前、180～181頁）

ワイマール政治史は連立政権の歴史といってよいが、連立内閣で長続きしたものは一つもなく、例外なしに短命に終わった。ドイツ人は、政局不安―政権交代―政局不安……という繰り返しの回転木馬から降りることが、ついに出来なかったのである。一九二〇年から二八年までの九年間に、一五の内閣が生まれては消え、一内閣の政権担当期間は平均して七カ月たらずだった。（……）

何週間もの間、危機にさらされているような内閣を倒すには、ごくささいな争点を取り上げるだけで十分だった。ある内閣が発足するや否や、与党内の一勢力が自分たちの意向を尊重されなかったとして、自派所属の閣僚を連立内閣から引き揚げさせようとして画策することがあった。（……）

こうした権力ゲームでは、議員団が党議のためと称して自党の閣僚を犠牲にすることも決して珍しくはない。そうした不条理劇の一つに、社会民主党議員団が一九二三年、同志ヴィルヘルム・ゾルマンと一緒に演じたものがある。ゾルマンは同年八月、シュトレーゼマンの大連立内閣（社会民主党、中央党、民主党のワイマール連合と人民党による政権）に内相として入閣、各州に中央政府の威信を認めさせる政策を推進し、首相からも支持されていた。ところが、ザクセン、チューリンゲン両州の社会民主党・共産党連立政権が、国防軍による軍事独裁の危険があるとして過激な行動に出たため、中央政府は非常事態を宣言し、社会民主党員のザクセン州首相に辞任を強制するなどの措置をとった。これを不満として社会民主党国会議員団は突然、大連立内閣からの離脱を決定した。そしてゾルマンは、自党議員団がいうところの強権的シュトレーゼマン内閣に対する告発人の役目を担わされ、国会に提出された内閣不信任案の提案者になるというとんでもないめぐり合わせに追い込まれた。結局、この倒閣工作で社会民主党は、それまで最も悪質な反動と見なしてきたあの国家人民党と共に勝利を納めたのである。

ワイマール共和国時代の政党ほど、自党出身の閣僚と世論を安易にもてあそんだ例はまずないだろう。歴史家のカール・ディートリッヒ・エルトマン〔近・現代史家。キール大学教授〕のいうように、「議会で責任を負うことから逃避しようとする奇妙な衝動」は、決して社会民主党だけに特有の現象ではなかった。社会民主党以外の政党もまた、国政の責任を負うのに尻込みしていた。（同前、51〜53頁）

大勢の民主主義者は、それほどまでに指導者崇拝熱にひきつけられていたのだが、それでいて彼らはファシズムの理念に知らずして追随していることに気がついていなかった。それに懸念を抱く者も少なくはなかったのだが、それでも彼らは当時、最も権勢を振るっていたファシストを、ワイマール民主主義が学ぶべきところの多い人物として注目していたのである。とくに、民主主義を信奉する知識人の何人かが、独裁者と指導者の顔を巧妙に使い分けるこの男に幻惑された。その男とは、イタリアの独裁者ベニト・ムソリーニである。（同前、58〜59頁）

ヒトラーは、いまや屈辱的な敗者としてバンベルクを立ち去る反対勢力の連中を黙って見送った。会議では自説を極めて穏やかな調子で展開したし、反対派にとげとげしい言葉をなげつけるようなこともなかった。会議中でも、ゲッベルスのような相手側の有能な人間には、人間的な魅力をみせつけ、党内ポストを約束したりして、自分の陣営に取り込む工作をしていた。最大の驚きは、シュトラッサーに対する態度である。シュトラッサーには、党の組織部門のトップのポストに就任して、共和国の政権奪取のために手を取り合って闘おう、と提案したのである。これがシュトラッサーをナチ党のナンバー2とし、一時期にせよヒトラーをしのぐほどの印象を与えたスピード昇進の始まりだった。

したたかな計算の上でのことか、それとも以前の自信のなさに逆戻りしてのことなのか。ヒトラーがなぜシュトラッサーをパートナーに選んだのかは、いまとなっては知るすべもない。とにかくヒトラーは、シュトラッサーを地方組織から抜擢して、全国組織のリーダーに引き上げた。二六年九月一六日、シュトラッサーは党本部の宣伝部長に就任した。彼を補佐して書類事務を担当したのが、目立たない男で、細かいことに几帳面なハインリヒ・ヒムラー〔ミュンヘン一揆に参加して徐々に党内で頭角を現し、親衛隊長、国家秘密警察長官、内相となり、強制収容所での残虐行為やユダヤ人虐殺を指揮した。戦争末期の敗走中に英軍に捕らわれ、取り調べ中に服毒自殺した〕である。（同前、158頁）

八月一四日〔編注：一九三二年〕、中央党のプロイセン州議会議員団長であるフリッツ・グラースの事務室の電話が鳴った。相手はナチ党員で、プロイセン州議会の議長になったばかりのハンス・ケルルである。ナチ党指導者《フューラー》から、中央党の幹部議員と連立政権についての交渉を始める権限を委譲された、というのである。交渉の申し入れだった。

中央党は直ちに申し入れを受け入れ、八月一六日には両党代表による初会合が開かれた。黒色と褐色の代表は四日後にも再度協議した。席上、ケルルは連立政権をこのようにスケッチしてみせた——首相ポストはヒトラーに、閣僚数の割り振りは両党同数で、ただし内務、文化、経済各相だけはナチ党員によって占めたい、という。

中央党首脳部にとっては、思いもかけず気前のいい申し出である。八月二一日、シュツットガルトで中央党およびバイエルン人民党の首脳会議を開いた結果、「中央段階における連立交渉に入る」ことを決めた。翌々二三日、ベルリンでブリューニンクとシュトラッサーが会談、中央段階での連立交渉に初めて正式に入った。

同二九日には双方の意見が一致して、直ちにヒトラーが交渉の場に顔を見せた。中央党側の代表は鄭重に歓迎した。(同前、284〜285頁)

しかし、社会民主党執行部の内部では、一部の幹部がシュライヒャー首相と交渉ごっこをするのはもう我慢できないという空気に変わりつつあった。ウェルスやブライトシャイトにしてみれば、社会民主党が、首相官邸に陣取っているあの憎むべき首相と交渉するなどというのはとんでもないことだ、というわけだ。そもそも社会民主党は、シュライヒャーが首相に就任するやいなや「妥協を許さぬ野党」に徹して、シュライヒャー政権と対決する、と宣言していたのである。同時にこの党路線に同調しない党員に対してウェルスは「我々は労働組合員としても社会民主党員としても、シュライヒャーと協力しなければならない理由は何ひとつない。そんなことは他党の連中のやることだ」と説得を繰り返していた。(同前、327頁)

なぜナチスの政権獲得を阻止できなかったのか。

すでに指摘した通り、シュライヒャーがヒトラーの能力を過小評価したのは致命的なことだった。しかし、ドイツのデモクラシーがファシズムによって危機にさらされていると日ごろから叫び続けてきた政党が、実のところその危険をそれほど本気で信じていなかったということこそ、もっと致命的な過ちだったのである。社会民主党の指導者のほとんどは、ワイマール共和国の存立を脅す元凶は「反動勢力」だと判定していたのである。反動勢力とは、議会制デモクラシーのルールから逸脱した大統領内閣である、というわけだ。「デモクラシーにとって最大の敵は、大統領内閣を体現している現政権である」と、社会民主党の路線に忠実な国旗団の機関紙は三二年一一月の総選挙の紙面で総括している。ウェルスは、この総選挙でワイマール体制への挑戦者であるヒトラーの問題は決着がついたと考えていたのである。だから、新手のスローガンが叫ばれた。「公然たるファシズムは撃退された。今後打倒すべき敵は、目に見えない亜流のファシズムである——そのファシズムは一人の人間の顔に代表されている。フォン・シュライヒャー将軍という人間の顔に」

この社会民主党の、現実に背を向けた考え方は、主要産業の国有化や計画経済の導入をやみくもに主張する同党国会議員団の考え方と同じように教条主義的なものだった。そればかりか、この党は合法政治の世界から手を引くことまでほのめかし始めた。プロイセン州の社会民主党政権がパーペンによって非合法的に打倒されて以来、同党は最大の権力基盤を奪われたため、暴力革命への志向が強まっていた。その背景には、党内の左派グループが共産党に接近するのを食い止めたいという事情もあった。いずれにせよ、社会民主党としてはシュライヒャーとの協定阻止は考えていても、ヒトラーの台頭を阻止することなどは念頭にはなかった。こうして社会民主党は、ヒトラーにストップをかけられるかもしれない政治勢力の大同団結という最後のチャンスをつぶしてしまったのである。（同前、328～329頁）

最後に、出席者たちをはっとさせた発言が記されている。「国防軍は、国家の中で最も重要で、かつ最も社会主義的な組織である。国防軍は、非政治的かつ超党派的存在であり続けなければならない。国内における闘争は、国防軍の任務ではなくて、ナチ党の仕事である。イタリアと違って、軍と突撃隊（SA）の統合は意図していない」。

（……）ヒトラーにとって、この一九三三年二月三日の夕食会は、自分の権力掌握を確固たるものにする不可欠な条件である国防軍との協力関係を築くスタートだったのである。だから軍にとって耳ざわりのいい演説をしたのだ。突撃隊（SA）に国防軍の軍事力独占を脅かすようなことはさせないと約束したり、国防軍は「国家の最も重要な組織である」と持ち上げたり、国防軍を自国民に銃を向けるような治安部隊にはさせないなどといってみせたのも、その証明である。そうした国防軍の「非政治化」の約束は、出席していた将軍や提督連中をすっかり安心させた。彼らは、これまで軍部代表のシュライヒャーが政治に首を突っ込んだことを苦々しく思っていたのである。（同前、388～389頁）

ゲーリンクの起用法、その柔軟性。

ゲーリンクは、ナチ党の権力掌握に当たっては警察機構を自由に操れるかどうかが勝敗を分けるカギとにらんでいたから、そこには最も信頼する側近を送り込んだ。まず、自分自身の身辺警護のために「特別任務警察隊」を創設して、隊長にはヴェッケ警察少佐を据えた。このヴェッケは、あの一月二九日夜、軍部がクーデターを起こした場合に備えて、ゲーリンクから特命を受けて待機していた男である。次に打った手は、プロイセン内務省所属の警察隊と、プロイセン政治警察の心臓部だったベルリン警視庁のIA課を、民主主義の最後の拠点をつぶすための指令センターに改組したことである。

ただ、そうした場合、ゲーリンクが非ナチ党員でも協力者として起用した例が珍しくなかったのは注目される。プロイセン州内相である自分の報道担当官には保守派ジャーナリストのマルティン・ゾンマーフェルトを、プロイセン警察隊の指揮官には経営者団体の幹部だったルードヴィッヒ・グラウエルトをそれぞれ任命した。また、ベルリン警視庁IA課の責任者としては元民主党員の官僚であるルドルフ・ディールスを起用したが、この男はもともとはプロイセン・クーデターの際にパーペンの密告者役としてプロイセン州内部の情報を流して、急速に昇進し、一九三二年末ごろからはゲーリンクに近付いていた。このほかにも、ゲーリンクは自分の側近グループ以外から保守派を抜擢《ばってき》して人々を驚かせた。例えば、ベルリン警視総監には大方の予想を裏切って、ベルリン地区のSA指導者のヘルドルフ伯爵を起用せずに、国家人民党員の元提督を、ひっぱりダコだったウェストファリア県知事のポストには保守派の農業専門家を据える、といったぐあいである。（同前、396〜397頁）

二月二七日夜、そうした不安、幻想、興奮状態がいっぱい詰まった火薬庫に突然、火が投じられた。これまでドイツとは何のかかり合いもなかった、一人の風采の上がらないオランダ人が、国会議事堂に放火したのである。（……）

この二人のナチ党指導者［編注：ヒトラーとゲーリング］が、自分たちのでっち上げた共産党陰謀説というデマ宣伝に自らが呑み込まれ、踊らされたのは、何とも不気味な光景である。このとき二人が、共産党による武装蜂起を本気で信じていたのは疑う余地がない。モスクワの党が、政権を担ったドイツのファシズムを武力で転覆する陰謀をめぐらしている、というのである。ドイツ共産党が公開パンフや秘密指令で依然として「大衆蜂起」を訴え続け、革命への情熱《パトス》を持続している、というのがナチ党側の根拠となっていた。（同前、404〜410頁）

当時のドイツ国民の気持ちについて知る。

だが、大多数の国民は、自分たちの自由が重大な危機にさらされていることに一向に気がつかなかった。国民の関心事は、不況による生活の困窮と、赤色革命が起こりはしないかという恐怖で、それを思うだけで中間階級はパニック状態に陥った。中間階級が抱いていたアカに対する恐怖心は、決してナチ党宣伝だけの産物ではない。毎日のように流されてくる言葉だけ過激な共産党の宣伝や、街頭で繰り返される共産党の自衛組織におけるテロで増幅された。ワイマール共和国誕生の前夜に起きた共産主義者によるクーデター事件の記憶はなお忘れられていなかったし、モスクワに隷属する共産党路線は国民の憤激の的となっていて、共産党の潜在的な脅威をグロテスクなほどに過大視する結果を招いていた。

だから、ほとんどの国民は、新政権が共産主義者たちを「手早く片付ける」のを見ても、さして不快には思わなかった。（同前、412頁）

ヒトラー個人の人気。

一九三三年三月五日の選挙当日はヒトラー陣営にとって非の打ちどころのない祝勝日となった。国会議員選挙（プロイセン州では州議会議員選挙を含む）は、まるでアドルフ・ヒトラーに対する国民投票であるかのような様相を呈したのである。ナチ党の宣伝がヒトラーにたてまつった「国民宰相」というイメージが威力を発揮して、これまでナチ党に投票したことのなかった大衆までがナチ党に一票を投じるために投票所に足を運んだため、投票率は空前の高率（八八・八パーセント）を記録した。ナチ党の得票率は一七二〇万票に達したが、このうち約三〇〇万票はこれまで棄権していた有権者と見られる。この数字は、現代史家ブローザットによれば「当時の選挙分析者たちが指摘していた通り、新規のナチ党支持票を獲得するに当たって決め手となったのは、ナチ党の力ではなくてヒトラー個人の人気だったことを物語っている」。（同前、415～416頁）

社会民主党と共産党が、ナチ党とはちがって、投票率の上昇、つまり選挙にゆく者がふえたことの恩恵にはあずかっていないことである。（前掲『ナチズムの記憶』、63頁）

またナチ党は、ここでも〔編注：ホーホラルマルク〕投票率の上昇から利益をえている。（同前、65頁）

また、労働者はナチズムに抵抗力があったが、一九三三年三月の国会選挙を視野にいれると、動機はどうあれ、ナチズムに走る者がかなりでてきている。（同前、66頁）

ナチズムとは無関係と思われていた人びとが、どのようにして、いかなる回路や、状況、構造をつうじてナチズムに引きよせられていったかを問題にするばあいには、むしろこうしたホーホラルマルクのような証言を、徹底的に分析することが意味をもってくるかもしれない。

一九一三年生まれの鉱夫の証言をみてみよう。

わたしたちは、一九三三年までナチスと戦った。わたしは、〔社会民主党の国防団体である〕ライヒ国旗団黒赤金のメンバーだった。レクリングハウゼンにでかけて、そこでナチ突撃隊と戦った。……わたしの父は、レクリングハウゼン第Ⅱ鉱の経営評議会の議長だったが、一九三三年に「国家の敵」として解雇された。……

当時をふりかえってみると、ナチスはホーホラルマルクでは、一九三三年までなんの役割もはたさなかったといってもよい。ナチスは、商人や炭鉱の経営陣のなかに数人の仲間をもっていた。突撃隊員はごみみたいなもので、だれもかまわなかった。……

わたしたちは突撃隊員よりも、共産党員と激しくやりあった。ナチスの勢力拡大は、一九三三年以後も、ここではごくゆっくりとしたものだった。数十人が突撃隊に入った。人より早く仕事を手にいれるために。

こんどは一九〇四年生まれの鉱夫の回想である。

ナチスになったのは、たいてい炭鉱のお偉方たちだった。しかし、しだいに鉱夫のなかから、何人か突撃隊の陣営にゆく者がでてきた。人より早くふたたび仕事につくために、事務所での仕事をえるために、あるいはただただ不安におびえて。ある者は、もうすでに一九三二年に、二つの党員証［編注：ナチスと社会民主党］をもっていて、どの方面にも安全を確保していた。（同前、78〜79頁）

炭鉱の職員層についてみれば、ナチスは炭鉱の係員たちに、こう約束していた。（1）係員にたいする人間的な待遇、（2）経営側の攻撃から鉱夫と職員を守ること、（3）休業方時に、職員に鉱夫の仕事をさせないこと、（4）坑内監督の地位改善、などである。農民にたいしては、具体的な問題にふみこむことを回避した、とさきに述べたが、それとはずいぶん対照的である。

それにこの要求では、賃金や失業といった経済問題よりも、職員の経営内での地位や待遇が中心となっている。しかも、社会主義的なニュアンスというか、反資本家的なトーンがある点もみのがせない。さらにナチスは、一九三〇年にザール炭鉱で事故がおきると、鉱山当局と経営側が安全規定を無視して、鉱夫と職員の生命を危険にさらしていると非難した。これを露骨な人気とり政策とみる人びともいたが、ナチスのアピールは、職員たちの琴線にふれるものをふくんでいたようである。

もともと炭鉱の上級職員たちは、民主化が労働組合の進出をもたらしたと考え、ヴァイマル共和国を敵視していた。組合と対立する彼らにとっては、ナチズムがとなえる「指導者原理」は魅力的であった。また、経営者から尻をたたかれ、労働者からはつきあげられていた一般の係員たちは、自分たちの地位が正当に評価されないことに不満をもっていた。だから、階級対立を解消し、調和のとれた労使関係を約束する民族共同体の理念は、共感できるものであった。さらに、「一〇年以上勤続した職員には終身雇用を」というナチスの主張や、技師の社会的地位を向上させ、技師が社会の中枢を占めるというナチスの社会像も、彼らにとっては魅力的なものであった。(同前、81〜82頁)

鉱夫たちがナチスに引きつけられた理由は、鉱山職員たちとは対照的であった。さきの鉱夫たちの回想によれば、「人より早く仕事を手にいれるため」という経済的な理由があげられている。深刻な失業にみまわれた鉱夫たちにとって、主要な関心事は、職の確保であり、どうやってその日一日を暮してゆくかにあった。近くの炭鉱町マールの、社会民主党の元活動家は、こう回想している。

「当地での大企業といえば、炭鉱、つまりブラッセルト炭鉱と、アウグステ・ヴィクトーリア炭鉱しかなかった。若い失業者が雇ってもらえるとしたら、そこしかなかった。もし、極右グループに入っていれば、仕事がもらえた」。彼にとって衝撃的だったのは、「とくに、非常に若い者たちが突撃隊に入っていったことだった。ヒトラーが権力を掌握する直前に、それもごく短時間に。その理由のひとつには、彼らが失業していて、突撃隊に入ることで仕事を手にいれたからだ」。

仕事を手にいれるために、ナチスになったというのである。さきの証言でも、鉱夫たちの目は、ナチズムの台頭よりも失業のほうに向いていた。また共産党のほうも、ナチスを大資本の手先としてしかみておらず、ナチスよりはむしろ社会民主党との対立のほうを重視している。この、無関心ではないとしても、ナチスへの関心の薄さが、ひとつの特徴である。(同前、82〜83頁)

この回想でも、ナチ体制への抵抗が、心のなかの抵抗へと後退してゆくさまが語られている。また、彼らの抵抗運動が孤立しており、鉱夫の生活世界と結びついていないのも注目される。もっとも、『ホーホラルマルク読本』が伝えたいことは、内面的な抵抗への後退ではなく、多くの鉱夫たちは、あくまでナチズムに屈服することなく、非同調の精神を失わなかった、ということのほうであろう。一九〇四年生まれの鉱夫による、つぎの証言も、そうしたメッセージとみることができる。

鉱夫たちは、外にたいしてはしたがわざるをえなかったが、多くの者たちは、心のうちでは赤いままだった。何人かは、こう自分にいって聞かせた。「〔ナチ〕党には入らない。やつらは好きなようにすればいいんだ。ようするにおれにはおれの仕事があるんだ」と。人びとは、ふたたび仕事にありついて喜んだ。ヒトラーのもとで、十分に食べられるようになったが、口をひらくことは許されなかった。文句をいった者は、引っぱられていった。

たしかに、心のなかでは、ナチスの圧力に屈してはいない。しかし外にたいしては、忠誠ぶりを表明しなければならなくなっている。ナチスのテロルをさけるためには、人びとは、面従腹背をしいられ、内と外に引きさかれてゆく。同時に、他人は他人、自分は自分というように、人びとの結びつきが切断され、バラバラになり、アトム化する傾向が、この証言からも読みとれる。（同前、112〜113頁）

住民の心をとらえるためのナチスの工夫

ケルレ村の近くでは、アウトバーンの建設がはじまったが、村の失業者数名が雇用されただけで、失業はいっこうに解消されなかった。一九三五年の八月の情勢報告では、政治にたいする飽きがめだつこと、党の集会や催し物への集まりがよくないことが訴えられている。人びとは、欠席することで、ナチ党やリーダーへの不満を表明しているのだ、と当局は判断している。また、ハイル・ヒトラーの挨拶がますます用いられなくなり、それは労働者層にかぎられず、農村でもますますそうなっている、と報告されている。当局は、「住民の心をとらえるためには、これまでとは異なるプロパガンダの方法を用いなければならない」と反省している。これまでのように、政治やイデオロギーをふりまくものから、もっとソフトな、非政治的なものへの転換が模索されることになる。(同前、130〜131頁)

全国職業コンクールは、ナチスの青少年指導部と労働戦線が、一九三四年からはじめたもので、三八年には一六〇〇の職種で二二〇万人が参加する大規模なコンクールになった。この三八年、ルールの炭鉱では、一万二五五六人の若者が参加した。全員が自発的に参加したわけではないだろうが、この数は、十四〜二十一歳のルール鉱夫の約半数にあたる。

全国職業コンクールの目的は、おもてむきは青少年の職業訓練をさかんにし、技能を向上させ、自分の仕事に誇りをもたせることにあった。しかし同時に、技能と競争意識をつうじて、ナチスの手がとどかないところにいる青少年を体制に統合することも重要なねらいであった。多くの人びとにとって、技術は政治とは無関係で、個人的上昇志向も政治とは直接関係しないようにみえる。それがつけめであった。ナチスは、非政治的な回路をつうじて、国民を統合しようとしたのである。

このホーホラルマルクの若い鉱夫は、全国職業コンクールをつうじて別の世界を知った。彼が経験したカルチャー・ショックは、個人の努力と上昇志向によって、「上と下の世界の断絶」の壁をこえられることを教えてくれた。上と下の世界の断絶が、未来に向けて解消されるという視点がここにはある。どうやら、いい時代という記憶には、たんなる経済状態の改善や、失業の解消だけでなく、またナショナリズムだけでもなく、もっと別の要因がからんでいたようである。(同前、147頁)

ライがいうには、労働者がブルジョワにたいしてねたみや劣等感をもつから、それがマルクス主義につけこまれることになるのである。だからそれを阻止するためには、ブルジョワ階層のステータス・シンボルを労働者でも享受できるようにする。すくなくともそれに手がとどくものにすることが肝要である。ブルジョワならではの特権とは、暇とお金、いわゆるレジャーで、たとえば観劇や、コンサート、テニスやスキー、旅行などがあげられる。とりわけ外国旅行、豪華客船による海外旅行や、自家用自動車は、労働者にとってはとても手のとどかない、夢のまた夢であった。

歓喜力行団は、それを労働者にも可能にするというのである。「一年に一回一〇日間、できれば家族旅行を」が、そのスローガンであった。なかでも最大の目玉は、豪華客船による海外旅行であった。「労働者が自分たちの船で船旅ができるようにする」という労働組合の長年の夢が、いまや歓喜力行団の手によって現実のものとなったと、ナチスは大々的に宣伝した。そして一九三七年には、「だれもが自分の車を」のスローガンのもと、国民車の開発にものりだした。それがあの有名なフォルクスワーゲンである。（同前、151頁）

現実の生活と並んで「将来への希望」の重要性。

おなじような事例が、一九三九年四月の『ドイツ通信』にものっている。ある通信員の報告によれば、彼と話をした労働者は口ぐちに、「ヒトラーは歓喜力行団の旅行というすばらしい制度をつくった」と賞賛する。しかし驚くことに、だれひとりとしてじっさいには旅行に参加していなかった。新聞には、これこれの労働者が歓喜力行団の旅行に参加した、という記事がくりかえしでているので、労働者たちはそれを読んで、こう思いこんでいた、というものである。

そうすると問題は、行ってもいない旅行を、あたかも行ったかのように語るのはなぜかということになる。『ドイツ通信』の通信員は、それは新聞記事のせい、つまりナチスの宣伝のせいとみている。ヴァーグナーも、ナチ・プロパガンダの暗示力をその理由と考えている。マデイラ島やフィヨルドとかいうのは、いかにも紋切り型で、ナチスの宣伝文句をそのままくりかえしているようにみえる。ファシズムとは、人びとに沈黙をしいるというよりは、なにかを強制的に口にさせてしまう体制という見方がある。だれに聞いてもおなじような紋切り型の答えが返ってくるというのである。（……）

ただ、すべてを巧みなプロパガンダのせいにするのはどうだろうか。（同前、155頁）

今後もさらによくなるだろうという枠組こそが重要である。たとえば、夏休みの家族旅行で下田にきたが、この調子で働いてゆけば、数年先にはハワイ旅行も夢ではないと。下田の海は、ハワイのワイキキ海岸につながっている。行ってもいない旅行に、行った気になるのは、生活の見とおしがつき、安定した生活がこのままつづくという感覚をぬきにしては語れないであろう。現実はささやかなものにすぎなくとも、その延長上に豊かな未来を夢みるまなざしが、ここでは重要な役割をはたしている。（同前、159頁）

余暇活動に対するナチスの感覚。

さらに『ドイツ通信』をみてゆくと、ホーホラルマルクの鉱夫とおなじように、根っからの社会民主主義者でありながら、歓喜力行団の余暇活動に心を動かされずにはいられなかった報告がある。彼はこう語っている。（……）わたしは歓喜力行団の水泳コースにかよっているが、このコースには五〇人をこえる女性が参加している。ここには、ナチ党らしい雰囲気がほとんどないことに、気づかざるをえなかった。参加している女性は、まったく普通の人びとである。ここでは「ハイル・ヒトラー」など聞いたこともない。かつて労働者スポーツ団体に属していたわれわれのような者にとっても、いわゆる自分の家にいるように、くつろいでいられる。最初は歓喜力行団のコースに参加するのがためらわれたが、でもほかにしようがなかった。それだけに、このコースの参加者や運営がナチ的なものとはまったく関係ないのを知って、驚くと同時にうれしかった。（同前、160～161頁）

歓喜力行団のユニークさ。

ナチスが得意にする大規模なパレードや政治集会が、そうそういつまでも効き目があるわけではなかった。そのうえ多少とも参加が強制的なものであれば、それに欠席することで、ナチ党やリーダーにたいする不満を表明する機会として利用することもできたのである。

ナチスにとってみれば、政治やナチズムからのがれようとする人びとを、つかまえなければならなかった。それには宣伝などを、政治やイデオロギーを正面にかかげたものから、もっとソフトな、非政治的なものに転換する必要があった。一方、人びとのほうでも、密告の恐れのある政治的なものをさけ、気のおけない私的空間や、「政治から自由な空間」、つまり非政治的領域への逃げこみをはかった。非政治的領域こそは、人びとが避難した先であると同時に、ナチスが人びとを組織しようとして手ぐすねをひいてまっている所でもあったのである。

歓喜力行団のユニークなところは、他のナチ組織とはちがって、強制組織ではないという点にあった。（同前、163頁）

（……）消費やモノは、まだナチスの時代には、大きな役割をはたさなかったということにはならない。たとえささいなものでも、消費やモノは、正常性のシンボルとして機能したのである。たとえば、敗色が濃厚になった一九四四年になっても、ハンドバックのニューモードがだされている。さきにふれたペンツベルクの炭鉱における、歓喜力行団のバイロイト旅行といい、このハンドバックといい、とても敗戦まぎわとは思えない。正常性へのこだわりぶりがうかがえる。

（……）一九四四年の消費材生産は、質を別にすれば、戦争がはじまった三九年のまだ九三%を維持していたといわれる。日本のことを考えれば、おどろくべき数字といえよう。（……）

戦時下において、そうした国内の消費のレヴェルを維持するためには、国外からの労働力や物資がなければ不可能であった。ドイツの国民は、他国や占領地域などの徹底的な収奪のうえに、「正常な生活」を維持して

いたことになる。（同前、166〜167頁）

子供の心をとりこにする工夫。

制服は、なぜ子供たちをとりこにしたのだろうか。少年団の夏の制服規定によれば、ズボンの丈は手の幅だけ膝上にくるようにし、それにハイソックスをはき、靴はしっかりしたもので中くらいの高さ、それに長袖のシャツを着用する。髪は突撃隊や親衛隊にならって短髪にし、左に分ける（これまで子供は、夏には丸坊主）。つまり制服や髪形は、大人に準じたものだった。ケルレ村の証言によれば、これが、大きな魅力のひとつだったとされる。制服とくらべると、いつもの普段着はあまりに子供っぽく、自分たちの年齢にはふさわしくないようにみえた。制服を着ると、大人になったような気分になり、もう子供ではないという意識にぴったりくるものであったという。（同前、170頁）

機械の奨励は、ナチスによる食糧増産運動の一環であった。ドイツは食糧の輸入国で、輸入総額にしめる食料品の割合は、一九三二年で四五・七％にたっしている。（同前、185頁）

ナチスの時代は、ドイツが大衆消費社会の入り口に立った時代であった。（同前、202頁）

ヒトラーの演出は国民の心をとらえたが、他方ナチ党員はそれが演出であることを知っていた。

また、ユダヤ人迫害に後ろめたさを感じていたナチ党員もすくなくなかったが、こうした代執行［編注：ヒトラーは本心はユダヤ人への攻撃を望んでおり、ヒトラーに代わって迫害する、という考え］というメカニズムは、それをのりこえる可能性をもっていたかもしれない。いずれにしても、ヒトラーは、自分が札つきの反ユダヤ主義者にみられないように気をつかい、政権獲得の前後から過激な言動をつつしんできたが、すくなくとも熱狂的なナチ党員

たちには、それが演出にすぎないことがわかっていたことになる。（同前、228〜229頁）

それより村人にとって、いちばん問題だったのは、疎開者をうけいれるための調査のほうだった。どの家が、どれくらいの部屋を提供できるか、調査がおこなわれた。村の人びとは、自分の家の状態が他人に知られるのを極度にきらっていたが、「だれも、いやだとはいえなかった。みんなおもしろくなかった。不満のはけぐちは、まず調査にあたった村の委員に向けられた」と記憶されている。（同前、266頁）

創作の原動力はなんなのですか？　という私の問に、作家［編注：G・パウゼヴァング］は次のように答えた。

「私の世代の人たちはもう大半が亡くなってしまいました。私もいつまで執筆活動ができるかわかりません。でも、なにか取り返しがつかないことが起こってから、孫世代に〈あの時、なにをしていたの？　なぜなにも言わなかったの？〉と言われたくない。その気持ちですよ」


さらに続けた八十三歳の言葉は、私の胸にすとんと落ちた。

「人生終盤は勇敢でなくちゃね」（……）

二〇一二年六月　　高田ゆみ子［編注：訳者］（前掲『そこに僕らは居合わせた』、238〜239頁）

5　歴史が問いかける「民主主義」

イタリア軍、命からがら敗走。

チアーノ［編注：当時イタリア外相、ムッソリーニの娘婿］は、ヒトラーの自信満々の保証にもかかわらず司令部の連

中の気持ちが沈んでいるのを感じた。〔編注：一九四二年一二月〕

重苦しい雰囲気だった。悪い知らせにくわえてじめじめした森のもたらす悲愁、兵営での集団生活の倦怠感があった。……ソ連戦線が突破されたことからくる気落ちを隠そうとする者はいなかった。あからさまに責任をわれわれにおっかぶせようとする動きまであった。

その頃、ドン川のイタリア第八軍の生存者は命からがら敗走をつづけていた。チアーノ一行のひとりがイタリア軍の被害は大きいのでしょうかとOKWの将校に訊いたところ、返ってきた答えは「被害はぜんぜんない。彼らは敗走している」というものだった。（前掲『第三帝国の興亡　4』、442〜443頁）

ナチのイデオロギーが教えるところでは、ドイツ人女性のいるべき場所は家庭であり、工場ではない——というわけで、女性は家庭に留まった。戦争勃発以来の四年間、イギリスでは二百二十五万人の女性が軍需生産に従事したのにたいし、ドイツで同様の仕事に携わった女性はわずかに十八万二千人であった。また、平時のドイツにおける家庭使用人の数は百五十万人だったが、この数字は戦時中も変わっていない。（前掲『第三帝国の興亡　5』、309頁）

平原に定住した民族は、ひとつの恒久的な欠陥に悩まされることとなった。自分の選んだ勢力範囲を区切る、自然の境界線がまったくなかったのである。境界線を決めるには戦わなければならなかった。低地の住人は自分のことを、丘陵地帯の獰猛な略奪者とは対照的な、土地を耕すおとなしい人間とみなしがちだった。実際は、統制のとれた軍隊組織や占領の技術を習得する必要に迫られたのは平地に住む人々のほうだった。平原では、相手より先に攻撃することを覚えなければならない。さもなければ自分がやられてしまう。おそらく、平原で定住の始まるのがずっと遅れたのは偶然ではなく、また、やがてヨーロッパ史上最も手ごわい軍隊がここに誕生したのも偶然ではない。（前掲『ヨーロッパ　I』、115〜116頁）

沈黙した神託。

神託の手順は時を超越した儀式に従っていた。（……）祈願者は慣習どおりにいけにえが捧げられるのを見守ったあと、どちらにも解釈できることで有名な答えが押韻六歩格で与えられるのを待つ。（……）リュディアのクロイソス王は、戦うべきかそれとも和平を結ぶべきか、知りたいと思った。神託は告げる。「戦に赴き、大帝国を滅ぼせ」。クロイソスは戦い、滅ぼしたのは自分の帝国だった。（……）

ペロポンネーソス戦争が終わり、制圧したアテーナイにはいったスパルタの指揮官リュサンドロスは警告を受けた。「おたけびをあげる重装歩兵と蛇に用心せよ。大地の狡猾《こうかつ》な息子である蛇は背後から襲う」

リュサンドロスは、蛇の紋章のついた盾を持った兵士に殺された。

マケドニアのピリッポスは賄賂《わいろ》で有名だったが、「銀の槍で戦え」という神託を受けたといわれている。もっと確かな筋によれば、ペルシャとの戦いの準備中に次のような予言を受けた。「牡牛は花輪で飾られた。終りの時がきた。いけにえ係はすぐそばにいる」。それからまもなく、ピリッポスは殺された。（……）

死を恐れる皇帝ネロは、「凶事は七十三からと覚悟せよ」と告げられる。ネロは元気を取り戻し、七十三歳まで生きられると考えた。結局、彼は三十一歳で帝位からひきずり下ろされ自殺に追い込まれる。七十三というのは、後継者ガルバの年だったことが判明する。

最も有名なのはたぶん、アレクサンドロス大王が伺いをたてたとき、神託は沈黙したままだったという話だろう。（前掲『ヨーロッパ　I』、215〜217頁）

トラヤヌス帝とビテュニア＝ポントゥスの総督だった小プリニウスとの大量の書簡には、最盛時の帝国運営の詳細が記録されている。

（……）

プリニウス　ニコメディアが大火で大きな被害を受けました。一五〇人の消防士からなる組織をつくってもよろしいでしょうか。

トラヤヌス　だめだ。組織は、たとえどのような名前で呼ばれようと、必ず政治結社になる。

プリニウス　……信仰を撤回した者は赦されるのでしょうか。信仰を告白したというだけで処罰しなければならないのでしょうか。

トラヤヌス　キリスト教徒を探し出す必要はない。もしきみの前に連れ出され、有罪と証明されれば処罰しなければならないが、匿名の密告は、告発するのになんの力にもならない。（同前、337～338頁）

スラブ人（Slav）と奴隷（slave）売買とのあいだにこのような関係があったせいで、「スラブ」と「奴隷《スレイブ》」のふたつの語は広い範囲で同義とみなされるようになっている。（同前、448頁）

十字軍の遠征を愚挙と感じるのは現代人だけではない。当時の人々も同様に感じていた。聖ベルナルドゥス自身も公然と非難する気になったほどである。戦士たちは目的地までの通過国――ボヘミア、ハンガリー、ブルガリア、ビザンティンで略奪を繰り返した。一〇九六年、ラインラントを通過する際には八〇〇〇人のユダヤ人を殺害している――ヨーロッパでのユダヤ人大虐殺の第一幕である。（前掲『ヨーロッパ　Ⅱ』、120頁）

簡単にいえば、十字軍はキリスト教の評判を落としたのである。（同前、121頁）

記録に残る最初のストライキは、一二四五年、ドゥエ〔フランス北西部〕の職工が計画したものである。（同前、139頁）

鉄製犂が本領を発揮するためには、五つの進歩が必要だった。まず、大柄でがっしりした耕作用馬の繁殖

――カロリング朝時代の軍馬を品種改良する。第二は首輪式の引き具の利用。紀元八〇〇年までは記録にないが、これで馬を窒息させずに、力の限界まで荷を引かせることができるようになった。第三は九〇〇年頃実用化された蹄鉄。第四は農耕馬のおもな餌である燕麦の栽培。そして最も重要なのが、三年輪作を中心とする三圃制の導入である。二圃制から三圃制への移行で、穀物の収穫量が一気に増え、農家の生産性は少なくとも五〇パーセント上がった。（同前、140頁）

カトリック世界の中心では、まだ神聖ローマ帝国、ローマ教皇、フランス王国の鼎立《ていりつ》がつづいていた。（……）一四一〇年には、神聖ローマ皇帝が三人、教皇が三人、フランス国王がふたりいるありさまで（……）。（同前、184頁）

そんなけちな争い［編注：イングランドとスコットランド］は、一三四七年から五〇年にかけて「黒死病」がヨーロッパを襲うと、いっぺんに吹き飛んでしまう。六世紀を最後に下火となっていたこの疫病が、このときかつてない世界的大流行を見たのである（のち一八九〇代にも再燃する）。（……）腺ペストと敗血症ペストはクマネズミに寄生するノミを媒介とするが、肺ペストは空気感染のため、特に伝染のスピードが速く、死亡率が高い。（……）皮肉屋のイギリスの年代記作者、ヘンリー・ナイトンは次のように述べている。「マルセイユでは一五〇人のフランシスコ会士のうち、ひとりとして生き残って一部始終を伝えることができた者はいなかった。ありがたいことに」（同前、208頁）

奴隷貿易は十九世紀に廃止されたが、それまで西半球の奴隷として捕えられたアフリカ人の数は、じつに一五〇〇万人にものぼった。そしてそのうち、生きて上陸できたのは、おそらく一一〇〇万ないし一二〇〇万人だったのである。（同前、280頁）

イエズス会の活動は大成功だったが、プロテスタントのみならずカトリック教徒のあいだにも少なからぬおそれと憤りをひき起こした。会士たちは論争にあたって決疑論を駆使することで名を馳せ、「結果は手段を正当ならしめる」という思想の集団とみなされていた。そして誰に対しても説明義務を持たない教会の秘密警察と目されるようになった。（同前、353頁）

ヨーロッパにおけるフランスの優位は、ほぼ二百年続いた。それは、一六六一年の若いルイ十四世の親政開始から、一八一五年のナポレオンの没落までとされる。しかし実際には、ナポレオン戦争での敗北にもかかわらず、一八七一年にビスマルクのドイツに降伏するまで、フランスはヨーロッパ大陸随一の強国という地位から完全に追い落とされることはなかった。その間ずっとパリはヨーロッパの政治、文化、ファッションの、他の追随を許さぬ中心地であり続けた。（前掲『ヨーロッパ　Ⅲ』、71頁）

ファシズムの舞台となった両国の歴史からいくつかの話題を紹介する。

アルプス山脈の南に位置するイタリアは、春から秋にかけての強い直射日光と高温・乾燥の気候で南国的風土を感じさせるが、緯度からすれば日本と比べてかなり高い位置にある。（……）ナポリ（北緯四〇・五〇度）は青森市、ローマ（北緯四一・五四度）は函館市、（……）ミラーノ（北緯四五・二八度）は日本最北端の稚内《わっかない》市とそれぞれほぼ同緯度である。（前掲『新版　世界各国史　15　イタリア史』、3〜4頁）

シチリアでは、八二七年、イスラームのアグラブ朝が進入を開始し、約半世紀後の八七八年、全島の征服をほぼ完成した。（……）シチリア住民は、税負担が軽く、信仰には寛容なムスリムの支配を進んで受け入れた。（同前、143頁）

一七四〇年に今度はオーストリア継承戦争が勃発した。（……）オーストリア軍への最初の投石でジェノヴァ反乱の口火を切ったとされるバリッラ少年の伝説が十九世紀に生まれ、二十世紀のファシズム政権はこの伝説をよみがえらせて、バリッラの名を冠した少年組織を設置することになる。（同前、312～314頁）

十八世紀なかばになると、イタリア各地で出版活動が盛んとなり、社会の現状を批判したり改革の必要を論ずる書物や定期刊行誌などが増加し、また教養人たちのあいだではサロン、クラブ、コーヒー店などでの議論が活発となった。（……）

ミラーノとナポリがこのような動向の二大拠点となった。ミラーノでは貴族出身のピエトロ・ヴェッリを中心に二十～三十歳代の青年が、議論の激しさから「拳《こぶし》の会」と呼ばれたサークルに集まり、機関誌『イル・カフェ（コーヒー店）』（一七六四～六六年）を刊行した。（同前、316～317頁）

一七六五年、フランチェスコ・ステーファノが没すると、彼とマリア・テレジアの子でヨーゼフ二世の弟のピエトロ・レオポルドが十八歳で大公［編注：トスカーナ大公］を継いだ。レオポルドはフィレンツェに移り住んで大公国の独立性を高め、国内をくまなく視察して社会状態の把握につとめた。彼はモンテスキュー、百科全書派、ムラトーリ［編注：イタリアの歴史家］の著作から学んで、公共の福利の実現が君主の使命であるとの自覚をもって統治に臨み、……トスカーナ出身の有能な官僚を重用した。（同前、321頁）

パトリオットの意味。

一七八九年に始まるフランス革命とナポレオンの登場は、イタリアを大きな変革の波に巻き込んだ。（……）

他方、フランス革命に触発された活動家グループがイタリア諸都市に出現し、クラブやサークルの結成が盛んとなった。（……）

これら活動家は総じてパトリオットと呼ばれるが、十八世紀から十九世紀前半にかけてのこの語の意味は、たんに愛国者をさすのでなく、自分が一体感をもつ社会空間＝国（パトリ）を専制政治から解放して自由の国＝共和制とすることを求める人々、そして自由で平等な市民を主権者とする民主政治を求める人々をさしている。（……）この時期のパトリオットの運動のなかではじめて、イタリアの政治的統一という課題が提起されるのである。（同前、333～334頁）

リソルジメントは「再興」という意味で、この語はイタリアの過去の繁栄をよみがえらせることへの期待をあらわしており、その過去の繁栄として意識されたのは、古代ローマの時代であるよりも、中世の都市国家の時代であった。（同前、356頁）

イタリア各地から集まった科学者会議が、一八三九年にピーサで開かれ、その後四七年まで毎年、場所をかえて開催されたが、この会議もイタリア意識の形成に寄与した。（同前、370頁）

カヴールをとくに有名にしたのは、「イタリアにおける鉄道について」（一八四六年）という論文で、鉄道を経済と文化の双方の観点から論じ、鉄道が各地の人々の経済的かつ文化的な結びつきをもたらし、ナショナルな意識の向上にはかりしれない力をもつだろうことを強調した。（同前、373～374頁）

こうしてローマ帝国は、エルベ川まで勢力を拡大したアウグストゥス帝（在位前二七～後一四）の時代を別として、ライン川を自然の境界線とした。（前掲『新版　世界各国史　13　ドイツ史』、17頁）

封を必ず封臣に与えるというこのドイツに特有の方式は、授封強制といわれる。授封強制はイングランドやフランスにはなかった。この授封強制のために、神聖ローマ帝国は皇帝に権力を集中できず、分権的でありつづけた。（同前、66頁）

大空位期に終止符を打ったのは一二七三年の選挙だった。このとき、選帝侯たちは、自分たちよりも弱体と思われる人物を全会一致で選出した。スイスの居城ハビヒツブルクにその名が由来するハプスブルク伯ルードルフである。のちに神聖ローマ皇帝位を世襲することになるハプスブルク家が、歴史の檜《ひのき》舞台にはじめて登場したのである。（同前、72頁）

三十年戦争はドイツにとって、二十世紀の二つの世界大戦以前における最大の災禍であった。それは三十年もの長期にわたり、ドイツのほとんど全土を巻き込んだ戦争であり、ヨーロッパの最初の国際戦争でもあった。（……）それはヨーロッパで最後の大規模な宗教戦争であった。（同前、105頁）

和平交渉はヴェストファーレン地方のミュンスターとオスナブリュックで進められた。ここにはヨーロッパ諸国とドイツの諸邦の君主が総計一九四人、全権委任者が一七六人登場し、ヨーロッパの諸問題とドイツの国内問題が協議された。まさしくそれはヨーロッパで最初の国際会議であった。三年にわたる交渉の結果、一六四八年十月二十四日にヴェストファーレン条約がミュンスターとオスナブリュックで結ばれ、ここに一世代にもおよんだ世紀の大戦争が終結した。（同前、112頁）

三十年戦争の社会・経済的影響は甚大なものがある。なによりもそれを顕著にあらわしているのが、人口の減少である。ドイツ全体では戦前の約一六〇〇万人からいまや一〇〇〇万人となり、約三分の一減少した。（……）それにしても人口減の割合は今世紀の二度の世界大戦の犠牲よりも大きい。（同前、115頁）

しかし領邦的分裂は商業の発展にとっては大きな障害であった。とりわけ国内関税は自由な通商を妨げた。たとえば、ライン川においてバーゼルから河口までのあいだに三七の税関をとおらねばならなかったのである。それゆえ全体的にみれば、ヨーロッパ的な大都市は、ウィーンを除けば存在せず、ドイツの経済は十七・十八世紀には西欧諸国に大きく遅れをとることになる。（同前、137頁）

フリードリヒ二世は、啓蒙絶対君主の代表者である。フリードリヒには膨大な著作と哲学的な考察があるが、まだ彼が王太子のとき、当時の第一級の啓蒙思想家ヴォルテールの影響を受けながら「反マキャヴェリ論」を書いた。これは統治者の国家思想の綱領ともいうべきものであり、しかも彼は生涯この思想をもちつづけた。この思想の核心は、自然法的な国家観であり君主観である。人民は、自らの生命と財産の維持のために国家をつくり、もっとも賢明な者を君主として選び、彼に統治権を委ねた。したがって君主は、人民の幸福と公共の福祉の維持を自らの最大の義務として統治しなければならない。これが彼の国家論の要旨である。（同前、147頁）

農業生産力の発展は、これまでと同様、沼沢地の干拓と外国人の誘致など耕地の量的な拡大に多分に依存していた。フリードリヒ大王によるオーデル河畔や東プロイセン地域の干拓事業が有名である。しかし新しい穀物の栽培も農業生産力の発展に寄与した。とりわけジャガイモが重要である。これは以前は小さな白い花を愛《め》でるために庭に植えられていたにすぎないものが、一七七〇年および七一年の凶作の際に食用作物として見直され、十八世紀の末までにおおいに普及して、主要な栄養源となったのである。（同前、156頁）

ドイツにおいてはマニュファクチュアへの移行は大体一七三〇～五〇年ころと考えられるが、これもまた下層民を労働者として吸収し、都市化をもたらすひとつの要因でもあった。（同前、157頁）

ドイツでとくに発達したのは、「読書協会」である。（……）「読書協会」はドイツに広範囲に広まり、一八〇〇年ころには約四〇〇〇余りも存在したといわれる。（……）

啓蒙運動の担い手として無視しえないのが、秘密結社のフリーメーソンである。これはもともとは「自由な石工」の組合にさかのぼるが、一七二三年にロンドンで憲章をもった組織に整えられ、その後他国に広がったのである。ドイツでは三七年にハンブルクで設立されたのが最初である（……）。（同前、158～159頁）

近世のドイツで注目すべきことは、初等教育が広く農村にまで普及したことである。（同前、160頁）

またドイツでは、就学義務がヨーロッパ諸国のなかでもっとも早く法制化されたことが注目される。（……）なかでもプロイセンで発布された一七六三年の「一般ラント学事通則」は世界史的な意義を有して（……）（同前、161頁）

十八世紀末には雑誌の数は四〇〇〇点に達する。まさに雑誌の氾濫であった。（……）ある報告によれば、一七八四年にはドイツで二一七の新聞を数えたとされる。（同前、162頁）

文学の新しい潮流はなんといっても、いわゆる「疾風怒涛《シュトゥルム・ウント・ドラング》」で始まる。（同前、163頁）

十八世紀のドイツは、政治的には領邦に分裂し、経済的には後発国であったが、しかし文化的には他国にひいでていた。（同前、165頁）

プロイセンを味方にしたメッテルニヒは勢いをえて、ドイツ全体で自由主義運動の弾圧に乗り出した。その契機は学生運動の弾圧である。時あたかも一八一九年三月、過激派の学生ザントが、保守的劇作家コッツェブーを殺害したとき、メッテルニヒはこの契機を見逃さなかった。彼は同年八月、プロイセン政府の同意をえて、主要一〇カ国の大臣会議をカールスバートに召集し、ブルシェンシャフトの禁止、検閲の強化、扇動者の取締りを目的とした捜査委員会を設置するという、「カールスバートの決議」を採択することに成功した。この決議はその後連邦議会に提案され、連邦法として発効された。（同前、188頁）

なかでも反ユダヤ主義は、軍国主義とならぶ急進的ナショナリズムのイデオロギーの重要な構成要素であった。第二帝政下では、以前からある宗教的・経済的理由からの反ユダヤ主義（「ユダヤ人嫌い」）に加えて、一八七〇年末からは生物学や遺伝学などの近代科学で装った新しい人種主義的反ユダヤ主義（反セム主義）が登場した。（同前、265頁）

ドイツ陸軍の将校団にユダヤ系将校が一人もいなかったのは、ユダヤ系市民にたいする見えない差別の壁の存在をよく物語っている。（同前、265頁）

引用文献一覧

『ヴァイマール共和国史』ハンス・モムゼン、関口宏道訳、水声社、二〇〇一年
『概説西洋史』衣笠茂・田村満穂・中村賢一郎・廣實源太郎、東京創元社、一九六八年
『群衆心理』ギュスターヴ・ル・ボン、櫻井成夫訳、講談社、一九九三年
『権力奪取とＰＲ戦争―政治家という役者たち』大下英治、勉誠出版、二〇一一年
『自民党の底力―日本政策アカデミー「シンクタンク２００５・日本」非公開セミナー講演集』小泉純一郎ほか、成甲書房、二〇〇七年
『自民党の智慧―日本政策アカデミー「シンクタンク２００５・日本」非公開セミナー講演集［第２集］』シンクタンク２００５・日本編、成甲書房、二〇〇八年
『社会心理学』池田謙一・唐沢穣・工藤恵理子・村本由紀子、有斐閣、二〇一〇年
『職業としての政治』マックス・ヴェーバー、脇圭平訳、岩波書店、一九八〇年
『史料　日本近現代史Ⅰ　近代日本の形成―開国～大逆事件』歴史科学協議会、中村尚美・君島和彦・平田哲男編、三省堂、一九八五年
『史料　日本近現代史Ⅱ　大日本帝国の軌跡―大正デモクラシー～敗戦』歴史科学協議会、中村尚美・君島和彦・平田哲男編、三省堂、一九八五年
『成語林』旺文社、一九九二年
『政治とは何か』後藤田正晴、講談社、一九八八年
『政党が操る選挙報道』鈴木哲夫、集英社、二〇〇七年
『新版　世界各国史　13　ドイツ史』木村靖二編、山川出版社、二〇〇一年

『新版　世界各国史　15　イタリア史』北原敦編、山川出版社、二〇〇八年
『選挙演説の言語学』東照二、ミネルヴァ書房、二〇一〇年
『戦後史の正体　1945—2012』孫崎享、創元社、二〇一二年
『洗脳選挙—選んだつもりが、選ばされていた！』三浦博史、光文社、二〇〇五年
『そこに僕らは居合わせた—語り伝える、ナチス・ドイツ下の記憶』グードルン・パウゼヴァング、高田ゆみ子訳、みすず書房、二〇一二年
『増補　大衆宣伝の神話　マルクスからヒトラーへのメディア史』佐藤卓己、筑摩書房、二〇一四年
『第三帝国の興亡　1　アドルフ・ヒトラーの台頭』ウィリアム・L・シャイラー、松浦伶訳、東京創元社、二〇〇八年
『第三帝国の興亡　2　戦争への道』ウィリアム・L・シャイラー、松浦伶訳、東京創元社、二〇〇八年
『第三帝国の興亡　3　第二次世界大戦』ウィリアム・L・シャイラー、松浦伶訳、東京創元社、二〇〇八年
『第三帝国の興亡　4　ヨーロッパ征服』ウィリアム・L・シャイラー、松浦伶訳、東京創元社、二〇〇八年
『第三帝国の興亡　5　ナチス・ドイツの滅亡』ウィリアム・L・シャイラー、松浦伶訳、東京創元社、二〇〇九年
『第二次世界大戦　上巻』マーティン・ギルバート、岩崎俊夫訳、心交社、一九九四年
『諜報機関に騙されるな！』野田敬生、筑摩書房、二〇〇七年
『ナチズムの記憶—日常生活からみた第三帝国』山本秀行、山川出版社、一九九五年
『ニッポンの暴言　国民を惑わす政治家たち』横山渉、三才ブックス、二〇〇六年
『南京の真実』ジョン・ラーベ、平野卿子訳、講談社、一九九七年
『氷川清話』勝海舟、江藤淳・松浦玲編、講談社、二〇〇〇年
『ヒトラー　独裁への道』ハインツ・ヘーネ、五十嵐智友訳、朝日新聞社、一九九二年

『ファシストの戦争　世界史的文脈で読むエチオピア戦争』石田憲、千倉書房、二〇一一年
『武器としての宣伝』ヴィリー・ミュンツェンベルグ、星乃治彦訳、柏書房、一九九五年
『ベアテと語る「女性の幸福」と憲法』ベアテ・シロタ・ゴードン　村山アツ子　高見澤たか子、晶文社、二〇〇六年
『ベルリン陥落１９４５』アントニー・ビーヴァー、川上洸訳、白水社、二〇〇四年
『まっ直ぐ』大窪敏三、南風社、一九九九年
『ヤルタからヒロシマへ　終戦と冷戦の覇権争い』マイケル・ドブズ、三浦元博訳、白水社、二〇一三年
『ヨーロッパ　Ⅰ　古代』ノーマン・ディヴィス、別宮貞徳訳、共同通信社、二〇〇〇年
『ヨーロッパ　Ⅱ　中世』ノーマン・ディヴィス、別宮貞徳訳、共同通信社、二〇〇〇年
『ヨーロッパ　Ⅲ　近世』ノーマン・ディヴィス、別宮貞徳訳、共同通信社、二〇〇〇年
『ヨーロッパ　Ⅳ　現代』ノーマン・ディヴィス、別宮貞徳訳、共同通信社、二〇〇〇年
『新版　夜と霧』ヴィクトール・E・フランクル、池田香代子訳、みすず書房、二〇〇二年
『私の昭和史』週刊文春編、文藝春秋、一九八九年
『私は闘う』野中広務、文藝春秋、一九九六年

あとがき

大阪本町糸屋の娘。姉は十六妹は十四。諸国大名弓矢で殺す。糸屋の娘は目で殺す。

これは江戸後期の儒学者頼山陽が、漢詩の起承転結の説明に門弟に示したとされる端唄だそうですが（前掲『成語林』、1126頁）、この本をまとめようと思い立った時、なんとかしてすっきりした起承転結の文章にしたいと考えました。しかし、結果はご覧のとおりの「良く言っても支離滅裂」なものとなりました。

これは言い訳にしかなりませんが、一旦引用した記録や証言のどれ一つをとっても省く気になれませんでした。その結果ということになります。

それにしてもこの端唄、「殺す」というたいへん物騒な言葉を使いながら、よく人情の機微を唄っているものだと感心します。今となっては半世紀前、同級生ら魅力的な女生徒たちに毎日「殺され」ていた学校時代が懐かしく想われます。

批判的な文脈で名を挙げた政治家諸氏については、個人的に攻撃する意図はまったくありません。

本全体の構成上やむなく実名を挙げましたが、編者の気持ちとしては全てイニシャルで表記したいところでした。

「誰それがこう言った」というためではなく、「こういう言動があった」こと自体が問題であることを示すためでした。

記録・証言は限られた範囲でしか取り上げられませんでした。

わずか四〇〇頁ほどの本です。考えてみればこれは当然かもしれません。しかし、今話題となっている「従軍慰安婦」問題についての重要な記録や証言をほとんど取り上げられなかったことが心残りです。そこで、引用したいと考えていた書物だけ紹介しておきます。

『〝声なき女〟八万人の告発─従軍慰安婦』（千田夏光、双葉社、一九七三年）

『償われざる八万人の慟哭　続・従軍慰安婦』（千田夏光、双葉社、一九七四年）

──すでに四〇年前にこれらの労作が世に出ていました。

次の資料にもいたるところで「従軍慰安婦」に関する調査、研究の成果が発表されています。

『季刊　戦争責任研究』（日本の戦争責任資料センター発行、二〇一四年一一月現在　1〜82号既刊）

日本の太平洋戦争あるいは一五年戦争がもたらした惨害についてもほとんど触れられませんでした。ヨーロッパにおけるナチス・ドイツの行跡にしぼったのも民主主義破壊の代償がどれほど大きなものであったかを紹介するためでした。戦前日本では国民は主権者ではありませんでした。逆に戦後の現在日本こそ民主主義者にはそれを守り抜く責任が課せられていると思います。

とはいえこの限られた記録や証言にふれる度に、今の政治と民主主義について何かしら考えさせるものを見出せたことは大きな収穫でした。

次の証言を紹介してこの本のまとめとします。

しかしこの軽薄で大雑把な政治家たち［編注：ヒトラー内閣の閣僚たち］は、ヒトラーを知らなかった──彼をここまで押し上げた諸勢力の力を理解してもいなかった。またパーペンは、いやヒトラー以外の誰も、機能喪失の瀬戸際にある既存の制度──陸軍、教会、労働組合、政党──と、ずっとのちにパーペンが嘆いた「一戦も交えずに諦める」広範な非ナチ中産階級と、高度に組織された労働者の身についている言うに言われぬ脆弱《ぜいじゃく》さを十分に認識していなかった。

ドイツのどの階層も、どの団体も、どの政党も、民主主義的共和制の放棄とヒトラーの台頭についての責任を逃れることはできない。ナチズムを前にしたドイツ国民の根本的誤謬は、それに対抗して連合できなかったことである。国家社会主義党は大衆の支持を得た最盛期の一九三二年七月でさえ、三七パーセントの得票しか上げられなかった。しかしヒトラーに反対を表明した国民の六三パーセントは、あまりにも分断され、近視眼的で、たとえ一時的にでも団結して当たらなければ圧倒されるとわかっていた共通の敵にたいして連合できなかった。モスクワの指令を受けている共産主義者は最後まで愚かな考えにしがみついていた。最初に社会民主党、社会主義者の指導する労働組合、何であろうと中産階級的な民主主義勢力を破壊すれば、一時的にはナチ体制になるだろうが、それは必然的に資本主義の崩壊につながり、そのあとで共産主義者が天下を取りプロレタリアート独裁を樹立する、という考えだったのだ。ファシズムは、ボルシェヴィキの観点からすれば瀕死の資本主義の最終段階であり、あとは共産主義者の繁栄、というわけである。（前掲『第三帝国の興亡　1』、370～371頁）

平和は人類最高の理想である（ゲーテ）（前掲『成語林』（世界の名言・名句）、98頁）

この本の出版にあたりお世話になった方々にお礼を申し上げます。特に（株）同時代社の高井社主、川上徹氏には初めての出版にあたってなにからなにまでお世話になりました。この場をお借りして感謝申し上げます。

この本を学生時代の先輩で恩人である今は亡き古川秀樹氏（元京都府学連書記長、京都総評副議長）に捧げます。

豊福良一（とよふく　りょういち）

1947（昭和22）年　大工の父豊福長吉（旧京都府京北町余野出身）、母ハル（旧姓木村、京都市出身）の四男として京都市に生まれる。

京都市立西院小、西院中卒。京都府立桂高校卒。

京都教育大（一社二類）中退。以後、新聞配達、レストランの皿洗い等のアルバイト、電気工事士見習いなど経験。

1980（昭和55）年　京都パーカライジング（株）に途中入社。55歳まで足かけ23年勤務。

その後、松下電器の冷蔵庫工場（草津市）、イトーキ（株）工場（近江八幡市）に人材派遣として勤務。

京都パーカーでは組合長時代に二度のストライキ闘争を経験。また、男子だけに支給されていた配偶者手当を女子にも支給の道筋をつける。

1992（平成4）年　京都電気技術専門学院第一種電気工事士科修了。

1999（平成11）年　第一種電気主任技術者試験合格。

一級技能士（金属塗装）。

元 ＪＡＭ（旧新産別）京滋地連京都パーカー労組組合長。

元 日本年金者組合滋賀県近江八幡支部事務局長。

現 京都総評南地区労（地域労組）ユニオン南の風役員。

ボランティアとして地元学区の交通安全推進活動に参加中。

2008（平成20）年　日本棋院より囲碁五段免状を授かる（但し実力は別？）。

抜粋集
一労働者の政治哲学
――民主主義の危機をどう捉えたか

2015年1月30日　第1刷発行

編　　者　豊福良一
発 行 者　高井　隆
発 行 所　株式会社同時代社
〒101-0065 東京都千代田区西神田2-7-6
電話 03(3261)3149　FAX 03(3261)3237
組版・装幀　クリエイティブ・コンセプト
印　　刷　モリモト印刷株式会社
※乱丁本・落丁本はお取り替えいたします。

ISBN978-4-88683-773-8　C0036